新 史 学

观 古 今 中 西 之 变

中华学人丛书

中国近代社会文化史研究

◎ 王先明 著

北京师范大学出版集团
BEIJING NORMAL UNIVERSITY PUBLISHING GROUP
北京师范大学出版社

前 言①

当代中国历史学的研究成果斐然，已经赢得人所共知的赞誉。同时，它也在奋进中显示出自己的缺憾，其发展进向也足以让人警醒。其中一个显而易见的问题是，社会史和文化史研究日渐聚焦于日常生活和个人体验而刻意回避对重大历史事件和社会运动的关注；日渐深入解析群体生活的样态风情，而无视精英或社会运动领袖的行为与选择。值得我们深思的问题是，一旦失去对重大历史事变和社会运动发展的关注和解释能力，它还是社会的历史吗？如果只在琐碎的生活中爬梳出个人的雅趣，而完全规避了对于社会运动领袖或英雄人物的探讨和洞察，史学还能保持并弘扬其通鉴古今的功用吗？

面对历史研究中日常生活与历史事变之间的张力，现代史学两位大师的取向和经验值得我们珍记。

日常生活成为史学研究的主题是当代历史学的主导趋向，这无可置疑。马克思说过，人类历史的第一个前提就是日常生活，即衣食住行，然后再从事其政治、军事等上层建筑活动。走进日常生活也是年鉴派史学大师布罗代尔史学研究鲜明的特征之一。他说过，"我认为人的生活一大半淹没在日常琐事中。无数的行为都是自古继承下来的，无章无序积累的，无穷无尽重复的，直至我辈"②。但是，走进日常生活

---

① 此为笔者于 2017 年 11 月初在"20 世纪之交的中国与世界青年学术论坛"闭幕会上的发言，题目是《察常明变：贯通日常生活与历史事件的史学追求》，以此代为本书前言。

② ［法］费尔南·布罗代尔：《资本主义的动力》，杨起译，5 页，北京，生活·读书·新知三联书店，1997。

并不能局限于日常琐碎，而应该"再走出来"。因为"存活的往昔注入了当今的时代，就像亚马逊河将其混浊的洪流泻入大西洋一样"①。面对大量的琐碎的事实和史料，"必须进行筛选"。一边是日常生活本身的运行，显得刻板、钝滞；一边是活生生的、强有力的运动；一边是完全自给自足的与外界隔绝的乡村生活；一边是伸展着的市场经济。他们相互作用，"一点一点地铸造着并且也已经预示着我们今天生活的世界"。总之，在布罗代尔的视域里，日常生活与重大历史事变，虽然是"两个天地，两种陌生的生活，而其各自的实体却又互成因果"②。因此，在这里，社会生活的日常与历史事变的非常的内在相关共构了历史进程。真正的历史学研究视野，既不应该将重大历史事件视为盲区，也不能不体察日常生活中看似平静实际执着地指向未来的力量。"确切一点说，在大问题的'因'与'果'之间，更容易看'果'。当然，惟其如此，历史学家才更执着于发现事物之'因'，而常常却又抓不到它，并且受它的嘲弄。"③

马克思将日常生活作为历史研究的第一个前提，同时也善于从日常生活平静的演进态势中把握历史事变的趋向，而不是将日常生活与历史事变割裂。

关于历史事变研究的视角，马克思曾经以路易·波拿巴政变为例提到两个显著的例子，一是维克多·雨果著的《小拿破仑》，二是蒲鲁东著的《政变》。雨果在《小拿破仑》中"只是对政变的负责发动人作了一些尖刻的和俏皮的攻击。事变本身在他笔下却被描绘成了晴天的霹雳。他认为这个事变只是一个人的暴力行为"。马克思评论说，"他没有觉察到，当他说这个人表现了世界历史上空前强大的个人主动作用时，他就不是把这个人写成小人而是写成伟人了"。那么蒲鲁东呢？"他想

---

① ［法］费尔南·布罗代尔：《资本主义的动力》，杨起译，5页，北京，生活·读书·新知三联书店，1997。

② ［法］费尔南·布罗代尔：《资本主义的动力》，杨起译，4页，北京，生活·读书·新知三联书店，1997。

③ ［法］费尔南·布罗代尔：《资本主义的动力》，杨起译，53页，北京，生活·读书·新知三联书店，1997。

把政变描述成以往历史发展的结果。但是，他对这次政变所作的历史的说明，却不知不觉地变成了对政变主人公所作的历史的辩护。这样，他就陷入了我们的那些所谓客观历史家所犯的错误。"那么，马克思是如何研究和描写这次政变的？他说："我则是说明法国阶级斗争怎样造成了一种条件和局势，使得一个平庸而可笑的人物有可能扮演了英雄的角色。"①

这些先贤的治史心语告诉我们，不仅仅驻足于日常生活的表象铺陈和史实排列，又不至于被轰轰烈烈的历史事变晃炫自己的眼睛，真正洞察历史丰富而复杂的表象背后鲜为人知的社会哲理和启人心智的学理，才是当代历史家的学术使命。这就要求我们，有着贯通日常生活与历史事件的史学自觉。正是基于这一深刻的省思，我们应该坚持一个贯通日常生活与历史事件研究的史学诉求，期望突破社会史聚焦于日常生活，事件史或革命史注目于社会运动和历史事件的区隔，为未来新史学成长尽一点助推之力。史学之所以为史学，尤其是新史学，其价值与功能当在创造中继承，在创新中发展。史学研究应该有究天人之际、通古今之变、明人文之常、求民生之利的终极性关怀。

---

① 《马克思恩格斯选集》第 1 卷，599 页，北京，人民出版社，1972。

目　录

上　篇

中 篇

下　篇

上　篇

中国近代社会史研究评述(1986—2017)

　　20世纪80年代开始,社会史内容进入了中国近代史研究领域。三十多年来,社会史已经成为中国近代史研究中一个十分重要的研究方向,并从一定意义上改塑了以往中国近代史研究的基本格局。在新时期中国近代史学的历史进程中,社会史研究的学术成就及其发展趋向,有着学术新时代的典型特征。以下将分两个时期,即兴起与发展时期(1986—2007)、拓展与深化时期(2008—2017),略述其要。

一、兴起与发展时期

(一)三个阶段

　　1986年10月,由南开大学、天津人民出版社、《历史研究》编辑部等单位共同发起,在天津召开了第一届中国社会史研讨会。这次会议大致上可以看作学术界有计划地恢复社会史研究活动的开始。会后,《历史研究》集中刊发了一组讨论"中国社会史研究对象和研究范围"的论文,并且还发表了《历史研究》评论员文章:《把历史的内容还给历史》。这在学术界引起了很大的震动和反响。这标志着中国历史学研究理论和方法的新转向。当时,中国近现代史学者是倡导和推动社会史研究的主要力量。由此,中国近代社会史研究日渐兴盛繁荣,成为中国近现代史领域中最令人注目和最富于活力的方向。概括起来,这二十多年的中国近代社会史研究历程可分为三个阶段。

　　1. 学科复兴阶段(1986—1990)

　　1986年10月,第一届中国社会史学术讨论会召开,宣告了中国社会史学科的诞生。此后，在各方面共同努力下，学界不间断地举行每两年一届的全国性研讨活动，使得社会史研究稳步扎实地持续发展，取得了令人欣喜的成就。自 20 世纪 80 年代后期以来，中国人民大学、中国社会科学院近代史研究所和历史研究所、南开大学、山西大学、南京大学等院所先后组织了一批社会史研究课题，或建立了研究室，不少高校开设了社会史课程。社会史学科开始获得学术界的基本认同，从而得以复兴。

1986—1990 年，天津人民出版社率先推出社会史丛书 4 种。1989 年起浙江人民出版社与南京大学合作，前后历时 7 年，组织出版了中国社会史丛书全套 20 种。据粗略统计，仅 1986—1994 年出版的中国社会史图书就有 120 多种，同期发表论文 700 多篇，其中中国近代社会史 240 篇。

总体而言，在社会史复兴的第一阶段，其成就主要体现为学界对于"社会史学科对象及其研究范围"形成了相对的共识。1986 年 10 月"中国社会史研讨会"的主题围绕着社会史学科的基本问题展开，即"中国社会史的研究对象、范畴""社会史与其他学科的关系""开展社会史研究的意义以及若干属于社会史研究范畴"等问题。这次会议将社会史定位成专门史或一个流派，在研究方法上提出要借鉴社会学、民俗学、人类学等学科的理论与方法，可以看作学术界有计划组织和推动社会史研究活动的开始，对重建和复兴中国社会史研究工作意义重大。其后三次学术会议，虽然主题略有不同，但对社会史研究对象、社会史的学科特征和研究方法的讨论仍很热烈。对这些问题的讨论持续到 20 世纪 90 年代初，它们也构成了这一阶段中国近代社会史研究的主要课题。关于这些问题的基本观点可以概述为以下几点。

第一，社会史研究的是历史上人们社会生活的运动体系，亦即以人们的群体生活与生活方式为研究对象，以社会组织、社会结构、人口社会、社会生活方式、物质与精神生活习俗为研究范畴，揭示其在历史上的发展变化及其在历史进程中的地位和作用。

第二，社会史是一种整体的历史。因为真正能够反映一个过去了的时代全部面貌的应该是通史，而通史总是社会史。史学研究应当注意人们在生产中形成的，与一定生产力发展程度相适应的生产关系的总和。因而，由此延伸出来的以经济活动为基础的种种人际关系都应成为社会史研究的对象。

第三，社会史的专门研究领域是社会，即不包含政治、经济、文化等在内的所有社会生活。此种观点认为，社会史的内容应当包括三个层次，即社会构成、社会生活、社会功能。近似的观点认为社会史的研究领域包括社会环境、社会构成、社会关系、社会意识、社会问题、社会变迁等方面。

第四，社会史不是一个特定的史学领域，而是一种新的视角，新的路径，亦即一种"自下而上"地研究历史的史学范式。

第五，社会史是以"人"为轴心的历史。它应当注意自觉地造就人，准确地把握人，真实地再现人，合理地批评人，强烈地感染人。还有人指出，社会史以"人"为核心，不是指某个具体的人，而是作为某个阶级、阶层或集团的整体意义的人的历史演变。

对这些问题的讨论，学术界至今也未能达成完全一致的认识，但却在学科理论层面上形成了大致认可的范围。通过对社会史定义、研究对象和范畴的阐释，在广泛争论的基础上，学界形成了相对稳定的"专史说""通史说""范式说""视角说"等观点，由此掀起了社会史研究的一次高潮。上述问题的提出和争论，对于推进中国近代社会史的研究具有重要意义。

2. 体系建构阶段(1991—2000)

20 世纪 90 年代以后，社会史研究呈现更加强劲的势头，专题性的中国近代社会史研究成果层出不穷，成为成果丰硕的学术方向之一。如关于中国近代秘密社会史的研究，就有蔡少卿的《中国近代会党史研究》、秦宝琦的《清前期天地会研究》、周育民和邵雍的《中国帮会史》、李世瑜的《现代华北秘密宗教》、濮文起的《中国民间秘密宗教》等著作的出版；近代社会生活和社团研究方面，有严昌洪的《中国近代社会风俗史》、桑兵的《清末新知识界的社团与活动》、李良玉的《动荡时代的知识分子》等著作；中国近代社会结构史方面，有姜涛的《中国近代人口史》、王先明的《近代绅士——一个封建阶层的历史命运》、马敏的

《官商之间——社会剧变中的近代绅商》、贺跃夫的《晚清士绅与近代社会变迁——兼与日本士族比较》等著作。1998 年前后，上海文艺出版社、江苏人民出版社等，也相继出版社会史丛书近 20 种。可以说，中国近代社会史研究走向繁荣的阶段已经开始。

虽然专题性的中国近代社会史研究成果颇多，但真正对于学科发展具有影响意义的，却是社会史学科体系研究的成果。1992 年《中国近代社会史》(乔志强主编)出版，同年还出版了陈旭麓的《中国近代社会的新陈代谢》。其后，龚书铎主编的 8 卷本《中国社会通史》(山西教育出版社 1996 年版)问世。这些著作的出版，为当时的社会史研究划出了一个相对明晰的研究范围，并且把理论架构与史实相结合，使社会史的学科特征得到相对完整的体现。它们的出版标志着中国近代社会史学科体系的初步形成。

《中国近代社会史》一书提出了社会史的学科体系，认为它主要包括三个方面，即社会构成、社会生活、社会功能。与《中国近代社会史》所持专史说不同，陈旭麓则提出社会史实际上就是通史，他认为"经济史、文化史毕竟以专史为归属，其议旨和范围都有限度，真正能够反映一个过去了时代全部面貌的应该是通史，而通史总是社会史"。这一阶段社会史学科体系研究呈现出以下一些特色：第一，在研究时段上，大多选取了变化剧烈的近代社会作为研究对象，近代社会史在中国社会史复兴与研究中扮演了重要角色。第二，中国近代社会史的理论建构，更多地借鉴和运用了社会学的理论和方法；"社会学化"倾向一定程度上导致了史学特征的失落。第三，近代社会史相关理论构架虽有分歧和特点各异，但在总体理论构筑上却有惊人的相似性。首先，都是以"社会"来观照内容，并把近代社会史析分为三个方面，并赋予其具体的内容。其次，都是从历史上的社会(横断面)而不是从社会的历史(纵剖面)来确定整体的理论体系。对此，我称之为"三板块结构"，即近代中国社会嬗替变迁的总体历史进程，在"社会构成、社会生活、社会职能(或社会意识)"的"社会学化"理论体系中根本无法凸显，导致社会史变为了"社会学的历史投影"。这等于是从三个侧面表现的历史的社会，而不是"社会的历史"。中国近代社会史的理论架构具有将社会学理论简单移植的倾向，这导致了历史学的社会学化的趋向，应该引起学术界的重视。①

3. 稳步发展阶段(2001—2017)

关于中国近代社会史学科体系的讨论，在 20 世纪末已经趋于消寂。学术研究的兴趣更多地集中在专题社会史方面，或者说更着重于问题意识的凸显和新领域的开拓，由此推动着中国近代社会史走上稳步发展的轨道。就这一阶段的研究特点而言，当可关注以下几个方面。

第一是问题意识的突出。21 世纪以来的中国近代社会史研究更加突出问题意识。这在 20 世纪末就已经成为共识，即不再继续讨论宏观性的学科对象和范畴，而坚持以问题为导向，使社会史研究逐步走向深入。1998 年苏州第七届研讨会将"家庭、社区、大众心态变迁"确定为会议主题；2002 年上海会议主题为"国家、地方民众互动与社会变迁"；2004 年厦门会议主题为"仪式、习俗与社会变迁"。社会史学术讨论会的"问题"凝练，使得全国学者能够相对集中地从不同角度和知识背景对同一问题展开研究，相对而言，既可避免学术研究中的"自言自语"（因为学术话语不同，研究课题不同，无法展开讨论和对话——社会史学界称之为自言自语），也能促使研究课题的深化。而且这些"问题"的集合事实上就揭示着社会史研究逐步走向深入的历史进程。

第二是研究领域的扩展。近代区域社会史研究的兴盛、近代城市史和乡村史以及近代灾荒史研究的发展等，极大地扩展着中国近代社会史研究的领域。特别需要关注的是，社会史学界开始注意研究基层"社会空间"的构造及其转换问题，以区别于以往史学界对上层政治空间与制度安排的单纯关注，使社会史研究在方法论意义上实现了"区域转向"。"区域社会史"逐渐成为中国社会史研究的主流，在学术界约定俗成地出现了诸如"华北模式""关中模式""江南模式""岭南模式"等研究范式。

第三是历史人类学的兴起。随着社会史的深入发展和区域社会史

---

① 参见王先明：《中国近代社会史研究的理论思考——兼论历史学的社会学化》，载《近代史研究》，1993(4)。

的兴起，人类学的方法对社会史研究的影响越来越大，在具体研究中得到了较为普遍的运用。勒高夫曾在《新史学》中指出历史学要"优先与人类学对话"，新史学的发展"可能是历史学、人类学和社会学这三门最接近的社会科学实行合作"。勒高夫称之为"历史人类学"。一批中青年学者一方面开始注意建立具有自己特色的人文社会科学研究的方法体系和学术范畴；另一方面，重视民间文献和口述资料的收集和整理。它标志着人类学与历史学，尤其是与社会史学科整合的一种努力。

（二）社会史研究新走向

中国近代社会史研究在 20 世纪 90 年代以后进入持续稳定的发展状态，其研究领域和选题呈现着日趋扩大的走势，其研究理论和方法在某些方面也走向成熟。中国近代社会史研究的新成果不断涌现，为新时期中国史学发展做出了新的学术贡献。它所呈现出的时代趋向主要体现在以下三方面。

第一，区域社会史研究成果突出，其理论研究也日趋深化。20 世纪 90 年代以后，区域社会史研究日见繁盛，并呈现出中国社会史研究路向选取的区域化特征。区域史研究成果的丰富多样和千姿百态，对于史学研究传统取向的转换、研究问题的深入展开和基本研究格局的改变，具有显而易见的促进作用。因而，区域史研究构成中国近代社会史研究的主要方面。

王笛的《跨出封闭的世界——长江上游区域社会研究（1644—1911）》（中华书局 2001 年版）是较早的有代表性的区域社会史研究专著。王著分别从自然地理与经济地理，人口、耕地与粮食，农村经济与农业发展，区域贸易与市场网络，手工业与工业，政治结构与地方社会秩序，新旧教育体制的变动，社会组织及其功能的变化，社区、社会阶层与社会生活，传统文化与近代意识等方面，对长江上游区域的近代化进程做了整体的研究。江南区域社会史研究的成果相对集中，段本洛主编的《苏南近代社会经济史》（中国商业出版社 1997 年版）、马俊亚的《混合与发展——江南地区传统社会经济的现代演变（1900～1950）》（社会科学文献出版社 2003 年版），小田的《江南乡镇社会的近代转型》（中国商业出版社 1997 年版）等，分别从区域—经济社会的现代演变、乡镇社会转型进程方面，对近代江南区域社会进行了比较深入的研究。李学昌主编的《20世纪南汇农村社会变迁》（华东师范大学出版社2001年版）也是特色鲜明的著作，它从历史典籍、民间文献与实地调查入手，围绕社会变迁的主要层面和变数，追踪和描述了南汇农村社会变迁轨迹，并提出了区域社会变迁的理论认识。

华北区域社会史研究也是近年来学界研究比较集中的领域。乔志强主编的《近代华北农村社会变迁》（人民出版社1998年版），苑书义等著的《艰难的转轨历程——近代华北经济与社会发展研究》（人民出版社1997年版），郑起东的《转型期的华北农村社会》（上海书店出版社2004年版）等著作，推动着近代华北区域社会史研究走向深入。苑著主要立足于经济因素，从农业与农村、城市经济与社会结构、政治制度的变迁几方面入手，探讨近代华北经济与社会发展的相关性。郑著则从专题展开，从农村权力结构、社会组织、国家对农村的征派、农村经济生活要素、农民物质生活状况方面讨论了近代华北区域社会变迁问题。相对而言，乔编的视野更为广阔，它以十九章的篇幅从人口、婚姻、家庭、宗族、阶级、阶层、市场交换、城市化与城乡关系、物质生活、社会风俗、民间信仰、社会心理、人际关系、乡村教育、基层政权、地方自治、灾荒救治、社会问题以及社会变迁诸多方面，对华北农村社会变迁进行了系统研究。而且此书力求在社会史的"知识体系"中寻找"一条主线贯穿其中"，并以"传统社会向近代社会的演化"作为其"主线"（见此书《绪论》第17页）。魏宏运主编的《二十世纪三四十年代太行山地区社会调查与研究》（人民出版社2003年版）从自然环境与社会制度、小农社会的农业变革、农村商业集市、工矿业的兴起、村落、家庭与家族的变迁、农村新文化与新风尚等多角度，对太行山地区的乡村社会变迁做了全面系统的研究。张利民等著的《近代环渤海地区经济与社会研究》（天津社会科学院出版社2002年版），是国内第一部研究环渤海区域社会现代化的专著。该书作者不仅探讨了农业经济、沿海贸易、农村市场、交通体系、工业体系在区域社会发展中的作用，而且也着重描述了区域市场网络、区域现代化进程，以及社会流动、社会生活、社会结构的近代变动，并力求揭示区域社会近代化的特点。

伴随着近代区域社会史专题研究的深入，区域社会史研究的理论指向也十分明显。李文海认为，研究区域史首先要着重发现和揭示这个区域同其他区域不同的特色；其次，要树立全局观念，不能就区域谈区域；再次，要有综合观念，要揭示区域内各种要素的相互联系；最后，要特别强调学科的交叉。① 就此问题，《学术月刊》2006年以专栏形式发表一组集中讨论的论文，唐力行认为从事区域史研究必须要在三个层面上拓展视野：其一，要注意区域与周边地区的关系；其二，要进行区域比较研究；其三，区域史的研究要与整体史相结合。② 王先明提出，研究问题的空间特征决定了区域史研究的选择，而不是依赖人为的空间取舍形成区域史研究，即反对将研究对象简单地地域化或地方化。因此，可以这样把握区域史研究，即一定时空内具有同质性或共趋性的区域历史进程的研究。③ 张利民提出了区域史的空间范围界定问题，认为科学地规范和界定区域的空间是区域史研究最基本的、不能回避的基础问题。区域史研究对空间的界定应该是理性的，如果随意地冠名区域史，既有失偏颇，也影响区域史的科学性和严谨性，不利于区域史的深入开展和各学科的交叉研究。④ 吴宏歧认为，区域史研究已经成为中国历史学科各主要分支学科研究中的一个新取向，但其碎化现象也引起了不少学者的担忧。区域化的中国社会史研究要避免碎化现象回归整体史研究的正途，必然要借鉴社会科学其他相关学科的视角、理论方法和成果来实现自我建设和理论创新。⑤

杨念群针对目前区域史研究多趋向于探讨"宗族"和"庙宇"功能的

---

① 参见李文海：《深化区域史研究的一点思考》，载《安徽大学学报（哲学社会科学版）》，2007(3)。

② 参见唐力行：《从徽学研究看区域化的中国近代史研究》，载《学术月刊》，2006(3)。

③ 参见王先明：《"区域化"取向与近代史研究》，载《学术月刊》，2006(3)。

④ 参见张利民：《区域史研究中的空间范围界定》，载《学术月刊》，2006(3)。

⑤ 参见吴宏歧：《历史地理学视野下的中国近代社会史研究》，载《学术月刊》，2006(3)。

现状，提出"跨区域研究"的角度，认为应该在尊重既有地方史研究成果的基础上，重新理解政治变迁的跨地方性逻辑的问题。① 徐国利认为，区域史(学)就是研究社会历史发展中由具有均质(同质)性社会诸要素或单要素有机构成的、具有自身社会历史特征和系统性的区域历史，进而揭示区域历史发展系统性和独特性的史学分支学科。②

近代区域社会史研究在江南区域和华北区域方面取得了突出的成绩，不仅成为学界特别关注的领域之一，并且在研究内容和理念上也引出了一些新的思考。面对中国广阔的区域，进一步拓展的空间相当宽阔，未来的研究无论在地域范围还是在理论方法上，都会有持续的进一步的发展。

第二，近代乡村史研究方兴未艾，走向深入。乡村社会变迁始终是中国历史变迁的主体内容，这不仅因为在区位结构中乡村占据绝对的优势，而且因为乡村的生活模式和文化传统从更深层次上代表了中国历史的传统。近代乡村史也成为近年来学界主要关注的课题。王先明著文《开展二十世纪的中国乡村史研究》(光明日报，2000 年 12 月 1 日)，不久又主持了第一次中国近代乡村史研讨会。特别是当"三农问题"构成制约中国社会发展和实现现代化进程的突出问题时，对它的关注和寻求解脱之路的现实需求，催促着我们不得不对其进行学理或学术层面的分析。近年来的近代中国乡村史研究成果突出表现在以下几个方面。

其一，乡村社区及历史研究。王庆成对明代以降，河北、山东等地村落的人口构成及其历史来源、村落规模与结构特征等，做了相当深入和系统的研究，认为华北的"镇"不一定是商业聚落，不少"镇"人口不多，又无商店市集，只是一般村庄。村镇户均人口多在五人左右，入学者只占当地人口的百分之一二。穷民、残疾、节孝等类人员在当

---

① 参见杨念群：《"地方性知识"、"地方感"与"跨区域研究"的前景》，载《天津社会科学》，2004(6)。

② 参见徐国利：《关于区域史研究中的理论问题——区域史的定义及其区域的界定和选择》，载《学术月刊》，2007(3)。

地人口中占有相当比例，老年人口比例偏低，性比例普遍严重失衡，就人口年龄分配而言基本上是稳定的人口类型。① 还有学者利用田野调查所搜集的水井碑刻及访问材料，研究了水井在建构乡村社区空间、规定社会秩序、管理社区人口、营造公共空间、影响村际关系等方面的重要作用。②

其二，乡村土地关系、阶级关系与权力结构研究。土地产权中不同性质的永佃权问题的研究有所深化，曹树基认为，从1927年后浙江省推行二五减租实践过程看，尽管浙江各地区大都存在"一田二主"现象，但是，由于土地来源不同，"田面田"的性质亦有不同。由于两种"田面田"的地租率不同，故而在政府推动的减租过程中，拥有"相对的田面田"的田主积极推动"二五减租"，而公认的"田面田"田主则反对"二五减租"，后者成为浙江"二五减租"的最大障碍。③ 李德英对成都平原的租佃制度研究表明，近代成都平原的押租制度（押租与押扣）并非如有关学者所说的仅仅是加强剥削的手段，它们有着更广泛的内涵，是该地区"自然生态和社会生态环境的产物"。缴纳押租，佃农不仅获得了土地的佃种权，而且通过押扣的方式使自己交出去的押租金获得了一定的利息。从制度上看，租佃双方的经济关系比清代以前更趋平等。④ 李德英更详尽的研究体现在其《国家法令与民间习惯：民国时期成都平原租佃制度新探》（中国社会科学出版社2006年版）专著中。

黄道炫对20世纪30年代的革命与土地关系之间的相关性问题做了探讨，认为江西、福建是20世纪30年代中国南方苏维埃运动的中

①　参见王庆成：《晚清华北乡村：历史与规模》，载《历史研究》，2007(2)；王庆成：《晚清华北村镇人口》，载《历史研究》，2002(6)；王庆成：《晚清华北村落》，载《近代史研究》，2002(3)。

②　参见胡英泽：《水井与北方乡村社会——基于山西、陕西、河南省部分地区乡村水井的田野考察》，载《近代史研究》，2006(1)。

③　参见曹树基：《两种"田面田"与浙江的"二五减租"》，载《历史研究》，2007(2)。

④　参见李德英：《民国时期成都平原的押租与押扣——兼与刘克祥先生商榷》，载《近代史研究》，2007(1)。

心区域，从当时各种调查材料提供的数据综合看，这一地区地主、富农占地约 30%，贫雇农占地约 20%。在什么情况下发生革命，在什么地方形成革命中心，并不一定必然和当地的土地占有状况相联系。①徐畅以抗战前湖南、湖北、江西、安徽、江苏和浙江六省农村为中心，以农家负债和地权异动为视角，从农户土地典押借贷比例，由土地典押借贷到丧失地权的可能性与现实性，农户因土地典押借贷引起地权丧失的实况，微观和宏观两个层面的地权变化等方面，论证抗战前长江中下游地区地权异动处于集中时期；并由此说明 20 世纪 30 年代前期中国农村所面临的前所未有的严峻形势。②

在乡村雇工阶层研究方面，胡成认为，近代江南农村的工价持续上涨，但比照实际购买和扣除通货膨胀的因素，雇工收入仍然偏低，从而导致雇工短缺。该区经营式农场未能发展起来的原因，不在于小农转向更为便宜的家庭劳动力，而在于这时发生了单纯依靠农业已无法维持生存，不得不重新配置资源的近代转型。③王先明认为，20 世纪前期山西乡村雇佣关系有较大发展，但雇佣关系的社会构成涉及乡村社会各主要阶层，雇主和雇工双方角色并不完全固化。雇佣关系的普遍化是通过雇工身份的非固化或雇佣角色的互换性得以实现的。山西乡村社会的雇佣关系，是一种多重身份、地位和角色交叉的"网型构造"，对于雇工群体的时代性认识，有必要置于当时乡村社会普遍贫困化的事实中进行研究。④

新旧制度的更替导致了乡村士人阶层的剧烈变动。关晓红通过区域性的比较考察认为，科举停废虽导致传统意义的"士"阶层消失，但多数

---

① 参见黄道炫：《一九二〇——一九四〇年代中国东南地区的土地占有——兼谈地主、农民与土地革命》，载《历史研究》，2005(1)。

② 参见徐畅：《农家负债与地权异动——以 20 世纪 30 年代前期长江中下游地区农村为中心》，载《近代史研究》，2005(2)。

③ 参见胡成：《近代江南农村的工价及其影响——兼论小农与经营式农场衰败的关系》，载《历史研究》，2000(6)。

④ 参见王先明、牛文琴：《二十世纪前期的山西乡村雇工》，载《历史研究》，2006(5)。

旧学出身者通过各种渠道重新分化组合，直至清末民初仍然占据社会权势的重要位置。清廷虽为士子多方宽筹出路，可是无法遏止中年士人文化心理的失衡及青年学生对国家命运的关注。① 徐茂明的《江南士绅与江南社会(1368—1911 年)》(商务印书馆 2004 年版)以一章的篇幅对"近代社会变迁中的东南士绅"做了专门探讨，并提出一些具有新意的见解。

此外，渠桂萍与王先明的论文从"乡土资源"的角度提出了乡村民众的社会分层问题，认为 20 世纪 20 至 40 年代初，华北乡村民众在接受"阶级"理念之前，对于自身生活社区的层级结构有一整套内生的评价标准与区分体系。这种社会分层的维度是植根于乡村文化脉络的"乡土资源"。②

关于乡村权力结构的研究，有李怀印的《晚清及民国时期华北村庄中的乡地制——以河北获鹿县为例》(《历史研究》2001 年第 6 期)、邱捷的《民国初年广东乡村的基层权力机构》(《史学月刊》2003 年第 5 期)等。李文认为，晚清及民国时期河北省获鹿县的乡地，属半官方人员，由村民轮任，负责催征或代垫粮银及地方治安等事务。这种以村民集合体为特色的乡地制在获鹿一带流行。乡地制使当地的权力关系格局既区别于华北多数地方涣散无力的自耕农社会，又不同于华南强大的士绅社会。宗族统治，应视作这一时期国家与乡村关系的第三种形态。邱文探讨了民国初年广东乡村基层权力重建中的问题，认为由于广东政局动荡，省、县政府对乡村往往不能充分行使权力，乡村基层权力机构获得很大的独立性。国民政府成立后，广东实行新县政，但民国初年形成的乡村基层权力机构的格局，在不少地区一直延续到 20 世纪 40 年代末。

其三，农村社会经济与农民生活问题研究。近年来，有关近代华北农村社会的研究存在着一种引人注目的倾向，即"素来被认为是衰落

---

① 参见关晓红：《科举停废与近代乡村士子——以刘大鹏、朱峙三日记为视角的比较考察》，载《历史研究》，2005(5)。

② 参见渠桂萍、王先明：《乡村民众视野中的社会分层——以二十世纪二十至四十年代初的华北乡村为例》，载《人文杂志》，2004(6)。

破败的华北农村，被不少学者描述出农村资本主义自由发展的耀眼图景"。对此，夏明方在注重定量分析和系统调查基础上提出了完全不同的意见。① 温锐的《民间传统借贷与农村社会经济——以 20 世纪初期（1900—1930）赣闽边区为例》一文认为，20 世纪初期即苏区革命前，赣闽边农村民间传统借贷关系具有普遍性，利息也不是学术界长期所认定的那么高，而且它对当地农村社会经济运行与发展具有不可或缺性。民间借贷不是需要不需要的问题，而是政府如何加以规制与调控的问题。② 李金铮对此问题做了专门研究，其专著《借贷关系与乡村变动——民国时期华北乡村借贷之研究》（河北大学出版社 2000 年版），《民国乡村借贷关系研究》（人民出版社 2003 年版）分别对华北和长江中下游区域的乡村借贷做了比较翔实和深入的考察，从一个侧面揭示了近代乡村经济—社会演变进程中的新旧借贷关系与农民的生存状况。李金铮的另一部著作《近代中国乡村社会经济探微》（人民出版社 2004年版），则汇集了他近年来在近代中国乡村社会经济方面的主要研究成果，从乡村区域研究理论与方法、近代华北与长江中下游地区的农家经济与生活、华北抗日根据地与解放区的农业经济与社会发展等几方面入手，做了比较微观的区域研究。

学者们也关注到近代乡村工业化问题。张思认为，19 世纪末，直鲁农村手工纺织业在外国棉制品的冲击下经历了一个严重衰落的低谷，也迎来与国内发达地区并驾齐驱、与机器棉制品比肩竞争的发展转机。一些学者关于洋布、洋货未能打入华北内地，甚至纠缠于"帝国主义是现实还是神话"的看法值得商榷，"封建、落后"的农村经济在突如其来的冲击面前所表现出的强韧性和对抗能力，在机遇面前所显示出的与时俱进的品质以及对新技术和新生产方式的持续容纳能力也同样值得

---

① 参见夏明方：《发展的幻象——近代华北农村农户收入状况与农民生活水平辨析》，载《近代史研究》，2002(2)。

② 参见温锐：《民间传统借贷与农村社会经济——以 20 世纪初期(1900—1930)赣闽边区为例》，载《近代史研究》，2004(3)。

关注。① 彭南生则提出了半工业化问题，认为多元共存的生产形式使半工业化在市场波动时具有较大的灵活性。半工业化是一种在落后国家和地区所存在的既不同于农村传统手工业，也不同于原始工业化的一种现象，需要更加深入地研究。②

黄正林主要依据地方档案资料对陕甘宁边区的农村市场、经济与社会发展做了研究，认为其在市场构成、专业市场的形成等方面，既有全国农村市场的共性，也有西北区域市场的特性。晚清以来，周期性的社会动荡和自然灾害，以及地方军阀的横征暴敛，造成人口锐减，农村经济凋敝，农民日益贫困，购买力低下，农村市场衰退。同时，鸦片的大量种植，导致了西北农村市场畸形发展，出现了专门的鸦片市场。这些现象直到中华人民共和国成立前夕也没有多大改观。③ 同时，他也对这一区域的经济财政、社会变迁和社会风尚等问题做了探讨，这方面的成果集中在他的《陕甘宁边区乡村的经济与社会》（人民出版社 2006 年版）一书中。

此外，一些学者还对农民离村问题④、农村分家行为⑤以及役畜等问题⑥做了研究。

第三，社会性别史的发端与研究。社会性别史也在最近几年进入人们的视野，并在突破妇女运动史前提下生成新的研究理念。李细珠对民初女子参政做了研究，认为民初女子参政权案是男性权势对女性政治诉求的整体压抑与排斥，体现了鲜明的性别歧视面相。民初女子

----

① 参见张思：《遭遇与机遇：19 世纪末中国农村手工业的曲折经历——以直鲁农村手工纺织业为例》，载《史学月刊》，2003(11)。

② 参见彭南生：《半工业化：近代乡村手工业发展进程的一种描述》，载《史学月刊》，2003(7)。

③ 参见黄正林：《近代甘宁青农村市场研究》，载《近代史研究》，2004(4)。

④ 参见王印焕：《1911—1937 年冀鲁豫农民离村问题研究》，北京，中国社会出版社，2004。

⑤ 参见王跃生：《20 世纪三四十年代冀南农村分家行为研究》，载《近代史研究》，2002(4)。

⑥ 参见王建革：《役畜与近代华北乡村社会》，载《社会科学研究》，2006(2)。

参政权运动的失败，不能简单地仅仅归咎于以袁世凯为代表的封建专制势力的阻碍与破坏。① 夏春涛则对太平军中的婚姻与两性关系做了新的探讨。② 然而，值得关注的问题却正如李伯重所说，20世纪末期受国际学坛风气的激荡，妇女史研究也成为中国史坛上一个值得注意的新动向。③ 研究者显然不再拘泥于以前"妇女运动史"的立场，而具有全新的"社会性别史"和历史人类学的特征。所以定宜庄认为，妇女史是在社会史的大背景之下产生的一个新的研究领域。④ 如杨兴梅不仅关注到"在对近代四川反缠足运动的历史进程进行重建时，也可看出清季官绅权力的调适与再分配的一些面相，以及禁罚方式的确立对民国反缠足努力的影响"⑤，而且也从社会观念上观察到"缠足"形成的"两个世界"问题："近代社会变动导致从价值取向到生存竞争方式都有较大的差异的'两个世界'的存在，多数不能受教育的女性很难享受与'新世界'相伴随的社会待遇，缠足实际成为保障她们婚姻成功的一个基本条件；这样的社会因素又反过来强化了这一'世界'小脚美的观念"。⑥

（三）社会史研究的学科影响

社会史研究方向的开拓和日趋繁盛的态势，一定程度上改塑了中国近代史研究的基本格局，其学术影响值得关注。其学术贡献在三个方面表现明显。

---

① 参见李细珠：《性别冲突与民初政治民主化的限度——以民初女子参政权案为例》，载《历史研究》，2005(4)。

② 参见夏春涛：《太平军中的婚姻状况与两性关系探析》，载《近代史研究》，2003(1)。

③ 参见李伯重：《问题与希望：有感于中国妇女史研究现状》，载《历史研究》，2002(6)。

④ 参见定宜庄：《妇女史与社会性别史研究的史料问题》，载《历史研究》，2002(6)。

⑤ 杨兴梅：《从劝导到禁罚：清季四川反缠足努力述略》，载《历史研究》，2000(6)。

⑥ 杨兴梅：《观念与社会：女子小脚的美丑与近代中国的两个世界》，载《近代史研究》，2000(4)。

1. 突破教条，重构体系

以往的中国近代史研究，政治史范式代表了主流方向。作为基本线索和基本理论分析框架，具体表现为一条线索、两个过程、三次高潮、八大事件的革命史叙事脉络。在一个特定的历史时期，"两个过程"或许是中国近代史研究的最佳视角，但中国近代社会变革的全面性、复杂性显然未能全部纳入这一研究框架。况且，要全面理解中国革命的过程，不研究这一时期社会演变的诸侧面也是不全面不深透的。所以，如何适度突破已有的研究模式，建构新的研究框架，这是中国近代社会史研究兴起之初面临的首要问题。

19 世纪 80 年代中国近代社会史的复兴与重建，是在对旧有研究模式的反思、改革开放形势的转变、国外社会史理论的引入这样一种大背景下进行的。开展社会史研究适应了学术发展的需要，也顺应了时代发展的潮流，社会史复兴之初的主要目标是"把历史的内容还给历史"。在近代社会史研究成果的推动下，中国近代史的研究理念、研究视角和研究方法均发生了根本性的变化，简单化、教条化的"革命史"和"阶级斗争史"模式已经被突破，中国近代史重新建构了新的知识体系；并由此丰富、深化、扩展了中国近代史的内容。这应该是具有时代性的变化。

2. 汲取新知，更新方法

社会史的兴起一开始就体现着一种高度的学科开放性特征。作为"新史学"的社会史实际上是在历史学和社会学的交叉渗透基础上产生的新学科，因而，社会学概念、范畴、理论方法的植入似无可非议。"在所有的社会科学中，社会学和人类学在观点上与历史学最为接近。当代社会与过去社会之间的分界线是微妙的，不断变动的，而且是人为的。"①社会学的理论、范畴、方法被大量引入历史学，显然是从社会史开始的。而且，"从严格的逻辑意义上说，社会科学家使用的唯一

---

① ［英］杰弗里·巴勒克拉夫：《当代史学主要趋势》，杨豫译，76 页，上海，上海译文出版社，1987。

证据——无论其研究领域多么特殊——只能是历史的证据"①。因而，"新术语滔滔不绝地涌向历史科学，它们更一般、更抽象和更严谨，其性质与传统历史概念迥然相异。这一科学术语向历史科学的'大迁徙'绝对是一个进步过程"②。由此，"不管历史学家愿意与否，社会学将成为史料外知识中的一个重要组成部分，历史学家缺此将无法应付任何最具体的研究"③。正是从社会史的兴起开始，中国近代史研究的理论和方法呈现出日新月异之势，并大量引入西方学者的理论模式，如施坚雅的"区域经济理论"、萧公权与周锡瑞等的"士绅社会"理论、罗威廉的"市民社会"分析、黄宗智的"经济过密化"分析、杜赞奇的"权力的文化网络"及乡村基层政权"内卷化"的研究、吉尔兹的"地方性知识"、艾尔曼的"文化资本"解释方法等。近年来，中国学者提倡"新史学"或"新社会史"的研究，试图在引入过程中建构起"本土化"的解释体系。

社会史在坚持历史学基本方法的同时，主要还是较多借用了社会学、民俗学、历史地理学等学科的方法。随着社会史的深入发展和区域社会史的兴起，人类学的研究方法对社会史研究的影响越来越大，在具体研究中得到了较为普遍的运用，如张佩国的《近代江南乡村地权的历史人类学研究》(上海人民出版社 2002 年版)。当代史学变动的一个突出趋向是，一方面在研究内容上表现出"社会化"倾向；另一方面在理论和方法上也呈现出"社会学化"倾向，以社会学的理论模式和术语去说明历史。这种趋向某种程度上也体现着社会史学科的高度开放性。

3. 三大转向，完成转型

社会史的兴起，对于中国近代史研究或者说对于整个中国历史学而言，具有划时代的意义。我认为它使得中国的历史学研究内容实现了三大转向。

---

① ［英］杰弗里·巴勒克拉夫：《当代史学主要趋势》，杨豫译，76 页，上海，上海译文出版社，1987。

② ［苏］波·尼·米罗诺夫：《历史学家和社会学》，王清和译，32 页，北京，华夏出版社，1988。

③ ［苏］波·尼·米罗诺夫：《历史学家和社会学》，王清和译，97 页，北京，华夏出版社，1988。

第一，由精英的历史转向普通民众的历史。传统史学所关注的大多是历史舞台上的主角，虽然在马克思主义史学唯物史观指导下，学者们大都接受了"人民群众创造历史"的历史观，但即使在以农民战争为主线的史著中，也仍然是以农民起义英雄、领袖为中心，而对真正意义上的社会大众——农民的研究却并不深入。社会史倡导研究普通人的历史，试图通过对社会大众日常生活的探讨揭示出"英雄"们借以出演的历史正剧的社会内容，从而全面而深刻地揭示社会历史运动的必然规律和基本趋向。许多与普通人相关的内容如贱民、娼妓、太监、游民、流民、乞丐、妇女、秘密社会等，都成为社会史学者的研究课题。社会史研究对象的日趋"下层化"或"大众化"，是其时代特征之一。

第二，由政治的历史转向日常社会生活的历史。人类社会的历史规律绝不外在于日常社会生活。不论社会变革最终爆发的形式和烈度如何，事实上它的爆发力量和变动趋向，早在社会生活的一般进程中缓慢聚积和体现着。传统史学格外关注历史事变的最终结果或重大的事变本身，而相对漠视事变酝酿不经意的历史过程。新时期的社会史则相反。与以往的历史著述侧重于政治事件不同，社会史研究密切关注的是同社会大众日常生活相关的内容，诸如民俗风情、历史称谓、婚丧嫁娶、灾荒救治以及衣、食、住、行等社会物质生活和精神生活的历史演变，这使得历史学研究内容带有浓郁的生活气息。

第三，由一般历史事件转向重大的社会问题。社会史崛起伊始，就以强烈的社会责任感着力于人口问题、灾荒问题、流民问题、社会犯罪等专题的研究，试图从历史的纵向探索中为现实的社会问题的化解提供历史借鉴，并借以强化史学的社会功能。

正是在这一历史性转向中，中国近代史研究实现了由"革命史"向"整体史"或"社会史"的转型。如果说"革命史"代表了19世纪80年代之前中国近代史研究的主流趋向的话，那么，社会史就标志着新时期中国近代史研究的主要方向和发展趋势。

（四）社会史研究的新态势

社会史以高度开放的姿态形成了自己独有的学科特色。跨学科的交叉渗透，多学科理论方法的汲取，为社会史的创新和发展提供了深广的学理基础和诱人的发展前景。但是，这种特性也为学科的发展带来一些与生俱来的问题，有必要引起我们的重视。

首先，就中国近代社会史学科体系而言，基本上还局限于"三板块的结构"［社会构成、社会生活、社会功能（或"社会意识"）］体系之中。这其实是一个典型的社会学的知识框架，与历史学旨在揭示纵向变迁及其内在动因的主旨并不完全相符。历史学的价值和意义在这种"社会学化"理论体系中根本无法凸显，导致社会史变成了"社会学"的"历史投影"。"三板块"结构的近代社会史，实际上是分别从不同角度叙述的近代人口史，婚姻史，家庭史，衣、食、住、行史，灾荒史，以及教养史等。"三板块"之间以及"三板块"所叙具体内容之间，缺少了体现学科理论体系中最主要的一种内存关联。这等于是从三个侧面表现的历史的社会，而不是"社会的历史"。

单纯的"社会学化"取向将导致历史学学科特征的失落，使之远离史学而趋近于历史社会学。毫无疑问，作为综合性很强的新兴的近代社会史，在当代社会科学的相互渗透、扩散中，理应积极吸取社会学的理论成果。问题在于近代社会史的学科本位只能是历史学而不能是社会学，如果在学科渗透中失落了史学特征，那么社会史就会日渐失去其独立存在的学科意义。

其次，新的理论方法的引入，有利于近代史研究领域的扩展和传统模式的突破；但另一方面，非规范性的引入和运用也导致了近代史研究的失范化与破碎化。比如"区域化取向"就造成了历史学研究的失范。任何研究都有自己的特定的规范性，区域史研究亦然。但是，大量的研究者及其成果，并不遵循区域史的规范要求，而只是在追逐时代潮流中张扬着区域史的旗号。一些专门性很强的主题，如资源史、环境史研究等，也以省区的限定挂上了"区域史研究"招牌，而无视其学科本身的规范性要求。那么，何谓规范的区域划分，作为区域史研究的基本规范是什么，这些最基本的问题并没有在研究中有所观照，以致形成极为泛化的"区域化取向"。

"区域化取向"造成了近代史研究的"碎化"。作为研究对象的区位选择方面，呈现出严重的不平衡性，有跨省区的大区域史研究，有省区史研究，更有县域史研究、村域史研究等。如果没有可以相对认同的标准，研究的"区域单元"似乎可以无限地细分下去，不仅可以划到"村域"，甚至可以划到"家族界域"。这种趋向不仅割裂了历史演进的整体性，也背离了"区域社会史把特定地域视为一个整体"的研究宗旨。如上等等，表明中国近代社会史研究还存在许多学科发展中亟待注意和解决的问题。

中国近代社会史的理论构建不能依循"社会学化"的单一偏向发展，应该在保持历史学的学科本位基础上进行社会史的理论创建。作为"动态性"很强的近代社会史，必须着眼于社会变迁运动的历史过程，从而构建自己的理论体系。

中国近代社会史研究走过了二十年的历程，取得了令人瞩目的成绩，至今仍保持着强劲的发展态势。从目前的发展景况不难预见，中国近代社会史研究将在以下几个方面得到新的拓展。

1. 社会史新方向的拓展

多学科的交叉融通使得社会史研究拥有着持久的活力和研究领域的创新力。近年来的社会史研究因应着时代的需求，不断在摄取新的学科理念和方法中扩展着自己的研究领域，形成了新的学科丛。

首先是社会生态史或环境社会史。近来，随着环境史和社会史研究的深入发展，两者逐渐对接和互渗。越来越多的研究者认识到，社会史研究不仅需要考虑各种社会因素的相互作用，而且需要考虑生态环境因素在社会发展变迁中"角色"和"地位"；不能仅仅将生态环境视为社会发展的一种"背景"，而是要将生态因素视为社会运动的重要参与变量，对这些变量之于社会历史的实际影响进行具体实证的考察。①

社会生态史以一种新的社会史学理念为基础，认为人类社会首先是一个生物类群，是地球生物圈内的一个特殊生命系统，与周围环境存在着广泛的物质、能量和信息交流，始终受到生态规律的支配和影

---

① 参见李玉尚：《地理环境与近代江南地区的传染病》，载《社会科学研究》，2005(6)；余新忠：《清代江南的卫生观念与行为及其近代变迁初探——以环境和用水卫生为中心》，载《清史研究》，2006(2)。

响。因此，社会的历史也就存在着采用生态学理论方法加以考察的必要性与可能性。近年来，中国生态史(或称环境史)研究取得的成果令人瞩目，预示着一个崭新分支——生态史学或环境史学正在逐步建立之中。

其次是医疗社会史。这也是"新史学"向纵深发展而产生的一门社会史分支学科。最近几年，这方面的研究成果令人十分关注，如梁其姿的《麻风隔离与近代中国》(《历史研究》2003 年第 5 期)、李玉尚的《近代中国的鼠疫应对机制——以云南、广东和福建为例》(《历史研究》2002 年第 1 期)、焦润明的《1910—1911 年的东北大鼠疫及朝野应对措施》(《近代史研究》2006 年第 3 期)、余新忠的《咸同之际江南瘟疫探略——兼论战争与瘟疫之关系》(《近代史研究》2002 年第 5 期)等。相关的专著则有余新忠的《清代江南的瘟疫与社会：一项医疗社会史的研究》(中国人民大学出版社 2003 年版)、张大庆的《中国近代疾病社会史1912—1937》(山东教育出版社 2006 年版)等。这些论题的问题意识十分强烈，而且提示着近代社会史乃至整个中国近代史研究的一个新的群体和发展方向的生成。

无论从社会史研究中心议题的深入研讨还是新的研究领域的拓展来看，社会史都展示出诱人的发展前景。而社会史的发展又始终与其特有的学术关怀与强烈的问题意识密切相关。"使历史研究的内容更为丰富"①，这应该成为当代社会史学及社会史学家们的追求。

二、拓展与深化时期

(一)2008—2017 年研究概况

从 2008 年至 2017 年，中国近代社会史研究仍然是史学发展中令人关注的领域。其整体状况可从以下几个方面加以概括：2008—2017年发表的相关论文有 200 多篇，著作有近 300 部(包括旧版重印)，举办会议 40 多场次。从论文分布来看，社会史理论方法方面 61 篇(包括史料、田野调查与社会史研究方面 4 篇)，社会文化史方面 17 篇，区

---

① 王先明：《社会史的学术关注与问题意识》，载《人民日报》，2006-02-24。

域社会史方面 5 篇，社会生活史方面 8 篇，乡村史方面 72 篇，城市史方面 28 篇，环境史方面 10 篇，医疗史方面 6 篇，其他方面 32 篇，总计 239 篇。

相关的近代社会史著作出版情况，我们按 14 个专题内容[社会史理论与方法(包括通史) 20 种、社会文化史 17 种、区域社会史 20 种、社会生活史 18 种、乡村史 59 种、城市史 14 种、社会群体 27 种、灾荒与慈善救济 31 种、宗教与秘密社会史 20 种、性别社会史 8 种、医疗史 12 种、环境史 17 种、法律社会史 5 种以及其他 16 种]统计，大致有 284 种。

上述所列研究成果的主题分布，大体可以展现这十年社会史研究的基本趋势和走向。

十年间，各大学和研究院所举办近代中国社会史学术会议 40 多场次。相对密集的社会史学术会议活动，一方面体现着社会史学术机构近年主要的研究着力点，另一方面也展示或代表着相关研究团队(或力量)的活跃态势。其中南开大学中国社会史研究中心主办会议 3 次，参与合办会议 2 次，论题主要集中在近代交通社会史、中国日常生活史、近代乡村社会史、华北历史地理与社会变迁以及生态环境史方面。中国社会科学院近代史所主办与参与合办会议十余次，论题分别为：近代中国都市与乡村、社会文化与近代中国社会转型、中国历史上的生命、生计与生态、华北城乡与近代区域社会、中国历史上的国计民生等。首都师范大学举办(并参与合办)会议 5 次，主题分别为：近现代社会文化史、近代中国的社会保障与区域社会、西方新文化与中国社会文化史的理论与实践等。此外还有南京大学、中山大学、山东大学、华中师大以及山西大学相关社会史研究机构举办学术会议。

2008—2017 年的史学研究中，近代社会史研究仍然占据主导性地位，不仅论文和著作发表总量持续稳定增长，而且研究主题也不断深化并拓展延伸，其学术的活跃状态和发展趋势令人瞩目。

(二)研究热点与问题聚焦

就上述研究状况的呈现而言，不难发现中国近代社会史研究的基本特征和发展趋向。从发表的学术论文和出版的学术著作两大项看，乡村史仍然是学者们相对集中关注的领域，分别占到了论文的30％以上和著作的20％以上，远远高于其他主题内容。2000年以来近代中国乡村史研究就逐步聚集了一批学者，在各自的研究领域和论题上都取得了许多令人瞩目的成果。这一研究态势仍在持续发展，且有更为深入的拓展和提升。

当然，乡村史研究论题方面也有了新的话语或新视野的拓展，譬如乡村治理成了新的关注点。任吉东的《近代华北乡村社会治理的双重话语——以获鹿县为例》一文认为，传统的获鹿县乡村治理是通过一种经过长期演变产生的内生制度而实现的，进入近代后，乡村社会治理出现了原生态组织与嵌入性机构并存的局面，出现了地方话语权与行政话语权的双重存在与动态平衡，成为近代乡村治理形式中独特的一幕。① 彭澎在《近代乡村治理的法权结构变革与法制转型研究》一文中提出，国家治权、乡村权威与乡民主体之间的关系是影响近代乡村治理法权结构变革的主要因素，三者关系的协调可以为解决和处理当代农村基层治理问题提供认识论视角与方法论参考。②

也有学者在传统论题基础上融入了"乡村治理"理念。潘洵、李桂芳的《卢作孚与中国近代乡村现代化的"北碚现象"》一文认为，对经济、文化、环境和人的重视，是卢作孚乡村现代化建设最鲜明的特色。他关于建设"生产的、文化的、游览的区域"的理想与规划；以治理社会秩序为先导，以经济建设为中心，全面开展文化建设和社会公共建设的乡村现代化模式；以及以人为本，延揽和培养乡村建设人才的用人方略，是北碚乡村现代化取得成功的最重要的因素。③ 张霞、邹进文在《乡镇财政的早期近代化：立足于清末的考察》一文中提出，事权与财权是密不可分的，公共权力的下移必然要求财权的下移，随着乡村

① 参见任吉东：《近代华北乡村社会治理的双重话语——以获鹿县为例》，载《中国农史》，2009(2)。

② 参见彭澎：《近代乡村治理的法权结构变革与法制转型研究》，载《湖湘论坛》，2017(2)。

③ 参见潘洵、李桂芳：《卢作孚与中国近代乡村现代化的"北碚现象"》，载《重庆师范大学学报(哲学社会科学版)》，2011(5)。

治理的近代转型，清末乡镇财政也开始了近代性变迁。由于诸多复杂因素的影响，清末乃至中国近代乡镇财政的转型不仅没有稳固基层政权，反而动摇了政府的统治根基。① 鞠忠美重新评价梁漱溟乡村治理模式，认为他在肯定中国传统文化作用的同时，通过融合中华传统文化与近代西方文化、时代主题，希望在乡村建设一种新的文化，以推动乡村复兴，并进而实现中国复兴。②

此外，现代治理理念也融入乡村史研究，成为博士论文的选题，如马欣荣的《中国近现代乡村治理结构研究》（西北农林科技大学博士论文，2012年），邓云山的《现代化视野下中国共产党的乡村改造思想及实践研究（1921—1937）》（湖南大学博士论文，2012年），周祥林的《梁漱溟乡村建设伦理思想与实践研究》（中南大学博士论文，2011年）等。

乡村史之外，相对集中的研究主题是社会史理论与方法，而且在论文和著作两个方面的分布比较均衡。但是就论文研究内容来看，实际上多集中于当代社会史领域的拓展方面，如李文、魏钦恭的《学术研讨与专题研究共推学科发展：2016年中国当代社会史研究扫描》（《河北学刊》2017年第5期），李文的《国史中的社会史：内容和框架结构》（《中国地方志》2011年第1期），宋学勤、李晋的《思想"在场"：当代中国社会史研究的基点》（《史学理论研究》2017年第4期），江沛的《以社会史的视野推动中国当代史研究》（《社会科学》2013年第6期），朱汉国的《中国当代社会史研究之我见》（《史学集刊》2012年第5期），李金铮的《借鉴与发展：中国当代社会史研究的总体运思》（《河北学刊》2012年第4期），田居俭的《中国当代社会史研究要重视理论指导》（《河北学刊》2012年第2期），李文海的《发展与推进中国当代社会史研究》（《河北学刊》2012年第2期），姚力的《中国当代社会史研究的学术视野与问题意识》（《中共党史研究》2011年第1期）和《中国当代社会

---

① 参见张霞、邹进文：《乡镇财政的早期近代化：立足于清末的考察》，载《中国经济史研究》，2009(4)。

② 参见鞠忠美：《在创新中传承：传统文化的现代出路——梁漱溟乡村文化建设的启示》，载《山东社会科学》，2017(1)。

史研究的基本问题》(《当代中国史研究》2010 年第 1 期)，宋学勤的《当代中国史视角下的社会史研究》(《当代中国史研究》2010 年第 6 期)等。此外，还有相当一部分属于社会史研究综述和阶段性研究总结类的文章，如常建华的《传承与创新：中国社会史研究综述的制作及其意义》(《吉林大学社会科学学报》2013 年第 4 期)，唐仕春的《中国近代社会史研究扫描：2014》(《河北学刊》2015 年第 5 期)，李长莉的《中国近代社会史研究三十年发展趋势与瓶颈》(《南京社会科学》2017 年第 1 期)和《三十年来中国近代社会史研究范式之转换》(《河北学刊》2018 年第 2 期)，王先明的《新时期中国近代社会史研究评析》(《史学月刊》2008 年第 12 期)等。

也有相当多的论文在质疑、反思中力求就问题意识、研究方法和视野方面提出新的看法。闵杰在《学术批评之中国近代社会史》一文中认为，近代社会史研究成果丰富，但雷同较多，总体上浅薄之作多，深析之著少；研究社会生活时关注新因素新现象多，而讲旧因素旧现象少；此外，史料准备不足，论述概念化问题也很突出。社会史研究应该在这些方面力求突破。① 对此，李长莉也持相同的立场，认为社会史的多数知识研究成果停留在学科内部，甚至更小范围的知识交流，具体缺陷为碎片化和记述性；她提出以后的研究应该注重综合法、理论法、跨学科法。② 小田提出，社会必须强调整体史的学术使命，即思维方式的更新，包括历史理念、知识结构、观察视角、史料样式等。整体史的构建是不断改变要素以适应整体的机构性更新。③ 俞金尧对新文化史的激进倾向不满，认为社会史学正进行一种"实践的历史"的

① 参见徐秀丽主编：《过去的经验与未来的可能走向——中国近代史研究三十年(1979—2009)》，185～188 页，北京，社会科学文献出版社，2010。

② 参见李长莉：《社会史研究瓶颈如何突破》，载《中国社会科学报》，2009-10-15。

③ 参见小田：《构建整体社会史的学术使命》，载《徐州师范大学学报(哲学社会科学版)》，2011(1)。

新探索，这一走向值得注意。① 王先明提出，应该从两个方面拓展中国近代社会史研究，既要强化内涵提升，也要注重外延拓展②；在《"新史学"的开拓与建构——评余新忠〈清代卫生防疫机制及其近代演变〉》一文中，王先明对当代新史学演变趋势进行了梳理，提出了社会史学科建构中值得关注的问题。③ 宋学勤、李晋则提出，为避免思想性缺位导致的"故事性"学术成果，应秉持总体史的问题意识，以发掘区域研究意义为目的，审视"人"的主体性，寻求可资对话的"中层理论"。④

值得关注的一个趋向是，日常生活史开始成为近些年近代社会史研究中相对聚焦的论题。常建华多次提出加强日常生活史研究以拓展社会史研究内涵，认为日常生活应当成为文化史、社会史、历史人类学研究的基础，应更明确地把日常生活史作为社会文化史研究的基本内容⑤；同时，生活史的研究带来视角与方法的变化，可以从日常习惯中发现历史，从日常生活来看国家，挑战传统史料认识，从生活方式的转变可以考察民族关系及与不同文明进行比较，阐述社会变迁⑥。余新忠提出，应该积极从日常生活理论和国际新史学思潮中汲取思想和观念，以"人"为中心，挖掘史料。⑦ 日常生活史也是近年来社会史学术会议研讨的中心问题，如 2011 年 9 月由南开大学中国社会史研究中心主办的"中国日常生活史的多样性"国际学术研讨会，2012 年 12 月

① 参见俞金尧：《书写人民大众的历史：社会史学的研究传统及其范式转换》，载《中国社会科学》，2011(3)。

② 参见王先明：《内涵提升与外缘扩展双向互动：拓展中国近代史研究再思考》，载《河北学刊》，2015(1)。

③ 参见王先明：《"新史学"的开拓与建构——评余新忠〈清代卫生防疫机制及其近代演变〉》，载《近代史研究》，2017(2)。

④ 参见宋学勤、李晋：《思想"在场"：当代中国社会史研究的基点》，载《史学理论研究》，2017(4)。

⑤ 参见常建华：《日常生活与社会文化史——"新文化史"观照下的中国社会文化史研究》，载《史学理论研究》，2012(1)。

⑥ 参见常建华：《中国社会生活史上生活的意义》，载《历史教学》，2012(2)。

⑦ 参见余新忠、郝晓丽：《在具象而个性的日常生活中发现历史——清代日常生活史研究述评》，载《中国社会科学评价》，2017(2)。

由南京师范大学抗日战争研究中心、《抗日战争研究》编辑部、南京历史学会共同举办的"抗战时期都市民众日常生活"研讨会，2015年1月由上海大学历史系、《近代史研究》编辑部主办的"抗日战争时期的社会生活"学术研讨会，2016年10月由中国社会史学会、武汉大学、三峡大学、中国社会科学院近代史研究所合办的"中国历史上的国计民生"研讨会(第十六届中国社会史学会年会)等。

区域社会史以及区域史视野下的交通社会史、生态环境史等也是学术研讨中较为集中的问题。

与论文有所不同，学术著作更多地体现了既往学术研究成果的积累或总结，它从另一角度展示着社会史学术发展的境况。系统性的社会史著作不断推出，一定程度上诠释了这一学科具有的时代影响和学科价值。张静如主编的《中国当代社会史》(湖南人民出版社2011年)，具体而系统地诠释了他一贯坚持的社会史乃通史说的主张。尽管各分卷章节设计各有不同(如文化部分有称之为科技文化，也有分列为教育与科技、文化、体育和卫生事业者等；分卷中有专列外交一章者，有特设交通和电信一章者；社会结构内容方面各分卷也略有不同，如分为阶级阶层、社会组织、婚姻与家庭或人口婚姻家庭等；社会生活、社会事业、社会保障、社会意识、社会问题等各分卷所设章节均有明显差异)，但这套当代中国社会史丛书整体上仍然大致按经济、政治、文化、社会四大部分来编写具体内容。这套书是社会史研究延伸到当代史或者可以说是当代史研究的社会史取向的重要成果之一，但不可否认的是，其在体例和学科建设上仍有值得商榷的问题。

乡村史研究的系列性著述有王先明主编的"20世纪中国乡村社会变迁丛书"(人民出版社2009年后陆续出版)8册，以专题论述形式集中地探讨20世纪前期乡村社会的历史变迁问题(主要有王先明：《变动时代的乡绅——乡绅与乡村社会结构变迁(1901—1945)》；罗朝晖：《富农与新富农——20世纪前半期华北乡村社会变迁的主角》；李伟中：《20世纪30年代县政建设实验研究》；熊亚平：《铁路与华北乡村社会变迁1880—1937》；渠桂萍：《华北乡村民众视野中的社会分层及其变动(1901—1949)》；郝锦花：《新旧学制更易与乡村社会变迁》；曾耀荣：《南京国民政府的农业贷款问题研究》；魏本权：《农村合作运动与小农经济变迁：以长江中下游地区为中心（1928—1949）》）。在近代乡村史研究的取向中，为了突破乡村史与城市史研究领域的人为区隔，王先明又主编了"二十世纪之中国——乡村与城市社会的历史变迁"丛书 10 册（山西人民出版社 2013 年出版），10 卷本分别为安宝《离乡不离土：20 世纪前期华北不在地主与乡村变迁》，柳敏《融入与疏离：乡下人的城市境遇——以青岛为中心（1927—1937）》，张彦台《蜕变与重生：民国华北牙商的历史演进》，任金帅《聚同道于乡野：华北乡村建设工作者群体研究（1926—1937）》，付燕鸿《窝棚中的生命：近代天津城市贫民阶层研究（1860—1937）》，张启耀《民生维艰：田赋负担与乡村社会变迁——以二十世纪前期的山西为范围》，朱军献《因革之变：中原区域中心城市的近代变迁》，丁芮《管理北京：北洋政府时期京师警察厅研究》，杨东《乡村的民意：陕甘宁边区的基层参议员研究》，杨红运《复而不兴：战前江苏省保甲制度研究（1927—1937）》。这一系列研究项目于 2012 年列入"十二五"国家重点图书出版规划增补项目，2013 年入选新闻出版总署国家出版基金资助项目，同年入选出版总署出版改革发展项目。该套丛书出版后引起了学术界关注。此外，王先明还相继出版了《走近乡村——20 世纪以来中国乡村发展论争的历史追索》（山西人民出版社 2012 年版）、《乡路漫漫——20 世纪前期之中国乡村（1901—1949）》（社会科学文献出版社 2017 年版）等，由此形成了一个以南开大学为主导的相对稳定和持续发展的近代中国乡村史研究团队。

在综合性研究方面，李长莉等人所著的《当代中国近代社会史研究》（中国社会科学出版社 2017 年版）值得我们特别关注。这是"当代中国近代史研究系列"丛书之一，它分为十二个专题（以章的形式）系统总结了 2015 年之前的中国近代社会史研究状况并予以学术评析，是我们了解和认识社会史学科理论、学术研究发展演变的重要资料。关于近代社会史专题研究的著述，总体上比较深入，多是此前研究内容的深化和拓展，如张思的《侯家营：一个华北村庄的现代历程》（天津古籍出版社 2010 年版），王笛的《茶馆——成都的公共生活和微观世界，

1900~1950》(社会科学文献出版社 2010 年版)、李金铮的《传统与变迁：近代华北乡村的经济与社会》(人民出版社 2014 年版)、唐力行的《延续与断裂：徽州乡村的超稳定结构与社会变迁》(商务印书馆 2015 年版)、刘家峰的《中国基督教乡村建设运动研究(1907—1950)》(天津人民出版社 2008 年版)等，但专著的论题相对比较分散，恕不一一评析。

(三)问题与反思

新的问题意识的产生和研究视野的拓展令人欣喜，持续性地展示了社会史学科的活力和发展前景。社会史学科的开放性、包容性以及引领性，在 21 世纪以来已经形成学科生长点的环境史(或生态环境史)和医疗社会史研究中再次获得确证。与政治史、文化史鼎足而立的社会史，已经显示了更为强劲的发展活力。当然，在对其学术成就的研判和思考中，我们也不难体察到社会史学科发展中的一些缺憾。

譬如，就新近兴起的环境史而言，它还是主要侧重于"自然(生态)史"的取向。我们认为，没有"社会环境史"的历史，将不是完整的社会历史；同样，没有社会环境史的内容，也建构不起真正完整的"环境史学"。环境是人类生存和活动的场所，环境是人类赖以生存和发展的物质条件，它包括自然环境和社会环境。真正的"环境史学"不能不包含这两个方面。在这里，环境史的自然史取向与社会史取向同样不可或缺。

"社会建设"作为我们现代化进程中"科学发展观"的内容之一，当然也是基于对"社会环境"治理和建设的现实需要；没有良好、健康的社会环境，社会建设及其相关的内容也就无从谈起。社会环境问题，是人类社会形成以来一直与人的生存、发展相关的重要主题之一，也是现代化进程中更为突出的问题之一。因此，日渐成为学术热点的环境史研究乃至历史学研究中的"社会环境史"取向，既是以人为主体的历史学学科发展的内在要求，也是史学面对现代社会需求，实现其"学以致用"学科功能的重要体现。

社会史与政治史的融通问题，或者说日常生活与重大历史事件的内在关联问题，也应该成为社会史研究走向深层发展的论题。当代中国历史学的研究成果斐然，已经赢得人所共知的赞誉。同时，它也在奋进中显示出自己的缺憾，其发展进向也足以让人警醒。其中一个显而易见的问题是，社会史研究日渐聚焦于日常生活，而完全回避了对重大历史事件和社会运动的关注；日渐深入解析群体生活的状态与习惯，而无视精英或社会运动领袖的行为与选择。值得我们深思的问题是，社会史一旦失去对重大历史事变和社会运动发展的关注和解释能力，它还是社会的历史吗？如果只在琐碎的生活中爬梳出生活的雅趣，而完全规避了对于社会运动领袖或英雄人物的探讨和洞察，史学还能保持并弘扬其通鉴古今的功用吗？

面对历史研究中日常生活与历史事变之间的张力，现代史学两位大师的取向和经验值得我们珍记。

日常生活成为史学研究的主题是当代历史学的主导趋向，这无可置疑。马克思说过，人类历史的第一个前提就是日常生活，即衣食住行，然后再从事其政治、军事等上层建筑活动。走进日常生活也是年鉴派史学大师布罗代尔史学研究鲜明的特征之一。他说过，"我认为人的生活一大半淹没在日常琐事中。无数的行为都是自古继承下来的，无章无序积累的，无穷无尽重复的，直至我辈"①。

但是，走进日常生活并不能局限于日常琐碎，而应该"再走出来"。因为"存活的往昔注入了当今的时代，就像亚马逊河将其混浊的洪流泻入大西洋一样。"②面对大量琐碎的事实和史料，"必须进行筛选。"一边是日常生活本身的运行，显得刻板、钝滞，一边是活生生的、强有力的运动；一边是完全自给自足的与外界隔绝的乡村生活，一边是伸展着的市场经济。他们相互作用，"一点一点地铸造着并且也已经预示着我们今天生活的世界。"总之，在布罗代尔的视域里，日常生活与重大历史事变，虽然是"两个天地，两种陌生的生活，而其各自的实体却又互成因果。"③因此，在这里，社会生活的日常与历史事变的非常的内

---

① ［法］费尔南·布罗代尔：《资本主义的动力》，杨起译，5 页，北京，生活·读书·新知三联书店，1997。

② ［法］费尔南·布罗代尔：《资本主义的动力》，杨起译，5 页，北京，生活·读书·新知三联书店，1997。

③ ［法］费尔南·布罗代尔：《资本主义的动力》，杨起译，4 页，北京，生活·读书·新知三联书店，1997。

在相关共同构筑了历史进程。真正的历史学研究视野，既不应该将重大历史事件视为盲区，也不能不体察日常生活中看似平静实际执着地指向未来的力量。"确切一点说，在大问题的'因'与'果'之间，更容易看'果'。当然，惟其如此，历史学家才更执着于发现事物之'因'，而常常却又抓不到它，并且受它的嘲弄。"①

马克思将日常生活作为历史研究的第一个前提，同时也善于从日常生活平静的演进态势中把握历史事变的趋向，而不是将日常生活与历史事变割裂。关于历史事变研究的视角，马克思曾经以路易·波拿巴政变为例提到两个显著的例子，一是维克多·雨果著的《小拿破仑》，一是蒲鲁东著的《政变》。雨果"只是对政变的负责发动人作了一些尖刻的和俏皮的攻击。事变本身在他笔下却被描绘成了晴天的霹雳。他认为这个事变只是一个人的暴力行为"。马克思评论说，"他没有觉察到，当他说这个人表现了世界历史上空前强大的个人主动作用时，他就不是把这个人写成小人而是写成伟人了"。那么蒲鲁东呢？"他想把政变描述成以往历史发展的结果。但是，他对这次政变所作的历史的说明，却不知不觉地变成了对政变主人公所作的历史的辩护。这样，他就陷入了我们的那些所谓客观历史家所犯的错误。"那么，马克思是如何研究和描写这次政变的？他说："我则是说明法国阶级斗争怎样造成了一种条件和局势，使得一个平庸而可笑的人物有可能扮演了英雄的角色。"②

这些先贤们的治史心语告诉我们，既不可驻足于日常生活的表象铺陈和史实排列，又不至于被轰轰烈烈的历史事变晃炫自己的眼睛，做到真正洞察历史丰富而复杂的表象背后鲜为人知的社会哲理和启人心智的学理，才是当代历史家的学术使命。正是基于这一深刻的省思，我们要坚持一个贯通日常生活与历史事件研究的史学诉求，期望突破社会史聚焦于日常生活，事件史或革命史注目于社会运动和历史事件的区隔。史学之所以为史学，尤其是新史学，其价值与功能当在创造

---

① ［法］费尔南·布罗代尔：《资本主义的动力》，杨起译，53 页，北京，生活·读书·新知三联书店，1997。

② 《马克思恩格斯选集》第 1 卷，599 页，北京，人民出版社，1972。

中继承，当在创新中发展。史学研究应该有终极性关怀，应该究天人之际，通古今之变，明人文之常，求民生之利。

更值得我们进一步思考的问题是，新时期的史学发展是以"新史学"话语来诠释自己的时代价值的。其成就突出体现在两个方面，即社会史、文化史领域的新开拓和跨学科研究领域的新建构。新史学发展中形成一个主导趋向，就是求新。新社会史、新文化史、新革命史、新清史等试图标领史学潮流的诉求，为我们画出了一条着意"求新"的当代史学演进轨迹。但当代史学风尚在刻意求新的追求中，似乎疏离了史学求真的学科特质。

问题在于，"一味忙于求新，忙于引进，来不及消化、来不及思考"，"除了在史学理论界留下了思想的足迹之外，并没有引导中国史学产生一个实质性的改变"①。很多以新史学为名的史著，只是在既成的西方理论框架中添加中国史料，结构出一个所谓新的成果。这样的成果再多，实质上无助于史学的进步。正如严耕望所批评的那种史学取向："中国史书极多，史料丰富，拿一个任何主观的标准去搜查材料，几乎都可以找到若干选样的史料来证成其主观意念，何况有时还将史料加以割裂与曲解！"②更为突出的问题是，"现在历史学的学位论文、学术论文和专著，动辄引用西方学者（哪怕是二三流学者）的论点展开自己的论述，而不再引用马克思主义经典著作的论点，是新时期的一个特点，几乎成了新的教条主义"③。

近代以来，在西学的强势引力作用下，"社会科学方法治史一经引进，就成为史学界的新动向"④。晚近以来的史学发展多染此习尚，竟有束书高阁，游谈无根之流波。新时期的新社会史、新文化史、新革命史、新清史等为我们画出了一条着意"求新"的当代史学演进轨迹。

---

① 李振宏：《当代史学平议》，344 页，北京，社会科学文献出版社，2015。

② 严耕望：《治史三书》，145～146 页，上海，上海人民出版社，2007。

③ 张海鹏：《当代中国历史科学鸟瞰》，见《中国历史学 30 年（1978—2008）》，4 页，北京，中国社会科学出版社，2008。

④ 严耕望：《治史三书》，147 页，上海，上海人民出版社，2007。

为何"求新"，何谓"求新"，又新在何处，在新的概念、新的名词、新的术语之外，有多少超越被视为"旧史学"的学理成果，仍然是值得深入思考的一个问题。

超越新史学发展中的"系统性的缺失"，从而将"理论追求上的浅尝辄止与见异思迁"的流风导向整体性观照与系统理论建构，无疑是新史学能够最终获得属于自己时代价值的方向性变革的目标。对于一个时代的学术使命而言，学理诠释体系的建构，远比对以往体系的"解构"更为重要。

当代史学风尚在刻意求新的过程中，似乎偏离了史学求真的学科特质。求真乃史学之所以为史学的根本宗旨。史学研究的唯一诉求是求真。史学的本质特征正是建构在不断探求史料之真、史实之真、史识之真和史理之真的基石上，这奠定了"历史研究是一切社会科学的基础，承担着'究天人之际，通古今之变'的使命"的地位。

原载张海鹏主编：《中国历史学40年(1978—2018)》，中国社会科学出版社2018年版。

关于拓展中国近代社会史研究的再思考

20世纪80年代开始兴起的社会史一路高歌猛进，至今成为史学研究中独树一帜的领域。从早期关注日常社会生活、社会结构以及人口、婚姻、家庭史的研究主题，到20世纪90年代后期以"历史人类学"为底色、注重"田野调查"与"文献研究"相结合的"区域社会史"的兴盛，再到21世纪以来的"环境社会史"或"生态社会史"与"医疗社会史"的兴起，算是气象万千了。近年来的近代社会史研究主题内容更具有现代语境特色，如第十五届中国社会史学会年会主题是"中国历史上的生命、生计与生态"。其中近代部分的论文共有30余篇，围绕"生命、生计与生态"的主题，对近代中国的医疗卫生、灾害应对、区域生态、社会秩序、基层诉讼、日常生活与庙会礼俗等问题展开讨论。近年来召开的近代社会史学术会议，讨论的主题从"近代中国的城市·乡村·民间文化"到"晚清以降的经济与社会"，再到"社会流动、社会控制与文化传播"和"近代中国的社会保障与区域社会"等，可见理论方法、学术视域和学术话语的多向性和丰富性。但是，已有学者认为，论题之丰富也显示出社会史研究的整合空间仍然较大，话语纷杂和研究的细致铺陈多少遮蔽了文章的逻辑和论证。显然，在跨学科和多元化趋势发展进程中，也有一些关乎社会史学科地位的问题值得我们深入检讨和反思。

一、社会转型的概念界定

从社会史经历的三次大的跨越或转向来看，其发展基本上得力于跨学科渗透与多元化理论的影响：首先，向社会学的跨越成就了早期

社会史的开拓和学科地位的确立；其次，向历史人类学的跨越，拓展
了区域社会史研究的视域和研究方法；最后，向生态、环境和医疗学
的跨越，扩充和加固了社会史的学科领地和地位。跨学科研究和理论
方法的多元化，已经是当代学术发展的基本特征和主导趋势。

回顾近代社会史的演进历史，其特点显著。一是大幅度地开拓领
地，形成了社会史内容的学科丛。二是多向性学科结缘，形成了环境
社会史、生态社会史和医疗社会史。概言之，其着力点主要在于外延
的扩展或外缘性延伸。至于社会史学科内涵建构层面的提升和扩充，
却用力有限。社会史学科理论自觉自省方面的建设尤其不足。这多少
有些不尽如人意。由此出现的很多问题和现象值得我们思考。

2007 年 9 月，《历史研究》主办的第一届历史学高层论坛在武汉大
学举行，会议主题是社会转型与历史发展。会上的讨论很热烈，提交
的论文和会议讨论题所形成的基本情况是秦汉转型说、隋唐转型说、
明清转型说、近代转型说。再结合当时所处的"由计划经济向市场经济
转型"的时期，那么不难形成这样一个基本判断：中国几千年的历史就
是一个转型史。这当然与中国历史的实际相去甚远。这一研究取向或
方法，很值得社会史研究者，尤其是近代社会史学者们深入思考。这
就要提出一些最基本的理论问题，如何谓社会转型，社会转型要表达
的确切含义是什么，中国社会转型究竟发生在什么时代。

社会转型(social transformation)源于西方社会学现代化理论。其
内涵是社会结构的整体性、根本性变迁，它不是指某个领域的变化，
更不是指社会某项制度的变化，而是指社会生活具体结构形式和发展
形式的整体性变迁。第一层，发展观点，长时段表述，如由传统社会
向现代社会转型，农业社会向工业社会转型，封闭社会向开放社会转
型等。第二层，变革观点，从一种稳定态向另一种稳定态转变的过渡
阶段。广义上可指制度、经济、文化三要素发生全面性转变；狭义上
所指农业社会转向工业社会，计划向市场转变。但无论广义、狭义，
都有一个基本含义，即所谓转型，意味着已存在一个型，变是一个有
目的、有方向、有规划的过程。例如，由 A 型向 B 型转变，转变的过
程即转型。一旦进入 B 型，即完成转型，不能再称之为社会转型了。

所谓社会形态，概念十分宽泛，但基本上可分为两类，常态型和非常态型。一个社会并非静止于单一形态，还有介于二者之间的，既不属于完全意义上的常态，也不是完全意义上非常态的过渡形态，这也是转型社会。

真正的社会转型其实只是近代以来才出现的问题，它理当成为近代社会史研究的主要内容。

二、近代中国的社会转型

近代中国的社会有三个与传统中国社会构型不同的转变：第一，农业社会向工业社会转型；第二，身份—等级社会向职业—阶层社会（或市民社会、公民）转型；第三，传统社会向现代社会转型。这是基于不同学科背景和角度对社会转型的认知。此外还有其他内容的变迁，或是制度变迁，或是体制转轨，或是政治变革等，均非社会转型含义所指。三个维度、三个层面的社会转型，相互关联，相互之间具有深度影响或制约关系，却不一定同步、同时发生和展开。

由农业社会向工业社会的转型，从洋务运动开始。以大机器为生产手段的近代工业的出现，不仅意味着新的生产方式的出现，而且为整个社会经济的发展明示了历史趋向。"洋机器于耕织、刷印、陶埴诸器，皆能制造，有裨民生日用，原不专为军火而设。"①"我国机器工业，肇始于同光，建设于清季"，随着社会经济结构的变动，在新的机器生产、工艺技术、社会分工等管理制度基础上形成的新的社会生产方式，推动着传统农耕文明向近代社会文明的转型。洋务运动的发展，本身会呼唤人才。洋务新学及其专业学堂体制的确立，就是这一社会需求的产物。中国社会文化结构也发生了空前变动，以儒家独尊的文化一统格局受到"西学"的冲击。

北洋、民国时期，工业发展各有特色，也不乏成绩。工业化方向

---

① 李鸿章：《置办外国铁厂机器折》，见《李文忠公全集·奏稿》卷九。

或进程并未中断。就工业化或者现代化建设成就而言，"在抗战前达到了旧中国经济史上的最高峰"①。"抗日战争前的半个世纪，中国经历了一个工业化过程。中国经济取得的进步，无论在规模还是在影响上，与包括日本在内的其他几个增长速度很快的国家相类似。1914—1918年、1931—1936年期间，中国经济增长的速度甚至超过日本。因此中国是少数几个取得成功增长的不发达国家中的一个。"经济学家们的研究表明，1912—1936年，中国工业年增长率达9.4%。② 从19世纪后半期开始，中国资本主义生产关系迅速扩大，到抗战前，在工矿交通业中已占据优势。

中华人民共和国建设的方向是使中国从农业国转变为工业国，由新民主主义社会转变为社会主义社会。七届二中全会报告指出，党必须领导人民"在革命胜利以后，迅速地恢复和发展生产，对付国外的帝国主义，使中国稳步地由农业国转变为工业国，把中国建设成为一个伟大的社会主义国家"。在同一天的发言中，就工业化问题，任弼时强调，我们在政治上、军事上取得了独立自主，"还必须在经济上取得独立自主，才能算完全的独立自主"。他认为，中华人民共和国要逐步转向社会主义，工业的比重至少要达到30%以上。③ 1954年1月，毛泽东就关于召开七届四中全会指示，大概用三个五年计划，即十五年左右，可以打下一个基础。"我们要建成一个伟大的社会主义国家，大概要经过五十年即十个五年计划，就差不多了，就像个样子了，就同现在大不一样了。"现在状况，"能造桌子椅子，能造茶碗茶壶……但

① 王玉茹、刘佛丁、张东刚：《制度变迁与中国近代工业化——以政府的行为分析为中心》，382页，西安，陕西人民出版社，2000。

② 参见王玉茹、刘佛丁、张东刚：《制度变迁与中国近代工业化——以政府的行为分析为中心》，358页，西安，陕西人民出版社，2000。

③ 《任弼时传》，710～713页，北京，人民出版社、中央文献出版社，1994。转引自沙健孙：《毛泽东与新中国建设》，26页，北京，中国社会科学出版社，2009。

是，一辆汽车、一架飞机、一辆坦克、一辆拖拉机都不能造"①。显然，向工业社会转型仍然是中华人民共和国建设的主要目标。在这一时期，中国用了近30年的时间，初步构造起了独立并相对完整的工业体系，工业化进程也由起步阶段逐步进入了工业化的阶段。

后30年现代化的快速推进，仍然是工业化进程的接续性发展。从这个意义上说，其间虽有顿挫、有曲折，但不能说是断裂的。2002年，中国的国内生产总值跃上10万亿的新台阶，经济总量位居世界第六位；工业增加值为45935亿元，占GDP的比重达到44.9％。作为比较，中华人民共和国诞生之初的1949年，工业净产值仅为45亿元，所占比重只有12.6％。这一数据对比背后，隐含着一个建立在农业基础上，拥有13亿人口的大国进入工业化进程的历史演进。

21世纪的中国正处于工业化中期。中国社会科学院发布的《中国工业化进程报告》对中国的工业化水平作出了评价。该报告指出，2005年中国工业化水平综合指数达到50。这一指数是评价一个国家工业化水平的指标，指标数在0～33时表示一个国家的工业化程度处于初期，33～66时表示工业化中期，66～100则表示工业化后期了，而当这个指数大于100时，则表示一个国家已进入后工业化阶段。如果再考虑两年的增长，到2012年年末中国工业化水平综合指数达到72左右，中国进入工业化的最后阶段是没有疑问的。根据报告预测，中国将在2015至2018年完成工业化，最晚将在2021年完成工业化进程。

按照目前中国的城市化率，每年以1％左右增长，到2020年，中国的城市化率将达到60％左右，超过2010年世界平均水平57.93％的城市化率。在当今世界60亿人口中，主要工业国人口约为7亿，所占比例不足12％，而占比超过世界人口21％的中国，进入工业化阶段的高速增长期，或者说实现了从传统农耕社会向工业社会的转型，这一历史性转变就发生在距今不到两个世纪的近现代历史进程中。因此，

---

① 《关于中华人民共和国宪法草案》（一九五四年六月十四日），见中共中央文献研究室编：《建国以来毛泽东文稿》第4册，506页，北京，中央文献出版社，1990。

在中国历史发展进程中，社会转型是发生在近现代历史进程中特有的
现象，如果我们的近现代社会史缺失了社会转型的内容，以及相关的
学科认知，那是多么遗憾的事情。它应该也必须成为近代社会史研究
的重要方面。

三、聚焦社会建设

完成社会转型或者说伴随社会转型的另一个重要问题就是社会建
设。一个完整的社会或者说成型的社会，主要是建设的结果。孙中山
和毛泽东都表达过同样的意思，即革命是破坏一个旧的社会基础，新
的国家和社会通过建设而完成。可以说，没有建设，就没有新中国，
就没有新社会。21世纪以来，国家发展战略中一个重要的思路是提出
并强调社会建设。社会建设与经济建设、政治建设、文化建设或生态
文明建设一起，构成当今的"五大建设"。但是，这个如今特别提出并
强调的社会建设问题，恰恰也是近代以来形成的历史性问题。以前之
所以没强调，无非是因为在近代以来以工业化、现代化和城市化为主
要面向的经济建设大势下，这一问题被严重遮蔽罢了。

关于近代中国社会建设问题，早在20世纪30年代时就被提出了。
邵元冲认为，当时的社会建设主要目标是地方自治①，邵元冲通过史
实梳理提出社会建设演进的几个重点。一是政治变动和政治建设的促
动。邵元冲认为政治革命或政治运动启发了人民的政治自觉，民权扩
张和政治参与意识增强，"因此地方自治就成为最近几十年来社会建设
的主要问题"。二是经济建设或经济变动的影响。新式工业成长中，劳
工组织便形成社会的一种新势力。与此相应的劳动救济制度的兴起，
便成为近代中国社会建设演进上需注意的方面。三是社会经济、政治
变动影响到大多数人的生活，合作主义和合作运动成为一种新的趋势。
此乃近年社会建设一大事功。四是仓储积谷，地方公产本是传统社会

---

① 参见邵元冲：《三十年来中国社会建设之演进》，载《东方杂志》，第31卷
第1号，1934。

建设内容，在近代社会变迁中，一度废弛，近年却在新的体制下重新复兴。对社会建设内容或管理体制的传承沿袭也应有一定关注。

邵元冲发现，近代以来尤其是民国以来，政治、经济变动剧烈，天灾人祸迭出；从1903年清末新政始至1934年，乡村危机已经逐步显现，"但一部分的社会，却仍然依照预定的目标慢慢地走着"。社会建设虽受到经济、政治变动影响或制约，但也有自己运行的规则和方向，其演进情况并非与经济、政治演进完全一致。同样，政治、经济的发展并不必然导致社会建设的进步。所以，邵元冲总结出，现在横在中国社会面前的整个的生存问题，比起三十年前更迫切紧张，同时也就反映出在过去社会建设的进程中，还没有建立起一个基本的社会生存的力量，所以经不起外来的摧残，立刻陷于危乱的状态。因此，既要有经济的发展和民族—国家建设，更须要从社会方面做一番切实的建设工作。这包括：第一，共同生存力建设，如社会组织社会团体建设；第二，在劳动团体之外，在固有社会制度优点上，建立独立的社会基础。

不难看出，邵元冲关于社会建设的探讨十分粗疏，但所提出的问题，即社会建设关乎社会稳定和社会发展，以及单向度的经济建设乃至政治建设，无法从根本上解决社会矛盾和社会危机，甚至一定程度上恰恰成为社会矛盾或社会危机激化的助力的认识，确有道理。而梁漱溟、晏阳初在乡村建设方面的努力，实际上也是立足于社会建设层面。

但是，由于工业化建设的紧迫性和时代压力，社会建设虽曾提出，却未能纳入国家建设规划。中华人民共和国建立后仍然如此。五年建设计划的中心是工业，重点是城市。

当今在急迫的情势下提出社会建设，其实也有社会危机倒逼的因素。如何站在时代的高度，建构自己的学术视野，构筑自己的学科方向，以适应时代的发展，值得我们重新思考。

《光明日报》关于"新乡贤"建设的系列报道在一定程度上对我们有所触动。在中国传统文化中，"乡贤"指国家对有作为的官员，或有崇高威望、为社会做出重大贡献的社会贤达，去世后予以表彰的荣誉称号；也是对享有这一称号者人生价值的肯定。迄于明清，各州县均建有乡贤祠，以供奉历代乡贤人物。在漫长的中国历史进程中，乡村社会建设、风习教化、乡里公共事务的主导力量都是乡绅或乡贤之士。这一文化传承思想渊源久长。宋代熙宁以后，保甲、乡约、社仓、社学逐次推行，乡治精神和事业两方，都有改善的趋势。其中，乡约的施行再度成乡村社会—文化建设中的创获之举。"吕氏乡约"对于乡村民众的规约简约而具体："德业相劝，过失相规，礼俗相交，患难相恤。"执行乡约的领袖者，由乡里民众推选正直不阿的人士充任。他们的责任，在抽象方面是感化约众，在具体方面是主持礼仪赏罚。明代泰州学派中许多不求功名而落归乡土社会的乡贤士绅身上，也集中体现了建设乡村、改善民生、谋利桑梓的群体追求和故乡情怀。

在传统农耕社会里，农业增长有限，常态社会里经济建设往往不是被关注的重点，而社会建设则既为国家也为地方所关注。尤其在乡村社会更是如此。乡贤或乡绅社会力量的养育及其功能，从某种意义上就体现着社会建设的功效。但是，这种传统社会建设内容或者模式，随着近代社会转型而废弛。

那么，当这种转型基本完成，当我们的社会构型由农业社会转变为工业社会时，城乡一体化问题成为当代社会发展的瓶颈时，社会建设就更为迫切地成为我们必须面对的课题。因此，探讨研究从传统社会建设向近代社会建设的演变，探讨近代社会建设的基本内容、时代特征，以及近代社会建设与社会转型的内在关系，与当代社会建设的历史关系等，必然成为近代中国社会史学科研究的重要内容。

四、环境史的社会史取向

对于人类社会历史而言，与人们日常生活息息相关的生存环境和发展环境，并不仅仅局限于"自然生态"。马克思曾经指明，"人创造环境，同样，环境也创造人"[1]。对于与人们社会生活直接相关的"环境"及其相互关联的历史进程而言，"自然属性"远不能涵盖，"历史不过是

---

① 《马克思恩格斯选集》第 1 卷，92 页，北京，人民出版社，1995。

追求着自己目的的人的活动而已"①。至少在马克思唯物史观体系内，人与环境的互动关系，不仅是或主要不是"自然史"的取向。这种历史给定的人们的"生存环境"，在整个历史进程中的作用是不容低估的，甚至如何认识和把握这种"环境"、人物与历史事变的关系，成为"历史科学"认识的重要因素之一。因此，在历史进程中与人们生存状态或日常生活密切相关的这个"环境"，显然超越了"自然史"的范畴，而属于"社会环境"概念。勃鲁诺(Bruno，Frank J.)认为，环境包括物质环境(physical environment)以及社会环境(social environment)两种，而社会环境包括人以及他们如何组成单位的方式，这些单位包括家庭、学校、政府、国家等。② 尽管学界对于环境的界定存在差异③，但是，国际社会对于这样的"环境"已经有了相对规范的认识，如1972年联合国人类环境会议和1977年联合国环境规划理事会，把人类生产与生活的环境划分为自然环境、社会环境与战争环境。

近代以来，由于传统农业社会解构和工业社会的重建，社会环境也发生了历史性变革。这是比自然环境更为剧烈、影响也更为直接的变动。如何认识和研究这一课题，是近代社会史不容回避的问题。而且，就今天我们面对的生存环境而言，也绝不仅仅(甚至主要不在于)自然因素，而恰恰在于社会因素方面。"社会建设"是我们现代化进程中"科学发展观"的内容之一，当然也是基于对于"社会环境"治理和建设的现实需要；没有良好、健康的社会环境，社会建设及其相关的内

---

① 《马克思恩格斯全集》第2卷，118页，北京，人民出版社，1957。

② 沙依仁：《人类行为与社会环境》，6页，台北，五南图书出版公司，1987。

③ 如有人认为社会环境包括家庭、团体、社区、社会、文化、社会阶级及阶层等；也有人认为社会环境指社会发展之现存的全部表现。人类在一开始作用于自然时就不是个人的行动，而是群策群力的社会劳动。这种社会劳动的结果就创造了人类劳动的史迹，并且也同时表现为一定的生活方式、思想体系、社会规范以及等级和阶级制度等。参见沙依仁：《人类行为与社会环境》，6页，台北，五南图书出版公司，1987；程继隆编：《社会学大辞典》，302页，北京，中国人事出版社，1995。

容也就无从谈起。社会环境问题是人类社会形成以来一直与人的生存、发展相关的重要主题之一，也是现代化进程中更为突出的问题之一。因此，日渐成为学术热点的环境史研究乃至历史学研究中的"社会环境史"取向，既是以人为主体的历史学学科发展的内在要求，也是史学面对现代社会需求，实现其"学以致用"学科功能的重要体现。

基于此，我们不难发现，近代社会转型、社会建设与社会环境问题，其实是具有内在相关性的一个统一演进的历史进程。所以，近现代社会史研究应该在这三个方面有所突破。这意味着近现代社会史在内涵提升和外缘扩展双向发展中，会获得一个新的建构。这是否能成为近代社会史研究的新方向，值得我们关注与讨论。

原载《河北学刊》2015 年第 1 期，原题为《内涵提升与外缘扩展双向互动：拓展中国近代社会史研究再思考》。

关于社会学化、范式说以及多元化趋势的检讨

——社会史理论研究再反思

20 世纪 80 年代以来就唱响史坛的社会史，可谓一路高歌猛进，令人刮目相看。从早期关注日常社会生活、社会结构以及人口、婚姻、家庭史的研究主题，到 20 世纪 90 年代后期以历史人类学为底色的注重田野调查与文献研究相结合的区域社会史的兴盛，再到 21 世纪以来特别抢眼的环境社会史或生态社会史与医疗社会史的兴起，社会史不仅仅于抢滩圈地中占尽优势，而且在"武器"(理论、方法)的运用上也尽领风骚！"今日人文科学跨学科和跨文化的发展，已经导致任何理论创新都难以只在传统的学科范围内进行了"，"没有充分的跨学科实践，新世纪历史理论无法形成"。① 但是，在跨学科和多元化趋势发展进程中，也有一些关乎社会史学科地位的问题值得我们深入检讨。

一、再谈"社会学化"问题

关于近代社会史学科建构的"社会学化"②问题，最早由我提出。这一观点后来被许多学者认同并被广泛引述，同时也受到一些学者的质疑。赵世瑜认为，"目前中国的社会史研究的确不存在过分社会学化

---

① 李幼蒸：《"史学理论"芬兰行——"符号学和古代历史"芬兰讲演及网刊序言》(2007 年 8 月 4—12 日)，转引自王先明：《走向社会的历史学——社会史理论问题研究》，241 页，开封，河南大学出版社，2009。

② 王先明：《中国近代社会史研究的理论思考——兼论历史学的社会学化》，载《近代史研究》，1993(4)。

的问题"①。常建华在一篇综述中也曾提出过相似观点。王先明也曾"把社会史学作为社会学与历史学的交叉，可知是多么重视社会学对于社会史的影响，几年后他又指出，大量借用社会学理论、概念、范畴、方法使旧有的史学理论陷入'失范'状态。前后论述似有矛盾之处，或可视为作者观点的修正"②。与此相应的是常宗虎的观点："近代社会史研究中绝大多数的论著根本不存在过分社会学化的问题。"③在1994年的中国社会史学术年会上，也有学者针锋相对地说，在社会史研究中，社会学的理论、概念的运用不是多了，而是太少了，以此来回应我提出的"社会学化"论。

　　但是，上述学者对我的"社会学化"的理解显然有误。我指出的"历史学的社会学化"并不是基于社会学概念、理论、范畴引入多少的问题。且不说任何一个学科移借"他学"概念、范畴并无确定的量的标准，自然无所谓多与少；更何况，社会科学领域（甚至部分自然科学）中运用的概念，很多也并非某一专门学科所特有或独享，如社会结构、社会阶级、社会阶层等，我们并不能将其简单地划归某一学科所特有（如社会学），它们应该是面向整个社会科学的。社会史理论建构中的"社会学化"问题并不立足于此。

　　社会史理论体系或知识体系建构中的"社会学化"问题，指的是"社会学理论模式"（或社会学知识结构）先行的取向原则，即以先验的社会学理论架构为模式，将特定历史时段的史实加以填充，借以"结构"出社会史的体系；而并不是在对其"社会历史"运行本身做符合历史学学科规范的研究基础上，与社会学理论、范畴进行双向学科整合而形成的社会史体系。这一"社会学理论模式"先行取向，最先体现在近代社

---

①　赵世瑜：《狂欢与日常——明清以来的庙会与民间社会》，465页，北京，生活·读书·新知三联书店，2002。

②　常建华：《中国社会史研究十年》，载《历史研究》，1997(1)。

③　常宗虎：《也论中国近代社会史的理论研究——与王先明同志商榷》，载《历史教学》，1995(9)。

会史体系建构中①（但其呈现的问题却并非仅仅局限于近代）。当然，我们不难判断，这一努力推动了社会史研究由具体问题走向体系化、学科化转变，但是它与生俱来的结构性缺憾其实也是值得关注的。

第一，完全移植社会学的理论框架来重建近代社会史，使"社会史"的历史学特征"失落"。近代中国社会嬗替变迁的总体历史进程，在"社会构成、社会生活、社会意识"的"社会学化"理论体系中根本无法凸显，导致社会史变为了"社会学"。这种"三板块"结构的近代社会史，实际上是分别从不同角度叙述的近代人口史、婚姻史、家庭史、衣食住行史以及灾荒史、教养史等。"三板块"之间以及"三板块"所叙具体内容之间，缺少了体现学科理论体系中最主要的一种内存关联。这等于是从三个侧面表现的历史的社会，而不是"社会的历史"。它的史学实践结果是背离了建造整体社会史的学术初衷。诚如罗朗·穆斯尼埃颇具辛辣的讽喻所言："社会并非一系列立方块，而是一个有机体。"②

第二，从一个断代史的横剖面来透视这一社会史的理论架构，似乎很难发现它的理论缺陷，因为一个相对稳定的社会历史片断具有"社会学"技术上的可操作性，它在一定程度上遮掩了"社会史"史学特征的失落和"社会学化"的趋向。但是，作为一个系统的理论体系，理应经得起一个完整的社会历史的检验。那么，如果超越近代社会的视角放大来观照，这种理论架构就无法适应"中国社会史"研究实践的需要，亦即整个中国社会史无法借助"社会结构、社会生活、社会职能（或社会意识）"并列的"三板块"结构建构起来。这至少表明，"三板块"结构的近代社会史理论架构本身仍待修正、完善。

其实，单纯的"社会学化"只能淡化历史学本身的学科特征，使之远离史学而趋近于历史社会学。毫无疑问，作为综合性很强的新兴的近代社会史，在当代社会科学的相互渗透、扩散中，理应积极利用社

---

① 1992年，人民出版社出版的《中国近代社会史》是第一部系统的社会史著作，标志着社会史研究由具体课题走向理论体系与知识体系的建构。

② 转引自［美］格奥尔格·伊格尔斯：《欧洲史学新方向》，赵世玲、赵世瑜译，76页，北京，华夏出版社，1989。

会学的理论成果，况且西方的年鉴学派也曾经"树立了社会学和历史学相互交流的榜样"①。问题是，近代社会史的主体却只能是历史学而不能是社会学，如果在学科渗透中失落了史学特征，那么社会史就会日渐失去其独立存在的学科意义。简言之，中国近代社会史的理论构建不能依循"社会学化"的单一偏向发展，而只能在保持"历史学"特征的前提下实行"双向整合"，既从事历史学的社会学化也进行社会学的历史学化的系统理论创建。卡尔也认为，不仅"历史学变得越来越社会学化"，而且"社会学变得越来越历史学化，这样对两者有更多的益处。让社会学与历史学之间的边界保持更加广阔的开放态势，以便双向沟通"。② 这与我曾经提出的"双向整合"是同一立场。当然，其前提是保持历史学边界的存在。

作为一个相对系统的学科理论体系或者知识体系，社会史最先形成于近代史领域。1992 年人民出版社出版的《中国近代社会史》具有标志性意义，它推动着社会史研究从具体问题向理论体系和知识体系建构的转向，它的问世也引发了学界对于社会史理论体系的再度争论。显然，"近代"这一具体研究时段的限定，并不会影响具有学科层面的理论建构或知识体系的讨论，因为学科理论体系的建构与其具体的研究实践并不矛盾，甚至恰恰是基于具体研究实践层面的讨论才使问题讨论得以深化，并最终提升并超越具体研究而上升为宏观性的学科层面的内容。因此，从具体的"近代社会史"切入，并不会减损对社会史学科层面的理论认知。

我们知道，社会史的兴起是对既有的"革命史""阶级斗争史"为主线的史学模式的反思，某种意义上也是一种否定。它出现的前提是传统的中国近代史不足以反映近代中国社会发展的全貌，"将历史的内容排挤出了历史"。那么，中国近代社会史时段分界应该建立在中国社会

---

① ［英］杰弗里·巴勒克拉夫：《当代史学主要趋势》，杨豫译，65 页，上海，上海译文出版社，1987。

② ［英］E. H. 卡尔：《历史是什么？》，陈恒译，162 页，北京，商务印书馆，2009。

变迁或社会发展的历史特征具有时代转折意义的基础上，亦即中国古代社会与中国近代社会（无论从社会结构角度还是从社会生活内容来看）的历史分界的标志是什么，这是必须进行研究的理论前提。"历史是根据历史重要性进行选择的一种过程。"历史作为一个"选择的体系"，"不仅是对现实认识的选择体系，而且是对现实原因、取向的选择体系。……历史意义的标准是：历史学家能使这些因果关系适合其合理说明与解释模式的能力"。① 我们可以肯定的是，一个学科的存在与否或者一个学科发展的前景，很大程度上取决于是否建构起"合理说明与解释模式"。

第一，作为社会史的近代分界何以与通史（或政治史）的分界完全同一。即使坚持中国近代社会史以 1840 年为界，也应当做出必要的"社会史"分期的学科理论解说，而不能是"不言而喻"的当然设定。因为"把历史划分为不同的时期，这不是事实，却是一种必要的假设或思想的工具，只要这种划分仍旧能够说明问题便为正当，而它的正当性是建立在解释之上的"②。作为一个学科建立的基点，这是根本无法逃避的首要问题。因此，这一体系最先而且必须进行学科理论解说的是，1840 年何以决定了社会史意义上的近代与古代的历史分界。就中国近代社会史与中国古代社会史的分界而言，它不是一个简单的时间标志，而是关系到整个"中国社会史"理论认识和体系建构的重要关节点，亦即作为历史的界标，划分中国古代社会与近代社会的事件和时间是什么。它事实上体现着社会史不同于政治史、通史的理论内核。陈旭麓在《近代中国社会的新陈代谢》中提示："即使在 1840 年之后，中国也并未进入资本主义，而是进入了一个变态的社会。"显然，陈旭麓已经意识到 1840 年并不必然标志"社会史"的分界，因为"没有社会形态的质变，历史只能在漫长的岁月中盘旋"③。陈旭麓提出了问题，却并未

① ［英］E. H. 卡尔：《历史是什么?》，陈恒译，205 页，北京，商务印书馆，2009。

② ［英］E. H. 卡尔：《历史是什么?》，陈恒译，155 页，北京，商务印书馆，2009。

③ 陈旭麓：《近代中国社会的新陈代谢》，3 页，上海，上海人民出版社，1992。

就此论题展开讨论。即使新近出版的《中国近代社会史》①的分界仍守定于 1840 年（目前仍没有出现不以此为分界的中国近代社会史著作，至于一些学者在某些具体课题研究中的历史分期或有所不同，似还不能提升为近代社会史的分界）。由此不能不引起学科层面的思考。

首先，社会史是在批判"革命史"理论模式前提下催生的，其认知前提在于建构"有血有肉"的历史，以此超越"革命史"内容过于干瘪的"全面"的历史；其理论预设是对"革命史"理论模式的一定意义上的否定；然而，作为研究起点，却又坚守"革命史"的历史分期。这种在理论模式（社会学）与历史分期（革命史）上的随意选择，并毫无解说地将两种不同的理论组合在"近代社会史"体系中，岂非理论元点上的矛盾？

其次，作为"革命史"模式下的中国近代史分界及其分期，是一个具有自身内在逻辑的体系，在其规范之内，理论认知和解说至少在其逻辑范畴内是合理的、可以说明问题的。中国近代史以 1840 年为起点，在于它标志了或者说揭示了"中国社会矛盾的时代性变化"和中国人民斗争任务的时代性变化，即由此发生了从反封建到反帝反封建的根本性变化。由于"反帝反封建"成为中国近代史的时代主题，因此它具有了"革命史"体系下的时代划分的意义。而且，以此为逻辑起点，同时也是历史起点的中国近代史内容的展开，也必须遵循同一的理论原则（如三次革命高潮、一个主线以及旧民主主义与新民主主义革命阶段划分的历史认识的形成等）。既然社会史是不同于"革命史"的体系，那么革命史设定的 1840 年何以成为社会史的分界？如果史学的体系可以如此简单取舍，那么，中国近代人口史、中国近代气象史、中国近代环境史、中国近代交通史等，是否都可以以此设定？再则，难道能够标志"反帝反封建"革命任务转折的 1840 年是一个万能的年代，它可以不加任何解说地就成为中国人口、中国环境、中国气象、中国交通

---

① 邵雍：《中国近代社会史》，合肥，合肥工业大学出版社，2008。该书共五章，对 1840—1949 年的中国社会情况做了全面的介绍，包括社会结构，社会组织，社会生活（衣食住行、婚丧嫁娶），人生历程（出生、婚嫁、求学、就业），社会问题等。

发生了近代性转变的划时代节点？

第二，作为历史学的社会史，如何揭示和展现"社会"本身的历史进程和趋向？中国近代社会史理论建构中的"社会学化"突出表现为它只是一个"历史上的社会"的知识体系，即"近代时段内"的"社会结构、社会生活、社会功能"（或其他不同的内容设计），这不是现代社会学（知识结构）的历史移借吗？在这一体系内，并没有真正说明或揭示近代社会演变的历史规律、历史特征或基本历史趋向的理论预设。理论模式中缺失了揭示整体社会纵向演变的历史学的学科功能，而只是体现了"社会学"的理论知识结构，不过就是将"现代"社会学转变成"近代"社会学罢了——按照社会学术语，就是"历史社会学"。这当然是历史学的"社会学化"取向，舍此之外，难道还有比这更准确的术语能表达这一现象吗？

正是由于对"社会学化"的根本性误断，一些学者对我的观点提出了诘难。针对我曾经坚持的"新的理论范式是中国近代社会史研究课题那串'多米诺骨牌'的首张"，"如果没有一定的理论规范，即不甚完善的理论体系，具体的社会史研究就根本无从入手"[1]，以及当前"社会史研究不成熟之处在于忽视对于学科体系和基本规范的理论研究"[2]的观点，一些学者认为，这种"只有先建立体系然后才能开展研究"的观点是不合研究常规的。常宗虎就针对性地指出："没有哪一门学科在提出研究对象的同时就能勾勒出学科的理论框架。"[3]常建华也指出："目前有关社会史的理论文章，没有一篇不受到社会学理论的影响。社会学理论框架对于写作社会史概论、断代社会史、社会史通史最有参考价值，近年出版的几部断代社会史都程度不同地打上了社会学的烙印。然而，社会史研究不在于套用社会学的理论模式，而在于从中国社会

---

① 王先明：《中国近代社会史研究的理论思考——兼论历史学的社会化》，载《近代史研究》，1993(4)。

② 王先明：《中国社会史学的历史命运》，载《天津社会科学》，1995(5)。

③ 常宗虎：《也论中国近代史的理论研究——与王先明同志商榷》，载《历史教学》，1995(9)。

历史事实和过程中总结出与理论的契合点，以建立起中国社会史理论体系。因此，先建立理论体系再搞具体研究，不免失之偏颇。"①然而，颇为吊诡的是，社会史研究中的"社会学化"，恰恰是"先建立理论体系再搞具体研究"的一种取向，不过是以一种先验的"社会学知识体系"来重新"结构"近代史史料而已。

二、"范式"说：非学科化定位问题

由于对"社会"存在着不同理解，学者们对社会史的界定也是见仁见智，迄无成议。这个时常可以聚为焦点，却又被很多学者刻意回避的问题，一直困扰着社会史研究的进行。在社会史学科的"广义说""狭义说""通史说"和"专史说"不能获得认同之后，20世纪90年代后期，学术界又提出了"范式说"的解释。尤需说明的是，以"范式"界定社会史直接针对的是"十余年来，关于社会史的概念"论争的歧义现实，而不是针对过往的"政治史"模式。它的指向性十分明确，"我们首先应该把社会史理解为一种新的史学范式，而不是一开始就将其理解为一个学科分支"②。亦即，社会史的"范式"定位是相对于社会史的"学科"定位而言的。在这里，问题的呈现既不是一般意义上的"范式"概念之争议，也不是与传统"政治史"模式相异趣的一个所谓"新史学"。

其实，"范式"(paradigm，或译规范、典范)这一概念的发明者库恩也从未给出一个明确的定义。据他对"范式"在科学革命中的作用的阐释，大致可将其理解为某一科学群体在一定时期内基本认同并在研究中加以遵循的学术基础和原则体系，它通常包括一门学科中被公认的某种理论、方法，对事物的共同看法和共同的世界观。库恩有关"范式"的理论，主要是对自然科学发展规律的把握和归纳，但其对人文社会科学包括历史研究在内，同样具有借鉴意义。人文社会科学除各种各样的理论主张外，似乎也同样存在贯穿于各种理论之中，但又超脱

---

① 常建华：《中国社会史研究十年》，载《历史研究》，1997(1)。
② 赵世瑜：《再论社会史的概念问题》，载《历史研究》，1999(2)。

于各种具体理论之上的研究"范式"(或者"模式")。

作为"范式"意义的史学的形成显然与人文社会科学的科学化趋势密切相关。"社会科学"的概念,尤其是这其中历史的概念是在 19 世纪逐渐发展起来的,即运用自然科学界所用的方法来研究人类事务。"社会也像自然界一样被看作是一种机械装置","科学上的进化观念确定了、完备了历史中的进步观念"。正如现代物理学家经常告诉我们的,"他们研究的不是事实,而是事件。当今的历史学家有了一些借口,和一百多年前的历史学家相比可以心安理得地置身于科学世界"①。但是,与自然科学有所不同,"科学家所提出的一般命题,假如不只是一些定义,不只是玩弄语言的伎俩,那么这些一般命题就是一些假设,是科学家设计出来的以便组织进一步思考,并使这种思考具体化;这些一般命题就是有待于证实、修正和反驳的主题","人们认识到,科学家所获得的发现,所得到的新知识,不是靠建立精确且全面的规律得到的,而是靠提出假设得到的,这种假设为新的探索开辟了道路"。② 但是,需要警惕的是,这种"科学化"的社会科学的研究路径,与历史学的学科本质特征并不完全一致,因为历史学不支持假设。假设和模式(模型)——作为工具——可以是社会科学的范式,却未必是历史学的范式。

认为社会史的整体性反映为一套综合的、从总体上看待和分析历史的方法与视角,是"范式说"的基本立场。常宗虎认为年鉴派"总体史的向往"的主要意义在于方法的革新。③ 赵世瑜借鉴年鉴学派的"总体史"范畴,认为"社会史不仅是一种新的史学范式,而且应该是一种综合的、整体的研究"。其与第一种观点的差别之处在于强调社会史的

---

① [英]E. H. 卡尔:《历史是什么?》,陈恒译,150～152 页,北京,商务印书馆,2007。

② [英]E. H. 卡尔:《历史是什么?》,陈恒译,153 页,北京,商务印书馆,2007。

③ 常宗虎:《社会史浅论》,载《历史研究》,1995(1)。

"新视角""新范式"意义。① 实际上他们在承认社会史有一个笼统的、界限模糊的、无所不包的"人类社会"作为自己的研究对象的同时，并不认为存在一个与政治、经济、文化相对独立的"社会"作为社会史的研究对象。② 张佩国基于相似的理由提出打破学科本位的局限，以多学科的一体化整合改进社会史的编史学方法，"以宽广的学术视野透视全方位的社会历史进程"③。"范式说"从另一角度质疑社会史的学科地位，与"泡沫说"所取路径和立场不同，但其所蕴含的"非学科化定位"的意向却有异曲同工之处。无论"范式"的定义多么不确定和有多大歧义，以"范式说"来定位社会史的立场基本一致：将社会史"非学科化"。

"范式说"对于社会史"非学科化"的努力，理所当然地受到坚持社会史学科地位的学者们的反击。乔志强、陈亚平认为："社会史有充足的理由成为历史学的一个分支学科，是由于它有一个与其他分支学科——比如经济史、文化史、政治史等相邻学科足以并列的独特的研究对象，有它具有特点的内容、结构、功能和机制以及独特的发展变迁轨迹。这个对象就是'社会的历史'。"④冯尔康再次强调了作为学科的社会史是"研究历史上社会结构与日常社会生活的运动体系"，"它是历史学的一门专史，并将其研究置于整体史范围之内，处理好两者关系，以便促进历史学全面系统地说明历史进程和发展规律"。⑤ 冯尔康不仅仅是基于理论逻辑，而更侧重于研究实践的考虑。他说，之所以选择专史说，既有理论上的考虑，又有实际操作上的原因。因为整体

----

① 赵世瑜：《再论社会史的概念问题》，载《历史研究》，1999(2)；赵世瑜：《社会史研究呼唤理论》，载《历史研究》，1993(2)。

② 参见池子华、王银：《近年来社会史理论研究述评》，载《江海学刊》，2004(3)。

③ 张佩国：《社会史学整合论》，载《史学月刊》，2001(1)。

④ 乔志强、陈亚平：《社会史的研究对象、知识体系及其学科地位》，见周积明、宋德金主编：《中国社会史论》上，35～36页，武汉，湖北教育出版社，2000。

⑤ 冯尔康：《社会史研究的探索精神与开放的研究领域》，见周积明、宋德金主编：《中国社会史论》上，87页，武汉，湖北教育出版社，2000。

史研究的目的很难达到，将专史置于整体中研究是争取条件的一种方式。同样持专史说的张国刚提出："社会史研究的是人的社会性这个侧面，研究人这一生物种群在社会进化过程中以及创造人类历史和文明活动中所涉及的方方面面的关系。"他认为，"社会史并不排斥其他的研究途径和研究视角。所以单单把社会史说成是视角和范式上的更新也是不合适的。视角或者范式上的更新，可以构成一个新的史学流派，但是，社会史的得名乃是因为其研究对象而不是其研究视角或方法"①。虞和平也认为社会史研究的对象"应该是历史上的人和人群的生存和生活状态、相互间的结构和互动关系及其发展变化过程，至少应该包括社会结构和社会生活两个方面"。但与专史论者略有不同，他认为社会史主要是社会学与历史学的结合体，且从研究内容上来划分可以分为整体史或整体专门史。② 不难看出，专史论者之所以把社会史看成历史学的一门专史，在于社会史有自己的研究对象，尽管各自所认同的具体研究对象有所不同。

王家范虽然不同意社会史的专史说，却确认其独有的"新学科"地位。他认为，"目前社会史很容易被界定为历史学的一门专史或分支。我感到这需要斟酌。这种界定很可能会因为简化了社会史兴起所包含的丰富学术变革内容而冲淡其对传统史学叛逆的意义，从而使之沦为传统历史学的附庸"。他特别指出："说社会史是历史社会学与社会历史学联姻而诞生的婴儿，虽然未必完全贴切，但也不算离谱。依据'总体大于部分总和'的现代思维方式，它只能被确认为一门新学科，而不再归属于历史学或社会学。"③

"范式说"在赵世瑜那里被相对系统化，他认为社会史是一种研究范式或者说是一种研究方法，"社会史绝不仅仅是历史学的一个分支学科，绝不能把社会史当作这样一个分支来理解，而是一个史学新范式，

---

① 张国刚：《试论社会史研究的学科结构》，载《天津社会科学》，2001(1)。

② 虞和平：《再谈社会史研究的对象与方法》，载《光明日报》，2000-11-03。

③ 王家范：《百年颠沛与千年往复》，43、49 页，上海，上海远东出版社，2001。

一个取代传统史学的政治史范式的新范式。只有这样，我们才能充分认识倡导社会史研究的意义：它并不只是发现一个以往被遗忘了的角落，它是一场革命，它是使史学家的眼界、方法、材料统统发生变化了的一场革命"①。"范式说"是在承认"社会史"存在（尽管是虚化的存在）前提下展开自己的论说的，如张佩国也认同作为方法论的社会史存在的价值，认为社会史学作为一种学理层面而非学科层面的方法论，其意义在于"分析视角的多维性和全方位性，而并不在于与史学各分支学科的研究领域不同"，他提出要走出学科本位观，深化问题意识，超越经济决定论，构建一个贯穿中国社会史的关系网络。② 而张乃和则直截了当地否定了社会史本身的存在。他认为："社会及社会结构涉及各个人文社会学科，因而是人文社会科学的共同任务，不是哪一个学科所能胜任的。历史学学科作为研究人类社会及其结构历史变迁的综合性学科，运用多学科理论方法针对特定研究对象分别形成了政治史、军事史、经济史、文化史以及家庭史、人口史等等诸多分支学科。但是社会史作为历史学分支学科是不能成立的。因为所谓的'社会史'并没有自己单独的'社会'历史研究对象。对人类社会及其结构诸多方面的历史进行研究构成历史学学科，不构成'社会史学'。"③它只是一种研究范式。

以"范式说"来定位社会史，虽然具有避免学者们纠缠于"研究对象和范畴"的那种"剪不断理还乱"的明智，却又难免陷入另一重充满矛盾和冲突的更为深刻的困扰之中。我们在此无意于讨论"范式"概念的定义、内涵或外延，而是从其对社会史的"非学科化"的意义角度展开，比较"范式说"与"学科说"对于社会史本身的意义、价值与影响罢了。

首先，社会史的兴起相对于传统史学研究而言，具有鲜明的反叛

① 赵世瑜：《社会史的概念》，见周积明、宋德金主编：《中国社会史论》上，17 页，武汉，湖北教育出版社，2000。

② 张佩国：《社会史学整合论》，载《史学月刊》，2001(1)。

③ 张乃和：《社会及社会结构的理论问题——兼论历史学分支学科社会史学能否成立》，载《史学理论研究》，2000(3)。

性质，而且这种反叛特征也不是局限于社会史本身，同时并起的"文化史"也具有同样的历史指向。与传统模式（革命史、阶级斗争史范式）相比，社会史研究"范式"的创新性不言而喻。"新范式"标示了一个学术新时代的不同，却并不标示一个"学科"的特征和价值。在英国新旧史学转换进程中，也存在同样的问题："在 18 世纪，历史仍旧是精英的历史。在 19 世纪，英国历史学家开始蹒跚地、断断续续地向这样的历史观点前进：把人类共同体的历史当作历史的观点。"①英国历史学家格林（John Richard Green，1836—1883，著有 4 卷本《英国人民史》，出版于 1877—1880 年），"因写了第一部《英国人民史》（*History of the English People*）而获得了荣耀"，"新史学将利用人类学家、经济学家、心理学家与社会学家关于人类的任何发现"。② 科学时代的区分赋予学术研究"范式"转换的内在动力，历史学亦然。"我们只有根据现在，才能理解过去，我们也只有借助于过去，才能理解现在。使人能够理解过去的社会，使人能够增加把握当今社会的力量，便是历史的双重功能。"③所谓"一代之兴必有一代之学"。具有主导理论、系统方法、创新视野的"范式"或者说"模式"，是一个时代很多学科或学说可以遵循并获得生机的前提——文化史、经济史，以至环境史、生态史之类，概莫能外。正像巴勒克拉夫所说，20 世纪，历史学最重要的一个转变，就是"重心转移到了经济、社会、文化、思想和心理方面"④。在此，不难判断，"社会"只是与经济、文化、思想与心理并列的一个概念，只是史学"转型"中的一个重心而已。因此，"新范式"的史学可以名之为"新史学"，它包含社会史，但不等同于社会史。因为，即使

---

① ［英］E. H. 卡尔：《历史是什么？》，陈恒译，257 页，北京，商务印书馆，2009。

② ［英］彼得·伯克：《法国史学革命：年鉴学派，1929—1989》，刘永华译，4 页，北京，北京大学出版社，2007。

③ ［英］E. H. 卡尔：《历史是什么？》，陈恒译，146 页，北京，商务印书馆，2009。

④ ［英］杰弗里·巴勒克拉夫：《当代史学主要趋势》，杨豫译，13 页，上海，上海译文出版社，1987。

是今天的政治史、革命史与三十年前的政治史和革命史研究相比，其范式或方法、理念也不再相同了。"新范式"并非社会史所独享。

其次，社会史并无统一的"范式"。主张"范式说"的赵世瑜认为，"因为一旦一个学科形成了它的一套比较规范的、同行认同的方法论体系（即所谓'范式'），尽管可以是开放的和不断变化的，它也就有了自己区别于其他学科的话语系统、概念工具和问题意识，有了自己的学科本位，否则这个学科就无法生存。"①由此而言，"范式"是基于"规范的、同行认同的方法论体系"而成立的。问题是社会史研究中基于理论模式、研究方法、研究视角基础上的"范式"的多样性乃至相异性，并不比社会史研究对象、范畴之间的争议更容易获得认同。且不说最初基于"社会结构变迁"或基于"日常社会生活变迁"的社会史研究无法被框定于一个"范式"之中，近年来，随着跨学科研究趋势的发展，区域社会史、生态社会史、环境社会史、医疗社会史等乘势而起，并在研究的"系统方法"或理论模式上，各自保持着相对独立性，更无法以一个"范式"来加以区分和辨别。它们可以是不同的范式，但却同属于"社会史学"。在这里，将生态社会史与生态史分属于社会史和自然史，更能获得学界的认同，其学科归属标准显然不可以基于"范式"，而只能基于研究对象和研究范畴之不同。

"社会史""范式"等作为当代史学领域中重要的学术范畴，率先流行于西方学界；但即使在当代西方史学的历史进程中，社会史也难以被定义为"范式"。反叛传统"范式"无疑也是催生西方"新史学"的内在动因。"1900年前后，对政治史的批评格外尖锐，而要求取而代之的议论也特别丰富。"卡尔·兰普雷希特将政治史与文化史或经济史进行了对比，认为前者只不过是个人的历史，而后者是人民的历史。他后来将历史定义为"基本上说是一门研究社会心理的科学"②。当时，传

---

① 赵世瑜：《历史人类学：在学科与非学科之间》，载《历史研究》，2004（4）。

② 转引自［英］彼得·伯克：《法国史学革命：年鉴学派，1929—1989》，刘永华译，4页，北京，北京大学出版社，2007。

统史学范式被概括为三个偶像：政治偶像——对政治史、政治事件、战争等的长久的迷恋，过分夸大了事件的重要性；个人偶像——换句话说，是过分强调所谓大人物，结果是连制度研究也写成了"庞恰特雷恩"（Pontchartrain，1643—1727，法国政治家）与巴黎议会的形式，如此等等；编年偶像——自身迷失于研究起源的习惯之中。① 问题是，大潮初起的"新史学"并不是具有明确指向性的"社会史"，年鉴史学杂志最初叫《经济社会史年鉴》，"它企图在经济社会史领域占据学术的领导权"（1928 年费弗尔语）。关于中世纪商人教育的问题，重商主义研究，美洲财富与西班牙价格革命等是当时集中的论题。"最初几期，经济史学家占了上风"，当时，"这一刊物看来就像是英国《经济史评论》的法国翻版或是竞争对手"，它本身还像《历史研究综合评论》一样，关注社会科学方法，而这一方法在亨利·贝尔于 1900 年创立《历史研究综合评论》时，就已经鲜明地揭幕了。然而，社会史旗帜的揭橥却晚出许多，直到 1930 年，该杂志才欲将自身建立"在社会史这块几乎尚未开发的土地之上"②。从其"尚未开发的土地"的表达来看，社会史的出现恰恰基于"研究对象"或"研究领域"之上，而不是基于"范式"之上。

还须说明的是，当社会史成为具有示范性意义的学术趋向时，社会史学家及其研究成果之间的理论、方法等具有"范式"特征的区别也是巨大的。布洛赫《封建社会》对周期性趋势与在相距甚远的社会之间进行比较的关注，让布洛赫的书比他那一代其他法国历史学家的著作更具社会学色彩。对吕西安·费弗尔来说，它的确是带有太浓的社会学味道了。③ 后来，年鉴派史学家雷维尔则强调史学分析的规模，自1978 年担任《年鉴》杂志的编辑工作后，"雷维尔的讨论是从批评年鉴派范式，尤其是年鉴派的主流社会史范式开始的"。这一范式发端于涂

---

① ［英］彼得·伯克：《法国史学革命：年鉴学派，1929—1989》，刘永华译，5 页，北京，北京大学出版社，2007。

② ［英］彼得·伯克：《法国史学革命：年鉴学派，1929—1989》，刘永华译，16 页，北京，北京大学出版社，2007。

③ ［英］彼得·伯克：《法国史学革命：年鉴学派，1929—1989》，刘永华译，20 页，北京，北京大学出版社，2007。

尔干学派社会学家弗兰索瓦·西米昂（François Simiand，1873—1935）。西米昂声称，未来史学家关注的不是特殊性和偶然事件，而是反复出现的现象，这才是真正科学研究的对象。这一点对年鉴派社会史范式的形成有深刻的影响。这个范式包括以下特点：强调考察尽可能在的集合；在分析社会现象时优先使用计量方法；选择尽可能长的时间段，以此凸显大规模的转型。其结果是，为处理他们偏爱的系列和数字，必须找出适当的处理手段，对档案的内容进行大幅度的简化。①

　　社会史的"范式"一直处于动态变动的境况，西方社会史也不曾形成一个区别于"他史"的某种特定范式，在一个多世纪的社会史发展进程中，不断地形成了"否定之否定"的"范式"转变。"从70年代末80年代初开始，就在社会史的顶峰时期，它逐渐陷入危机之中，这种研究范式开始受到越来越多的质疑。……原先将社会科学统为一体的范式，遇到激烈的批评，结果跨学科交流受到了怀疑。最后，人们对总体史也产生了怀疑，对社会的总体把握至少是暂时地被搁置了。"与此相应的是，"微观史学的出现与流行，是与史学界对六七十年代主流社会史研究中宏观分析法的不满密切相关的"。微观史学的出发点是生成意义的符号，"都采用深描法（thick description），在意义的网络中诠释事件或事实"。与"围绕人类理性"的主流社会史范式相比，微观史学"围绕理论模式"。微观分析理论和方法的运用，意味着告别社会史既有的模式，从新的角度重新审视社会史分析的工具的方法。② 于尔根·科卡认为社会史学"是一套不断更新的方法"，并不固定为一种特定的"范式"，立足于"理论和方法"（"范式"）视角，显然，"如果我们将各国社会史的主要代表，如德国的韦乐、英国的霍布斯鲍姆、法国的布罗代

---

　　① 刘永华：《费雷、夏蒂埃、雷维尔："超越年鉴派"（代译序）》，XVII，见[英]彼得·伯克：《法国史学革命：年鉴学派，1929—1989》，刘永华译，北京，北京大学出版社，2007。

　　② 刘永华：《费雷、夏蒂埃、雷维尔："超越年鉴派"（代译序）》，XVII，见[英]彼得·伯克：《法国史学革命：年鉴学派，1929—1989》，刘永华译，北京，北京大学出版社，2007。

尔和美国的蒂利相比较，那么我们会发现，除上述一般共同特征外，社会史的表现形式是多种多样的。各种方法都有，有传统的马克思主义的历史唯物主义的方法、现代化方案、韦伯的理论、社会不平等理论以及其他方法"①。对此，很难以一种"范式"来定义如此众多却理论各异、方法各别的社会史。"社会史曾有过许多方法和理论上的反思"②。这再度提示我们，社会史有过多种范式，将来还会以多种范式而出现，因而以"范式"定义社会史的立场是多么的不切"实际"。用布克哈特的话来说，历史是"在另一个时代发现的一个时代的值得记录的东西"③。面对西方尤其是法国新史学，我们不难判定，新史学——作为"新范式"——标示了一个时代的学术潮向，而不是以此构成了社会史，它甚至是"与过去的社会史做法非常不同"的。因此，以"新范式"定义社会史，几乎是将整个社会科学的共有特征强加为"社会史"的特征，在"范式—社会史"的旗帜下，消解了社会史的学科地位和存在价值。

更为吊诡的是，汤普森的《英国工人阶级的形成》是公认的新社会史的经典代表著作，该书"倡导的阶级分析法"，自成体系。那么，汤普森"阶级分析法"或者说"范式"，能否等同于社会史范式？如其不然，是否将这一经典社会史著作排除于社会史之外？——因为，对于这部著作，"法国史学界花了整整四分之一世纪来接受这部巨著，这无疑与法国史学界的学术气候变化，尤其是对宏观分析的质疑有莫大关系"④。而在这四分之一的时间内，社会史恰恰构成法国史学的主流趋向。"年鉴派群体三代人突出的成就，在于开拓了广袤的史学领域。这一群体已将史学家的领域，拓展至出人意表的人类活动领域及传统史学

---

① ［德］于尔根·科卡：《社会史：理论与实践》，景德祥译，219 页，上海，上海人民出版社，2006。

② ［德］于尔根·科卡：《社会史：理论与实践》，景德祥译，218～219 页，上海，上海人民出版社，2006。

③ J. Burchhardt, *Judgments on History and on Historians* (1950), London, Routledge, 2007, p. 158.

④ ［英］彼得·伯克：《法国史学革命：年鉴学派，1929—1989》，刘永华译，104 页，北京，北京大学出版社，2007。

家忽视的社会群体。与这一史学领域的拓展密切联系的，是对新史料的发掘及对相应所需新方法的开发。与之密切相关的还有与研究人类的其他学科——从地理学到语言学，从经济学到心理学——的合作。"①

"新史学开创的史学研究范式，是对传统历史学的'事件叙述'编史方法的一场革命。新史学把社会学、人类学、心理学、经济学等社会科学的研究方法引进社会史研究，发展出综合的、整体把握和分析社会的方法论体系，社会史的整体研究才得以实现。但是，综合的、整体的方法将对包括社会史在内的所有史学学科的发展带来革命性的变革。新经济史、新政治史，包括在20世纪末重新在年鉴学派的研究中受到重视的'人物'、'事件'的历史，都打上了年鉴史学的烙印。社会史研究在方法上倚重新史学范式，并不意味着新史学就等于社会史。"②仅仅基于"范式"立场，我们无法在《英国社会史》(阿萨·勃里格斯著，陈叔平、刘城等译，中国人民大学出版社1991年版)与《中国社会史》(谢和耐著，耿昇译，江苏人民出版社1992年版)之间获得认同，因为二者的结构、视野、方法差异太大。当然，这两部以"社会史"命名的著作，与我们所见其他"社会史"(无论基于"整体史"还是"专门史"意义)也是不同的。但是，从"学科"对象(广义和狭义)立场出发，我们则可以将其共同视为"社会史"——这是将社会史定义为"范式"理论的内在逻辑矛盾。我们有理由相信，"范式说"将随着各种专门社会史(如医疗社会史、生态社会史等)研究领域的拓展和其向社会史学科的主动归属而消弭不彰！

三、理论"多元化"与史学的学科本位

或许，社会史的强势风头也正是得力于跨学科和理论方法多元化趋势的推助，由此成就其"好风凭借力，送我上青云"的历史。从社会

---

① ［英］彼得·伯克：《法国史学革命：年鉴学派，1929—1989》，刘永华译，104页，北京，北京大学出版社，2007。

② 陈亚平：《社会史研究的整体性刍论》，载《天津社会科学》，2002(3)。

史经历的三次大的跨越或转向来看，无不得力于跨学科渗透与多元化理论的影响：首先，向社会学的跨越，成就了早期社会史的开拓和学科地位的确立；其次，向历史人类学的跨越，拓展了区域社会史研究的视域和研究方法；最后，向生态、环境和医疗学的跨越，扩充和加固了社会史的学科领地和地位。跨学科研究和理论方法的多元化，已经是当代学术发展的基本特征和主导趋势。

同时我们也深切意识到，"由于社会史自身理论建设的不足，人们在实际研究中大量借用其他社会科学的理论、模式及西方的学术理论，这种'借用'无可厚非，但'消化不良'，生搬硬套现象严重，造成社会史学科概念的含混不清，中西混杂"，最终导致"自我"的迷失。"中国社会史至今没有形成自己的话语系统和概念体系，根本原因正在于此。"①因此，在求助于西方社会史理论的同时，必须孜孜以求自我概念体系和理论的架构。应该说，社会史学界注意到了这一问题，但尚未引起足够的重视。

具有社会学背景的周晓虹对此问题的看法与笔者所持的立场相同，周晓虹认为："应该指出的是，尽管中国社会史研究应该也必须向社会学借鉴各种行之有效的研究方法，但前者不应成为后者简单的拷贝或复本。这种说法的含义主要有两层：其一，作为中国历史研究的一个侧面的中国社会史研究对现代社会学的理论和方法的吸收，显然不应以抛弃历史学的传统理论和方法为前提；其二，作为一门历史科学，社会史学有其不同于社会学的特殊性，因此，在社会史学领域简单照搬现代社会学的研究方法就难以达到正确研究历史上的社会或社会现象的目的。"②即使是一些具体研究方法的运用，也必须考虑社会学与历史学不同的学科特征及学科要求，如"口碑资料收集方法及在此基础上形成的口述史学带来了史学领域的'史料革命'"。"这种方法的使用除了受到因社会史研究而起的整个史学研究的视角转换的左右外，在具体的实施方法上显然受到现代社会学中十分普及的访谈法的深刻影

---

① 池子华、王银：《近年来社会史理论研究述评》，载《江海学刊》，2004(3)。

② 周晓虹：《试论社会史研究的若干理论问题》，载《历史研究》，1997(3)。

响。但是无论怎样，社会史常用的口碑资料收集法和社会学的访谈法都是有区别的：前者涉及的是历史见证人在以往的年代里的经历和感受，而后者涉及的则是现实生活的参与者在当下的具体状况和感受。一句话，前者涉及的是经验，后者涉及的是行为。"①正因为"社会史学和社会学是两门不同但又有着密切联系的现代人文社会科学，要想将社会史学研究引入健康向上的轨道，除了在指导思想、研究视角和史料开拓等方面狠下功夫外"，恐怕最重要的就是要"尽快实现社会史学与其他人文社会科学尤其是与社会学的整合"。而不是简单地将历史资料或史实套入社会学的模式之中——"社会学化"。所以，霍布斯鲍姆的提醒不是没有道理："社会的历史不能依靠运用其他科学内容贫乏的现成模式来写，它需要架构恰当的新的模式——或者起码需要把现有的框架发展成模式。"②

从 20 世纪 90 年代后期开始，社会史研究进入多学科交叉和多元化理论、方法渗透的时代。"今日跨学科研究强调：应该打破专业界限，按照课题需要进行各种综合性、整体性的有关知识组成成分之'拆分'和'搭配'运作。"③令人眼热的社会史研究面对社会科学理论、方法的大幅涌入（诸如人类学、心理学、生态学、环境学、资源学等），处于前所未有的"乱哄哄，你方唱罢我登场"的境况。这种状况不能不引发社会史学界更深层的理性思考。俞强在《跨学科冲击与中国社会史研究的回应》④中提醒注意多元学科视野下的中国社会史研究可能出现"多重标准"和对话问题等危机；冯尔康、赵世瑜等或提出了跨学科的社会史研究理应坚持历史学的本位呼吁，或强调历史学不宜放弃陈述

---

① 周晓虹：《试论社会史研究的若干理论问题》，载《历史研究》，1997(3)。

② ［英］霍布斯鲍姆：《从社会史到社会的历史》，转引自《史学理论丛书》编辑部：《八十年代的西方史学》，261 页，北京，中国社会科学出版社，1990。

③ 李幼蒸：《"史学理论"芬兰行——"符号学和古代历史"芬兰讲演及网刊序言》，2007 年 8 月 4—12 日。

④ 俞强：《跨学科冲击与中国社会史研究的回应》，南开大学中国社会史网站。

之学的特征，而失去自身的特点和价值①，等等。

"虽然史学通过向社会科学靠拢而别开生面，但将史学彻底改造成经济学、社会学那样的社会科学，未必是一件好事。"使用社会科学理论作为治史工具时，要避免落入"方法论的陷阱"②。许倬云针对性地指出，"今日社会科学诸学门的研究，因为专门化，而日益分离；形同边界也将日趋消失并失去其应有的学科地位"③，所谓"泡沫学科"的预言不免成真。朱浒尖锐地提出，在社会史发展进程中，"其中最突出的一点，就是史学社会科学化的限度问题。借鉴各种社会理论的大方向固然不能否定，但是这并不等于要消除历史学的本位立场，特别是如果把其他社会理论中生成的问题直接当作历史学的问题时，那么就很难说这不会影响到我们对史料和历史事实的勘别与认定。至少从目前出现的新社会史研究来看，历史往往成了各种社会理论的实验场所，这就极有可能对历史学从中吸收养分产生某种阻碍作用"④。"割据之势，如果不早日整合，知识将有流于繁琐之虞。"⑤同时，它也将导致社会史的学科面对新的理论与方法的引入和整合问题。学者们相对一致的认识是，还需要对学术史的脉络加以清理，以便从新旧观念错综交糅的纷乱中认清方向；需要对传统史学、对曾与社会史相对立的政治史研究主题进行认真反思，思考其与社会史的关系；还需要思考社会史研究的方式与表达途径等。西方社会科学理论、方法的"本土化"及中国社会史的存在实体与学术研究表达的一致性，也是一个值得深度探讨的问题。

---

① 俞强：《跨学科冲击与中国社会史研究的回应》，南开大学中国社会史网站。

② 李剑鸣：《历史学家的修养和技艺》，46页，上海，上海三联书店，2007。

③ 许倬云：《试论社会、族群与文化》，见王秋桂等主编：《社会、民族与文化展演国际研讨会论文集》，台北，汉学研究中心，2001。

④ 朱浒：《新社会史能否演生范式意义》，http：//theory. people. com. cn/GB/40538/3934862. html，2005-12-12。

⑤ 许倬云：《试论社会、族群与文化》，见王秋桂等主编：《社会、民族与文化展演国际研讨会论文集》，台北，汉学研究中心，2001。

史学同社会、民族、国家发展有着深切的关系，梁启超在"新史学"的阐释中已经有过充分的解说："凡史迹皆人类过去活动之僵迹也"，却并非过往的一切均可入"新史学"之范围，"然则历史所最当注意者，惟人群之事。苟其事不关系人群者，虽奇言异行，而必不足以入历史之范围也"①。马克思指出："我们仅仅知道一门唯一的科学，即历史科学。历史可以从两方面来考察，可以把它划分为自然史和人类史。"②这与汤因比的"历史研究中无可再小的、可理解的基本单位是'文明'，或者称为'社会'，而不是一般人所称的'民族'或'国家'"③认识一致。历史研究中无可再小的可以理解的领域，是整个社会而不是关于社会的任意分割的片断。这提示着我们，历史学的时代特征、学科价值和学科方向，应该成为当代历史学跨学科研究和多元化理论发展中必须坚持的学术立场。对此，严耕望也不只一次地强调过，不仅"各种社会科学理论在史学上的运用也各有局限，不能恃为万应灵丹"，"社会科学理论只是历史研究的辅助工具，不能以运用理论为主导方法"④，而且，"摆在眼前的事实，社会科学门类众多，派系各别，而且也是随时变换……运用目前的社会科学方法研究出来的史学成绩，过了几年不是仍要视为落伍了"⑤。卡尔从另一个角度提出了同样的认识："历史学家的著作是多么密切地反映他所研究的这个社会。不仅事件在不断变化，历史学家本人也在不断变化。当你拿起一本历史著作的时候，只看扉页上作者的名字是不够的，还要看出版的日期或写作的日期——有时这更能说明问题。……同一位历史学家不能够写出两本完全一样的历史著作。"⑥

———————————

　① 梁启超：《史学之界说》，见李华兴、吴嘉勋编：《梁启超选集》，285 页，上海，上海人民出版社，1984。

　② 《马克思恩格斯选集》第 1 卷，21 页，北京，人民出版社，1972。

　③ 转引自张文杰：《历史哲学综论》，载《江海学刊》，1999(1)。

　④ 严耕望：《治史三书》，145 页，上海，上海人民出版社，2008。

　⑤ 严耕望：《治史三书》，167 页，上海，上海人民出版社，2008。

　⑥ ［英］E. H. 卡尔：《历史是什么？》，陈恒译，131 页，北京，商务印书馆，2009。

社会科学的概念，尤其是这其中的历史概念是在 19 世纪逐渐发展起来的。在科学化同时也学科化的历史进程中，不仅"自然界所使用的方法被用来研究人类事务"，而且"社会科学家从生物学那里得到启示，开始把社会当作是一个有机组织"，"达尔文革命的真正重要性在于"，"把历史带入科学领域"，"科学上的进化观念确定了、完备了历史中的进步观念"。①"人们认识到，科学家所获得的发现，所得到的新知识，不是靠建立精确且全面的规律得到的，而是靠提出假设得到的，这种假设为新的探索开辟了道路。"但是，正如在科学思想界"掀起了一场革命"的亨利·彭加勒（Henri Poincare）在《科学与假设》中所提示的："科学家所提出的一般命题……就是一些假设，是科学家设计出来的以便组织进一步的思考，并使这种思考具体化；这些一般命题就是有待于证实、修正和反驳的主题。"②社会科学研究中的假设和模型，是许多学科从事研究的基本理论工具；然则历史学不同，它的学科本质并不支持假设和模型，这种方式却与历史学的本质属性相悖。此外，"当今几乎没有什么科学——尤其是社会科学——会要求彻底的独立。但是，历史对外在于其自身的事物没有什么必然性依赖，这就决定了历史不同于任何其他科学"，"我本人并不相信，使历史学家与地质学家相分离的那个裂口比使地质学家与物理学家相分裂的那个裂口更深，也更加不可弥补"。③

因此，在学科发展的多元化趋向中，社会史的历史学本位特征不能被淹没于"社会科学化"的浪潮之中，否则，社会史将不成其为历史学。因为，社会科学及其他各学科与历史学的区别是不能融化无界的，"它们有不同的资料以及不同的资料处理方法；它们与'时间'的关系、对背景的重视程度不同；它们对描写与图表方法的爱好不同；它们将

① ［英］E. H. 卡尔：《历史是什么?》，陈恒译，150～151 页，北京，商务印书馆，2007。

② ［英］E. H. 卡尔：《历史是什么?》，陈恒译，153 页，北京，商务印书馆，2007。

③ ［英］E. H. 卡尔：《历史是什么?》，陈恒译，181 页，北京，商务印书馆，2007。

诠释学与分析性方法的结合方式不同"，更重要的是，"它们的社会与
文化功能不同"。正是"不同的功能指向规定了不同专业在社会与国家
中的地位。一般说来，与社会科学相比，历史学与本国的政治文化、
自我表现与传奇、文化生活以及教育制度的关系更为紧密"①。更值得
关注的是，"跨学科合作没有导致综合性结论，相反，它导致了进一步
的分散化"②。在多元化、跨学科进程中，必须保持社会史的历史学科
边界和本位特征，即在学科功能上"保障最低程度的一致性，这是在研
究问题、方法以及共同评价标准上的一致性。没有这样的学科分工，
这些几乎是没法办到的"。而且，"有了各学科之间的界限，我们才能
跨越它们"③。

"旧学商量加邃密，新知涵养转深沉。"是的，社会史不再是初现史
坛时期的"艳阳"之春了——那是一个专情投入勇于开拓领地而并不十
分注重收益的时节。在分享秋果的季节之后，理性的耕耘者总应该精
心回顾曾经的劳作过程，包括成本的核算、投入收益与各种失误，以
谋取下一个学术耕耘之春的到来。"今天历史学既面临着广阔的前景，
同时又面临着巨大的危险。……对于这些危险，任何善于思考的历史
学家都不会一无所知。也许正因为研究对象的缘故，历史学比其他任
何一门学科更加肩荷过去的重负，从而蒙受着苦难。历史学是深入水
中淹死河底呢，还是胜利地浮出水面，登上彼岸，获得新生，重新充
满活力，这是谁也无法预料的。"④不过，在"多元化"和"跨学科"研究
潮流中，我们更应该关注和把握历史学的学科本位特征，这是社会史
"胜利地浮出水面，登上彼岸"的不二选择。

---

① ［德］于尔根·科卡：《社会史：理论与实践》，景德祥译，42页，上海，
上海人民出版社，2006。
② ［德］于尔根·科卡：《社会史：理论与实践》，景德祥译，43页，上海，
上海人民出版社，2006。
③ ［德］于尔根·科卡：《社会史：理论与实践》，景德祥译，43页，上海，
上海人民出版社，2006。
④ ［英］杰弗里·巴勒克拉夫：《当代史学的主要趋势》，杨豫译，343页，上
海，上海译文出版社，1987。

司马迁将史学之目标定位于"通古今之变",实揭示了史学之不同于别的学术的真谛。史学家关心的不是某种固定的、静止的状态,而应是变动的过程;并不是历史上所有存在的事物和人物都不加选择地可以进入历史研究的视野。"然则历史所最当注意者,惟人群之事。苟其事不关系人群者,虽奇言异行,而必不足以入历史之范围也。"①梁启超所谓的"史迹"是特指"人类社会之赓续活动",并特别说明"不曰'人'之活动而曰'人类社会'之活动者,一个人或一般人之食息生殖争斗忆念谈话等等,不得非谓活动也,然未必皆为史迹"。如果一个人之活动没有"社会性",当然不能进入"史迹"之范围。"史迹也者,无论为一个人独立所造,或一般人协力所造,要之必以社会为范围;必其活动力之运用贯注,能影响及于全社会,——最少亦及于社会之一部,然后足以当史之成分。质言之,则史也者,人类全体或其大多数之共业所构成,故其性质非单独的,而社会的也。"②因此,研究对象或研究内容的"社会性",就成为梁启超时代"新史学"区别于旧史的根本之所在。正是在"民史"与"眼光向下"的基点上,梁启超"新史学"中的社会史理念得到了一定的彰显,"一社会一时代之共同心理共同习惯,不能确指为何时何人所造,而匹夫匹妇日用饮食之活动皆与有力焉,是其类也"。③ 否则,"驯至连篇累牍,胪列无关世运之人之言论行事,使读者欲卧欲呕,虽尽数千卷,犹不能于本群之大势有所知焉"。④ 这是史学与社会学、人类学等不同的学科特征之所在。

社会学的理论范畴,对于当代社会史的兴起和发展所具有的学科意义,已是不争的事实。社会史大规模地从社会学中寻求基本的理论

---

① 梁启超:《史学之界说》,见李华兴、吴嘉勋编:《梁启超选集》,285 页,上海,上海人民出版社,1984。

② 梁启超:《中国历史研究法》,见刘梦溪主编:《中国现代学术经典·梁启超卷》,221~222 页,石家庄,河北教育出版社,1996。

③ 梁启超:《中国历史研究法》,见刘梦溪主编:《中国现代学术经典·梁启超卷》,222 页,石家庄,河北教育出版社,1996。

④ 李华兴、吴嘉勋编:《梁启超选集》,286 页,上海,上海人民出版社,1984。

范畴、学术概念(如社会结构、社会组织、社会控制、社会变迁、社会转型、社会流动等),以便从传统史学僵滞的模式中破壳而出,别成天地,是东西方社会史创建过程中的共同特征。在社会史研究渐成气候的过程中,这些概念与范畴已经内化为具有史学特征的基本范畴,因而,对这些基本理论范畴、概念进行准确科学的理解,是社会史体系构建和学术地位提升的基本前提。

原载徐秀丽主编:《过去的经验与未来的可能走向——中国近代史研究三十年(1979—2009)》,北京,社会科学文献出版社,2010,原题为《中国近代社会史理论研究再反思——关于社会学化、范式说以及多元化趋势的检讨》。

"新史学"的开拓与建构

——评余新忠《清代卫生防疫机制及其近代演变》

　　余新忠所著《清代卫生防疫机制及其近代演变》①一书(以下称余著)，我几乎是在出版的第一时间即获阅读。粗略翻阅之后，情不自禁又反复品读，终于有了一种想写点文字的冲动。在新时期以来"新史学"的发展进程中，这确属一部难得的上乘之作。从某种角度看，新时期以来的史学发展是以"新史学"话语来诠释自己的时代价值的，它以不同以往的新领域、新视角、新理论、新方法，甚至新话语等，标示了一个史学发展的新阶段。在这一时期，刻意求新的史学成果林林总总，难以确数，在张海鹏主编的《中国历史学 30 年(1978—2008)》(中国社会科学出版社 2008 年版)和曾业英主编的《当代中国近代史研究(1949—2009)》(中国社会科学出版社 2014 年版)等总结性史著中，分别已有一个基本状况的展示。一定意义上，新史学的开拓与建构是新时期史学所获功绩的主要方面。

　　"新史学"的内涵与外延极具争议性。学界据以讨论这一问题的时间与范围几乎可以涵盖近代以来历史学的大部；其释义之宽狭、内容界说之淆乱，因人因事而歧异纷呈。② 本文不拟纠结于概念本身之争，只是从问题的学术聚焦和学术讨论的可操作性出发，以两个视角来限

---

① 余新忠：《清代卫生防疫机制及其近代演变》，北京，北京师范大学出版社，2016。该书入选 2015 年国家哲学社会科学成果文库。

② "新史学"既用以指称 20 世纪之初梁启超的"新史学"及其传承的史学走向，也特指 20 世纪 80 年代以来史学发展的新走向、新态势，甚至还被用以指称 21 世纪以来的所谓"新社会史""新文化史""新革命史"乃至"生态环境史""医疗社会史"，以及具有后现代主义特征的"新新史学"之类。如"在中国现阶段，(转下页)

定这一学术用语的基本义涵：新时期以来史学演进的新走向或新态势。如此，20世纪80年代以来相继出现的社会史、文化史、环境史、医疗社会史、区域史以及新社会史、新文化史、新革命史等，均可一概目之为"新史学"之范围。

一、开拓中的多向发展与问题聚焦

"学术发展史告诉我们，任何一种学术，任何一个学科，只有存在着巨大的社会需求，并且这种客观需求越来越深刻地为社会所认识和了解时，才可能得到迅猛的发展和进步。社会条件和社会需求是推动学术发展和繁荣的最有力的杠杆。"[1] 20世纪80年代以社会史为趋向的新开拓（既是研究领域，也是研究方向或视野的开拓），一经出现就带来了极富时代性的感召力。《历史研究》评论员以《把历史的内容还给历史》为主旨，传递了这一开拓性研究的学理依据，认为依据马克思主义唯物史观原理，应该将人们的日常生活的历史纳入研究视野。[2]《历史研究》在首届中国社会史研讨会述评中预言，史学研究的这一新开拓将从改变史学研究现状和推动其他相关学科发展诸方面做出新的贡献。[3] 由此，一大批新领域被开辟，构成了新时期"一次了不起的学术飞跃"[4]。近年来，标举着历史人类学的旗帜，研究者又开辟出很多新

（接上页）社会史也好，文化史也罢，包括新兴的生态环境史、医疗疾病史、女性史、概念·文本·叙事的所谓'后现代史学'等，都是新史学的重要组成部分"。参见梁景和主编：《中国社会文化史的理论与实践续编》，142页，北京，社会科学文献出版社，2015；夏明方：《导论：历史的生态学解释——21世纪中国史学的新革命》，见《新史学（第六卷）：历史的生态学解释》，2～3页，北京，中华书局，2012。

　　①　李文海：《序言》，见张海鹏主编：《中国历史学30年（1978—2008）》，2页，北京，中国社会科学出版社，2008。

　　②　《把历史的内容还给历史》，载《历史研究》，1987(1)。

　　③　参见宋德金：《开拓研究领域　促进史学繁荣——中国社会史研讨会述评》，载《历史研究》，1987(1)。

　　④　高翔：《始终引领当代中国史学的前进方向》，见《历史研究六十年论文选编》，2～3页，北京，中国社会科学出版社，2014。

领域：生态环境史、日常生活史、水利社会史、医疗疾病史、性别社会史、新革命史①等，不一而足。30 年来，正是开疆拓土的奋力进取成就了新时期的新史学，"有关文化史、社会史、经济史、思想史、中外关系史、民族史、边疆史以及历史地理学的研究方面，甚至人口史、灾荒史等都有了很大的进展"②。

从基本学术取向或路径看，与大多数新史学著作不同，余著并不着眼于研究方向的开拓，而是着眼于学术问题的聚焦。正如余新忠所坦陈的那样，从 2003 年始就开始对"清代的卫生概念、防疫和检疫等卫生问题做过初步的探讨"③。在余新忠的视野里，卫生领域并非一个独特的研究领域或研究方向，而是既关乎"个人的健康和幸福，同时也承载起了民族繁荣强盛的大义"④的学术问题。作为具有学术价值的问题，它是与整个历史演进的广度和深度密切相关的课题，因为由"卫生"而承载了"复杂而丰富的社会文化意涵以及权力关系的象征"。因此，余新忠透过诸多历史现象和丰厚史料最终所聚焦的问题，一是中国社会在引入和推行现代卫生机制过程中的必要性和合理性问题；二是中国社会所推行的现代卫生制度背后的权力关系、现代卫生行政与现代身体之间的关系等问题。⑤ 余著的学术立意十分清晰，即"利用'后见之明'去发现和分析当时之人忽略或无法看到的问题"⑥。法国年鉴学派史学家布洛赫提出："有时候揭示问题本身比试图解决它们更为

---

① 参见梁景和主编：《中国社会文化史的理论与实践续编》，141 页，北京，社会科学文献出版社，2015。

② 张海鹏：《当代中国历史科学鸟瞰》，见《中国历史学 30 年（1978—2008）》，4～5 页，北京，中国社会科学出版社，2008。

③ 参见余新忠：《清代卫生防疫机制及其近代演变》，绪论，20 页，北京，北京师范大学出版社，2016。

④ 余新忠：《清代卫生防疫机制及其近代演变》，绪论，29 页，北京，北京师范大学出版社，2016。

⑤ 参见余新忠：《清代卫生防疫机制及其近代演变》，绪论，28～29 页，北京，北京师范大学出版社，2016。

⑥ 余新忠：《清代卫生防疫机制及其近代演变》，绪论，29 页，北京，北京师范大学出版社，2016。

重要。"①在当代新史学拓疆开域的多向扩展中，缺乏学术问题的聚焦所造成的"碎片化"状况令人诟病。②尽管就"碎片化"本身学界尚有不同认识，但由此所形成的学术研究的窒碍却也引起了普遍的关注。如"在社会史研究内部，诸如其内涵到底为何之类的大量根本性问题都尚未达成共识，这就难免给人造成一种'大杂烩'的印象。只要稍微仔细审视一下就可以发现，当下社会史研究的阵容固然貌似鼎盛，实际上其中却收容了不少争扛大旗的散兵游勇"③。梳理 30 多年来的新史学的进程我们不难发现，研究领域的平面扩展和研究方向的多向伸延令人眼花缭乱，但纵向深度的学术问题讨论却浅尝辄止，始终不能形成梯度性推进，更遑论对某些重要学术问题的根本性解决，从而也就难以在历史的接续中真正完成一个时代的学术命题。新史学在不停歇的开拓中，少了学理层面的建设和把论题引向深入并将学科建设最终导向时代高度的努力。就此而言，余著的努力和所取得的成功令人欣喜。

余著没有刻意标注"新社会史"或"新文化史"名号，只是将论旨落实在"传统与现代视域中的卫生现代性问题"上。而且这一问题并不仅仅是一个医疗社会史问题，而是关涉到传统社会向近代社会的演变的时代性论题。余著所聚焦的问题是在学术发展脉络中存在的问题，也是学术发展进程中必须面对并亟待探讨的问题。

其一，"以往诸多对近代社会转型的研究，存在着对传统的严重误读。在很多研究中，落后且僵化的传统不过是学者们借以表达近代变动的起点或背景而已"。余新忠正是在对此问题的省思中，提出了自己的问题意识。他认为："那可能不过只是一种'想象的传统'。"

其二，传统并不意味着落后，也不是停滞的同义语。作为历史研究的学术视野而言，我们应该着力探讨"近代中国的转型中传统与现代

---

① ［法］马克·布洛赫：《法国农村史》，余中先、张朋浩、车耳译，1 页，北京，商务印书馆，1991。

② 李红岩：《中国马克思主义史学的三个三十年》，见徐秀丽主编：《过去的经验与未来的可能走向——中国近代史研究三十年(1979—2009)》，57 页，北京，社会科学文献出版社，2010。

③ 朱浒：《新社会史能否演生范式意义》，载《中华读书报》，2005-12-07。

是如何榫接的，在榫接的过程中，传统以及中国传统自身变动的意义何在"①。

其三，西方的思想观念和制度之所以能够引起中国社会的关注并被接受，从而引发中国社会的转型，应该有其自身的基础和根据。余著正是从一个具有新意的视角，深入解析这个重要的"基础和根据"②。在史料爬梳过程中，余新忠已经有所领悟，19 世纪后半叶，尚处发展之中的西方公共卫生观念和制度传入，并在上海、天津等地获得认可和推崇，并不仅仅是外力刺激所致。"中国社会变迁中自有的'现代性'"③更值得深入探究。正是在此意义上，余新忠并不认同"西方模式"为"近代化的唯一标准"，中国社会演进中自在的"现代性"特征及其要素远未被揭示和认识。

余著具有很强的问题导向。全书分为八章的论题展开形成严密的逻辑关联，从卫生概念、观念入手，逐次引申讨论，最终聚焦在清代防疫机制及其现代性公共卫生制度的转型上。余著以问题的聚焦为切入口，以历史长程的探究为路径，以学理性探索和学科性的建构为导向，在新史学惊人总量的成果中成为卓然独立的著作。

二、多元理论、方法的引入与历史学的学理诉求

"多学科方法引入历史研究，是 20 世纪 80 年代史学方法论研究的最大亮点。"④30 多年来，伴随着新史学大幅扩展的就是新理论、新方法的不断涌现和植入。"大量翻译、引进了西方国家历史学领域的理论研究成果……所谓新康德主义、新黑格尔主义、西方马克思主义、自

---

① 余新忠：《清代卫生防疫机制及其近代演变》，绪论，31～32 页，北京，北京师范大学出版社，2016。

② 余新忠：《清代卫生防疫机制及其近代演变》，绪论，32 页，北京，北京师范大学出版社，2016。

③ 余新忠：《清代卫生防疫机制及其近代演变》，绪论，33 页，北京，北京师范大学出版社，2016。

④ 李振宏：《当代史学平议》，339 页，北京，社会科学文献出版社，2015。

由主义、生命派的历史理论、分析的历史哲学等，所谓文化形态史观、现代化史观、全球化史观、环境生态史观，所谓实证主义史学、年鉴派史学、社会经济学、历史人类学、比较史学、计量史学、心理史学、社会史学，以及以系统论为代表的自然科学研究在史学研究上的应用，乃至后现代史学等。"①20 世纪 80 年代之际，不仅仅是西方史学方法的广泛引入推介，甚至当代自然科学的系统论、控制论和信息论，即"三论"，也成为重新建构历史学的"'新的理论层次'、'新的历史精神'，并以之改造'唯物史观'重新构筑中国历史的解释体系，甚至重新改写中国通史"。曾经一时间，"'三论'热潮以咄咄逼人的态势席卷了整个史学界，构成对既有历史研究模式的最大威胁"②。

20 世纪 90 年代后新史学虽然在史学方法论方面相对沉寂，但却有新的转向。口述史学及其口述史学方法，被认为是亮点之一；相继而出的区域史理论与方法、历史人类学理论与方法等③也成为"新史学"追求的新景象。

"衡定一个时代历史学的进步可以有多项标准……一个更为本质的大标准，这就是史学观念或史学思想。这是一种深刻的力量，任何一个时代的历史学都是通过观念和思想达成了自己所属时代的史学目标，并因此而形成了史学史上的起伏、变化和进步。"④新史学在方向开拓和体系建构的进程中，对于理论与方法的热衷和努力已经留下了深深的印记。"可以肯定的是，在社会科学的研究中从来不缺少丰富的理论来了解和揭示自然和社会的关系。"⑤新近的环境史的兴起也如此，学

① 张海鹏：《当代中国历史科学鸟瞰》，见《中国历史学 30 年（1978—2008）》，5 页，北京，中国社会科学出版社，2008。

② 邹兆辰、江湄、邓京力：《新时期中国史学思潮》，39 页，北京，当代中国出版社，2001。

③ 李振宏：《当代史学平议》，347 页，北京，社会科学文献出版社，2015。

④ 彭卫：《序》，见李振宏：《当代史学平议》，1 页，北京，社会科学文献出版社，2015。

⑤ 杰森·摩尔：《现代世界体系就是一部环境史？——生态与资本主义的兴起》，赵秀荣译，见夏明方：《新史学（第六卷）：历史的生态学解释》，5 页，北京，中华书局，2012。

界"视之为历史研究的新视野、新范式，也就是一种'新史学'"。有学者认为这将"催生出中国史学的新革命"①，甚至声称"21世纪的新史学，则以天、人合一肇其始"②。

问题在于，新时期以来历史学理论的基本态势是"一味忙于求新，忙于引进，来不及消化、来不及思考"，"除了在史学理论界留下了思想的足迹之外，并没有引导中国史学产生一个实质性的改变"。③ 很多以新史学为名的史著，只是在既成的西方理论框架中添加中国史料，结构出一个所谓新的成果。这样的成果再多，实质上无助于史学的进步。正如严耕望所批评的那种史学取向："中国史书极多，史料丰富，拿一个任何主观的标准去搜查材料，几乎都可以找到若干选样的史料来证成其主观意念，何况有时还将史料加以割裂与曲解。"④更为突出的问题是，"现在历史学的学位论文、学术论文和专著，动辄引用西方学者(哪怕是二三流学者)的论点展开自己的论述，而不再引用马克思主义经典著作的论点，是新时期的一个特点，几乎成了新的教条主义"⑤。

余著的视野当然也追索到国际史学发展动向，并对其新的理论方法予以关注。正如其"绪论"所言："进入21世纪后，随着国际新学术思潮和理念的不断引入与实践，特别是医疗史研究日渐兴盛"，我们的卫生史研究成果才逐步丰富起来。⑥ 但是余著并没有刻意地在理论或话语上逐新求异，也没有以丰富的中国卫生史料去填充或诠释西方理论模式的倾向，反而对既有的理论说教保持着足够的警醒。他认为，

① 夏明方：《导论：历史的生态学解释——21世纪中国史学的新革命》，见《新史学(第六卷)：历史的生态学解释》，2～3页，北京，中华书局，2012。

② 夏明方：《导论：历史的生态学解释——21世纪中国史学的新革命》，见《新史学(第六卷)：历史的生态学解释》，21页，北京，中华书局，2012。

③ 李振宏：《当代史学平议》，344页，北京，社会科学文献出版社，2015。

④ 严耕望：《治史三书》，145～146页，上海，上海人民出版社，2008。

⑤ 张海鹏：《当代中国历史科学鸟瞰》，见《中国历史学30年(1978—2008)》，4页，北京，中国社会科学出版社，2008。

⑥ 余新忠：《清代卫生防疫机制及其近代演变》，绪论，20页，北京，北京师范大学出版社，2016。

大多数西方学者的研究，"无不隐含着近代（或者说西方）话语和文化的霸权以及复杂的权力关系"。它们不仅"无视卫生现代化的复杂性及其背后的社会文化意涵，也基本都未能跳脱'现代化'的学术理论和叙事模式"，尤其是由于其"过于注重对意义的探析，反而影响了对具体历史经验的呈现"。① 余新忠强调"引入新的学术理念，在'新史学'的脉络下进一步推动史学界的疾病医疗史研究的发展"。但同时对这种"理解并不一致的""新文化史"谨慎地保持适当的距离。他特别提示："尽管我对历史研究中话语的解读、意义的追寻和诠释等的重要性深为认同，但也并不愿意就此放弃对呈现一定限度内的'真实'历史经验和过程的努力"，因为即使在这一看似新向的医疗卫生史领域，旧有的"社会结构和制度依然是理解意义和文化不可或缺的因素"。在余新忠的学术理路中，理论方法的新与旧并没有特别的优劣之分（并非像一些学者刻意两分对立的那样），他力主"打破两者的藩篱，以一种新的学术理念去呈现历史经验和脉络，省思话语的权力，追寻意义的解构和诠释"②。

在著述结构和叙事风格上，余新忠没有落入时流中刻意"社会科学化"的窠臼③，而以实证性方法从溯源寻踪入手；尤其对卫生概念本身的研究，从卫生语义起源入手，就其基本内涵的演变，历史性变动的开端、时代性变动的深化以及近代卫生概念的确立④等做了清晰而扎实的梳理。我们可从中溯其渊源，辨其流绪，明其趋向。

---

① 余新忠：《清代卫生防疫机制及其近代演变》，绪论，28 页，北京，北京师范大学出版社，2016。

② 余新忠：《清代卫生防疫机制及其近代演变》，绪论，31 页，北京，北京师范大学出版社，2016。

③ 在当代新史学研究中，有许多著作只是移借社会科学的理论架构，将特定历史时段的资料填入，从而形成所谓"某某史"。此所谓"创新"，实际是将历史学变成了某种社会科学的"历史投影"，或者沦为某种社会科学既有理论模式的历史注解。

④ 余新忠：《清代卫生防疫机制及其近代演变》，39～71 页，北京，北京师范大学出版社，2016。

此外，余著的架构和研究理念还体现了多学科视野和方法的综合。余著的论题所及跨越诸多学科，在医疗史与社会史之外，还涉及制度史、观念史；即使卫生概念本身，在观念的演进过程中，它与公共卫生理念与机制的形成与建构，更多地与社会经济、制度以及城市化、现代化也密切相关。因此，无论是研究范畴还是方法运用，乃至资料的选取和解读，多学科范畴与方法的融通与整合，至为紧要。"更多地引入疫病和公共卫生社会、文化因素，立足社会，多学科、多部门、全方位、协同式地来解决卫生问题"①，不仅是余新忠对现实问题的呼吁，一定程度上也体现了该论著的研究视野和研究方法的取向。

近代以来，在西学的强势引力作用下，"社会科学方法治史一经引进，就成为史学界的新动向"②。晚近以来的史学发展多染此习尚，竟有束书高阁、游谈无根之流波。余著以谨严的实证为根基，坚持"理论出于史事研究，不能让史事研究为某一种既定的理论所奴役"③的史学诉求，在史实的梳理和史料的辨析中，表达并建构了独到的学理识见。

三、超越与建构：新史学走出困境的历史转向

新时期的史学发展面相各异，理论与方法取向多元。在如此纷繁复杂的表象下，其实也有着一个相对主导的诉求，即对以往史学体系或理论诠释框架的解构——当然，有些是"无意"的解构。已有学者深刻地指出："近年来，具有后现代色彩的'解构主义'充斥盛行，对一切事物都要下番'解构'的工夫……导致史学研究的'无形化'，即导致研究客体整体形态的支离破碎，以至消失。"因此，尽管"过去30年，学者在理论方法的追求上做足了功夫，西方各种人文社会科学的理论接

---

① 余新忠：《清代卫生防疫机制及其近代演变》，411页，北京，北京师范大学出版社，2016。

② 严耕望：《治史三书》，147页，上海，上海人民出版社，2008。

③ 严耕望：《治史三书》，147页，上海，上海人民出版社，2008。

踵而至，新的研究方法层出不穷，让人目不暇接"①，甚至在不断解构的过程中，倡言以"新革命史"范式以取代"革命史"范式，"三十年来各路中国学者的不懈努力正是这一新革命潮流当然的组成部分"②，但其史学努力的实践效果并没有赢得学界的认同。一方面，"过去 30 年学界对西方新理论方法的追求，也大多仅仅借取了几个看似时髦的名词概念……'最新最好'的理论方法未学到手，近代新史学兴起以来形成的实证主义史学传统以及新中国成立头 30 年形成的马克思主义史学传统，却统统丢失"③。另一方面，后现代范式"一定程度上又构成对新史学的反动。这与后来教条化的革命史如出一辙，只不过在后者的历史叙述中其精英的面孔换了一副新模样，即'革命精英'"④。

如何超越新史学发展中"系统性的缺失"，从而将"理论追求上的浅尝辄止与见异思迁"⑤的流风导向整体性观照与系统理论建构，无疑是新史学能够最终获得属于自己时代价值的方向性变革。对于一个时代的学术使命而言，学理诠释体系的建构，远比对以往体系的"解构"更为重要。基于此，将余著置于整个新史学发展走向中加以观察，自会发现其独到之处。

其一，超越碎片化取向，建构系统性诠释。就"卫生"这一论题而

---

① 杨天宏：《系统性的缺失：中国近代史研究现状之忧》，见徐秀丽主编：《过去的经验与未来的可能走向——中国近代史研究三十年（1979—2009）》，120～121 页，北京，社会科学文献出版社，2010。

② 夏明方：《中国近代历史研究方法的新陈代谢——新革命范式导论》，见徐秀丽主编：《过去的经验与未来的可能走向——中国近代史研究三十年（1979—2009）》，30 页，北京，社会科学文献出版社，2010。

③ 杨天宏：《系统性的缺失：中国近代史研究现状之忧》，见徐秀丽主编：《过去的经验与未来的可能走向——中国近代史研究三十年（1979—2009）》，120～121 页，北京，社会科学文献出版社，2010。

④ 夏明方：《中国近代历史研究方法的新陈代谢——新革命范式导论》，见徐秀丽主编：《过去的经验与未来的可能走向——中国近代史研究三十年（1979—2009）》，27 页，北京，社会科学文献出版社，2010。

⑤ 杨天宏：《系统性的缺失：中国近代史研究现状之忧》，见徐秀丽主编：《过去的经验与未来的可能走向——中国近代史研究三十年（1979—2009）》，120 页，北京，社会科学文献出版社，2010。

言，很可能被细碎化而沦入"无关大义的个人自由选择"，致使研究者无可避免地掉入"碎片化"的窠臼。余著以独特的眼界提炼命题，发现"卫生"所"承载的复杂而丰富的社会文化"内涵，着力探讨观念、制度、机制的内在关联以及由此生成和发展着的现代文明体系建构的历史进程。① 就"卫生"论题的史料而言，显然也具有零散、细碎的特征，如果被这一特征所牵绊，研究视野的褊狭和浅陋几乎无可脱逃。然而令人欣喜的是，余著"通过细致搜集整理散见于方志、文集、笔记、小说、日记、游记和档案等料中的相关记载"，通过精心的整合避免了研究的"碎片化"，从而在"社会自身变迁的脉络中考察近代医疗卫生机制的转型"，以整体的格局来诠释"中国社会变迁中自有的'现代性'"。② 这一超越"时流"的学术建构是成功的。

其二，超越区域化取向，建构历史演进理论的整体视域。余著直言"并没有采用当下流行的地域史研究路径，将清代的卫生置于特定的地域脉络中来展开"。余新忠探究的对象显然主要集中于江南的苏、沪、杭、宁和华北的京、津都市地区（这既有研究者自身学术积累的因素，也有资料相对集中的因素），但其研究的视野却是整体性的。正如余新忠所说，"当时的江南和华北的京津地区是全国政治、经济和文化中心，引领国内发展潮流，相对具有示范意义"。而且，就清代卫生防疫机制而言，虽然不免地域的差异，但从学术研究的积累而言，还谈不上"值得从地域的角度来加以论辩的一般性叙事"。地域研究取向，"势必会弱化对卫生这一专题系统而全面的探究"③。在具体研究的展开过程中，他特别警示自己力求避免学界流行的区域化取向，因为这类对于区域历史特性的简洁归纳，难免会陷入学术上的"假问题"之中，

---

① 余新忠：《清代卫生防疫机制及其近代演变》，绪论，29 页，北京，北京师范大学出版社，2016。

② 余新忠：《清代卫生防疫机制及其近代演变》，绪论，35 页，北京，北京师范大学出版社，2016。

③ 余新忠：《清代卫生防疫机制及其近代演变》，绪论，34 页，北京，北京师范大学出版社，2016。

常常是把水越搅越浑。① 类似的区域化研究取向，对于真正的学术研究的提升实际上难有贡献。② 此外，他还自觉地从研究方法上避免对史料的片断性取舍和主观性择取，认为"以'选精''集粹'，甚至断章取义的方法从众多的史料中挑选出自己所需，以此勾勒了疾病、医疗的发展史或其中的某一面相，并将其视为客观的实在。对资料的来源和背景几乎不作考订和分析，更不能认识到自己的勾勒其实不过是自己带有某种观念的重构和解释"③。因此，余著旨在超越地域与城乡差异，而注目于"卫生观念和行为及其发展趋势在中国社会的相对一致性"④。正是在超越区域化的"碎片"取向中，社会—文化的共性特征和历史演进趋势，得以整体地呈现和揭示出来。

其三，超越传统与现代的人为区隔，建构社会历史演变的自然分期。诚如余新忠所言："中国社会的近代演变是我一直以来着力关心的议题"，从其首部著作《清代江南的瘟疫与社会——一项医疗社会史的研究》开始，他就将"明清社会的发展列为全书思考的重点"。不同于以往许多论著的是，余著并不拘泥于"现成的"历史解释构架，在既定的古代与近代（革命史分期标准）分期中结纳史料，从而展开自己的论题。他敏锐地提出："以往诸多对近代社会转型的研究，存在着对传统的严重误读。"将传统与近代截然对立，并加以简单化的区隔，"不过是学者们借以表达近代变动的起点或背景而已"。在余新忠研究的论题中，"传统虽然可能多有问题，却并不停滞，而且也未必一定落后"。从社会变迁的长程来观察，"许多今人将其视为传统的东西"，实际是"明清时期出现的新事物、新现象"。因此，"打通古代史和近代史藩篱"，并

---

① 陈春声：《历史的内在脉络与区域社会经济史研究》，载《史学月刊》，2004(3)。

② 余新忠：《清代卫生防疫机制及其近代演变》，绪论，34 页，北京，北京师范大学出版社，2016。

③ 余新忠：《海峡两岸中国医疗社会史研究述论》，见孙江主编：《事件·记忆·叙述》，286 页，杭州，浙江人民出版社，2004。

④ 余新忠：《清代卫生防疫机制及其近代演变》，绪论，34 页，北京，北京师范大学出版社，2016。

突破"以西方的模式为近代化的唯一标准",从而"在中国近世社会自身变迁的脉络中考察近世卫生观念和机制的转型",探寻中国社会变迁的自有的"现代性",就成为该书最具思想性的学术建构了。①

四、新世纪的新期待

新史学当然不是哪个个人随心所欲的产物,而是在面对史学危机的现实困境中寻求突破的历史性结果。30多年来的高歌猛进,可谓是新史学发展态势的一个形象描述。新时期以来持续推进的新史学朝向,对于史学的基本面貌、理论模式和学理架构的冲击几乎是全方位的,它使得既有的史学样貌发生了根本性改塑。从破与立的两相作用上看,它以"解构"既有史学理论模式的方式形成了"破"的效应,却在"立"的方面未成功业。除了不时呈现的新概念、新话语、新标签外,新史学并未推出属于自己时代的典范之作,也未在学术命题的辨识与争论中形成奠基性进步。就此而言,颇有点类似于梁启超对于近代新学的定评:"我们闹新学闹了几十年,试问科学界可曾有一两件算得世界的发明,艺术家可曾有一两种供得世界的赏玩,出版界可曾有一两部充得世界的著述?哎,只好等第三期以后看怎么样罢。"②

因此,进入21世纪之际,人们更多地在反思中再度寻求新的转向。一方面,"愈来愈多的学者不满足于简单照搬西方的史学理论和方法,开始转向将其与中国历史实际相结合的研究";另一方面,"由大多数以主要精力关注历史细节的研究转变为同时兼顾历史大视野的研究"。③余著可视为新史学发生转向的一个代表作。它立足于学理性建构,以坚实的史料为根基,超越了单纯的西学移植或概念移借,完成

① 余新忠:《清代卫生防疫机制及其近代演变》,绪论,32～33页,北京,北京师范大学出版社,2016。

② 梁启超:《五十年中国进化概论》,见李华兴、吴嘉勋编:《梁启超选集》,835页,上海,上海人民出版社,1984。

③ 曾业英主编:《当代中国近代史研究(1949—2009)》,32页,北京,中国社会科学出版社,2014。

了历史逻辑和本土话语密切结合的建构努力。

如前所述，余著立足于学术问题导向。但真正的学术问题其实也是重要的社会问题，而社会问题从来就不是孤立存在的问题，它与整个社会存在及社会机体、制度、文化共生共存。如果深入思考并刻意寻找瑕疵的话，我们也不难发现还有些相关性论题未能论及或未在书中深入展开。

首先，在整个国家制度体系中，防疫机制只是其中的次级结构。如何将其置于整体制度中明晰其定位，并在整体制度演进中呈现这一机制本身的变动轨迹，余著未做进一步的深入讨论。事实上，晚清国家制度和地方制度变动较大，这一历史性变动对防疫机制究竟产生什么具体影响，值得深入挖掘的内容还很多。比如公共卫生与警察制度问题。《申报》曾载文称："我国之警察制度，虽由民政部一再更订，分咨各省遵照办理，然于实际上颇有混乱而不划一之象。内部之制度，姑不深论，即就警察服制一端而论，往往此省与彼省异，省城与府城、县城异，甚至此府县与彼府县亦异。形式尚未划一，遑论精神之统一。"甚至在制度上有卫生警察之设置："卫生警察关系颇重要，举凡清理道路，检查饮食物，防制时疫流行等，均为不容缓办之事。"①此外，在晚清地方自治制度建设中，地方公共卫生事项又明确为"向归绅董办理"，即"凡旧有之施医局、施药局及现有之清道夫、戒烟局等，均应归入卫生一类"②，纳入地方自治绅董管辖范围。如何将清代防疫机制与上述警制建构、地方自治制度建设结合起来考察，应该是值得深入讨论的问题。

其次，关于近代变迁中传统与近代的关系问题，是余著讨论较深入且颇有新见之处。余新忠特别强调，"从搜集呈现传统时期相关公共卫生规制的资料入手，除了进一步思考传统与近代的连接外，也通过对以清洁和检疫为主要内容的晚清卫生行政引建过程的系统的梳理"，

---

① 《论我国警察之弊及其整顿之方》，载《申报》，第 13159 号，1909-09-22。

② 《湖南地方自治筹办处第三次报告书》，见李铁明主编：《湖南自治运动史料选编》，2 页，长沙，湖南师范大学出版社，2012。

进而阐述历史变迁进程中传统要素的价值。但是，一个在地方治理体系中始终发挥主体作用，并在由传统向近代转型中承接历史传承力量的"绅董"问题却挖掘不够。从传统时代"州县地大事繁，不能不假手于绅董"①的规制，到晚清之际各种善堂、义塚、街道清污等卫生事务中"费诸绅董之心设法整治"②的条规，甚至在西式医院管理体系中，也有着绅董活跃的身影等③，我们不难发现：尽管清代历史经历了传统向近代的社会转型和制度变迁，但无论在传统体制还是在现代体制中，绅董始终是基层社会治理体系的主体力量。这一问题的讨论，事实上有助于余著论旨的展开和深化，也应是该书的题中之意。在晚清制度演进的链条中，可见西学的强力影响。同样，本土社会力量的周转及变身，是承接这一历史递进的主体力量。推土机可以引进，那么填充材料呢。制度及理念可以引进，生命主体和社会存在却只能根扎于本土。

最后，现代卫生观念与制度的变迁，实际上也是与工业化、城市化和现代化进程密切相关的问题。在分散聚居的乡村社会中，卫生问题一般不会呈现为公共问题（瘟疫流行时除外），而在人口迅速集聚的快速城市化进程中，公共卫生则凸显为社会问题。这一历史性变动更多地聚焦于上海、天津、青岛、汉口、广州等沿海沿江通商口岸城市，具有现代性的公共卫生机制和理念的生成与发展也相对聚焦于此。工业化、现代化、城市化依次展开或交相递进的历史轨迹，与现代公共卫生机制演进的线索形成怎样的相关性？在整体的历史发展坐标中，如何清晰地描其图式述其征象，还有很大的探讨余地。以这样的视角切入，或许会为余著的论题形成更广阔的讨论空间，也有助于整个论题的提升。

每一个时代都会成就自己时代的学术，史学亦然。"在 20 世纪开始

① 阮本焱：《求牧刍言　谁园诗钞》，77 页，沈云龙主编：《近代中国史料丛刊》第 27 辑，台北，文海出版社，1966。

② 《论善堂义冢切宜深理事》，载《申报》，第 65 号，1872-07-15；《论沪城街道污浊宜修洁事》，载《申报》，第 298 号，1873-04-19。

③ 《港督阅医院》，载《申报》，第 1787 号，1878-02-23。

的时候，中外的历史学家都曾经把他们所期待的新世纪的历史学称为'新史学'。"①历史学伴随着巨大的时代之变，本身也发生了前所未有的变化，以此建构着属于自己的时代。新时期以来的新史学努力，显然旨在于此。在这一轮新史学变革的历史进程中，余著以自己的努力创新诠释了新史学的新路向。正如余著《后记》中所讲的那样，在未来的学术道路上，将实现一个现代性省思超越现代化叙事的模式转换，这将是他新的研究课题的展开。我们相信，余新忠的这一期待亦与学界的期盼相合："21 世纪的史学，将是中国史学史上从未出现过的真正的新史学。"②

原载《近代史研究》2017 年第 2 期。

---

① 邹兆辰、江湄、邓京力：《新时期中国史学思潮》，179 页，北京，当代中国出版社，2001。

② 邹兆辰、江湄、邓京力：《新时期中国史学思潮》，179 页，北京，当代中国出版社，2001。

关于近代中国"半封建"问题的辨析

　　对于近代中国历史而言，虽然"半殖民地、半封建"社会的定性也曾争议不小，但近一个时期以来的焦点却主要存在于"半封建"之释义上。不少学者的研究表明，中国之典型封建制度（社会）只存在于西周，秦汉以后之中国社会不仅不是"封建制度"，而实际上是一种"反封建"之社会制度（中央集权）。显然，明清之前的中国本不存在封建社会，那么，近代中国"半封建"社会之说岂非无根之木。此外，中国现代语境中的"封建"与西欧之封建制度（feudal system）（"封土封臣""采邑领主"）也相去甚远，似也未合马、恩封建社会之释义。尤其是冯天瑜《"封建"考论》的问世，引发了更深层也更热烈的学术论辩。已有学者认识到，20 世纪中国的"封建说"，显然并不是一个简单的"概念误植"问题，也不仅仅是"论者不通古义、西义"的问题。① 持此论者多从两个方面展开自己的论题：一是以典型的封建制度（西欧与西周）与秦汉以后的制度做比较，借以形成"制度相异"的论说优势；二是主要以卡尔·马克思和马克·布洛赫关于封建社会与封建主义的论说做比照分析，借以建立自己解说的理论前提和学术依据。但是，对于"封建主义"何以在 20 世纪的中国形成一种时代认同，而绝不仅仅是陈独秀的"泛封建"观个人的影响，也不仅仅是所谓"非学术对学术的干扰"所

---

　　① 方维规：《一个概念一本书——读冯天瑜先生新作〈"封建"考论〉》，载《中国图书评论》，2006(9)。

致①，它如何在"时代主题"下获得了具有新的价值等更为深远的问题，恰恰被疏漏了。

20 世纪的"封建"，尤其是"半封建"概念的凝练，以及它所揭示的时代特征，都不是仅仅以西欧或西周之"封建"制度的比对所能诠释或所能否定的。只有进入当时的历史语境中并理解其"时代主题"后，才能获得对于它的确切理解和认识，亦即近代的"半封建"概念虽与古代的"封建"语义不无关联，却更有超越性，从而具有了时代内涵。

一、半封建特性的学理诠释

学术界较普遍认为，直至 20 世纪 30 年代，中国近代社会之"半封建"特性的论断几乎成为基本定论，尤其是经过"中国社会史论战"后，学理性的广泛讨论和深入辨析使之已经成为"常识"而被社会所认可。当然，"论战"对于中共党内的理论争论、对于中共马克思主义理论家与中国"托派"理论的争论，不免呈现出"实际斗争"需要的政治诉求色彩。但考以史实，以"半封建"概念来诠释中国近代社会的理论却并非仅仅导源于和局限于"中国共产党理论"体系之中。

早在 1924 年，日本学者田中忠夫在《国民革命与农村问题》一书中就形成了比较系统的"半封建社会"的理论，他认为："中国至今仍为半封建社会，或仅进至初期资本主义社会。封建的生产关系超过资本的生产关系，封建的生产关系，为农业生产关系与系统与手工业生产工业系统的总和。"②田中忠夫所持的观点比 20 世纪 30 年代"论争"中形成的"半封建社会"理论至少早十年，而且其所持观点既非泛泛之空谈，亦非简单的概念移借，而是有着自己相对成熟的思考。

首先，立足于经济关系或制度的分析构成其中国社会"半封建"特

---

① 方维规：《一个概念一本书——读冯天瑜先生新作〈"封建"考论〉》，载《中国图书评论》，2006(9)。

② ［日］田中忠夫：《国民革命与农村问题》上卷，《原序》，1 页，上海，商务印书馆，1927。

性的基本依据。"现在中国农村经济，比于十九世纪末俄国农村经济，其货币经济乃至商品经济，较为发达可以判明了。"①田中忠夫并不是简单地囿于概念性诠释，而是在"世界历史"比较视野中确立自己的观点。正是这种比较，使他并没有抹杀中国典型封建制度早已崩解的基本史实，"一般说来，中国是一个小农经济的国家，中国古代的封建制度，早已消灭，又农奴制度二千年前大体已崩坏了"②。既然"中国古代的封建制度，早已消灭"，又何以在晚近中国形成"半封建社会"？如何建立起古代"封建"与近代"半封建"的历史脉络？至少田中忠夫认为，具有超经济剥削特征的大地主或集团地主带有"封建"性质。他认为，在"小农经济"的普遍存在之外，"中国的大地主也不少"，"此外，中国有一种集团的地主，例如祠产、庙宇、寺产等。……而管理此公共地者，实际握于少数人，故彼等易成土豪劣绅，在中国为一种特殊需要地主阶级"。③

当然，秉持这一观点的大有人在，即使非马克思主义的学者也不例外。如《东方杂志》记者的评论："现代所谓农民问题，完全侧重在土地分配的问题。尤其在封建制度及大地主阶级未曾消灭的国土内，所谓农民运动与农民革命，几乎是专指土地运动（Agrarian Movement）与土地革命（Agrarian Revolution）而言。"④据中山文化教育馆调查1933年中国二十二省情况，"佃户每年必须无代价的供地主驱使。而其日数漫无规定的地方较多，约占百分之十九。地主需用人工时，佃农须供使用；只有饮食，没有工资"⑤。因此，调查者认为，对于中国

① ［日］田中忠夫：《国民革命与农村问题》上卷，《原序》，4 页，上海，商务印书馆，1927。

② ［日］田中忠夫：《国民革命与农村问题》上卷，8 页，上海，商务印书馆，1927。

③ ［日］田中忠夫：《国民革命与农村问题》上卷，9 页，上海，商务印书馆，1927。

④ 《农民问题与中国之将来》，载《东方杂志》，第 24 卷，第 16 号，1927。

⑤ 章柏雨、汪荫元：《中国农佃问题》，124 页，重庆，商务印书馆，1943。

农村社会而言,这种超经济的剥削,"无论如何,总算是封建制度的残余"①。

遭到马克思主义学者批判的任曙的《中国经济研究》和严灵峰的《中国经济问题研究》两书也认为,尽管"全部中国农村生活是千真万确的资本主义关系占着极强度的优势","资本主义日益向上增涨,取得支配的地位",但中国现存社会中仍有"所谓封建剥削的阻碍,而致停止其前进"。正是这种"封建剥削"及其经济关系,成为"半封建社会"认识的现实"社会存在"。在十多年后的"中国农村社会性质论战"中,马克思主义学者薛暮桥的观点与田中忠夫所持观点基本一致。

薛暮桥在《中国农村中的基本问题》中说,中国农村"是半封建的土地关系——一方面是半封建的收租地主,一方面是半封建的饥饿佃农——仍在那里束缚农业生产,使它不能向资本主义的道路发展"。"半封建的土地关系,同时又是高利贷者和封建性的农村商人们的最好的地盘,因为无论是不自由的农奴,还是'自由'的无产阶级,都没有像这种半自由半独立的贫农那样容易受他们的宰割。"②无论在华南还是在华北,那里"主要是半封建的收租地主和经营地主,和半封建的饥饿佃农和雇役农民的对立",正是这种关系构成了"半封建社会"特殊认定的基础,因为"这种农民受着土地或是债务的束缚,他们的受雇多少带着一点强制性质",这样的经济关系"都可以说是半封建的地主经济"③。这种强制性减弱了所谓农民"自由性"而使之具有了封建的"依附性"。对此,薛暮桥在另一篇文章中还进一步解说:"所谓半封建的社会系指封建的社会关系已经在崩溃,但还没有完全消灭。资本主义的社会关系已经产生,但是还没有成为支配势力。"④

---

① 章柏雨、汪荫元:《中国农佃问题》,126 页,重庆,商务印书馆,1943。

② 薛暮桥:《中国农村中的基本问题》,载《中国农村》,第 2 卷,第 1 期,1936。

③ 薛暮桥:《中国现阶段的农业经营》,载《中国农村》,第 2 卷,第 6 期,1936。

④ 通信讨论组:《关于半封建社会成员解释及其它》,载《中国农村》,第 2 卷,第 10 期,1936。

其次，立足于基层社会制度性质的比较，是其"半封建社会"特性理论的又一依据。"迨于清朝，以一县分为若干乡，又以一乡分为若干图；各乡置乡董一名二名或至三名，各图设图董一名至二名；乡董图董，由地方的绅士选出，呈请于县令而受委任。"①晚近以来制度变迁繁复，而地方社会制度与传统之中央集权并非处于完全"同质"状态。辛亥革命后，"各省独立，省政由各省政府自行处理，各省都督曾公布暂行市乡制。其内容与前清的城镇乡自治地主自治章程，殆同一辙"。尤其在 19 世纪 20 年代后，"曾公布市自治制与乡自治制，此为至最近市乡自治的基本"。但是，事实上真正行此制者"实寥寥无几"②。虽然从表象来看，各地规制不尽同一，然则，各地社会组织的不同形制背后的基本特性却又大体相同。如山东，"县分若干区，区有区长（一名社长，亦称总董）一人，以村长的互选，由县长委任。协理事务者有地甲（一称地方）一名……区分八九村至十村，村有村长（一称庄长、庄主、村董）一名。协理事务者，有八九名到十名的首事（一称会首）"③。如湖南，"长沙、慈利县：县以下有都、团、甲；衡阳县有都、区、甲；宝庆县有区、保、庙；常德县有镇、保、甲；郴县有区、团、小团；湘潭县有都、甲、团"④。田中忠夫认为："此种中国的农村组织，颇有类似日本德川时代的农村组织（类如日本的庄屋及名主，可当邻长、村正、村副；日本的五人组当牌，组头当牌长，百姓代当乡董，大庄屋当保长、甲长、团总等）。"所以，就其性质而言，他的评判是："然现代中国的农村组织，随处都可观察到带着很浓厚的封建色彩。"⑤

---

① ［日］田中忠夫：《国民革命与农村问题》上卷，22 页，上海，商务印书馆，1927。

② ［日］田中忠夫：《国民革命与农村问题》上卷，23～24 页，上海，商务印书馆，1927。

③ ［日］田中忠夫：《国民革命与农村问题》上卷，24 页，上海，商务印书馆，1927。

④ ［日］田中忠夫：《国民革命与农村问题》上卷，25 页，上海，商务印书馆，1927。

⑤ ［日］田中忠夫：《国民革命与农村问题》上卷，25～26 页，上海，商务印书馆，1927。

正是在对当时经济—社会制度考量的基础上，"半封建"特性获得了相对一致的认同。这绝不仅仅是共产党理论体系的逻辑结论，即使对于当时的国民党而言，也复如此。如国民党第二次代表大会宣言精神："封建势力以土豪劣绅为唯一之基础，土豪劣绅为帝国主义和军阀官僚之工具，为直接掠夺工农利益者，为阻碍农工团体之发展者……提出'打倒土豪'口号，盖非此不能铲除封建势力之大本营，而使帝国主义军阀官僚失其依据也。"①在更晚出版的黄强的《中国保甲实验新编》中，也同样以"封建势力"来认定现存的社会权势，所谓"以防止封建余孽之复活，是端赖保甲"②。这显然体现着一种时代共趋性的"社会认同"，而不能简单评判为共产党或列宁主义唯一理论的一种认识。

二、文化传承与乡制结构中的封建要素

"没有封建的'封建'属于子虚乌有"③的历史考证，或许可以为我们在古代封建制度与近代"半封建"社会的认知之间，确立一个必要的认知参照物，但却无法成为否认近代中国"半封建"社会特性的根据。在当时已经进入"世界历史"的时代，我们对于近代中国社会特性和时代特征的认知不能没有比较的"世界眼光"。文公直的著作表明，在对于晚近中国社会特征的讨论中，他已经注意到与西方典型国家的比较。他以英格兰及威尔士为例说，1851—1861年，"私有地的集中，在十年之间增加了百分之十一，这便是大农经营压倒小农经营一个最明显的例证"④。但是，在中国却是"地主当中很难得找出一个一百年以上，未经变更的地主。两湖之间的农村里，有一句很普遍的俗语，说'千年

---

① ［苏］A. B. 巴库林：《中国大革命武汉时期见闻录——一九二五—一九二七年中国大革命札记》，郑厚安、刘功勋、刘佐汉译，101页，北京，中国社会科学出版社，1985。

② 黄强：《中国保甲实验新编》，278页，南京，正中书局，1935。

③ 方维规：《一个概念一本书——读冯天瑜先生新作〈"封建"考论〉》，载《中国图书评论》，2006(9)。

④ 文公直：《中国农民问题的研究》，12～13页，上海，三民书店，1929。

田地八百主',可见田地所有权的变迁极为迅速。况且,地主当中保有一千亩以上的土地的只是少数……"①比较可以发现异同,"中国的农民与地主的关系是宾主的而不是主奴的,相互间可以互订契约"。这种状况"与俄国农奴制度支配之下的农民完全不同"②。也正是这种比较,才使得"封建"或"半封建"认知内涵具有了更富时代性的意义。同时,也正是这种基于比较的研究,使我们不可以随意轻言当时的学者们是在"误植"封建概念。更重要的一点是,正是在相互比较研究中,学者们在现存社会生活中发现了源于古代社会的"封建残余"的历史制约,从而为"半封建社会"特性的认知提供了历史的依据。文公直就认为,"中国农民最大弱点,而且是中华民族绝大危机"的是"现代农民的落后",而构成农民落后的五项"原因"的第一项就是"封建思想的流毒"。③ 从人们当时的论述中不难看出,近代中国社会已经不是古代中国社会"原型"的自然演进,来源于西方世界的影响也已经深深地植入现存生活之中,从而使得近代中国的社会思想与社会力量更为多元和多源,即使是"中国农民的意识,还不止是小资产阶级的意识,则十之八九的农民,尚在封建思想的包围当中"④。那么,除中国革命动力之外的中国人,"不是洋奴,便是奸细,或者是封建时代的余孽"⑤。这与周毓英所言"统治中国的是帝国主义和封建残余势力"⑥的提法相同。

此外,就当时农民的生存状态而言,文公直认为:"自从民国纪元以来,因为内乱战争及举行新政之故,关于农民的赋税,比较从前超过的很远。每年必须负担的有:地丁、漕粮、差役、租课、杂赋、附税、警捐、学捐、水利捐、沙田捐、耕牛捐、田亩捐、自治捐、屠宰捐……等等,这差不多是全国各地都相差不远的情形",而这些"不过

① 文公直:《中国农民问题的研究》,13 页,上海,三民书店,1929。
② 文公直:《中国农民问题的研究》,74、75 页,上海,三民书店,1929。
③ 文公直:《中国农民问题的研究》,11 页,上海,三民书店,1929。
④ 文公直:《中国农民问题的研究》,78 页,上海,三民书店,1929。
⑤ 文公直:《中国农民问题的研究》,88 页,上海,三民书店,1929。
⑥ 周毓英:《中国的土地问题》,载《文化建设》(创刊号),第 1 卷,第 1 期,1934。

是封建时代遗留下来的军阀及其他恶势力的罪恶"。① 而这种"超经济"或"非经济"②的剥削，正是当时人们认定的"封建"特征之一。因而，文公直的结论就是，农民运动在行动内容方面有破坏的和建设的两项，而破坏的首项即"打倒封建思想"。正是这种"封建时代的余孽"或"封建思想的流毒"构成了"半封建"社会特性认知的基础。显然，这也并不仅仅是共产党理论的主张，此外也有人认为当时"中国的封建制度已成了残余的残余"③。如果与1873年的英格兰和威尔士（有67％的土地集中在占农户1.1％的大地主手里，同时这些大土地所有者将83％的耕地租给人家耕种）相比较的话，当时的中国"全国有半数以上的土地是在地主手里，而地主所有的土地也大部分租给人家耕种"。那么，"前者是典型的资本主义农业生产，而后者却是封建的小农经济"④。无论是对中国农村"封建的和半封建的剥夺如高额田租"⑤的认识，还是对中国社会"内受封建主义残余的榨取，外受国际资本的剥削"⑥的分析，都认同了"封建"或"半封建"势力的社会形态存在。

"从最下层的农户起到最上层的军阀止，是一个宗法封建社会的构造"，而直到帝国主义侵入中国，中国的社会构造才有了改变，中国新生了资产阶级。⑦ 但即使从变动了的经济关系和阶级关系而言，"半封建"也是其显然的特征。所以，陶希圣提出当时中国的社会包容了如下成分：金融资本主义组织、商人资本的组织、工业资本主义的组织、

---

① 文公直：《中国农民问题的研究》，22～23页，上海，三民书店，1929。

② 文公直：《中国农民问题的研究》，60页，上海，三民书店，1929。

③ 薛暮桥、冯和法：《中国农村论文选》，309、311页，北京，人民出版社，1983。

④ 薛暮桥、冯和法：《中国农村论文选》，879页，北京，人民出版社，1983。

⑤ 薛暮桥、冯和法：《中国农村论文选》，892页，北京，人民出版社，1983。

⑥ 余醒民：《农本局能胜任救济农村之责乎?》，载《经济评论》，第3卷，第2期，1948。

⑦ 陶希圣：《中国社会到底是什么社会》，载《新生命》，第1卷，第10期，1928。

封建式的剥削制度、手工业、石器及石铜兼用的村落共产制及物物交换制。① 由此而言，近代中国社会就是一个"宗法制度已不在，宗法势力还存在着"；"封建制度已不存在，封建势力还存在着"②的社会。所以，尽管陶希圣并不认同"半封建社会"的定性，但却认同近代社会中"封建要素仍然存在"的基本事实，即现在的中国是一个"封建制度已坏而封建要素尚存的社会构造"③，他只是认为"半"字无法说明与西欧社会性质的区别罢了。

不仅如此，当时许多来自国外学者的调查研究也表明，近代以来，中国社会中封建性因素的存在并不是偶发的个案事实，"中国地主对于佃农的拘禁体刑，在相当广泛的范围中，自江苏省南通县、昆山县、无锡县、吴江县等至广东省东江、高莎，现在都还明显地存在着"④。此外，对于浙江、海丰及"各地的子女抵押，使我们想起了中世纪地主底初夜权遗迹……中国底农民，在现在，也在被如此地凌辱！他们是农奴的。中国底地主对于佃农的关系，是封建的，是太封建的"⑤。

当时，《东方杂志》对各地农村社会做过较为系统的调查，很多调查者认为："地主与佃农之间常有一种主仆的现象发生，虽然这也不完全似从前俄罗斯的农奴制度。"⑥在淮河流域和广东一些地区，农村调查发现，"佃农个个都有自由贡献他们的劳力，以供地主驱使的义务——毫无代价的义务"⑦。学者们并不是在"概念误植"中随意以"封

① 参见陶希圣：《中国社会现象拾零》，429～430 页，上海，新生命书局，1932。

② 陶希圣：《中国社会现象拾零》，429～430 页，上海，新生命书局，1932。

③ 陶希圣：《中国封建社会史》，2 页，上海，南强书局，1929。

④ ［日］田中忠夫：《中国农业经济资料》附录，43～44 页，上海，大东书局，1934。

⑤ ［日］田中忠夫：《中国农业经济资料》附录，48 页，上海，大东书局，1934。

⑥ 吴炳若：《淮河流域的农民状况》，载《东方杂志》，第 24 卷，第 16 号，1927。

⑦ 陈仲明：《湘中农民状况调查》，载《东方杂志》，第 24 卷，第 16 号，1927。

建"来裁定现实，而恰恰相反，是在现实的基础上予以学理性的再认识。"在中国的租佃关系上，有的是血缘关系、戚友关系以及主奴关系，单纯的契约是不存在的。"①就中国乡村社会现状来看（指 1924年），一方面，"目前仍残余存在的封建意识和几种显著极不合理的业佃关系——昆山城市乡镇多有这种押佃所的设立"②；另一方面，许多地方"好的耕田，十九都是属于大地主或富绅们的……所有田庄一切管理大权，都委托给'管事'办理，当管事的'家臣'们"③。这与美国学者卜凯（J. L. Buch）的农村调查中所说的"（中国底）地主，全将佃农看作奴隶"④的结论也是一致的。显然，对这些学者的认识，我们不能笼统地归结于"意识形态化"的干扰所致。

此外，周代作为典型的"封建制度"，并秦汉之后发生"封建制度"崩解的史实，在当时的学者中也获得了相当多的认同。但对这一史实的认同并不意味着对后世社会"封建性"存在的彻底否定。如杨开道认为："周朝是中国封建制度盛行的时代，周礼似乎是王畿里面的法制。"⑤其后，商鞅变法，"在上面废了封建，立了郡县；在下面废了井田，立了阡陌"⑥。但是，"封建制度的崩坏"并未必然地决定着"封建"社会存在的彻底消散，因为"周制"的文化层面影响弥久而深远。许多学者并不认为秦汉以后形成的所谓"反封建"的"中央集权"对民众的基层社会生活有足够的控制。在后来的"社会史论战"中，薛暮桥也已注意到偏于"政制"的封建论说："目下最流行的一种误解，是把政治组织上的分权和等级制度当做封建社会的特征。"⑦他认为，这种认识不足

---

① 章柏雨、汪荫元：《中国农佃问题》，74 页，重庆，商务印书馆，1943。

② 章柏雨、汪荫元：《中国农佃问题》，110 页，重庆，商务印书馆，1943。

③ 章柏雨、汪荫元：《中国农佃问题》，112 页，重庆，商务印书馆，1943。

④ 转引自章柏雨、汪荫元：《中国农佃问题》，48 页，重庆，商务印书馆，1943。

⑤ 杨开道：《中国乡约制度》，6 页，北京，商务印书馆，2015。

⑥ 杨开道：《中国乡约制度》，8 页，北京，商务印书馆，2015。

⑦ 薛暮桥：《封建社会底农业生产关系——研究中国农村经济的基本知识》（二），载《中国农村》，第 1 卷，第 2 期，1934。

以真正把握"封建社会"的特征。杨开道论证，秦汉以后各式乡村自治制度如"乡三老"等，尽管具体规制不甚清晰，但"封建"礼教精神却彰明较著："同三老相仿佛的德化领袖是孝弟，农业领袖是力田。"宋代以来，"自国家以至家庭，无一处不表现他的礼教主张"。这种适时变易而其基本精神却代代相因的"乡里制度"，始终秉持的原教旨意是："为吾民者，父义，能正其家；兄友，能养其弟；弟恭，能敬其兄；子孝，能事父母；夫妇有恩，男女有别；子弟有学，乡间有礼；贫穷患难，亲戚相救；婚姻死丧，邻保相助……"①而这恰是典型"封建时代"形成的"周礼"的"德化主义"的彰显。

"集权"的中央政制与"自治"的乡里制度，在许多学人看来并不完全一致："中央集权以县为单位"，而乡约"是以乡为单位，而不是以县为单位"，"这样一个政教程序，可以说是中国的一个大矛盾。在理论上天天讲修齐治平，由小而大，由下而上，在实际上天天行官治主义，由大而小，由上而下"。② 显然，虽然"同受周礼影响"却又"相差如此之远"。因此，在秦汉以后的各个时代，"三代之治"一直是中国士人的政治理想目标，尤其在"天高皇帝远"的乡村社会里，完全采用"教化主义"（"德业相劝，过失相规，礼俗相交，患难相助"）原则。据杨开道研究，明崇祯十三年（1640）陆桴亭完成《治乡三约》，"最相信三代以前的儒治，而不信秦汉以后吏治"，并以"具体的方案，去恢复封建井田的精神"。③ 而《乡治三约》主要有两点："一个是三代的治理，一个是乡村的治理"，"以三代之治治天下，其要在于'封建'"，"以三代之治治一邑，其要在于划乡"。④ 所以，尽管"反封建"的中央集权制度运行了数代，但正是从古代封建文化精神传承方面，形成了"乡约真是中国文化的产物，乡约真是复古时代的产物"⑤的二元社会结构。

① 杨开道：《中国乡约制度》，42～43 页，北京，商务印书馆，2015。
② 杨开道：《中国乡约制度》，103～104 页，北京，商务印书馆，2015。
③ 杨开道：《中国乡约制度》，242 页，北京，商务印书馆，2015。
④ 杨开道：《中国乡约制度》，247～248 页，北京，商务印书馆，2015。
⑤ 杨开道：《中国乡约制度》，55 页，北京，商务印书馆，2015。

太平天国时期，江苏各县设置的"乡约局"多以周礼"地官掌邦国之教令，分遗乡约，各掌其所治之教"①开篇，表明"周礼"为后世乡约制之起源。这是否提示着，"封建周制"的礼制及其文化传统历久不湮地存在于后世的社会和文化制度之中，即便是秦汉以后形成的中央集权，也不能不俯首于封建礼制和文化传统的强固价值——所谓"道统"的力量。那么，集权的中央政制虽并不等于乡制的集权，但封建传统在乡制层面上的沿袭、绵延，甚至一定条件下的放大，却是中国历史和文化演进进程中的复杂性、丰富性及传承性的特征之一。如此，"封建残余"或"半封建"的存在，并非不可理解，也并非违反了"知识"和学理"逻辑"。所以，梁启超在《中国文化史叙论》第一部"政制篇上"所列纲目中，将"周之封建、秦之郡县"之后的元、明、清的制度中仍标列出"元之行省及封建、明清之行省及封建"②等内容。

三、马克思关于"封建"的多重含义

与非马克思主义学者研究视角有所不同，当时马克思主义阵营中的学者对于近代中国"半封建"社会理论的解说，更多地侧重于"生产关系"角度的分析，"所有制关系"的理论立场十分突出。

薛暮桥在《封建土地关系的资本主义化》一文中，集中分析了世界历史中"典型"和"非典型"的封建制度，提出封建社会的土地关系有三种形态。第一种形态是国家的土地所有，国有土地特别在东方诸国的历史上曾起着巨大的历史作用（印度、日本以及若干伊斯兰教国家）。第二种形态是封建诸侯、教会以及私人地主的土地所有，这是封建社会最典型最普遍的土地制度（西周即这种制度，演化出庞大的"世俗地主"），"他们在封建社会崩坏，资本主义生产方式还未确立的过渡时期，往往占有特殊重要地位"。第三种形态是自由农民的土地所有，这虽然不是构成封建生产关系的必要成分，但在数量上面却不容忽

---

① 杨开道：《中国乡约制度》，312～313 页，北京，商务印书馆，2015。
② 夏晓虹编：《追忆梁启超》，95 页，北京，中国广播电视出版社，1997。

视。薛暮桥还特别指出："中国自秦汉以来，这种自由农民也是异常普遍……这些自由的小农多少要受封建特权的约束，而且在土地的所有和使用上，还多量地保存着公社的共有共用的遗迹。"可以说，在封建社会的土地所有形态中，"自由小土地所有者"也构成了"封建社会"的组成部分。"封建社会的土地所有形态既然如此复杂"，那么它的基本特征是什么呢？第一，自然经济占统治势力，形成一个"自给自足封闭的世界""强役制"。第二，掠取剩余生产物的方式不同，封建社会的基础"是土地分给生产者"，资本社会"则反而使生产者从土地上解放出来"。第三，农民个人隶属于地主，"经济以外的强制是不可少的"。第四，技术极低和守旧的状态，也是"强役制"的条件和结果。"这些强役制的特征，同样可以适用到一般封建社会。"①此外，该文还通过比较研究，讨论了法国、普鲁士、英国、日耳曼、日本、美国等历史的演变情形，认为"半封建"不独为中国社会特性，它也是存在于世界历史范围内的一种社会类型。如 20 世纪之初的俄国，"土地的集中并没有促成资本主义农业的自由发展，它所促成功的是半封建的雇役制度"，"地主用出租土地或高利贷的方式，束缚邻近的农民，叫他们带着自己的农具到地主的土地上面来做半强制的工作"。所以，苏联的土地革命也是"从半封建的小农经营之上，直接建立社会主义的生产关系"②。要而言之，薛暮桥从历史进程上认定，"半封建社会的产生，必须具备着下列两个条件：第一，封建制度已被破坏，虽然封建制度的残渣还是广泛地存在着。第二，资本主义的生产方式受着束缚，不能自由发展。"③同时，他又从历史比较中概括出半封建社会的基本特征："所谓半封建社会常常具备着下列几个特征：第一，工业不很发达，农业在整个国民经济中间占着极重要的地位。……第二，所有新式工业仅仅限于采

---

① 薛暮桥：《封建土地关系的资本主义化》，载《中山文化教育馆季刊》，第 3 卷，第 4 期，1936。

② 薛暮桥：《封建土地关系的资本主义化》，载《中山文化教育馆季刊》，第 3 卷，第 4 期，1936。

③ 薛暮桥：《封建半封建和资本主义》，73 页，上海，黑白丛书社，1937。

矿和若干轻工业部门，以及适应宗主国的需要的农业改制工业……第三，在极广大的农民大众中间，流行着极古老的耕作方法和榨取制度。"在这种制度下，通常"用半封建的工偿制和分益制来剥削大多数的贫苦农民。……虽然有资本主义经营……但半封建的地主经营尤其是农民经营仍然占着绝大的优势"。从而，"反封建运动必然要同反帝运动结合起来"①。赵煤僧也有相类似的论述："中国农村中的社会关系，也正和革命前的俄国一样，农村中有两种对立，一种是地主与农民的对立，一种是农村资本家与农村无产者的对立……前一种对立表示着封建的落后的社会关系，后一种对立，则表示着进步的资本主义的社会关系。"②这其实就是对"半封建社会"的具体解说。

当然，问题之所以引起歧义的关键还在于，这些马克思主义学者的论述是否与经典马克思论述的"封建"概念完全相抵牾。

有学者指出，"将封土封臣视作封建生产关系的前提，强调封建主控制臣民及土地是封建制度的基础"，以及"揭示了封建制度的三大特点：贵族地方分权、等级制、人身依附"，无疑可视为"展现了'封建主义'的规定含义"的马克思的经典"封建论"。③ 但实际上，面对世界历史进程的多样性和复杂性，马克思在"封建"概念的理解和运用上也是多层次的。

首先，作为一个特定时代指称的"封建"，具有相当宽泛的含义，如"工业上的最高权力成了资本的属性，正像在封建时代，战争中和法庭裁判中的最高权力是地产的属性一样"。④ 这里的"封建社会"泛指前资本主义时代，至少在论述资本主义原始积累的历史前提时是如此。虽然马克思认为，封建时代即使"在欧洲一切国家中，封建生产的特点是土地分给尽可能多的臣属……英国的土地在诺曼人入侵后分为巨大

---

① 薛暮桥：《封建半封建和资本主义》，75 页，上海，黑白丛书社，1937。
② 薛暮桥、冯和法：《中国农村论文选》，308 页，北京，人民出版社，1983。
③ 冯天瑜：《"封建"考论》，374～375 页，武汉，武汉大学出版社，2007。
④ 马克思：《资本论》第 1 卷，369 页，北京，人民出版社，1975。

的男爵领地",但这并不意味着"土地分封"是封建制度的唯一的特征,正像马克思接下来的论证那样,"小农户仍然遍布全国,只是在有些地方穿插有较大的封建领地"①。而且,"大规模的封建战争已经消灭了旧的封建贵族,而新的封建贵族则是他们自己的时代的儿子,对这一时代说来,货币是一切权力的权力"②。

显然,在这里马克思所说的"封建时代"是指称"前资本主义时代",而"新的封建贵族"却不一定是"封臣、农奴主、国王",而是指仍处于"前资本主义时代"的新兴统治者。在具有封建时代指称范畴内,"封建所有者"并不局限于"分封贵族",甚至那些"十六世纪的教会——天主教会",也"是英国相当大一部分土地的封建所有者"③。

其次,作为一种人际关系特性的"封建",用以指称传统社会中不同于资本时代的社会关系。毫无疑义,"欧洲昏暗的中世纪","正因为人身依附关系构成该社会的基础,劳动和产品也就用不着采取与它们的实际存在不同的虚幻形式。它们作为劳役和实物贡赋进入社会机构之中"。因此,"劳动的自然形式,劳动的特殊性是劳动的直接社会形式,而不是像在商品生产基础上那样,劳动的共性是劳动的直接社会形式"④。中世纪欧洲具有封建性的社会关系多少带有"温情脉脉的面纱","所以,无论我们怎样判断中世纪人们在相互关系中所扮演的角色,人们在劳动中的社会关系始终表现为他们本身之间的个人的关系,而没有披上物之间即劳动产品之间的社会关系的外衣"⑤。类似的表现为个人关系的劳动中的社会关系,即使在晚清至民国时期中国乡村雇佣关系中也是相当普遍地存在的。⑥

最后,自由的"小农经济"和"独立手工业生产"也是封建社会的特征之一。典型的封建制度可以说集中了这一时代的基本特征,但马克

① 马克思:《资本论》第 1 卷,785 页,北京,人民出版社,1975。
② 马克思:《资本论》第 1 卷,786 页,北京,人民出版社,1975。
③ 马克思:《资本论》第 1 卷,789 页,北京,人民出版社,1975。
④ 马克思:《资本论》第 1 卷,94 页,北京,人民出版社,1975。
⑤ 马克思:《资本论》第 1 卷,94 页,北京,人民出版社,1975。
⑥ 参见王先明:《二十世纪前期的山西乡村雇工》,载《历史研究》,2006(5)。

思对于"封建社会"的多样性也有着清醒的认识，他认为除"封土封臣""人身依附关系"之外，"小农经济和独立的手工业生产"也应该是封建社会的特征之一。马克思说："资本主义的协作形式是同农民经济和独立的手工业生产（不管是否具有行会形式）相对立而发展起来的。"并在此论述的注二十四中加以进一步的说明："小农经济和独立的手工业生产，一部分构成封建生产方式的基础，一部分在封建生产方式瓦解以后又和资本主义生产并存。"①

农奴制是典型的封建制度，但是，即使在英国的封建时代农奴制也不等于封建社会的全部，更为普遍的小农即自耕农仍然属于"封建"时代的产物。马克思十分明确地说："在英国，农奴制实际上在十四世纪末期已经不存在了。当时，尤其是十五世纪，绝大多数人口是自由的自耕农，尽管他们的所有权还隐藏在封建的招牌后面。"②而这种"隐藏在封建招牌后面"的自耕农，与晚近中国自耕农的"封建性"和"小佃农制（small tenant farming）是封建的耕作方法"③又有多大质的差别？

从社会生产关系角度来看，作为封建时代与资本时代的区别，其特征也是简洁而明晰的。马克思说："以前，农民家庭生产并加工绝大部分供自己以后消费的生活资料和原料。现在，这些原料和生活资料都变成了商品；大租地农场主出售它们，手工工场则成了他的市场。"④以前由于大量的小生产者"独自经营而造成的分散各地的许多买主，现在集中为一个由工业资本供应的巨大市场。于是，随着以前的自耕农的被剥夺以及他们与自己的生产资料的分离，农村副业被消灭了，工场手工业与农业分离的过程发生了。只有消灭农村家庭手工业，才能使一个国家的国内市场获得资本主义生产方式所需要的范围和稳固性"⑤。因此，马克思说："从资本主义生产方式产生的资本主义占

---

① 马克思：《资本论》第 1 卷，371 页，北京，人民出版社，1975。

② 马克思：《资本论》第 1 卷，784～785 页，北京，人民出版社，1975。

③ 石风涛：《对于中国农村社会性质论战的意见》，载《中国农村》，第 1 卷，第 12 期，1936。

④ 马克思：《资本论》第 1 卷，816 页，北京，人民出版社，1975。

⑤ 马克思：《资本论》第 1 卷，816 页，北京，人民出版社，1975。

有方式，从而资本主义的私有制，是对个人的、以自己劳动为基础的私有制的第一个否定。"①但是，"政治经济学在原则上把两种极不相同的私有制混同起来了。其中一种是以生产者自己的劳动为基础，另一种是以剥削别人的劳动为基础。它忘记了，后者不仅与前者直接对立，而且只是在前者的坟墓上成长起来的"②。

在这里，马克思反复强调的"以个人自己劳动为基础的分散的私有制"，其实就是指具有庞大数量的自耕农为基础的"封建"私有制。《资本论》里有大家都很熟悉的一段话："从资本主义生产方式产生的资本主义占有方式，从而资本主义的私有制，是对个人的、以自己劳动为基础的私有制的第一个否定。但资本主义生产由于自然过程的必然性，造成了对自身的否定。这是否定的否定。这种否定不是重新建立私有制，而是在资本主义时代的成就的基础上，也就是说，在协作和对土地及靠劳动本身生产的生产资料的共同占有的基础上，重新建立个人所有制。"③生产资料共同占有基础上的劳动者个人所有制，我们可以简单地把它概括为"既是个人的又是公共的所有制"④。

准乎此，以马克思多层次的"封建"概念为认识基点，相对于中国秦汉以来直至明清社会，就"个人的、以自己劳动为基础的私有制"或"小农经济和独立的手工业生产"特征而言，又有多少本质的不同？将其归类于"封建"或"半封建"的同一性，又怎会与马克思的经典之论相抵牾？

马克·布洛赫的《封建社会》研究表明，"封建主义"即使在西方也没有完全统一的认识，但这并不妨碍我们对前资本主义历史发展共性特征的理解。各民族—国家历史演变的复杂性和多样性，并不意味着人类历史的发展没有共同或共通价值。马克垚谨慎却执着的说明不无

---

① 马克思：《资本论》第1卷，832页，北京，人民出版社，1975。
② 马克思：《资本论》第1卷，833页，北京，人民出版社，1975。
③ 马克思：《资本论》第1卷，832页，北京，人民出版社，1975。
④ 恩格斯：《反杜林论》，见《马克思恩格斯选集》第3卷，170页，北京，人民出版社，1972。

道理："在前资本主义时代，大土地所有制和小生产的结合，是各国家、民族的共同经济特征，应该是没有问题的。无论你使用封建主义这一名词与否，但在此共同性下，如何认识各地区、国家、民族的特殊性，并从而对全世界的这一社会有进一步的认识，仍然是一个重大的历史研究课题。"①

四、半封建社会认知的时代意义

"概念"，尤其是人类认识事物的早期概念是前科学思维时期的日常生活概念，这种最初形成的概念，通常是作为对周围事物的感性经验的直接概括，并不具有很高的抽象性。而且，人们对于同一事物的认识往往会形成不同内容的科学概念。不同的学科对于同一事物会形成不同内容的科学概念，而在同一学科的不同理论中，对于同一事物也会形成不同内容的科学概念。马克思所指称的"封建"，当然不等同于西周的封建制。而在近代中国逐步形成的"半封建"理念，既不是简单地本源于西周的那个封建制，也不是直接类同于西欧的封建主义，而是在中国社会历史遗存的现实与对西方社会科学理论尤其是马克思主义论说理解基础上的再认识。但由此引发的问题，却不仅仅是一个词语理解的问题。如果不能把握"话语"的时代特性，进入特定的历史"情境"，无论是"尽信古书"还是"尽信经典"，走"以古义而框约今世"的偏途，恐怕并不能有助于中国学术或学科建设的真正进步。

20世纪20年代，中国社会急剧动荡，政治格局不断变化，军阀与地方分裂主义构成近代民族—国家重建的主要障碍。因此，"当'封建主义'一词被用来解释军阀和联邦主义运动的奸诈关系时，原则与偶然因素便融合到一起。……军阀赞助之下的联邦主义，与'封建旧势力'的所有其他残留一道，恰恰是国民革命所要征服的又一个敌人"，因为"他们在分裂国家、与帝国主义'合作'方面的明显作用，清楚地对

① 马克垚：《中文版序言》，见［法］马克·布洛赫：《封建社会》上，张绪山译，11页，北京，商务印书馆，2004。

应着国民革命的双重目标，即国家统一和独立"。① 这一特征恰恰对应着"封建"的"古义"之一，"中央集权主义者憎恶的目标，是地方社会中的'封建'方言，后者抵制中央集权化的民族国家"。②

清王朝的最后十年，"省"成为绅士的重要活动舞台。省级绅士是两个互相区别但又相关的过程的受益者，一个是政治下移，另一个是政治进化。"清末新政将权力从中央转移到各省，同时帮助（各省）将权力从地方向省里集中。辛亥革命爆发，省级枢纽得到强化，当时新成立的省级机构越来越热心于从中央获得自治，却拒绝向地方权力让步。地方公共团体也经历了类似的发展。"晚清以来，在地方自治的制度变革进程中，事实上"乡村绅士尽管在推进民主'自治'方面发挥了先锋作用，但也被视为封建的，因为在国民党政权那里，封建主义与地方自治的要求是相等的"③。所以，国民党第二次代表大会宣言确定："封建势力以土豪劣绅为唯一之基础，土豪劣绅为帝国主义和军阀官僚之工具，为直接掠夺工农利益者，为阻碍农工团体之发展者……提出'打倒土豪'口号，盖非此不能铲除封建势力之大本营，而使帝国主义军阀官僚失其依据也。"④不仅国民党如此，对于共产党人来说，"联邦主义和中央集权主义的相对优点，完全是被放在死而不僵的'封建势力'这一框架之内来评估的"⑤。在当时特定历史条件下，"反帝反封建"已经凝练为时代主题。作为时代主题，在20世纪20年代使用"封建主义"有助于解释他们的困境："此阶段的独特特征是经济、文化和政治统

① ［美］费约翰：《唤醒中国：国民革命中的政治、文化与阶级》，李恭忠、李里峰、李霞等译，229、230页，北京，生活·读书·新知三联书店，2004。
② ［美］费约翰：《唤醒中国：国民革命中的政治、文化与阶级》，李恭忠、李里峰、李霞等译，235页，北京，生活·读书·新知三联书店，2004。
③ ［美］费约翰：《唤醒中国：国民革命中的政治、文化与阶级》，李恭忠、李里峰、李霞等译，249页，北京，生活·读书·新知三联书店，2004。
④ ［苏］A.B.巴库林：《中国大革命武汉时期见闻录——一九二五—一九二七年中国大革命札记》，郑厚安、刘功勋、刘佐汉译，101页，北京，中国社会科学出版社，1985。
⑤ ［美］费约翰：《唤醒中国：国民革命中的政治、文化与阶级》，李恭忠、李里峰、李霞等译，230页，北京，生活·读书·新知三联书店，2004。

一。只有统一才是进步的，分裂意味着反动。"革命对民族语言形成的最终贡献，在于它对"封建"一词本身的再发现和再利用。"将封建主义与分裂，并进而将分裂与反动等同起来，显示了针对披着各种外衣的封建主义——议员、文化、社会组织和政治管理——的革命力量。……它们具有足够的包容性，能超越中国内部的种种差异，但又具有足够的排他性，能在现存的民族国家本位的世界秩序内赋予其使用者一种公认的认同。"①

正是在"反帝反封建"的时代主题下，"封建主义"在近代被认同为与统一的民族—国家对立的存在；中国"半封建"社会的特性也获得了时代的价值和意义，并在其学理层面和现实社会层面被赋予了新的特征及内容。当然，无论多么精确的概念和定义，它所能揭示的问题也是有限的。因此，恩格斯十分明确地强调："原则不是研究的出发点，而是它的最终结果；这些原则不是被应用于自然界和人类历史，而是从它们中抽象出来的；不是自然界和人类去适应原则，而是原则只有在适合于自然界和历史的情况下才是正确的。这是对事物的唯一唯物主义观点。"②

"半封建社会"的出现，不仅仅是一个概念流变问题，而是形成了一个特定的历史时代——正是在其特有的理论认识体系中，借以创造了整整一个时代的历史。近代中国形成的"封建主义"在内涵和外延方面均超越了西周的"封建制"，也不完全等同于西欧的封建社会。我们没有理由将它的近代含义与古代含义完全等同，也不必以"西义"（且不说"西义"也不一致）强释"中义"——学术研究的任务是辨其流变，明其趋向，而不是变其不同为同一，强其分流为合流。

20世纪之初，在近代中国获得认同的"半封建"概念，有其特有的时代内涵。它在理论认知上承接了马克思的理论成果，在史实认知上观照了中国社会"残存的封建性"因素，并在学术理论上形成了相对系

---

① ［美］费约翰：《唤醒中国：国民革命中的政治、文化与阶级》，李恭忠、李里峰、李霞等译，234页，北京，生活·读书·新知三联书店，2004。

② 《马克思恩格斯选集》第3卷，74页，北京，人民出版社，1972。

统、完整的解说体系。正是在"半封建"的认识体系中，中国人民共同开创了一个新时代，创造了一个世界史观框架下的中国社会近代特定历史。对于真正的"历史创造者"，历史学家可以有不同的解说，却不能任意否定历史本身。

原载《河北学刊》2009 年第 4 期。

中　篇

清代社会结构中绅士阶层的地位与角色

　　社会是一个永远运动着的复杂的人与人的结合体。它以某种不可推拒的力量，使每个人都在这一特定的结合体中定位，获得属于个人其实最终也属于社会的尊卑有等、贵贱有别、贫富有差的社会位置。清代仍然是一个以等级或等第为梯阶的社会结构模式。"所谓等级，是指奴隶制国家和封建制国家中一定的社会集团，这些集团由国家的成文法规定其成员享有某种权利，承担某种义务以及加入或排除于该集团的条件。"①法权身份基本相同的同一等级成员，因其经济、政治等各方面情况所形成的差别，又分为不同的等第。作为具有封建法典所认可的特殊身份的绅士集团，在清代整个社会结构中处于什么样的地位呢？

一、"四民之首"

　　"绅士为四民之首，为乡民所仰望"②，这是一位身居二品的巡抚大员张贴在显要处的布告的内容。如果说森严的身份等级结构是封建社会中人们社会关系地位的法律表现，那么"四民"之分就是它的社会表现。"士农工商"的四民划分及其社会地位的确认，是社会行业（也是

---

　　① 经君健：《试论清代等级制度》，见明清史国际学术研讨会秘书处论文组编：《明清史国际学术讨论会论文集》，286 页，天津，天津人民出版社，1982。
　　② 吕实强：《中国官绅反教的原因（1860—1874）》，165 页，台北，"中央研究院"近代史所专刊，1985。

社会分工）意义上封建等级身份的表现。因而，这一有序的社会结构，就成为整个封建社会秩序赖以稳定的基础。"先王分士农工商以经国事，各一其业而殊其务。"①然而，在"定贵贱""明等威"的封建社会中，"一其业""殊其务"本来的社会分工意义却被严格的封建等级身份所淹没，遂成为一种相对闭锁的社会结构体系，限制了社会成员的流动。在封建社会漫长的风骤雨急的动荡过程中，尽管社会结构承受了政治、经济、民族各种力量的冲击，但其最终结果仅仅是改变了某一阶层中特殊集团和个别分子的社会地位，对于"士农工商"有序社会结构本身却并无实质性影响。

传统的"士农工商"结构，蕴含着两大社会内容，一是社会成员的社会地位，二是社会分工的时代特征。但是，社会地位的不平等，又是伴随着分工的发展而形成的。职业的划分是社会分工的直接表现，而社会分工又是阶级或阶层形成的前提。在封建制度下，无论是社会分工的时代特征，还是社会成员的社会地位，所体现的"贵贱尊卑""名分等级"精神却是完全一致的："凡民有四，一曰士，二曰农，三曰工，四曰商。论民之行，以士为尊，农工商卑。论民之业，以农为本，工商为末。"②"士农工商"结构体系也就从根本上突出并保障着绅士们独特的社会地位，使之稳定地居于"四民之首"，并成为"一乡之领袖"③，同时也由此保障了封建国家实施政治统治的基本国策，即"农本商末"或"重农抑商"。

因而，在"士农工商"结构中，在这既展示着历史时代社会分工的基本特征，又浸透着等级地位的封建法权精神，也凝聚着封建社会文化的价值取向的社会生活中，形成了一个"假以礼貌，使有别于齐

---

① 《晋书·傅玄传》，1318 页，北京，中华书局，1974。

② 谢树阶：《保富·约书》卷八，见王书良、方鸣主编：《中国文化精华全集》政治经济卷，324 页，北京，中国国际广播出版社，1992。

③ 王孝绳编：《王苏州遗书》卷七《丹阳县劝捐查户章程》，见《清代诗文集汇编》第 771 册，221 页，上海，上海古籍出版社，2010。

民"①的绅士阶层：

> 绅士们有一派绅士风度来表明他们的身份——长袍，长指甲，能诗善赋，有欣赏艺术的闲情逸致，彬彬有礼。②

在社会生活中，绅士的特权地位常常以各种外显的礼仪而区别于平民，如在拜见地方官时，可免除一切平民所需要的限制与礼节。平民对地方官必须称大老爷，同时也必须称"没有官衔的绅士即举人、贡生、生员、监生等为老爷"③。平民一旦取得生员身份，即可出入乘肩舆，受人尊重，成为"四民之首"。封建王朝也从法典上保障着绅士的独特社会地位。

首先，绅士享有赋税和徭役的优免权。"至于一切杂色差徭，则绅衿例应优免……嗣后举贡生员等着概免杂差，俾得专心肄业……"④清代徭役较重，但绅士们始终享有不可置疑的优免权。而且，徭役的优免权还可余泽其家族成员。贵州黎平府学所立碑石铭文记述："凡生员之家，一应大小差徭概行永免。"⑤严格说来，田赋作为封建王朝的财政基础，绅士并不享有优免权。但是，在等级身份的庇护下，绅士们常常以拖欠或转嫁于平民的手段，少纳或不纳田赋，享有某种意义上的"法外特权"。⑥

其次，在法律方面，绅士享有特别保障权。封建制度通过律例、

---

① （清）刘锦棠：《委员试署准设新疆南路道厅州县各官并筹现办情形折》，见《刘锦棠奏稿》卷五，140 页，长沙，岳麓书社，2013。

② ［美］费正清编：《剑桥中国晚清史（1800—1911 年）》上卷，17 页，北京，中国社会科学出版社，1985。

③ 张仲礼：《中国绅士——关于其在 19 世纪中国社会中作用的研究》，李荣昌译，30 页，上海，上海社会科学院出版社，1991。

④ 霍有明、郭海文校注：《钦定学政全书》卷二五《优恤士子》，92 页，武汉，武汉大学出版社，2009。

⑤ （清）俞渭：《黎平府志》（光绪十八年）卷五上，见《中国地方志集成·贵州府县志辑》(17)，487 页，成都，巴蜀书社，2006。

⑥ （清）丁禹生：《抚吴公牍》卷二二，636 页，台北，华文书局，1968。

谕旨、成例所规定的刑罚、法律程序的成文法或不成文法，突出了绅士阶层的地位。绅士犯罪，一般不会上刑，如果所犯罪行很重而必须惩治，则首先要革去其绅士身份，然后才能加以治罪。身份较高的绅士姑且勿论，即使是举贡功名，知县也无权随意判处并革去其身份。"这种权力，特别是对于下层绅士，一般都操诸教官之手"，"由此绅士免受一般的行政处置，只能由其上级教官审判"。①"对于绅士违法的处置，必须按照严格的特定程序，否则地方官就可能因其擅权而被参劾。"在法律面前的不平等，正是中国封建社会不平等的本质特征：

> 生员犯小事者，府州县行教官责惩。犯大事者，申学黜革，然后定罪。如地方官擅责生员，该学政纠参。②
>
> 生员关系取士大典，若有司视同齐民挞责，殊非恤士之意。今后如果犯事情重，地方官先报学政。俟黜革后，治以应得之罪。③

在身份社会里，任何昭示尊贵等级的身份，都具有该社会制度所给定的经济、政治、法律的特权，也只有如此，拥有身份的人才能在现实社会生活中拥有特别的地位和权势。"是以一游黉序，即为地方官长所敬礼，乡党绅士所钦重，即平民且不敢抗衡，厮役隶人无论矣……故一登科甲，便列缙绅，令人有不敢犯之意，非但因其地位使然，其品望有足重也。"④

身份等级的差别必然包含着严酷的法律不平等的内容，而法律的不平等又必然要社会化为身份的差别。所以，绅士的地位成为社会价

---

① 张仲礼：《中国绅士——关于其在 19 世纪中国社会中作用的研究》，李荣昌译，32 页，上海，上海社会科学院出版社，1991。

② 霍有明、郭海文校注：《钦定学政全书》卷二四《约束生监》，88 页，武汉，武汉大学出版社，2009。

③ 霍有明、郭海文校注：《钦定学政全书》卷二五《优恤士子》，92 页，武汉，武汉大学出版社，2009。

④ 叶梦珠：《阅世编》卷四，83 页，上海，上海古籍出版社，1981。

值定向所在："一得为此（生员），则免于编氓之役，不受侵于里胥，齿于衣冠，得以礼见官长，而无笞捶之辱……非必其慕功名也，保身家而已。"①

绅士居于"四民之首"的社会依据及其文化根据是什么？晚清著名的经世学者包世臣有一段并不触及其根本的文字："夫无农则不食，无工则无用，无商则不给，三者缺一，则人莫能生也。至于士，若介介无能为人生轻重者，而位首四民。则以生财者农，而劝之者士，备器用者工，给有无者商，而通之者士也。然则修法以劝农，使国富而主德，抑先求士而已。"②有时学者的闪烁其词或条分缕析，远不及平常的社会生活事实能够直白地表达出社会现象的本质内容。社会历史的真理往往就宣露于简单的社会事实之中：

> 乾隆元年，福建发生一起吏卒辱骂举人的案件，判处中把举人比照六品以下长官对待。③

严格说来，官僚作为国家机构的代表属于政治范畴，绅士作为统治阶级及其社会基础，则属于社会范畴。清廷在执法中将绅士的地位及特权比照官僚对待，无异于揭示了一个封建社会普遍的原则：官本位是人们社会地位确认的基本根据。这是古老文明下的中国绅士与英国绅士的区别之所在：

> 英国缙绅阶级最重要的决定因素是土地产业，间或因其他形式的财富……中国的缙绅阶级则不然。在明清两代大部分时期中，

---

① 顾炎武：《亭林文集》卷一《生员论》，见《清代诗文集汇编》第42册，637、638页，上海，上海古籍出版社，2010。

② 包世臣：《安吴四种》卷七下，557页，沈云龙主编：《近代中国史料丛刊》第30辑，台北，文海出版社，1973。

③ 经君健：《试论清代等级制度》，见明清史国际学术研讨会秘书处论文组编：《明清史国际学术讨论会论文集》，293页，天津，天津人民出版社，1982。

他们的地位由来只有部分是财富，而极大部分是（科举所得的）学位。①

地方上的绅士（生员）在明代约有四分之三，清代约有二分之一出身寒微。② 无论封建王朝在改朔移姓的"六道轮回"中怎样频繁地兴衰枯荣，但封建传统文化在扬弃汲取中却始终展示出一个不可动摇的历史趋向：高扬士的地位而贬黜商的价值。"自古昔重士而轻农工商，商贾逐末，更为乡党自好者所不为。"③

四民的划分及其"士首商末"社会地位确立的根本标准，就是"士能明先王之道，佐人君治天下"④。一言以蔽之，乃因"士能应试为官故也"⑤。科举制度下，绅士的身份具有双重性质，即"士"，读书的功名者，"仕"，为官或准备为官者。士为四民之首的根本原因就在于绅士是整个封建官僚或国家机器的社会基础。科举制度以其具有外显标志和社会文化内容的"功名"身份，把绅士同官僚紧密结合在一起。因而，在清代的高层官员中，有功名的进士占有相当的比例，如表1所示：

表 1　清季侍郎出身统计表

出身	人数/名	百分比/%
进士	457	58.51
举人	62	7.94
贡生	16	2.05

① 何柄棣：《明清社会史论》，45页，台北，联经出版有限公司，2013。

② 参见何柄棣：《明清社会史论》，152页，台北，联经出版有限公司，2013。

③ 庞淞编：《中国商战失败史（一八七六——一九一五）》第一编，总论，4页，沈云龙主编：《近代中国史料丛刊续编》第93辑，台北，文海出版社，1982。

④ 靳辅：《生财裕饷第一疏》，见贺长龄辑：《皇朝经世文编》卷二六《户政一》，952页，沈云龙主编：《近代中国史料丛刊》第74辑，台北，文海出版社，1966。

⑤ 《各省推广工局议》，见何良栋辑：《皇朝经世文四编》卷四二《工政一》，759页，沈云龙主编：《近代中国史料丛刊》第77辑，台北，文海出版社，1966。

续表

出身	人数/名	百分比/%
监生	29	3.71
荫生	32	4.10
其他	185	23.69
总计	781	100

资料来源：魏秀梅：《人物录》，见《清季职官表》乙编，3～265 页，台北，"中央研究院"近代史研究所，1977。

"科举为利禄之途，得之则荣，失之则辱。"①读书应试不仅是入仕的正途，在以农为本生产不发达的社会中，读书、应试、功名、入仕且是士子们唯一的本业。相对于平民而言，绅士阶层确是"精选"出来的人数有限的社会集团。"州县最多有生监三四百人。"②

绅士的地位来源于极为有限的功名身份，而功名越高，其人数越少，"士少则贵"③，而最终归结为入仕做官。但无论是官僚，还是功名，其地位高下或尊卑贵贱，都以其等级为标志。由于在封建等级结构中，皇帝属于"超等级"的顶点，因此，人们的社会地位及其等级的差别便呈现着唯一的趋向：越靠近皇权，其地位越高，其身份越尊贵。在"皇冕"灵光照视下的独特地位，不是从某种意义上集中体现了中国古老文明和封建文化的深层意蕴吗?!

二、社会角色

绅士这一具有等级性的社会阶层的形成，是封建社会制度发展的必然产物。功名、顶戴等名器是封建法典所认定的特定社会地位的标识，也是借以维系封建纲常秩序的工具。不过，虽然法定的社会地位

---

① 《掌山东道监察御史宋伯鲁折》，见国家档案局明清档案馆编：《戊戌变法档案史料》，216 页，北京，中华书局，1958。

② 谢澄平：《中国文化史新编》五，274 页，台北，青城出版社，1985。

③ 《四民论》，载《申报》，1872-12-09。

是确定不移的，但是现实的社会角色却因其动态的变化而具有极度的丰富性。

　　社会上的每一种身份和地位，都有一套被期待的行为模式、义务和特权；这种社会期待受一定文化背景的影响，并作为社会规范的具体内容，为特定身份和地位的人确定了具体的行为界限——"社会角色"。仅从规范要求而言，地位与角色应该是一致的；二者在生活中的区别则又是简单而清晰的：你所占据的是地位，但所扮演的是角色。因此，这是同一个问题的两个方面。

　　对于"四民之首"的绅士，王朝当然不只是给予特权和地位，而且还从社会秩序稳定的最高目标出发，提出必要的规范要求。"士子身入庠序，宜守卧碑。"① 那么，封建王朝要求绅士所扮演的社会角色是什么？顺治朝颁定的卧碑十条戒律对于绅士提出了严格的要求。② 这是融伦理纲常与法定戒律为一体的行为规范。"士绅望重一乡，形端乃能表正。"③ 朝廷所期待的绅士的角色，是既不干预公事、把持官府，又"上可以济国家法令之所不及，下可以辅官长思虑之所未周"④。

　　但是，死板的条文又如何框约得住变动不居的社会生活。即令是钦定的皇家卧碑，在历史时光的剥蚀下，也会失去开初的威严而形同具文。"清中叶以后，凡此戒条典礼，渐皆废而不行……"⑤绅士阶层在清季已发展为基层社区控制系统中最主要的集团力量，扮演着远非王朝所期待的社会角色。他们不啻干预公事，甚至发展为同封建官府相抵牾的势力，如"福建省会，素称人文，惟绅士把持政务"⑥。

　　绅士势力的张扬，使得许多地方官仅仅成为绅士的"监印"，而无

　　① 　夏东元编：《郑观应集》上，462 页，上海，上海人民出版社，1982。

　　② 　参见柳诒徵：《中国文化史》下册，673 页，北京，中国大百科全书出版社，1988。

　　③ 　赵滨彦：《湘藩案牍钞存》第 4 册，52 页，1911 年铅印本。

　　④ 　《绅衿论》，载《申报》，1872-05-01。

　　⑤ 　黎锦熙等纂：《洛川县志》卷一九《教育志》，2 页，泰华印刷厂，1944。

　　⑥ 　张集馨：《道咸宦海见闻录》，274 页，北京，中华书局，1981。

法直接插手地方公务。"自寇乱以来，地方公事，官不能离绅士而有为。"①在绅权迅速勃盛的湖南地区，竟然形成"自咸同军兴以来，绅权大张，虽举贡诸生皆得奋其口舌与地方官长为难"②之势。绅士作为一个居于地方领袖地位和享有特权的社会集团，在维系正常社会秩序的官、绅、民三种力量中，灵活、谨慎地逐步突破法定的限制，使自身所扮演的角色更为重要也更为多样。一般说来，绅士从事的地方社会活动主要有三大项。

第一，地方学务。绅士都是科举制度的受益者和热心支持者。地方兴办学务，修建社学、义学，都是绅士们义不容辞的职责。③ 陈宏谋所拟定的"义学条规四则"规定"馆师"的选择范围，也局限于绅士，"无论本地举贡生员及外来绅士，必须立品端方，学有根底者，延之为师"④。所以，地方学务及其他文化建设一向归绅士把持。

第二，地方公产。地方的公共财产、经济事业，官府并不直接参与管理，通常"以其事委诸绅士"⑤。借此，绅士"垄断了一县公产的经济命脉"⑥。在地方社仓管理中，绅士优先担任社长或仓正，从而在地方公共经济利益上，保障着这一阶层的权益。乾隆年间，广东巡抚李湖在其《酌定社长章程疏》中，明白无误地突出了绅士对于社仓管理的特权："（社长）令该州县在本社各村庄内照例于不应试之殷实监生遴访举充……倘本社各村实无不应试之监生，即举诚实乡民充当，亦不必拘泥成例。"⑦

---

① 胡林翼：《麻城县禀陈各局绅筹办捐输情形批》，见《胡文忠公全集》第 4 册，1757 页，上海，广益书局，1936。

② 胡思敬：《退庐疏稿》卷三，1913 年新昌胡氏刻本。

③ 参见任士谦：《博白县志》卷四，2 页，1932 年刻本；（清）瑞麟、戴肇辰等修：《广州府志》第二册卷六五，96、100 页，台北，成文出版社，1966。

④ （清）徐栋：《牧令书》卷一六《教化》，江苏官书局，1862。

⑤ （清）郑观应著，夏东元编：《郑观应集》上册，533 页，上海，上海人民出版社，1982。

⑥ 中国人民政治协商会议全国委员会文史资料研究委员会编：《辛亥革命回忆录》第 2 辑，398 页，北京，文史资料出版社，1962。

⑦ （清）徐栋：见《牧令书》卷一二《筹荒上》，江苏官书局，1862。

　　第三，地方公务。作为地方中坚势力，绅士们把持着地方各项公共事务。即使是跨县区的大型水利工程，虽然由官员出面协调，"但是无论这些工程由官或由绅指导，在执行中总是绅士承担主要负担"①。地方志有关统计资料有助于说明这一事实：

表 2　地方志所见官绅主持工程统计

惠州府志	桥梁	津渡	容县志	桥梁	津渡
官修	10	1	官修	1	—
官绅合修	3	1	绅修	52	21
绅修	34	1	民修	32	22
民修	18	4			

　　资料来源：（清）刘溎年等修：《惠州府志》卷五，台北，成文出版社，1966；（清）封祝唐等修：《容县志》卷八，台北，成文出版社，1974。

地方官府办理地方事务，只能借助于绅士的力量。因而，"凡地方公事，大都由绅士处理……绅士之可否，即为地方事业之兴废"②。各级官府是封建国家机器的组成部分，地方官代表皇权宰治属民，各地兴革大事或地方公务本是官府应尽职责，却反而由"绅士把持政务"。造成这一社会现象的制度性原因究竟是什么呢？

　　在以等级、身份划分社会成员的封建社会结构体系中，官民之间横亘着不可逾越的等级鸿沟。平民见官，必须下跪以大礼参拜，官员之于庶民，也不能轻相交接。因而，地方民情自然不能由平民径直上达于官府，官府所办之事也无从直接施之于民。身份等级制度所造成的官民势分悬殊，就决定了必须借助第三种社会力量沟通官民关系，于是，"地方官兴除利弊，体察民情，必先访之乡绅"③。而且清朝地

---

　　①　张仲礼：《中国绅士——关于其在 19 世纪中国社会中作用的研究》，李荣昌译，55 页，上海，上海社会科学院出版社，1991。

　　②　攻法子：《敬告我乡人》，载《浙江潮》，第 2 期，1903。

　　③　（清）石成金：《官绅约》，见《丛书集成续编》第 59 册，28 页，台北，新文丰出版公司，1988。

方官员的回避制和频繁更换制，也强化了绅士左右地方政务的作用。清代地方官任期较短，如表 3 所示：

表 3　清代地方官任期举例

历史时期	河南鹿邑		湖南常宁	
	知县任数	平均任期/年	知县任数	平均任期/年
顺治(1644—1661)	7	2.6	4	4.5
康熙(1662—1722)	11	5.5	14	4.3
雍正(1723—1735)	5	2.6	5	2.6
乾隆(1736—1795)	17	3.5	15	4.0
嘉庆(1796—1820)	18	1.4	15	1.7
道光(1821—1850)	19	1.6	32	1.0
咸丰(1851—1861)	9	1.2	13	0.9
同治(1862—1874)	10	1.0	18	1.5

资料来源：张仲礼：《中国绅士——关于其在 19 世纪中国社会中作用的研究》，李荣昌译，上海，上海社会科学院出版社，1991。

这自然造成地方官对于地方政情、民情"乃往往隔阂，诸事废弛，闾阎利病，漠不关心，甚至官亲幕友肆为侵欺，门丁书差敢于鱼肉。吏治安得不坏"①。因此，为了使封建统治机制正常运作，一定程度上实施地方治理，并适度钳制吏胥的欺蒙，地方官必须借助绅士的力量。"盖官有更替，不如绅之居处常亲。官有隔阂，不如绅士之见闻切近。"②无疑，封建社会结构中的官、绅、民三种社会力量，绅士是官民之间发生联系的中介。诚如一位按察使所言："惟地方之事，官不得绅协助，则劝戒徒劳，绅不得官提倡，则愚迷弗信。"③

---

① （清）刘锦藻：《清续文献通考》卷一三五，见《续修四库全书》第 817 册，484 页，上海，上海古籍出版社，1996。

② 惠庆：《奏陈粤西团练日坏亟宜挽救疏》，见盛康编：《皇朝经世文续编》卷八二，2469 页，台北，文海出版社，1966。

③ （清）范增祥：《樊山政书》卷一五，北京，中华书局，2007。

三、官民之间

如果仅仅从封建政权运作的表象来看，绅士阶层并不构成权力的力量。无论是明太祖的"禁例十二条"，还是清顺治帝的卧碑戒条，都严格限制绅士阶层对权力运行过程的参预。"至乡绅于地方民事，原不应有所干预，以滋把持官府之咎。"①不过拥有天下的皇帝从来也不曾真正拥有天下的人心。所以，封建政权结构形式的根本点就在于确保皇权的安然。治官之官多，而治民之官少，是中国封建政权结构的主要特征。从皇权以下的军机处、清朝中央六部到各省督抚、府、州、县衙，除州县为"亲民"之官外，各级衙门和官员的主要职责是"治官"而非"治民"。然而，封建等级制度本身和清朝官吏制度（如回避制），却一定程度弱化了地方官——知县——直面民事治理的功能，强化了"四民之首"绅士阶层对基层社会的控制功能。

绅士并不像官员那样拥有钦命的权力，却拥有基层社会赋予的"天然"权威。在正式的权力体系中，皇权保障着权力拥有者和实际行使者的一致，而在实际生活中，权力拥有者和行使者常常发生分离，皇权不能直接深入乡村社区。一个属于朝廷命官的知县，要顺利地完成属下的各项公务，唯一的依靠力量就是绅士。"官与民疏，士与民近。民之信官，不若信士。……境有良士，所以辅官宣化也。"②并不熟悉地方人事民情的外来知县，离开对地方绅士的依恃将寸步难行，他们只能"专意结合绅士，保其一日之利"③。面对广阔而又相互隔绝的乡村社会，只有借助绅士阶层这一非正式权力力量，皇权的统治才能延伸到社会底层。

---

① （清）石成金：《官绅约》，见《丛书集成续编》第 59 册，28 页，台北，新文丰出版公司，1988。

② 李燕光：《清代的政治制度》，见明清史国际学术研讨会秘书处论文组编：《明清史国际学术讨论会论文集》，257 页，天津，天津人民出版社，1982。

③ 金镜蓉：《复抚军密查地方吏治文》，见《痰气集》卷七，清光绪三十四年。

"世之有绅衿也,固身为一乡之望,而百姓所宜矜式,所赖保护者也。"①以社会权威而不是以法定权力资格参与封建政权的运作,绅士阶层便集教化、治安、司法、田赋、税收、礼仪诸功能于一身,成为地方权力的实际代表。在基层社区,面对非正式权力——绅权,正式的官方权力不能独立地运行。姚莹对此做过比较具体的分析:"缙绅之强大者,平素指挥其族人,皆如奴隶……愚民不知畏官,惟畏若辈,莫不听其驱使。尚失驭之,则上下之情不通。官虽惠爱而民不知,民或甚冤而官不察,此前人之所以多败也。诚能折节降礼,待以诚信,使众绅士咸知感服,则所至敢于出见。绅士信官,民信绅士,如此则上下通,而政令可行矣。"②封建政权的运作效率,一定程度上取决于地方官员与绅士的有效配合。尤其在晚清,由于中央集权的弱化,各级官府行政权威锐减,绅士们几乎控制了地方事务的主要方面。"至今各省虽以官治为主,而地方公事无不酌派绅士襄办……"③对于关切地方利弊的大事,权非操诸绅士,其事断不可举。诚如郑观应所言:

> 故治河之事尤贵得人。然而责之河官不如责之疆臣,责之疆臣不如责之乡绅。盖生长聚族于斯,则痛痒相关,不敢自贻伊戚也。④

官府权力在基层社区的实施过程中,被绅士所分割,从而形成了并无法定依据却为社会所认可的"绅权"。绅士的权力"是靠身份获得的。在不变的秩序下,传统的权力不易遭受别人的反对,人们可以乐于接受它的控制,绅权的大部分是根据这一来源"⑤。如此,作为地方利益的

① 《绅衿论》,载《申报》,1872-05-01。

② 姚莹:《复方本府求言札子》,见贺长龄辑:《皇朝经世文编》卷二三,856页,台北,文海出版社,1966。

③ 《大清宣统新法令》第2册,20页,上海,商务印书馆,1909。

④ 夏东元编:《郑观应集》上册,751页,上海,上海人民出版社,1982。

⑤ 胡庆钧:《论绅权》,见吴晗等:《皇权与绅权》,119页,天津,天津人民出版社,1988。

绅权在范围和力度上都有一定的权威性:"东南巨族大家,冠盖相望,州县每有兴革,凡不便于绅士者,辄倡为议论,格而不行。"①结果形成这样一种局面:"官不过为绅监印而已。"②而且,绅权作为非正式的权力力量,常常扩张到官府难以接受的程度,这首先体现在赋税方面。

绅士常自称为"儒户""官户""城户""大户",称平民为"民户""乡户""小户",并依此形成交纳赋税的不平等。如江北"漕价向有绅户、民户之别,又有城户、乡户之别。绅户每石有全不完者,有收二千余文者,有收三千余文者……民户、乡户则有收至六七千文者,甚有收至十五六千文者。低昂悬殊,骇人听闻"③。交纳赋税的不平等以及由此引发的社会问题,一直是清政府十分关注的问题。经世学者冯桂芬为此提出了《均赋说》四篇,其中就有两篇是针对绅士而言的。"同一业田,同一完粮,人何以宜多,我何以宜少?""我能保子孙之为绅不为民乎?……国课之宜完,民艰之宜恤,为士者必知均赋为善政。……为者可以不知,为士者岂宜不知?而不知又何足以为士乎?"④然而,对于具有一定张力的绅权的劝诫并无济于事,甚至清政府为此采取的一些强硬措施,也并不能从根本上限制住绅士权力的扩张。

绅士拒缴赋税或有意拖欠,会被革去身份或追究治罪:"应纳钱粮以十分为率。欠至四分以下者,举人问革为民,贡监生员并黜革,杖六十。欠至七分以下者,举人问革为民,功监生员黜革枷号一个月,杖一百。欠至十分以下者,举人问革为民,杖一百,贡监生员俱黜革,枷号两个月,杖一百……"⑤但是皇权威势下的治罪条例并不能有效地控制绅士的特权。咸丰九年"江苏生监多有不安本分,包漕抗粮种种恶

---

① (清)黄六鸿:《福惠全书》卷二三,见《官箴书集成》第 3 册,480 页,合肥,黄山书社,1997。

② (清)李䋅:《牧沔纪略》下。

③ (清)丁禹生:《抚吴公牍》卷二二,636 页,台北,华文书局,1969。

④ 冯桂芬:《显志堂稿》卷九,见《续修四库全书》第 1535 册,673、674 页,上海,上海古籍出版社,1996。

⑤ 《大清律·户律·仓库上》,见田涛、郑秦点校:《大清律例》卷一一,218 页,北京,法律出版社,1998。

习，教官并不能稽察约束"①。

此外，绅士的权力还扩展到司法领域。绅士们"凭借门第，倚恃护符，包揽钱粮，起灭词讼，出入衙门"，甚至"私设公堂和私藏刑具"。② 江苏巡抚丁日昌在沭阳县令到任时，就提醒他，该县绅士周绍虞、王汝栋为当地讼棍，经常与县役声气相通，起灭词讼。③ 在四川，"讼棍多系贡监文武生，唆架扛帮，大为民害"④。这在很大程度上剥夺了地方官知县的司法权。"由绅士解决的争端大大多于知县处理的。"⑤清朝统治下的地方社会权力的很大一部分为绅士所控制，绅士无疑时常制约着"官权"的行使。乾隆年间，云南安村发生水灾，地方绅士郎秀才向县衙报灾。该县县官坐轿下乡勘灾，勘查结果认为灾情不重，这自然触怒了绅士。郎秀才指斥县官糊涂，并唆使村民将其坐轿扛坏。县官在难堪之下，只好溜出安村。⑥ 为了地方的利益，绅士们可以结成势力，有效地抵制政府权力的推行。

皇权是神圣的，却不是万能的。在皇权羽翼下生长起来的绅士阶层，既是皇权向基层社区延伸的中介，也是皇权力量在民间实施的阻隔。这似乎表明，绅士阶层所拥有的不容置疑的"权威"，有着更为广厚和深刻的社会文化根基，而不仅仅依存于"皇权"本身。

•

---

① （清）刘锦藻：《清续文献通考》卷一三五，见《续修四库全书》第 817 册，120 页，上海，上海古籍出版社，1996。

② 张仲礼：《中国绅士——关于其在 19 世纪中国社会中作用的研究》，李荣昌译，4 页，上海，上海社会科学院出版社，1991。

③ （清）丁禹生：《抚吴公牍》卷二八，870 页，台北，华文书局，1969。

④ （清）刘锦藻：《清续文献通考》卷一三五，见《续修四库全书》第 817 册，122 页，上海，上海古籍出版社，1996。

⑤ 张仲礼：《中国绅士——关于其在 19 世纪中国社会中作用的研究》，李荣昌译，61 页，上海，上海社会科学院出版社，1991。

⑥ 胡庆钧：《论绅权》，见吴晗等：《皇权与绅权》，124 页，天津，天津人民出版社，1988。

四、乡土权威

就权力的本质属性而言，封建专制政权不会容忍任何无视其权威的社会力量的发展。为了防阻明季绅士力量坐大现象的重演，也为了摧抑士大夫的民族意识，清王朝以凌厉之势挫削绅士的力量。"清之所异于明者，在摧挫士气，抑制绅权。"①对地方绅士的严厉惩治，是清王朝入主中原后的基本政治手段。《东华录》载："顺治三年……谕：运属鼎新，法当革故。前朝宗姓，已比齐民，旧日乡绅，岂容冒滥……自今谕示之后，将前代乡宦监生名色尽行革去，一应地丁钱粮杂泛差役，与民一体均当，蒙混冒免者治以罪。"②1652 年，清廷由礼部颁天下学校卧碑，以规范绅士的行为；1660 年，由礼部严饬学臣约束士子，不得妄立社名，纠众盟会，违者严加治罪。③ 统治者对绅士力量的严酷之举，确使"各地帖伏，无复明代绅士嚣张之势矣"④。然而，统治者的严厉措施，只是削减绅士力量于一时，而未能从根本上弱化绅士对地方社会控制的能力。道光以后，地方绅士的权势已日见扩张：

> 粤东吏治偷散，人人以势利争胜，玩视法度，积成风气。官评之贤否，专视绅士之爱憎，百姓疾苦，无过问者。⑤ ——同治年间。

> 近来绅士往往不安本分，动辄干预地方公事，甚至借端挟持官长，以遂其假公济私之计，于风俗人心大有关系，亟应认真查究以挽浇风。⑥ ——光绪年间。

---

① 柳诒徵：《中国文化史》下册，670 页，北京，大百科全书出版社，1988。
② （清）王先谦编：《正续东华录·顺治六》，10、11 页，北京，撷华书局，光绪丁亥。
③ 谢国桢：《明清之际党社运动考》，206 页，北京，中华书局，1982。
④ 柳诒徵：《中国文化史》下册，670 页，北京，大百科全书出版社，1988。
⑤ 杨坚校补：《郭嵩焘奏稿》，338 页，长沙，岳麓书社，1983。
⑥ 张寿镛编：《清朝掌故汇编》上，77 页，扬州，广陵书社，2011。

无疑，封建专制制度不时塑制着皇权的绝对形象，同时，封建社会文明的机体里也滋生着抵御皇权的"免疫"系统。终究，在社会生活的最广阔范围内，在千年如斯的基层社区内，离开绅士的社会权威力量，皇权也只有象征的意义。代表皇权执行政务的官府，谨慎而又有分寸地"礼遇"绅士，求得官权与绅权的合作共治。"各省州县之待所辖绅士，假以礼貌，使有别于齐民。"①通常情况下，"地方官到任以后的第一件事，是拜访绅士，联欢绅士，要求地方绅士的支持"②，否则，地方官员往往被绅士们合伙搞掉，或者经由同乡京官用弹劾的方式把他罢免或调职③。因而，知县们被反复告诫说，县官遇见绅士，"皆宜下轿叙谢远劳"，不能"妄自尊大乘轿从绅士面前长驱而过"④。县官到任的第一件事，就是要号房探明"地方大绅士生日号行，均要写明，贴于办公之处"。因为"绅士为一方领袖，官之毁誉，多以若辈为转移"⑤。

如果说"溥天之下，莫非王土，率土之滨，莫非王臣"是皇权一统权威的法定依据，那么"天高皇帝远"则是对绅权地方权威的社会认可。在以"士农工商"简单社会分工为基础的农耕社会里，技术知识及其进步是微不足道的；社会秩序的维系和延续依赖于"伦理知识"。因此，无论社会怎样动荡变乱，无论王朝如何起落兴废，维系封建社会文明的纲常伦理中心都不曾变更。然而，居于这个社会文明中心位置的却恰恰是绅士阶层。

在封建农耕社会里，绅士阶层是唯一享有教育和文化特权的社会

---

① （清）刘锦棠：《委员试署准设新疆南路道厅州县各官并筹现办情形折》，见《刘锦棠奏稿》卷五，140 页，长沙，岳麓书社，2013。

② 吴晗：《论绅权》，见吴晗等：《皇权与绅权》，50 页，天津，天津人民出版社，1988。

③ 吴晗：《论绅权》，见吴晗等：《皇权与绅权》，50 页，天津，天津人民出版社，1988。

④ （清）胡衍虞：《居官寡过录》，见（清）徐栋：《牧令书》卷二，江苏官书局，1862。

⑤ 何耿绳：《学治一得编》，见官箴书集成编纂委员会编：《官箴书集成》第六册，116 页，合肥，黄山书社，1997。

集团。"劳心者治人，劳力者治于人"的社会价值观，决定了唯有文化占有者绅士才拥有卫护传统社会纲常伦纪的职责。"其绅士居乡者，必当维持风化，其耆老望重者，亦当感劝闾阎，果能家喻户晓，礼让风行，自然百事吉祥，年丰人寿矣。"①如何使一个辐员广大而又彼此隔绝的传统社会在统一的儒学教化下，获得"整合"，使基层社会及百姓不致"离轨"，是任何一个封建王朝必须面对的重大课题。清王朝所面临的思想意识统治任务则更为艰巨：

> 顺治十六年（1659）成立乡约，规定每月朔望宣讲"六谕"两次。②
> 康熙九年（1670）颁布十六条"圣谕"。
> 雍正二年（1724），清世宗亲自撰写了"圣谕广训"，成为日后百姓生活中经常宣讲的主要依据。

每半月一次"宣讲由十六条政治道德准则组成的'圣谕'的目的，是向百姓灌输官方思想"③。然而，这一带有"宗教"形式却毫无宗教内容或宗教情感的活动仅仅依靠地方官员就根本无法实行。

地方绅士事实上承担着宣讲圣谕的职责。"在于大乡大村，设立讲约所。选举诚实堪信，素无过犯之绅士，任约正，值月分讲。"④"十六条圣谕"以"重人伦""重农桑""端士习""厚风俗"为主旨，成为农耕时代浸透着浓郁的东方伦理道德色彩的行为规范。它的内容是一个古老民族文化在那个生存方式中的基本需求：

> 敦孝弟以重人伦，笃宗族以昭雍睦，和乡党以息争讼，重农

---

① 张集馨：《道咸宦海见闻录》，27 页，北京，中华书局，1981。
② 《"中央研究院"近代史研究所集刊》第 19 期，327 页，台北，"中央研究院"近代史研究所，1990。
③ 张仲礼：《中国绅士——关于其在 19 世纪中国社会中作用的研究》，李荣昌译，62 页，上海，上海社会科学院出版社，1991。
④ 田文镜：《钦颁州县事宜》，见《宦海指南五种》，8 页，清光绪十六年刻本。

桑以足衣食，尚节俭以惜财用，隆学校以端士习，黜异端以崇正学，讲法律以儆愚顽，明礼让以厚风俗，务本业以定民志，训子弟以禁非为，息诬告以全良善，诫窝逃以免株连，完钱粮以省催科，联保甲以弥盗贼，解仇愤以重身命。①

重要的是，反复向村民百姓宣讲这一规范的是绅士。

绅士拥有文化、知识，成为农耕时代一个文明得以延续发展、社会秩序得以稳定的重要角色。等级制度和农耕社会的生存方式，排斥着农民享有受教育和拥有文化的权利，也因此而处于被治者的地位。在一个"礼法"社会中，只有"知书"才能"识礼"，也才配"识礼"。对文化和教育的占有，使得绅士集教化、伦理、法规、祭祀、宗族等一切社会职责与权力为一体，成为乡土社会的实际权威。"一个农民从生到死，都得与绅士发生关系。这就是在满月酒、结婚酒以及丧事酒中，都得有绅士在场，他们指挥着仪式的进行，要如此才不致发生失礼和错乱。在吃饭的时候他们坐着首席，得接受主人家的特殊款待。"②对于一个大字不识的农民，文字是既具有神秘性也具有权威性的力量，它的实体表现就是绅士阶层的权势和地位。

在农耕社会"日出而作，日落而息"而又远离文化知识的农民宽厚的肩膀上，顶立起一个乡土社会的领袖集团——绅士阶层。

"我们的帝国是由几百万个农村聚合而成的社会。数以千万计的农民不能读书识字，全赖乎士绅的领导，村长里长的督促，他们才会按照规定纳税服役。"③绅士的权势来源于一个文明或时代的根本需求，它是以一个社会权威的姿态矗立在厚实的农耕社会的根基之上。同权力直接源于"皇权"赐予的官僚不同，他们只对皇权负责，而绅士却还

---

① 《清朝文献通考》卷二一，见《四库全书》第 632 册，452 页，台北，台湾商务印书馆，1983。

② 胡庆钧：《论绅权》，见吴晗等：《皇权与绅权》，120 页，天津，天津人民出版社，1988。

③ ［美］黄仁宇：《万历十五年》，230、231 页，北京，中华书局，1982。

肩负着社区的利益。因而，"民之信官，不若信士"，这是无论皇权还是官府，都难以改变的社会现实。作为一个社会权威力量，绅士在社区中的领袖地位很难被皇权轻易地剥夺。尽管在极端冲突的时期皇权可以凭借兵威大规模地摧抑绅士的力量，但社会生活的正常组织、社会秩序的正常维系，又只能依恃于绅士的力量。因此，无论是皇帝继退引起的朝政风波，还是王朝易代的江山更色，都很难从根本上触动绅士阶层在乡土社会中的地位。即使在清朝替代明朝的既杀戮人身又蹂躏人心的异族统治过程中，清朝也只能适度地扑杀明朝的遗绅，而不能从根本上削弱地方绅士的权势。农耕文明土壤里扎根生长着的绅士力量仍然顽强地抵制着"皇权"对基层社区的渗透，保持着自身的领袖地位。

任何一个王朝只能拥有一时之天下，而不能拥有整个文明。

文明或体现文明生存方式的根本需求，将超越王朝或皇权的直接利益，而属于一个特定的历史时代。这是所有旨在建立"万世王朝"的皇权永远无法破解的斯芬克斯之谜。

一个文明体系的生存和发展遵循着自身运行的必然节律。

当然，绅士的权势并不具有永存的价值。不过，除非从一个社会或时代变革的深层意义着眼，绅权的彻底消除将不具有任何现实性。然而，这不又意味着奏响了整个封建社会制度走向墓葬的挽歌吗！对此，皇权将注定无能为力。

原载《中国史研究》1995 年第 4 期。

晚清士绅基层社会地位的历史变动

在社会控制系统中，控制主体和控制对象的不同，无疑标志着其社会地位的根本差别。在清代社会控制机制的历史演进过程中，绅士阶层却由清初的控制对象发展为近代的控制主体。因此，充分揭示这一历史变动过程，便是我们认识封建社会结构和近代绅士阶层的一个饶有兴味的课题。

一、保甲的功能

在资产阶级革命爆发前，法国唯皇帝之命是从的庞大的官吏队伍人数已高达 50 万名，而清朝的正式官吏还不足 3 万名（2 万名文官、7000 名武官）。其中直接治民理事的"亲民之官"还不足 2000 名。显然，如果仅靠这几万名封建官吏去维持农耕社会中的既高度分散聚居又数量巨大的上亿百姓组成的社会生活秩序，那将是人类社会史上的奇迹。

其实，在乡村社会中真正对民众的生活发生作用的社会控制系统，是远比封建官吏制度更为复杂也更为多样的社会控制形式。不过清王朝极力推行的基层社会控制组织当首推保甲制。

保甲制的源头可追溯到商鞅在秦所推行的新法——什伍连坐法。"令民为什伍，而相牧司连坐。不告奸者腰斩，告奸者与斩敌首同赏，匿奸者与降敌同罚。"①此后，封建社会在不断的发展过程中逐步完善

---

① 《史记》卷六八《商君传》，2230 页，北京，中华书局，1959。

了保甲制度,时至宋代已形成以保、大保、都保三级分层的连坐"伍保
法"。① 即以株连的方式,强制地使平民百姓之间实施横向的水平监
视,以达到有效的社会控制。清承明制,在顺治元年(1644)就开始推
行保甲制度:"凡保甲之法州县城乡十户立一牌头,十牌立一甲头,十
甲立一保长,户给印牌书其姓名丁口,出则注其所往,入则稽其所
来。"②保甲制度是"将涣散而无系统之民众,以一定的数字与方式,精
密组织之,使成为有系统之政体"。③ 通过株连互保责任连带的组织系
统,力求达到"是以能制一人,以制千百人……能使一家以致治于千百
家……制一人足以制一家,制一家亦足以制一乡一邑"④的目的。因
而,清王朝着力于保甲制度的组织结构建设,严格按照牌、甲、保的
十进制单位统一编排,使之成为基本整齐划一的社会控制组织,如表
1 所示⑤:

表 1　保甲组织结构

地区	时间/年	户	牌	牌长	甲	甲长	保	保长
南宁县	1852	21232	2096	2096	209	209	20	20
浏阳县	1873	62334	6143	6143	611	611	121	121
清平县		3110	296	296	30	30		

在推行保甲制不久,顺治三年清政府又在基层社会实行里甲制,
成为乡村社会控制的又一组织形式。里甲制是"以一百一十户为里,推
丁多者十人为长,余百户为十甲,甲凡十人,岁役里长一人,管摄一
里之事……里长十人轮年应役,催办钱粮,勾摄公事"。⑥ 不过,从功

---

① 《宋史纪事本末》卷八,188 页,明万历刻本。
② 《清文献通考》卷一九《户口考·一》,5024 页,清文渊阁四库全书本。
③ 闻钧天:《中国保甲制度》,4 页,上海,商务印书馆,1935。
④ 闻钧天:《中国保甲制度》,14 页,上海,商务印书馆,1935。
⑤ Kung-Chuan Hsiao, *Rural China：Imperial Control in the Nineteenth Century*, Seattle, University of Washington Press, 1960, p. 28, 30, 31.
⑥ 《清文献通考》卷二一《职役考·一》,5043~5045、5024 页,清文渊阁四库全书本。

能上看，清初推行的保甲制与里甲制具有明确的分工，"保甲的目的就是监督和控制乡村居民，帝国政府把它作为不受乡村社会力量影响的完全独立的制度"①。而里甲则主要执行"防丁口之脱漏，保赋役之平均"②的任务。因此，清初并行于乡村社会的保甲制和里甲制，是相互独立的两个控制组织。二者的区别是明显的。

第一，在法律地位上，保甲归属于刑律，而里甲则归属于户律。

第二，在社会功能上，保甲承担治安、稽查的警防任务，里甲则承担征收赋税、催办钱粮等行政公务。

第三，在组织结构上，保甲之甲由10牌组成，里甲之甲由10户组成。作为赋税系统的里甲的户是实体单位，甲却不是真正的实体单位；而保甲之甲却是防警连保的真正的基本单位。

第四，在组织层次上，保甲系统分为三个层次，里甲系统分为两个层次，如表2所示③：

表 2　保甲与里甲组织系统比较

层次	保甲系统	层次	里甲系统
1	10 户＝1 牌	1	10 户＝1 甲
2	10 牌(100 户)＝1 甲	2	110 户＝1 里
3	10 甲(1000 户)＝1 保		

但是，雍正年间实行摊丁入亩后，人丁编审失去了实际意义，里甲的职能被弱化。嘉庆四年(1799)，里保合一的趋向已十分明显。在有关的官方文牍中，已把乡正、里长纳入了保甲系统，"特此通谕各省督抚饬所属查照旧定章程，实心劝导选充乡正、里长，编立户口门

---

① Kung-Chuan Hsiao, *Rural China*：*Imperial Control in the Nineteenth Century*，Seattle，University of Washington Press，1960，p. 31，pp. 33-34.

② 《清文献通考》卷二一《职役考·一》，5043～5045、5024 页，清文渊阁四库全书本。

③ Kung-Chuan Hsiao, *Rural China*：*Imperial Control in the Nineteenth Century*，Seattle，University of Washington Press，1960，p. 31，pp. 33-34.

牌……"①因而，乾嘉以后，保甲、里甲实际已合而为一，保甲的功能也不再局限于"弥盗安良"，而将"一切户婚田土，催粮拘犯等事"②纳入自己的控制范围。

那么，在清王朝精心建造的保甲控制系统中，具有封建身份的绅士处于什么样的地位呢？清王朝的真正目的在于利用这一制度，平衡或制约高度分散聚居的乡土社会中任何一种社会力量的独立性发展。③因此，自始至终在王朝明令颁布的保甲规制中，都试图把绅士作为社会控制的对象，而不是听任其成为社会控制的主体。雍正即位不久，就明令："谕百姓完纳钱粮当令户户到官，不许里长甲头巧立名目。闻有不肖生员监生倚恃一衿，辄包揽钱粮……秀才自称儒户，监生自称宦户，每当征收之时，迟延拖负不即输纳。该督抚即晓谕粮户除去儒户宦户名目，如有抗顽，即行重处。"(雍正二年)④"绅衿之家一体编次，听保甲长稽查，如不入编次者，照脱户律治罪。"(雍正五年)⑤为了保障皇权对乡土社会的渗透，削减绅士阶层的控制力量，清王朝"曾反复尝试过将民众的所有阶层纳入这一制度，包括地方绅士，他们也要和平民一道登记。可是，各级十进制单位的首领们却是平民。这一制度的一个特征显然是企图提供一种平衡力量，以制约绅士在地方社会中早已存在的重要影响"⑥。

然而，甲长或保长以一个平民的身份，又如何有效地履行控制居于"四民之首"的绅士阶层的超重的社会职责？王朝没有留下解决这一矛盾的答案，只有失败的记录。

---

① 《清续文献通考》卷二五《户口考·一》，7757 页，民国景十通本。

② 《清文献通考》卷二四《职役考·四》，5063 页，清文渊阁四库全书本。

③ Kung-Chuan Hsiao, *Rural China：Imperial Control in the Nineteenth Century*, Seattle, University of Washington Press, 1960, p. 31, pp. 33-34.

④ 《皇朝掌故汇编》内编卷九《田赋·一》，1009 页。

⑤ 《清文献通考》卷二十五《职役考·五》，5073 页，清文渊阁四库全书本。

⑥ ［美］孔飞力：《中华帝国晚期的叛乱及其敌人》，谢亮生、杨品泉、谢思炜译，27 页，北京，中国社会科学出版社，1990。

康熙时，保甲制"至是有司奉行不力，言者请加申饬"①。

雍正四年，"康熙四十七年整饬保甲之后，奉行既久，往往有名无实"②。

嘉庆四年，保甲"因循日久，视为具文，甚感办理不善，徒滋扰累，以致所管地方盗匪潜踪，无人觉察"③。

保甲制推行伊始，就受到了绅士阶层强有力的抵制。"大量的事实表明，绅士们阻碍了保甲制度的实施，并拒绝登录他们及其家属等情况"，"以至于保甲制在中国南部地区的实施中，无疑地失败了"。④ 在反复而又艰难的尝试中，清王朝将绅士阶层置于保甲控制之下的企图终难实现。地方官迫于绅士们的强大压力，也不能不承认他们具有超越保甲控制的事实，"十家保正长俱选之庶民，不及青衿衙役……其乡绅举贡监文武生员在本甲居住者，不必编于十家之内……惟将一户系某乡绅某举贡监衿，开明姓讳、籍贯、官职，附编本甲十家之后"⑤。当然，对于这种无视朝廷谕令的现状，清政府不得不加以申斥，要求地方官将绅士与平民一体编入保甲系统。咸丰元年(1851)清政府上谕称："保甲……每以门牌编氓小民……有司忽于巨室，而专查散处小民。……故欲于保甲皆真确，必当视民绅无偏视也。"⑥

然而，仅凭皇帝的谕令，也不能改变"地保等贱役也，甲长等犹之

---

① 《清文献通考》卷二二《职役考·二》，5051 页，清文渊阁四库全书本；《清文献通考》卷二三《职役考·三》，5055 页，清文渊阁四库全书本。

② 《清文献通考》卷二二《职役考·二》，5051 页，清文渊阁四库全书本；《清文献通考》卷二三《职役考·三》，5055 页，清文渊阁四库全书本。

③ 《清续文献通考》卷二五《户口考·一》，7757 页，清文渊阁四库全书本。

④ Kung-Chuan Hsiao, *Rural China：Imperial Control in the Nineteenth Century*, Seattle, University of Washington Press, 1960, p. 68, 69.

⑤ 黄六鸿：《福惠全书》卷二一《保甲》，见官箴书集成编纂委员会：《官箴书集成》第 3 册，453 页，合肥，黄山书社，1997。

⑥ 《皇朝掌故汇编》内编卷五三《保甲》，4127 页。

贱役也"①与"非官而近于官"的绅士之间的差别。事实上，绅士凭借封建社会所赋予的等级、功名身份，抵制等若"贱役"的保甲长的控制，并非难事。咸丰年间，知县刘玉如似乎洞悉到了这一问题的症结，提出应该提高保甲长的身份，给以顶戴："本朝军功品级从事戎行者，随时以示鼓励不少。……可否援照此例，酌为变通，于举充保正甲长时详请分别给予顶戴……"②不过，这位书生出身的知县却未能意识到，由一个文明长久孕育出的等级身份结构，并不会因一时的微议而有所更张。不久，这位知县的上司就对此请求做了不容置疑的批示："慎选保正甲长给予顶戴，前人亦曾有论及之者。然其实保正甲长应差当役，乡党自好之士必不肯为，虽给以顶戴之荣犹将逊谢不顾，其乐于承充者，保无倚势横行乡里，谓给以顶戴遂能使殚心为公，诚实可倚，恐亦不可得之数也……该令所禀详情……应毋庸议。"③

无论如何，绅士拥有的文化教养和在家族社会中的地位，绝不是一个非权力化的社会控制系统所能动摇的。清朝统治者的悲剧在于，一旦把绅士置于保甲控制之下，这种蠢笨必然会泯灭绅士与庶民之间的根本性差别，而这种差别又在更深层次上支撑着封建社会的统治机制。

二、宗族与乡社

即使没有绅士阶层的有意抵制，单一的保甲制度也不能渗透到农耕时代的乡村社会中。在自然经济条件下，中国乡村社会呈现着高度分散居聚和闭守隔绝的状况。许多地区乡村的自然单位甚小，根本无法按照十进制的保甲系统统一地"整合"起来。如乡宁县，"统计合境多

---

① 冯桂芬：《复乡职议》，见牛铭实编：《中国历代乡规民约》，225 页，北京，中国社会出版社，2014。

② 刘如玉：《禀编查保甲酌拟变通章程》，见《勤慎堂自治官书》卷一，13 页，台北，文海出版社，1973。

③ 刘如玉：《禀编查保甲酌拟变通章程》附张中丞批文，见《勤慎堂自治官书》卷一，15 页，台北，文海出版社，1973。

至千村，而百家之聚，十无一二，数十家之聚，十无五六，或十数家，或数家，竟有一二家为一村者。"①在临县，民户与村庄之比竟为4∶1，"……按籍而稽仅得三万四千二百三十三户，每户丁壮不过一人，而村庄已占一千一百九十九。若不问丁户，而但言村落，鲜有不惊为繁剧者。盖山僻之区，业农为本，凡有可耕之地，随在营窟而居，以便耕凿而谋衣食，故所谓十家村者实居多数，通邑足百户者，除城而外，不过数村而已"②。因此，在大多数地区，数百户以上的大村，或百数户的中村所占比例甚小，如表3所示③：

表3　乡村聚落规模及其比例

地区	村数	大村	中村	小村	中小村占比/%
		数百户	百户左右	数十户以下	
平陆县	962		53	909	100
乡宁县	千数		百数	800 余	100
保安县	140 余	35	100		71
龙门县	231		20 余	200 余	100
南宫县	400		120	280	100
宛平县	383	1	74	308	100

面对"散居之户不成村镇者，难以历举"④的现实，清王朝一意推行的保甲制度在高度分散的乡村社会中，事实上很难步调一致地贯彻下去。这不能不导致保甲制度在一些地区类同虚设，"甚至户绝则本甲受其困，甲绝则本里被其殃"⑤。因此，甲村不合，人村分离的情况多

---

① 赵祖抃、赵意空等修纂：《乡宁县志》卷一《乡镇谱》，见《中国地方志丛书·华北地方·第八一号》，59～60页，台北，成文出版社，1968。

② 胡宗虞、吴命新等修纂：《临县志》卷六《区所谱》，见《中国地方志丛书·华北地方·第七二号》，159页，成文出版社，1968。

③ 据光绪《平陆县续志》卷七、民国《乡宁县志》卷一《乡镇谱》《直隶风土调查录》等资料编制。

④ 直隶省视学编纂：《直隶风土调录》，68页，上海，商务印书馆，1916。

⑤ 刘赓年编：《灵寿县志》卷一《地理·社里》，清同治刻本。

有存在。如雄县，"今则生齿日繁，迁徙靡定，往往一村而分隶数社，且有社甲系本境，而其人久徙他境者"①。再如邯郸，"近乃有社名在东而地在西者，社名在北而地在南者，由是审社跳甲弊端以起，非立法之意矣"②。

在复杂多样的乡村社会实际的制约下，任何政权作用下的控制系统，都只能在变通甚至变易的情况下才有可能实施。所以，真正在乡村中发生作用的组织系统呈多样性特点，其名称、规制、职能、分布状况绝不会像章程拟定的保甲制度那样规范齐整。"没有任何东西比保甲制的准军事准则更能清楚地说明规范的和记述实际的这两者之间的差距：分层次的十进制编制机构并不反映中国社会中任何实际存在的可用数字表示的区划，而是在划分并控制社会的尝试中强加给中国社会的。"③因此，在乡村社会生活中，社会控制组织并不依赖于单一的保甲制。官方刻意推行的保甲制未必比依存于乡村民俗、世情、宗教、血缘、习惯诸因素基础上形成的民间控制系统更有活力，更为有效。这些多样化的社会控制形式有乡约、宗族、乡社等。

第一，宗族制度在清代已发展为以血缘和地缘关系为纽带的同姓聚落体的主要控制形式。村落本是乡村社区的一种地缘组合，但是"汉文化独特的格局和传统，自有复杂的生成机制，而其中关键之一，是氏族制解体不充分，血缘纽带在几千年的古史（乃至于近代史）中一直纠缠不休……以父家长为中心，以嫡长子继承制为基本原则的宗法制的家庭、家族却延续千年之久，构成社会的基础单位"④。乡村社会中的农民大都是聚族而居，曾任江西巡抚的陈宏谋说："直省惟闽中、江

---

① 秦廷秀、刘崇本等修纂：《雄县新志·法制略·建置篇》，见《中国地方志丛书·华北地方·第二一八号》，94页，台北，成文出版社，1969。

② 李世昌等纂修：《邯郸县志》卷二《疆域志》，见《中国地方志丛书·华北地方·第一八八号》，161页，台北，成文出版社，1969。

③ ［美］孔飞力：《中华帝国晚期的叛乱及其敌人》，谢亮生、杨品泉、谢思炜译，34页，北京，中国社会科学出版社，1990。

④ 冯天瑜：《中国文化史断想》，34页，武汉，华中理工大学出版社，1989。

西、湖南皆聚族而居，族皆有祠。"①宗族组织是乡村社会群体中的重要部分，它所拥有的强固的内部凝聚力，是其他社会群体所无法比拟的，而且宗族组织的民众化在清代是较为普遍的："今强宗大姓，所在多有，山东西江左右，及闽广之间，其俗尤重聚居，多或万余家，少亦数百家。"②因此，在中国农村随处可见的单姓或主姓村落，就极为典型地展露了"聚族而居"的社会文化特征。

然而，控制宗族成员的却是族长或族正而不是保甲长。族长拥有的权力远比保甲长的权力要宽泛得多，他不仅主持宗族祭祀和掌管族众的日常生活，而且还是族众的法律仲裁者。"民有争执之事，先经本系族正、房长暨村正与村之贤德者平之。"③无疑，宗族群体具有属于自身特征的社会控制系统，对此，保甲控制力量的渗透是极为困难的。清政府也只能借助宗族本身的力量而不是保甲制度，来实现社会控制。雍、乾时期曾谕令试行族正制，作为政府与宗族发生关系的中介，并予以族正准官方身份。④ 道咸之际，朝廷也明确规定，"凡聚族而居，丁口众多者，准择族中有品望者一人立为族正，该族良莠，责令察举"⑤，赋予族权以一定的政权性质。

第二，"乡约"也是乡村社会控制的一种形式。由乡约法所聚合起来的社会群体，是一种强调传统伦理的地缘性互助组织，以"原始民主"形式来规范、约束社会成员的行为。乡约这种民间控制组织，起源于宋代，其主旨是："凡同约者，德业相劝，过失相规，礼俗相交，患难相恤，有善则书于籍，有过若违约者亦书之，三犯而行罚，不悛者

---

① （清）陈宏谋：《寄杨朴园景素书》，见（清）贺长龄辑：《皇朝经世文编》卷五八《礼政·五》，2159 页，台北，文海出版社，1966。

② （清）张海珊：《聚民论》，见（清）贺长龄辑：《皇朝经世文编》卷五八《礼政·五》，2136 页，台北，文海出版社，1996。

③ 胡朴安：《中华全国风俗志》下编，31 页，石家庄，河北人民出版社，1986。

④ 冯尔康：《18 世纪以来中国家族的现代转向》，55～58 页，上海，上海人民出版社，2005。

⑤ 《咸丰户部则例》卷三，《保甲》条。

绝之。"①清朝统治者也很注重"乡约"的控制作用，屡颁"圣谕"推广于乡村社会。"顺治九年(1652)，颁行六谕卧碑，行八旗直隶各省举行乡约，于每月朔望日聚集公所宣讲：孝顺父母，尊敬长上，和睦乡里，教训子孙，各安生理，毋作非为。"②到康熙十八年(1679)官方正式刊发《乡约全书》后，乡约组织便纳入官方教化训俗的职能。直至民国初年，乡村社会中仍存留着乡约制度的社会控制形式，如山西乡村的《公议禁约》《息讼会条文》《村话》等③，均是乡约形式的社会控制。

第三，社，或曰乡社，也是一种社会控制组织。追溯社的历史渊源，至少在隋唐之际已经形成了二十五家一社的定制。实际上，社是原始的以祭祀社稷神为仪式的社群单位的不断发展。④ 此后，社在稳定的祭祀职能中又溶入了更多的社会职能，成为农业事务的准官方机构，至少在元代已是如此。清代的社，在乡村中是另一种社会组织的划分单位，如"一社分为十甲"⑤。光绪十八年(1892)的《睢州志》表明，当地乡村大都划分为社。"在湖北的一些地方，社似乎已代替了里。"⑥有些地区的社事实上成为乡村社会综合性控制组织，如山西，"晋俗每一村为一社，若一村有二三公庙，则一村有二三社(表明其以祭祀社稷神为中心而形成的社群的特征)。社各有长，村民悉听指挥，因令即以社长为约长，仿古人连村置鼓之法，令其鸣钟鸣锣相闻，平日则自清窝匪，闻警则互相救援……详定条规，不令造册点名，以免吏胥滋扰"⑦。清末，随着保甲制度的废弃，社的作用日见重要。"自咸丰、

---

① (元)脱脱等撰：《宋史》卷三四〇《吕大防传》，10844 页，北京，中华书局，1975。

② 《清文献通考》卷二一《职役考·一》，5047 页，清文渊阁四库全书本。

③ 柳诒徵：《中国文化史》，843 页，北京，中国大百科全书出版社，1988。

④ 柳诒徵：《中国文化史》，841 页，北京，中国大百科全书出版社，1988。

⑤ 柳诒徵：《中国文化史》，843 页，北京，中国大百科全书出版社，1988。

⑥ Kung-Chuan Hsiao, *Rural China*：*Imperial Control in the Nineteenth Century*，Seattle，University of Washington Press，1960，p. 37.

⑦ 《晋抚张之洞疏陈晋省通行保甲并请饬部定就地正法章程》，见葛士濬辑：《皇朝经世文续编》卷六八《兵政·七》，1283 页，清光绪石印本。

同治以来，地方多事，举凡办防集捐，供支兵差，清理奸宄诸事，各牧令又无不借乡社之力。"①

然而，与保甲系统相反，在宗族、乡约、乡社系统中，绅士阶层处于绝对控制主体的地位。尽管乡社首领的产生途径不一，"有一年一易者，有数年一易者，有轮流充当者，有由地方官札谕派委者，而以公众推举者为多"，但居于其社首者的身份却集中于绅士阶层，"所遴用者，或为生员，或为职衔军功人员，或为平民"②，并且以有功名身份者为先。至于宗族系统的族长地位，更是突出了绅士阶层的地位。

宗族以德、爵、功作为从祀的标准，有功名的读书人，有官品的族人以及对宗族有贡献的成员，生前作为宗祠的主人，死后成为崇祀的对象。无论在今生与来世，还是人间与天堂，绅士的身份和灵魂都在族人的崇敬中获得了权威的意义。因而，"族正以贵贵为主，先进士，次举贡生监，贵同则长长，长同则序齿。无贵者或长长，或贤贤。族约以贤贤为主，皆由合族公举"③。在宗族系统中，凡有进士、举人和品官身份的族人，分到的胙肉比祠堂主事人员还要多，他们在族内享有崇高的地位，甚至族田、宗祠也大都由有功名的绅士掌管着。无疑，"宗族是以士绅为首的组织"④。

依存于官方政权的保甲制度，事实上根本达不到控制地方绅士的目的，而绅士阶层却在对地方社会的控制中，既确保了自身的主体地位，又削弱了保甲制的实际作用。

① Kung-Chuan Hsiao，*Rural China：Imperial Control in the Nineteenth Century*，Seattle，University of Washington Press，1960，p. 36.

② 《民政部奏饬各省查报乡社情形以重治本疏》，见柳诒徵：《中国文化史》，841 页，北京，中国大百科全书出版社，1988。

③ （清）冯桂芬：《复宗法议》，见《显志堂稿》卷一一，1029 页，沈云龙主编：《近代中国史料丛刊》第 79 辑，台北，文海出版社，1966。

④ 苏耀昌：《华南丝区：地方历史的变迁与世界体系理论》，56 页，郑州，中州古籍出版社，1987。

三、团练与绅士

咸丰三年(1853)，清王朝谕令各省普行团练。在清王朝社会控制力量衰微的历史过程中，团练遂成为近代社会控制的另一种组织系统。面对团练的创行，人们有意发掘着它的历史根源："南朝以来，如裴骏、鲁悉达、周迪之属，类以乡兵悍贼取胜，开元后，府兵法废，诸州始团练民兵。"①"团练者，即古寓兵于农之意，而变通其法以适时用者也。"②尽管文化的传统可以为这种社会控制形式寻绎出足已充分的历史依据，然而现实的社会需求和王朝别无良策的政治无奈，才是团练兴起的真正原因。

嘉庆元年(1796)，川楚白莲教大起义，暴露了清王朝"强控制力量"军事体系令人吃惊的虚弱。奉命平乱的军队"种种弊端难以描述……将帅对战争一无所知，而部队对将帅也漠然视之"③。同时清王朝的行政控制系统也废弛不力，"村落中则乡约客头听教，城镇中则差役书办听教，所有稽查之人即为教中之人"④。

在社会秩序空前失控的严峻形势下，面对社会控制系统的衰败现实，清王朝不得不采取社会动员的手段，借助团练民众的方式，达到社会秩序再"整合"的目的。嘉庆五年(1800)，四川、湖南等地团练相继兴起，便成为挫抑白莲教起义，实行基层社会控制的一种有力组织。

当然，嘉庆年间的团练还处于萌芽状态，既偏处一隅又规模有限。但是，它的出现却表明，在王朝社会统治危机的"天崩地裂"时代，社

---

① （清）龙启瑞：《粤西团练略序》，见（清）葛士濬辑：《皇朝经世文续编》卷六八《兵政·七》，1271页，清光绪石印本。

② （清）龙启瑞：《粤西团练略序》，见（清）葛士濬辑：《皇朝经世文续编》卷六八《兵政·七》，1271页，清光绪石印本。

③ ［日］铃木中正：《清朝中期史研究》，106页，爱知大学国际问题研究所，1952。

④ ［美］孔飞力：《中华帝国晚期的叛乱及其敌人》，谢亮生、杨品泉、谢思炜译，41页，北京，中国社会科学出版社，1990。

会需求本身就会产生出既不属于现行军事系统，也不属于行政系统的另一种控制力量。近代太平天国起义对社会秩序和清王朝的有力冲击，成为团练普遍兴起的历史契机。

踏着清王朝秋叶飘零的凄凉岁月，团练组织走向了自身健壮成熟的时光。对于清王朝而言，这确实是一种政治上的无奈："自正月以来，粤贼北犯，汉黄不守，据长江之势，恣其荡轶，破皖桐下金陵，踞镇扬，又分其群丑涉汴入晋，东扰畿辅。国家兴师十万，南北攻围，旷日持久，凶锋未损十一二，而兵力已不支矣。"①太平军席卷南中国的雄势，不仅表明清王朝保甲系统早已形同虚设，而且也再度验证了清王朝军事系统的无能。"官兵数万，已成废器，即令千人为营，而十贼可破。凡有血气，莫不痛心。"②面对狂飙突起的农民起义军，清王朝早已溃烂的政治机制，已难以提供军事供给方面的保障。"兴师十万，日费万金，军兴四年，所用不下二千万……夫以西北之兵而救东南，远者数千里，动经数旬月，兵未至而贼先去，贼未见而币已竭矣。"③单凭正式的国家机器来摧挫太平军咄咄逼人的锋芒，并从根本上归复社会秩序的稳定，无疑是朽木待春的奢望。清王朝所面临的危机是深刻的也是全面的："若河南、江西、安徽等省，幅员辽阔，门户尤多。地广而防不足，防多而兵不足，兵增而饷不足，此三者今之大患也。"④正是在"防不足""兵不足""饷不足"的百般无奈中，清王朝才"诏各省兴办团练，以缙绅主之"⑤。由此，团练才作为一种特殊的社会控制组织遍及全国基层社会。不过，单从组织形式及其地域性特征

① （清）鲁一同：《与吴中翰论时势书》，见（清）葛士濬辑：《皇朝经世文续编》卷六十八《兵政·七》，1294 页，清光绪石印本。

② 凌惕安：《咸同贵州军事史》，119 页，台北，文海出版社，1973。

③ （清）鲁一同：《与吴中翰论时势书》，见（清）葛士濬辑：《皇朝经世文续编》卷六八《兵政·七》，1294 页，清光绪石印本。

④ （清）孙鼎臣：《请责成本籍人员办理团练疏》，见（清）王延熙等辑：《皇朝道咸同光奏议》卷五五《兵政类·团练》，1 页，上海，久敬斋，清光绪二十八年刻本。

⑤ 凌惕安：《咸同贵州军事史》，160 页，沈云龙主编：《近代中国史料丛刊》第 13 辑，台北，文海出版社，1973。

来看，团练的"组织规模与官僚政治的区划如保甲、里甲的组织规模相对应，在某些情况下导致行政的和自然的协助单位的混淆和逐渐融合"①。曾国藩在复丁稚璜中丞书中说："弟意办团与保甲，名虽不同，实则一事。近人强为区别，谓操练技艺、出队防剿者，即名团练，不操技艺、专清内奸者，即名保甲，不知王荆公初立保甲之时，本曰民兵，本尚操练，与近世所谓办团者，初无二致。"②通常，人类社会组织不会在完全否定的意义上弃陈出新，而只是在历史的承接中吐故纳新。很多情况下，并不具有实际作用的保甲组织的行政划分，也为团练的组织提供了现成的形式。徐鼒的"六合保卫团练章程"即如此："旧章以十户为牌，十牌为甲，十甲为保……今变通旧章，牌以十户为准，甲以十牌为准，保仍其旧，惟团练时，分划团界，设立团总，则仍以牌甲多寡为率，大保二三保为一团，小保或并四五保为一团。"③或者在保甲的组织中纳入团练的内容，或者以保甲的基础组成团练，这是近代团练形成的最基本的路径。如四川富顺的团练，"保甲设立于承平时期，在危急时，它转化为团的形式，由练采取行动，保正和保长则转变为团总和团长"④。光绪十一年（1885），周金章在奉天推行的团练，也是以保甲的单位为基础："户出一人，人备一械，每十户为一牌，设牌首一人，蓝旗一、锣一、灯一，十牌为一甲，设甲长一人，白旗一、灯一，十甲为一团，设团总、副总各一人，红旗二、锣二、灯二，无事则昼夜逻察，严绝窝藏匪类之家，有警则远近同心，联为众志成城之势。"⑤然而，组织形式上的依存关系毕竟不能混淆其功能

---

① ［美］孔飞力：《中华帝国晚期的叛乱及其敌人》，谢亮生、杨品泉、谢思炜译，107 页，北京，中国社会科学出版社，1990。

② （清）曾国藩：《复丁宝桢》，《曾国藩全集》（31）《书信》（10），84 页，长沙，岳麓书社，2011。

③ （清）徐鼒：《张又莲诗集序》附录章程，见《未灰斋文集》卷七，273～274 页，台北，文海出版社，1973。

④ 同治《富顺县志》卷八《兵防·团练篇》。

⑤ （清）周金章：《通饬顺天畿东各州县编查保甲示》，见（清）葛士濬辑：《皇朝经世文续编》卷六八《兵政·七》，1285 页，清光绪石印本。

和内容上的根本区别：

第一，保甲重在清理户口，防范盗、奸；团练重在防御、抵制暴力侵袭。

第二，保甲具法律性，行于全国，属于官僚政治的行政体系；团练具自发性，多由地方绅士主持，并未在全国强制推行，属于社会自助。

第三，保甲之法"贵分"，通过分而形成连坐的"互保"；团练"贵合"，通过"合团"而动员村社形成抵御外敌的"合力"①。

第四，保甲控制权操诸中央，以牵制绅权；团练之权则操诸绅士，以制衡保甲。

从保甲到团练的根本性变化，实质上表现为绅士阶层在控制体系中的地位变化。在保甲组织中，"保甲长多非绅士，此乃清廷政策，欲借保甲长之权力以压制绅权，免得士绅在地方上权势过大"②。但团练却完全是绅士所控制的组织，"与保甲形成对照，团练承认并且依赖绅士领导，这一事实表明表了中国农村中官僚政治潜在的虚弱以及其他社会组织形式相对的强大"③。

团练作为地方性区域社会组织，始终是地方名流——绅士施展权威的中心所在。首先，绅士居于团练组织的实际领导地位。尽管清王朝试图由官府总揽团练大权，但在实际操作过程中，仍然确认绅士担任团练领袖的必要性。"办理团练在乎地方官实力奉行，尤在乎公正绅士认真经理。盖官有更替，不如绅之居处常亲，官有隔阂，不如绅之见闻切近，故绅士之贤否关乎团练之得失甚巨……"④因此，具有一定的功名身份也因而具有社会权威力量的绅士，最终成为团练组织中不容置换的领袖力量。咸丰三年(1853)前后江西南昌地区五个团练局领

---

① （清）许乃钊：《乡守辑要合抄》卷一，1、9页，咸丰三年刻本。

② Kung-Chuan Hsiao, *Rural China*: *Imperial Control in the Nineteenth Century*, Seattle, University of Washington Press, 1960, pp. 68-69.

③ ［美］孔飞力：《中华帝国晚期的叛乱及其敌人》，谢亮生、杨品泉、谢思炜译，64页，北京，中国社会科学出版社，1990。

④ （清）惠庆：《奏陈粤西团练日坏亟宜挽救疏》，见（清）王延熙等辑：《皇朝道咸同光奏议》卷五五《兵政类·团练》，3页，上海，久敬斋，清光绪二十八年刻本。

袖均是绅士，如表 4 所示①：

表 4 南昌五个团练局领袖身份

身份	中州	南州	万舍	保安	定安	总计
科第绅士						
举人	2	1	—	2	3	
贡生		2	—	2		
生员	1	2	2	6	2	25
捐纳出身						
监生	1	—	—	—	1	
官阶与头衔	1	9	5	2	—	20

根据郑亦芳先生研究统计，太平天国时期各地团练领袖都是以绅士为主体的，如表 5 所示②：

表 5 太平天国时期两广与湖南团练领袖身份

地区	绅士领袖/%	平民领袖/%
广东	78.1	21.6
广西	79.9	20.1
湖南	36	11

其次，绅士也是团练经济力量的支撑者和组织者。团练不像保甲那样，"可以最小的花费办理"③。它具有地方武装性质，既需要武器装备和防卫设施，又需要团勇训练的供养，因此，经济来源对于团练组织是至关重要的。在团练兴起初期，由绅士捐献或由绅士组织的捐资，是它的主要经济来源。如六合县办理团练，绅士捐输者就达 16

---

① 同治《南昌县志》卷二八，6～16 页。

② 郑亦芳：《清代团练的组织与功能》，见《中国近代现代史论集》第 38 编，657 页，台北，台湾"商务印书馆"，1986。

③ ［美］孔飞力：《中华帝国晚期的叛乱及其敌人》，谢亮生、杨品泉、谢思炜译，90 页，北京，中国社会科学出版社，1990。

人，"捐资少则谷千斛，钱数千缗，多则助军饷累万"①。在临湘，余姓监生也"捐资集结乡民，建团以护其乡"②。在乡土社会中，"富者出钱，贫者出力"③的社会动员原则，既决定了绅士在组织资金中的号召力，又决定了绅士在捐资中的职责。但是，对于团练所必备的经济条件而言，捐资毕竟只是应急之举。"由于个人财富和传统的氏族财源相对来说不易扩充，地方防御组织的领导转向更丰足和更深层的供养血脉：几乎是村社的全部农业和商业财富。"④这促使由绅士控制的团练向地方捐税渗透。因而，各地普遍实行按土地面积估算也按收成估算的特种税，来供给团练的必要支出。当然，与政府所掌管的财政系统不同，这种捐税由团练自己控制，"由绅士而不是由衙门胥吏或衙役管理"⑤。这种独立的财政由绅士控制，知县几乎不能检查有影响的绅士通过团练局所操纵的收入和开销。

团练的崛起不仅意味着清王朝基层控制机制的转变，而且以绅士阶层为代表的地方社会力量的增长及其对团练组织的根本控制，宣告了王朝以保甲扼控绅士企图的破灭。

四、控制的主体

团练兴起于多事之秋。"迨大难既作，各地方人士知官与兵之不足恃，起而联团，捍御保卫桑梓者极众。"⑥社会需求本身推动着绅士阶

---

① 米镇波：《论咸丰朝地方团练的经济来源及影响》，载《历史教学》，1986（12）。

② 同治《临湘县志》卷一，13 页。

③ 光绪《华容县志》卷六，9 页。

④ 〔美〕孔飞力：《中华帝国晚期的叛乱及其敌人》，谢亮生、杨品泉、谢思炜译，92 页，北京，中国社会科学出版社，1990。

⑤ 〔美〕孔飞力：《中华帝国晚期的叛乱及其敌人》，谢亮生、杨品泉、谢思炜译，92 页，北京，中国社会科学出版社，1990。

⑥ （清）凌惕安：《咸同贵州军事史》，161 页，沈云龙主编：《近代中国史料丛刊》第 13 辑，台北，文海出版社，1978。

层走上基层社会控制主体地位，驾驭地方武装——团练，从而也成为控制整个地方社会的中坚力量。

团练是根源于乡土社会的互助防御性组织，它的特点是以"土著"为本，排斥任何"客籍"力量的渗入。"团练乡勇四字各有实义……团则声气谊皆宜团结，练则进退击刺皆宜讲求，乡则取土著之人而客籍流氓不得与，勇则取壮健之士而老弱疲病不得充……四字中，乡字尤亟，窃谓团勇必团土著，投充必得的保"①；团练特有的凝聚力建立在乡土社会成员的纯洁的基础之上，这种纯洁却依赖于世代共处、血脉相承的地缘加血缘纽带的维系。因而，"皆用本地民人，不招募外勇"②的团练，把"保卫桑梓"作为高举不落的旗帜。这就决定了居于乡土社会权威地位的绅士，必然成为团练的领袖及中坚力量，尽管这一事实与清廷牵制地方绅士势力的一贯政策相抵牾。

团练只是一个历史的起点。它不仅确立了绅士在团练这一特定社会控制组织中的突出地位，而且也使绅士阶层摆脱了在保甲系统中的尴尬，从而成为近代时期基层社会控制的主体。

保甲制度同绅士阶层社会地位形成的冲突，其实早已引起了人们的关注。把绅士阶层纳入保甲控制的主体而不是置为控制的对象，是改革这一制度的主要思路。张惠言在《保甲事例书》中就提出由绅士总理保甲事务："甲长乡正之名，近于为官役，不若乡设一局，以绅衿一人总理，士夫数人辅之，谓之董事。牌头无常人，轮日充当，谓之值牌。如此，则牌头之名不达于官，董事民间所自举，不为官役，又皆绅士，可以接见官府，胥吏虽欲扰之不可得矣。"③虽然张惠言提出的

---

① （清）葛士濬：《民团论》，见（清）葛士濬辑：《皇朝经世文续编》卷六八《兵政·七》，1286~1287页，清光绪石印本。

② （清）沈兆霖：《请饬用兵各省实行团练疏》，见（清）王延熙等辑：《皇朝道咸同光奏议》卷五五《兵政类·团练》，1页，上海，久敬斋，清光绪二十八年刻本。

③ （清）张惠言：《论保甲事例书》，见（清）贺长龄辑：《皇朝经世文编》卷七四《兵政五·保甲上》，2648页，台北，文海出版社，1966。

保甲改制也要求"不问官民大小户，一体均编"①，但在制度实际运行过程中，却强化了绅士阶层的领导地位。"今惟责成本乡绅士，遵照条法，实力奉行，地方官只受绅士成报，时加劝导，不得令差役换查。"②显然，这与保甲一向排斥绅士的定制不合。然而，咸同之后绅士直接插手保甲事务的事实已经为官方所认可。曾经担任惠、潮知府的刚毅就把依靠绅士推行保甲的做法引为经验之谈："予莅任惠潮，常下乡招集耆老绅民，询其本乡某为端人，某为正士，令其举出。即由所举之内，择优派充保正。"③这同 19 世纪 50 年代胡林翼在贵州由绅士控制保甲的做法如出一辙。④ 因此，团练崛起的深刻的历史影响并不局限于绅士在团练中的领导地位，而是引发了"保甲权力向名流的转移，以及随之而来的名流控制地方权力的增强"⑤的确切无疑的发展趋向。

无论保甲的组织及规制如何变迁，近代绅士已俨然成为凌驾于保甲之上的主体力量。"就保甲之法变通，设立守望卡房……其设卡事件不假书役，不由现充之保甲人等，专俾绅士富户经理，尽绝派累滋扰之弊。"⑥在 19 世纪末的陕西靖边县保甲组织中，绅士已纳入其领导主体之内，如表 6 所示⑦：

---

① （清）张惠言：《论保甲事例书》，见（清）贺长龄辑：《皇朝经世文编》卷七四《兵政五·保甲上》，2650 页，台北，文海出版社，1966。

② （清）张惠言：《论保甲事例书》，见（清）贺长龄辑：《皇朝经世文编》卷七四《兵政五·保甲上》，2649~2450 页，台北，文海出版社，1966。

③ （清）刚毅：《牧令须知》卷一《保甲》，40 页，沈云龙主编：《近代中国史料丛刊》第 65 辑，台北，文海出版社，1973。

④ ［美］孔飞力：《中华帝国晚期的叛乱及其敌人》，谢亮生、杨品泉、谢思炜译，128 页，北京，中国社会科学出版社，1990。

⑤ ［美］孔飞力：《中华帝国晚期的叛乱及其敌人》，谢亮生、杨品泉、谢思炜译，128 页，北京，中国社会科学出版社，1990。

⑥ 《皇朝掌故汇编》（内编），卷五三《保甲·十六》。

⑦ Kung-Chuan Hsiao, *Rural China*：*Imperial Control in the Nineteenth Century*，Seattle，University of Washington Press，1960，p. 71.

表 6 靖边县保甲系统中的绅士

地区	项目					
	总绅	散绅	帮查	牌头	乡村	户数
城　镇	1	5	10	76	121	776
东　乡	0	5	5	34	65	352
南　乡	0	4	5	50	153	561
西南乡	0	5	5	30	110	397
西　乡	0	4	4	40	140	406
西北乡	0	4	6	60	70	818

在清代保甲—团练—保甲交错纠葛的社会易变中，历史以极其平静的方式述说着绅士阶层社会控制地位的惊人变故。清王朝精心推行的保甲制度在近代已沦为绅士的工具。19 世纪 80 年代，武昌知府李有棠推行的保甲制度，同上述靖边县的情况相似，把保甲的一切权力明确地交付绅士掌握，只是在保甲的最低两级（牌和甲）保留了平民的位置，而在此之上（保）则由绅士领导，并设立了总揽全乡保甲系统的监管总绅。① 结果，"保甲旁落到地方绅士之手的趋势，成了咸丰朝及以后农村中国的共同特征"②。

这是一个文明机体谋求发展的特有的成熟和顽强。

共同的历史趋向不会消弭绅士阶层在获取基层社会控制权力时，所体现的社区性或历史传承的个性特征。由于乡土社会所依凭的民情风土，历史传统的千差万别，近代绅士上升为社会控制主体的路径或方式也各具特色。有些地方是借助于团练与保甲的融合加强绅士对地方社会控制权力的。咸丰二年(1852)陕甘总督舒兴阿拟订的保甲章程，就采取了团、甲结合的形式：

> 一稽查保甲宜归核实；二慎选保正俾专责成；三编册换查弗假

___

① （清）李有棠：《武郡保甲事宜摘要》卷三，1～2 页。

② ［美］孔飞力：《中华帝国晚期的叛乱及其敌人》，谢亮生、杨品泉、谢思炜译，227 页，北京，中国社会科学出版社，1990。

手吏胥；四乡闾丁壮兼行团练；五宣示教化互相劝戒；六有司勤惰宜明定举措；七各境番回宜分别种类；八各境汉奸宜协同侦缉。①

咸丰三年的宁远知县刘如玉也采取了团、甲合一的方法，由各乡绅士"按甲细查其人数之众寡，家计之贫富"，将团勇分派到甲，"务选身家清白年力强壮之人，由各户族耆出具保结带领来城随营操练"。② 由于绅士是团练的领袖，通过团、甲的结合，"团练与保甲相为表里"③，或"团练即保甲也，有事则团练，无事则保甲"④，因此绅士成为兼摄团、甲的共同首领。

更为多见的情形是，绅士们通过扩大团练的社会功能，达到从根本上控制基层社会的目的。团练创行于王朝的危机时代，但是咸同之后太平天国失败的结果并没有导致团练组织的根本消亡。整个近代社会生活，尤其是农村生活始终被兵连祸结或盗扰匪乱的阴影笼罩着，作为地方防御力量的团练不仅未能萎缩，反而在太平天国起义以后的年代里，"团这时作为县以下官方的行政机关行使职能，承担着保甲的——有时承担着里甲的——职能"⑤。因此，近代团练除原初的军事防御功能外，还担负了行政功能和社会福利功能等。"尝观其纳赋税矣，每遇春秋两时，则民各备其租银而集于其团长，而总输于县官。"⑥甚至赈灾救济、地方公益、社会教育之类也成为团练的职责范围。⑦

---

① （清）舒兴阿：《奏遵办甘肃保甲情形酌议章程》，见《皇朝掌故汇编》（内编），卷五三《保甲·一二》。

② （清）刘如玉：《谕粮户捐输练团》，见《自治官书偶存》卷二。

③ （清）周金章：《通饬顺天畿东各州县编查保甲示》，见（清）葛士濬辑：《皇朝经世文续编》卷六八《兵政·七》，1285 页，清光绪石印本。

④ 《清续文献通考》卷二一五《兵考·一四》，3580 页，民国景十通本。

⑤ ［美］孔飞力：《中华帝国晚期的叛乱及其敌人》，谢亮生、杨品泉、谢思炜译，225 页，北京，中国社会科学出版社，1990。

⑥ （清）王应孚：《团练论》下，见（清）盛康编：《皇朝经世文续编》卷八一，10 页，清光绪石印本。

⑦ 郑亦芳：《清代团练的组织与功能》，见《中国近代现代史论集》第 38 编，657 页，台北，台湾"商务印书馆"，1986。

绅士在地方社会中所扮演的多种角色，带动着团练组织向多方面综合职能方向发展，时至清末，团练已成为包括征税、地方法安、民兵征募的行政机构。在广西，"绅士设（团）局，声威赫然，生杀之权，操之个人，地方官不敢过问，故人称团局为'第一重衙门'"①。"从其历史根源说，团练是一种民兵制度，同时显然也是一种地方控制机构。"②

由团练而引发近代农村社会组织的一系列变动，无论其变动形式与特征如何复杂多样，它的历史走向及结局却是：绅士阶层成为基层社会控制的主体。

封建功名身份赋予绅士们的特殊社会地位，是封建王朝也是传统社会秩序的支柱。农耕文明使得绅士的功名与乡土社会扭结在一起，使绅士成为基层社区的代表。"历史的、经济的和血缘的瓜葛在他的自我形象中注进了强烈的地方主义。他故乡的县的繁荣和安全，以及比较无形的地方自傲的感情，是他成为地方人士这一角色的动力。"③然而，近代绅士权势的上升是伴随着清朝中央控制权力的弱化进行的。封建社会秩序的稳定，一定程度上依赖于中央与地方（具体表现为官、绅、民三者关系）的均衡态势。这种均衡的破坏在中国封建社会历史上也并不少见，但社会的运行终究会在既有的模式中重新建构起它的均衡态势。任何社会结构都有它自身发育的再生能力。所以，单纯的绅士这一基层社区力量的扩大，对于中国社会发展的基本路向不会有根本性作用。问题在于，近代绅士阶层潜动中的中国之社会环境，却处于"千古未有之大变局"。时代的变局最终使这一"失衡"状态难以在传统的模式中重构。从而，这一变动本身便拥有了新的意义。

原载《历史研究》1996 年第 1 期。

---

① 《论粤省经济界之迫及竞争之必要》，载《粤西杂志》，第 4 号。

② ［美］孔飞力：《中华帝国晚期的叛乱及其敌人》，谢亮生、杨品泉、谢思炜译，221 页，北京，中国社会科学出版社，1990。

③ ［美］孔飞力：《中华帝国晚期的叛乱及其敌人》，谢亮生、杨品泉、谢思炜译，223 页，北京，中国社会科学出版社，1990。

近代"士农工商"社会结构的错动

蠹立在传统农耕经济基础上的"士农工商"社会结构体系，主要受到两个方面力量的维系：重农抑商的封建社会的基本国策和传统意识的黏合力，及士首商末社会等级制度的支撑力。因此，在历史演进的风雨中，它平稳安详地度过了几千年的风剥雨蚀。

当社会历史跨入近代以后，"商"——本来是封建社会结构内部早已存在的因素——才真正显示了自身的力量，从社会结构迭架重累的底层伸直了蜷屈的腰板。统治者历来忧心忡忡加以抑制的"末务"，竟一变而为"经国之本"，发展为传统社会结构的异己力量。近代中国异军突起的"重商主义"和"商战"思潮，逐步分解了传统社会结构的黏合力，"四民平等"的呼声和实践也侵蚀了等级制度的支撑力，于是乎，"士农工商"凝固的社会结构便发生了亘古未有的错动。

一、历史趋向

"凡民有四，一曰士，二曰农，三曰工，四曰商。论民之行，以士为尊，农工商为卑。论民之业，以农为本，工商为末。"①以尊卑贵贱等级为基本内容形成的"士农工商"这一有序社会结构，是整个农耕社会制度和文化的基础。传统社会秩序的稳定，很大程度上取决于这一社会结构的有序性。

---

① （清）谢阶树：《保富》，《约书》卷八，见王书良等总主编：《中国文化精华全集：政治·经济卷》，324页，北京，中国国际广播出版社，1992。

不平等的等级身份的自我延续，尊卑贵贱社会秩序的维系，依赖于以阻碍阶层之间社会流动为目标的社会阶层的封闭或自续机制的建立。中国封建政治制度不仅从法律上限制"四民"的交错对流，甚至要求限制"士农工商"的居处自由："士农工商四者，国之四民也，不可使集处，集处则其言咙，其事乱。"①在漫长的农耕社会演变过程中，无论是王朝更代的政治变动，还是揭竿而起的农民起义，其最终结果仅仅是改变了某一阶层中特殊集团和个别分子的社会地位，对于"士农工商"有序的社会结构本身却无能为力。正是这一坚稳不摇的社会结构本身，成为中国古代社会历经两千年而无质的进步的强固的根基。因而，"士农工商，各有正业"②。直到近代社会，这一社会结构仍然顽强地生存着。

封闭是专制王权和这种同质政权企求永存并得以循环往复的秘诀。然而，封闭并不仅仅是封建王权面对西方文化时才表现出来的社会文化特征，在封建社会结构形成和发展的同时，其内部首先发育着旨在维系等级名分以阻滞社会阶层相互对流的封闭机制。因此，王朝的不断更替并不曾影响封建政权维系这一有序结构的共同准则："农本商末"的基本国策和"士首商末""士贵商贱"的社会价值观相互作用，保障着这一封闭性结构的稳定。

通过抑商而重农，贬商而崇士，统治者有效地稳定着"士农工商"有序结构，制约着封建社会秩序内部的均衡发展。这是封闭式自给自足农耕经济之必然，也是维系这一封闭社会结构体系之必要。"先王知民不可一日而不食，一日而不衣，而农桑者衣食之本也。故亟亟焉以为有国之大务，课之树艺，教之蚕织……导之如此其勤，恤之如此其至，故其民莫不务本。"③清代一脉相承，仍然以"重农本抑商末"为封

① （清）黄傅祁：《原学》，见（清）何良栋辑：《皇朝经世文四编》，1页，1902。
② 《谭文勤公（钟麟）奏稿》卷一七，996页，沈云龙主编：《近代中国史料丛刊》第33辑，台北，文海出版社，1973。
③ （清）孙鼎臣：《论治五》，见《皇朝经世文续编》卷五八《户政三十·钱币上》，6647页，沈云龙主编：《近代中国史料丛刊》第84辑，台北，文海出版社，1972。

建王朝的国家要务。从而，无论是国家法令政策，还是社会价值指向，都以"重农抑商""贵义贱利"为指归。在封建时代，"商"始终被置于社会伦理和社会等级的藐视之下。"中国视商人素不甚重，即有拥资巨万，人争赴之，而背地尚多微词以为彼虽势焰熏灼，不过一市侩已耳。"①在王朝和社会的角度看来，商人以逐利为唯一目的，是既危害王朝统治的安稳，又荡佚人心祸乱社会的渊薮。"商人无弊不作，其家资巨万，皆由包庇违禁货物，欺诈中外商夷所得。"②

拥有天下也富有四海的皇家，对商的极度恐惧，就在于它以特有的敏觉意识到"利"在民间的无限制的扩张，终究会异化为埋没王权或无视王权的社会力量。这一为后来历史事实所反复验证了的必然，被封建文明及早地从等级秩序和价值观上严格地倍加限制，以防患于未然。这体现着中国封建社会文明和政治智慧的高度成熟。1797 年 5 月，直隶邢台县境内发生一起由民呈请开矿采银，反被朝廷下谕严处的事件。嘉庆皇帝的朱批谕旨中，充溢着中国封建文明对于"商利"的独特见解：

> 且千百为群，经年累月，设立棚厂……以谋利之事，聚游手之民，生衅滋事，势所必然……在边省犹不可行，而况近依畿辅……国用本无虞不足，安可穷搜山泽，计及锱铢？……实属不安本分，俱著押递本籍，交地方官严行管束，毋许出境滋事。……朕广开言路，非广开言利之路也。聚敛之臣，朕断不用。③

1801 年 7 月，嘉庆皇帝又再度重申："上下言利，国事尚可问乎？"④对

---

① 《论整顿茶市》，载《申报》，1880-05-06。
② 中国第一历史档案馆编：《鸦片战争档案史料》第 2 册，499 页，天津，天津古籍出版社，1992。
③ 赵之恒主编：《大清十朝圣训》，4991 页，北京，北京燕山出版社，1998。
④ 戴逸、李文海主编：《清通鉴》，4923 页，太原，山西人民出版社，2000。

于财产或经济利益的高度警觉和不懈追求，是伴随着人类社会文明发展的一个难以解脱的课题。负有对人类命运终极关怀使命的思想家、人类学家或历史学家，都在从不同途径力求解答这一困扰人类发展的难题。莫尔根在风靡世界的《古代社会》名著中，对于财产的论述似乎同中国清朝皇帝对"利"的担忧有着相同的感受：

> 如果人类的进步是将来的，恰如过去一样，是人类的原则的话，那么仅仅一种获得财产的生涯，决不是人类最终的命运。①

然而，立脚点却又有着根本的不同：莫尔根关注的是在财产增殖的同时，人类的政治民主、精神文明、教育文化、权利平等应该获得同步发展，"总有一天将要到来，人类的智慧将要起来驾驭财产，规定国家对于它所保护的财产的关系，以及规定财产所有者的权利和义务及范围"②。中国文化和封建王权关注的却是对于利的高度限制，以对追逐"利益"的商的社会地位的剥夺来保持以农为本的社会秩序的稳定。

中国传统社会推崇"贵义贱利"的价值观，这是重农抑商和士首商末社会生活情状的观念表现。"贵义贱利"的价值观引导着整个民族社会生活的趋向。尽管围绕着"义"与"利"，中国传统文化中也出现过多次辩驳之声，但"义利之辨"的历史进程终究没能给"利"以适当的地位，反而愈辩愈把"义"高擎为人生唯一的价值取向，也愈把人生实际上须臾不可或缺的"利"视为罪恶，所谓"君子喻于义，小人喻于利"。在封建社会末期，这一价值观已不再是"圣贤"力挽颓倒之风的倡导，而是浸透在社会文化心理中的一种自觉。立身为人，先讲"义利之辨"："学要得头脑清，莫先于辨义利之界，要得脚跟实，莫切于严诚伪之

---

① ［美］莫尔根：《古代社会》，杨东莼、张栗原、冯汉骥译，647～648 页，北京，生活・读书・新知三联书店，1957。

② ［美］莫尔根：《古代社会》，杨东莼、杨栗原、冯汉骥译，647～648 页，北京，生活・读书・新知三联书店，1957。

关。"①因此，在中国传统社会结构中，等级制度、价值观念、社会分工、文明走向的高度整合，使"士农工商"的有序结构模式及其社会地位，始终处于相对稳定状态而难以变动。

一旦社会进步走向更广阔的境界，自给自足的农本经济与世界经济市场发生对撞时，这种封闭的"士农工商"结构就无法继续均衡地发展下去。这一传统社会结构的失衡始于近代。

"士农工商"社会结构的错动，首先表现为"末商"与"农本"的地位变动。由于近代社会生活内容的重大变化，有识之士从两个基本视角出发，发现"士农工商"传统结构已经很不合时宜了：一是从中西社会文化和国力的横向对比上，认为"中国以农立国，外洋以商立国"②，而只有工商之业才能成为国家民族由贫弱而富强的转捩，"西国明此而至富，中国昧此而至贫"③。二是通过古今时代变化的纵向对比，认为"士农工商"结构只是历史上自给自足农耕经济的产物，也只能适应那个时代的需要，"稽古之世，民以农为本；越今之时，国以商为本"④。

近代中国社会正处于世界列强竞争之时，古今大变局之际，在以力量或物质文明而不是以道义或礼仪文明赢得国际地位的近代，不打破"士农工商"结构模式，一味拘泥于"末商""贱商"或"士首"的等级结构模式，中国社会便无法摆脱农耕经济的狭小天地而走向世界。时代已呼喊着"末商"地位的根本性变革。

在实际生活中，面对西方商品的巨大冲击，近代中国人开始淡化了"末商"意识。"中国自互市以来，商务日盛"⑤，"沿海士民嗜利忘

---

① （清）刘熙载：《为学》，《持志塾言》卷上，见《刘熙载集》，5页，上海，华东师范大学出版社，1993。

② 夏东元编：《郑观应集》上册，614页，上海，上海人民出版社，1982。

③ 《理财论》，载《申报》，1875-05-07。

④ 夏东元编：《郑观应集》上册，593页，上海，上海人民出版社，1982。

⑤ （清）朱寿朋编、张静庐等校点：《光绪朝东华录》第5册，5091页，北京，中华书局，1958。

义，习尚日非"①。近代社会确实已今非昔比，人们的生活态度及价值观均不同于以往："今之富人无不起家于商者，于是人争驰骛奔走，竞习为商，而商日益众，亦日益饶。近者里党之间，宾朋之际，街谈巷议，无非权子母征贵贱矣。"②于是近代中国开始摒弃了传统的"贱商"或"末商"观念，在求强求富的目标下涌动起一股"重商"或"商本"的社会思潮。

19世纪60年代初，曾国藩在洋务运动中就形成了"商鞅以耕战，泰西以商战"的认识；70年代湖广道御史李蕃则明确提出了"以商敌商"③的政策，可视为近代"重商主义"之嚆矢。此后，饱尝民族耻辱苦胆的士大夫逐步意识到"商"在近代社会中的实际作用，开始反叛传统的"重农抑商""重本抑末"教条，主张要救世图存改弦易辙，"以商务为体"，"以工商立国"。④

历史的发展已确凿地向社会宣告，西方列强咄咄逼人的攻势，远非"坚船利炮"所能抵御得了，国家和民族的强盛也不单纯以"船炮"为标志。真正对中国社会结构和文化形成强大而持久冲击力的，恰恰是以商品为前导的经济力量。因而，无论是身处庙堂的洋务派官员，还是伏处乡野的知识分子，都形成了"商战为本，兵战为末"⑤的共识。"今之谈时务者，莫不知崇尚西法，诚以西法为富强之本……谋富之道非先致力于商务不可。"⑥

重商主义或商本思潮的勃兴，在人类文明史上具有重大的历史意

---

① 许瑶光：《谈浙》卷四，见中国史学会主编：《太平天国》第6册，615页，上海，上海人民出版社，1958。

② 郑永禧纂修：《衢县志》，644页，台北，成文出版社，1984。

③ 中国史学会主编：《洋务运动》第1册，166页，上海，上海人民出版社，1961。

④ 中国史学会主编：《洋务运动》第1册，324页，上海，上海人民出版社，1961。

⑤ 夏东元编：《郑观应集》下册，13页，上海，上海人民出版社，1982。

⑥ 《利国宜广制造论》，见何良栋辑：《皇朝经世文四编》卷四二，764页，沈云龙主编：《近代中国史料丛刊》第77辑，台北，文海出版社，1966。

义，它是中世纪社会走向近代资本主义工业社会的历史前奏，是由封建社会向资本主义社会发展的一个中转历程。"它的存在及一定程度的发展，对于资本主义生产方式的发展，就是历史的前提。"①西欧社会的重商主义思潮发轫于农本经济社会内部，并且逐步获得了"商业资本"社会力量和国家政权强有力的支持，由此很快形成一种"商业对农业支配"的新局面。诚然，近代中国的"重商"或"商本"思潮发生的历史条件不同于西欧，它是在外力冲击下谋求"以商敌商"富强之道的时代产物，而不是农本经济结构内部生发出来的反叛力量。然而，作为历史发展的必然，它的出现不仅仅意味着社会价值观和文化结构的变动，而且也映照着并导致了传统社会结构的错动。

19 世纪六七十年代形成，80 年代得到充分发展的"工商立国"的商本思潮，便是近代社会生活和社会结构变动的观念表现，也是对传统"农本"结构及"士农工商"社会地位的反叛。"商末"变为"商本"的历史过程，意味着传统社会中"士首""农本"结构的根本性易变。在洋务运动或以后一系列商务活动中，官与商的结合明示了商的地位的变动，或者说至少是改变了"商末"的传统地位。"官吏经商，例有明禁……而官吏误会其意，无不夜郎自大，贱视商贾，虽一命之夫，对于阛阓中人，亦复趾高气扬，若有不屑为伍之意。"②在传统社会中，官与商等级分明，鸿沟难逾。但是"同光以来，人心好利益甚，有在官而兼商业者，有罢官而改营商业者……"③尤其早期"官督商办"或"官商合办"形式的官商关系，对于一向被视为贱役的商的地位的提高，是一次根本性转折。依存于近代企业形成的官商结合的关系，有助于弥平官与商之间森严的等级鸿沟。因此，经过"官督商办""官商合办""商办"实业的发展历程，近代之商事实上已不再是屈居"四民之末"而备受抑勒的"贱商"，而俨然上升为关乎国家民族强盛命运的"立国之本"。

对于传统"士农工商"结构而言，这是一次历史性变动。"窃观自周秦以来，商政废弛……严不得仕宦之律……故太史公《货殖传》曰：掘冢，奸事也，博戏，恶业也，行贾，丈夫贱行。"①而近代之"商务者，国家之元气也，通商者，疏畅其血脉也"②。到 20 世纪初年，清朝中央也在上谕中明确"夫工商之业，为富国之本"③，从国策上开始确立了"商"的根本地位："通商惠工，为古今经国之要政。"④几千年屈居社会下层的"末商"，终于获得了"商本"的地位。

"商本"地位意味着对"农本"地位的排挤，并由此引发了"士农工商"传统结构的失衡。因此，在 1905 年全国反美爱国运动中，"商"似乎是以时代娇子的口吻骄傲地向整个社会各阶层宣告：

> 窃闻国家兴亡，匹夫有责。天下虽分四民，而士商农工（已不再称'士农工商'，标志着'商'社会地位的变动——引者注）具为国民之一分子……方今拒约事起……而实行之力，则惟商界是赖。⑤

由传统的"士农工商"变为了现实的"士商农工"，标志着传统社会结构最初的错动。

结构错动首先表现为"商""农"关系及其地位的变动，但是，在这一传统结构中，商的"末"位同时也是由"士"的首位决定的。"士首商末"是这一结构封建等级特征的社会表现，"尊卑贵贱礼制殊严，士农

---

① 《历代商政与欧洲各国同异考》，见湖南省哲学社会科学研究所编：《唐才常集》，4 页，北京，中华书局，1980。

② （清）郑观应：《盛世危言》卷五《户政·商务一》，119 页，呼和浩特，内蒙古人民出版社，2006。

③ 宋宁：《试论中国近代"重商"思想》，载《天津社会科学》，1985(3)。

④ （清）朱寿朋编，张静庐等校点：《光绪朝东华录》第 5 册，5013 页，北京，中华书局，1958。

⑤ 《光绪三十二年一月江苏省争约处华工禁约抵制加厉办法议》，见汪敬虞编：《中国近代工业史资料》第 2 辑下，732 页，北京，科学出版社，1957。

工商品流各别"①。封建社会的有序结构体系，是通过严密的等级身份来强化巩固的，故而"重士抑商，所以劝德行而立治之本"②。在身份制度下，士与商、官与商之间被森严的等级阻隔而不容僭越。这一制度的根本就是要剥夺"商"的地位，以"使富商大贾视官宦如帝天，偶一盼睐便以为至荣极宠，斯匍匐以献其财力而惟恐不纳矣"③。

但是，在近代"士农工商"结构的第一步错动中，"商本"地位的上升已成为近代社会发展的趋势。传统之"士"所恪守的"君子喻于义，小人喻于利"的信条，受到商品经济价值规律的冲击，经商对于"士首"而言，不仅不再是"丈夫之贱行也"，反而成为士大夫们实现"救国图存""经世济民"抱负的主要途径。实际在洋务运动中，通过官商结合方式，士与商之间的距离已经缩短了，"士首商末"的等级结构模式开始变动，以至于人们惊呼："中国将使官商一体无异乎？"④尽管官督商办、官商合办企业形式并不足以彻底泯灭士、商的等级差别，但它已曲折地透露了必将发生激烈易变的历史前景。

在封建社会结构中，"士"是维护调节社会秩序的基本力量，"天下之治乱，系乎士"⑤。但面对近代中国的"千古变局"，"士"的正人心、端风俗作用显得尤其苍白无力。"兵战不如商战"⑥的现实逼迫着"士"必须重新选择路径，才能在变动的时代既肩负起"经世济民"的社会职责，又获得个人生存的力量。这种选择自然也是一个痛苦的心灵煎熬的过程：

---

① 刘锡鸿：《刘光禄遗稿》，见中国史学会主编：《洋务运动》第 1 册，296～297 页，上海，上海人民出版社，1961。

② 刘锡鸿：《刘光禄遗稿》，见中国史学会主编：《洋务运动》第 1 册，296～297 页，上海，上海人民出版社，1961。

③ 刘锡鸿：《刘光禄遗稿》，见中国史学会主编：《洋务运动》第 1 册，296～297 页，上海，上海人民出版社，1961。

④ 《论居官经商》，载《申报》，1883-01-25。

⑤ （清）黄傅祁：《原学》，见（清）何良栋：《皇朝经世文四编》，2 页，1902。

⑥ 夏东元编：《郑观应集》上册，588 页，上海，上海人民出版社，1982。

亦谓读书之士，多受饥寒，曷若为商多得银钱，俾家道之丰裕也。当此之时，为商者十八九，读书者十一二。①

这就强制着"士"弃仕而从商，打破了"士首""商末"的传统结构模式。"盖国之所以恃以立者，四民耳。士与工则耗财者也，能生财供奉国用者，则农与商。农则岁贡钱粮，商则岁纳税课，然钱粮有定，税课无定，而商之有益于国也，又在四民之首矣！"②在近代新兴的教育、新闻等事业中，绅士与商人携手共事，使"士首""商末"的等级差别变为了"士官商民混一无别"③的现实。一俟近代教育制度从根本上取代科举制度后，天下之"士"最终失去了赖以产生的依托，加以"民权""平等"思潮的浸染，终于使"士农工商"结构发生了最后的错动。

"迄于末造，经所谓维新变法及预备立宪，乃始承认商会、教育会为合法团体。通都大邑贸易繁盛，商人渐有势力，而绅士渐退。商与官近至以'官商'并称，通常言保护商民，殆渐已打破从来之习惯，而以商居四民之首（从前四民，谓之士农工商）。"④几十年前，薛福成以一个杰出思想家的远见所预言的"将士农工商之旧社会，变成商工农士"⑤的"以商为首"的新型结构的理想社会，正在向现实的此岸推进。

要而言之，由"士农工商"而"士商农工"，由"士首商末"而"商居四民之首"，这便是"士农工商"传统结构在近代社会发生错动的历史走向。

---

① 刘大鹏：《退想斋日记》，17 页，太原，山西人民出版社，1990。

② 《中西商问答》，载《申报》，1873-08-13。

③ 许傅霈、朱锡恩等纂：《华中地方·第五六二号浙江省海宁州志稿（1—11）》，4329 页，台北，成文出版社，1983。

④ 胡汉民：《广东之光复与出任都督》，见政协广东省委员会文史资料研究委员会编：《孙中山与辛亥革命史料专辑》，112 页，广州，广东人民出版社，1981。

⑤ 田正平主编：《中国教育史研究·近代分卷》，404 页，上海，华东师范大学出版社，2001。

二、"末商"的上升

在社会结构的错动过程中，打破固有结构序列并排挤"农本"而争得"四民之首"地位的力量是曾居"四民之末"的"商"。在剧烈的社会变动中，"商"经历了由末而本，由末而首的上升性运动过程。因此，相对于传统的"士农工商"结构，这便是一个颠倒了的世界。"商"确乎赢得了时代中心的位置："今之世界，一商务竞争之世界。商务盛之国则强，商务衰之国则弱。"①"泰西各国，皆以经商为立国之本。故其国家之视商人，不啻父兄之视子弟……国与商联为一气，相为依倚，无或暌隔，故能如声息之相通，指臂之相应也。"②月换星移之间，"商"已不再是"峨冠博带之儒，且从而轻鄙之"③的贱业了，而浸浸乎成为关乎民族兴亡抵御外侮的立国之本。"吾谓今之国，若有十万之豪商，则胜于有百万之劲卒。攻心为上，攻城为下，必由此道，乃可不战屈人。"④当然，这并不取决于"商"的地位或其力量的强弱，而是世界历史发展变化的必然程序。时也，势也！

近代西方资本主义文化冲破了民族、地域、国家的界限，涌向了整个世界。它要"按照自己的面貌为自己创造出一个世界"。西方资本主义文化在叩击中国农本经济结构的窗扉时，恰恰是商品经济显示了巨大的优势："它的商品的低廉价格，是它用来摧毁一切万里长城、征服野蛮人最顽强的仇外心理的重炮。"⑤于是，被中国传统观念视为"淫巧"之物的商品首先冲垮了"上都少年"的精神堤防，他们以追求"舶来品"为乐事。"凡钟表、玻璃、燕窝之属，悦上都之少年，而夺其所重

---

① 夏东元编：《郑观应集》下册，622～623 页，上海，上海人民出版社，1982。

② 《商学：问泰西各国》，载《湘学报》，1898(41)。

③ 《商学：问泰西各国》，载《湘学报》，1898(41)。

④ 郑大华点校：《新政真诠：何启胡礼垣集》第 2 编，168 页，沈阳，辽宁人民出版社，1994。

⑤ 《马克思恩格斯选集》第 1 卷，255 页，北京，人民出版社，1972。

者，皆至不急之物也。"①在"士农工商"这一稳定的社会结构中，只有以农致富才是"本富"，才符合社会伦理规范，以商致富是"末富"，是舍义逐利而有伤于世俗人心之淳正。基于此，有多少满腔义愤的守道之士曾主张杜绝由外国人掀起的商品涌动的浪潮，严防"淫巧"之物的诱惑。但是，风俗人心的道德戒律终究敌不住商品价值规律的强大威力，所以对商品的杜绝都失之愚顽而无济于事。不过几年，"悦上都少年"的西洋商品几乎"家皆有之，遍及穷荒僻壤"。

面对西方商品"销入内地，人家置备，弃旧翻新"②持续不绝的攻势，传统社会的"株守一隅之见"，"只安于家居耕作以谋衣食"③的农本经济结构便逐渐失去了其强固的抵御能力："海禁未开以前，民安其俗，乐其业，享地利而无虞不足。自西人航海求市，遍历奥区，履我户阈，擅彼懋迁。其势如百川灌河，堤防一溃，莫之能遏。甚且以商务之盛衰，征国势之强弱，则赢绌之数，一衡量而较，然有不怵然动色者乎。"④即使在比较闭塞的山西县镇，传统的农本经济结构也在商品经济的冲击下，发生了巨大变动。"迩来欧风东渐，生活程度日益增高，向来单纯之农业，端不足应今日繁重之需求，于是工商兴焉。"⑤在世界性商品经济浪潮的推动下，中国社会终于突出了"商"的地位。

第一，近代之商突破了封建社会以"六政为纲"（吏、刑、户、兵、礼、工）的政务格局，开始在国家政务中占有了重要地位。在19世纪六七十年代，随着中国门户洞开，外国商品大量涌进内地，分解着中国传统的经济结构、社会结构，并引起了人们生活模式的改变。许多进步思想家和务实的官僚，开始感受到了商在变局时代的重要作用，

---

① （清）龚自珍：《送钦差大臣侯官林公序》，见《龚自珍全集》，169～170页，上海，上海人民出版社，1975。

② 中国史学会主编：《中国近代史资料丛刊·戊戌变法》第1册，84页，上海，上海人民出版社，1957。

③ （清）郑永禧纂修：《衢县志》，643页，台北，成文出版社，1984。

④ （清）钱恂：《光绪通商综核表》卷一，9页，台北，文海出版社有限公司，1970。

⑤ 徐昭俭修、杨兆泰纂：《新降县志》，235页，台北，成文出版社，1976。

并在早期单纯的"船坚炮利"的认识基础上，力求更加深刻地透视中外贫富强弱的本原。面对列强商品经济的冲击，他们本着"经世致用"的精神，自然把商品同民族抗争手段结合起来，提出了"以商敌商"①的时代观念。它的迅速发展和演变，不仅使近代思想文化浪逐涛涌的巨流中，飞溅出独具异彩的"重商主义"浪潮，而且在清朝国家政务格局中，也突出了"商"的作用。

维新思想家陈炽就针对商务在国家行政中的地位，提出责问："不立商部，何以保商，不定商律，何以护商。不于各城各埠广设商务局，遍立商务学堂，何以激扬鼓励、整齐教诲诸商。假使无商，何以有税，何以济用，何以为国。燃眉之急，切肤之灾，殆不得置之膜外矣。"②郑观应则在《盛世危言》中直接提出，应该设立商部，并与中央六部平列。"必于六部之外特设一商部，兼辖南北洋通商事宜。南北洋分设商务局于各省水陆通衢，由地方官公举素有声望之绅商为局董，凡有所求，力为保护……至于下则必于商务局中兼设商学……再由各府州县札饬各工商设立商务公所……"③试图在全国范围内形成上至中央，下至府县纵横交错的商务行政系统。

思想家的言论很快引起当道者的注意。光绪二十五年(1899)，亦官亦商的盛宣怀便公开呈请清廷要求设立"商务衙门"，"国家筹饷之多寡，皆视一国商务之盛衰为断。考之各国，皆有商务衙门，与户部相为表里……凡中外商人，皆可随时函禀，亦可便服接见，下情莫不上达"④。光绪二十九年(1903)，清朝中央一改"重农抑商"之传统，发布上谕："通商惠工，为古今经国之要政。自积习相沿，视工商为末务，

①　中国史学会主编：《洋务运动》第1册，166页，上海，上海人民出版社，1961。

②　(清)陈炽：《续富国策》卷四《商书》，见赵树贵、曾雅莉编：《陈炽集》，233页，北京，中华书局，1997。

③　中国史学会主编：《洋务运动》第1册，526~527页，上海，上海人民出版社，1961。

④　(清)盛宣怀：《愚斋存稿》，128页，沈云龙主编：《近代中国史料丛刊续编》第13辑，台北，文海出版社，1966。

国计民生日益贫弱，未始不因乎此，亟应变通尽利加意讲求。"①清朝正式成立以贝子载振为尚书，以徐世昌、唐文治为左右侍郎的商部，成为"中国史上数千年来未有之创制"②。由此，近代之商的发展终于达到了国家政制改革的地步，使传统的封建国家政务格局发生了重大变动。

第二，近代之商得到了空前发展。"中国自互市以来，商务日盛。"③风会所趋，舍本逐末，在近代"弃农经商""弃仕经商"已成为一种社会性风尚。时代的变动把经商推举为比较时兴的社会职业，导致了社会职业结构的变化。"五十年前，人民生事，农而已矣。有副焉者，厥惟纺织。机巧勃兴，徒手失利，年令壮盛者，大都赴上海从事工商业。"④这种特定的社会文化背景，孕育了近代"重商主义"思潮，使近代商务成为社会最为关注的实业：

> 莫不曰农也，工也。农者，所以生物也；工者，所以成货也。虽然，农之商业者，组织社会之中心点也。盖社会之进化，莫要于富。何以致富？物，工之货，非但以供一人、一家、一乡、一国之用也，所以供全社会之用也。……苟无商以运输之，交易之，则农工无可图之利，而其业荒矣。是故，富之本虽在农与工，而其枢纽则在商。⑤

如此，社会各阶层向商的流动，成为近代社会流动的主要流向。"即聪慧子弟，亦多弃儒就商……为父兄者……不愿子弟入学堂，遂使子弟

---

① （清）朱寿朋编，张静庐等校点：《光绪朝东华录》第5册，5013页，北京，中华书局，1958。

② 王尔敏：《商战观念与重商思潮》，见《中国近代现代史论集》(19)第18编《近代思潮》(上)，524页，台北，台湾"商务印书馆"，1986。

③ （清）朱寿朋编，张静庐等校点：《光绪朝东华录》第5册，5091页，北京，中华书局，1958。

④ 方鸿铠修、黄炎培纂：《川沙县志》，22页，台北，成文出版社，1974。

⑤ （清）孙宝瑄：《忘山庐日记》上册，799页，上海，上海古籍出版社，1983。

学商贾。嘻！自伊始，读书人士日减一日也。"①

19世纪70年代，上海附近的南浔，仅丝商就不止数百家，其中既有财产百万元以上的巨富，也有四五十万元以上的"中富"。② 日趋增长的经商人数，标志着近代"握四民之纲""操天下相通之权"的商人阶层社会力量的壮大。如奉天"商户"的发展情况：咸同前，102户；光绪间，594户；民国后，3344户。③ 显然，确切地统计全国经商或从事商业性活动的人数，目前尚不可能，但从几个县志的"商户"统计中，也可管窥蠡测其大略，参表1。④

表1 民国县志中所列商户情况

县别	总户数	人口数	商户数	商人数
兴县	20470	89672	8363	1406
衢县	59246	——	1047	——
阜宁县	193381	992193	305	1475
南田县	4851	20493	82	

大体上，民国商户数量增长明显，尤其在沿海沿江和口岸城镇中增长较快，影响较大。从此，商人阶层便发展为对社会生活影响至大的社会集团力量。

第三，商人的主体意识开始觉醒。商人力量的增长有利于其社会地位的上升，但是要从根本上摆脱"四民之末"的低贱地位，还依赖于商人主体意识的觉醒。随着社会结构的变动和近代"商务"的发展，甲午战争后，"商"已经意识到自身的社会价值和社会地位。在汉口商学会成立大会上，商人们已经自觉地把自己置于时代的中心："诚以商务

① 刘大鹏：《退想斋日记》，162～163页，太原，山西人民出版社，1990。

② 彭泽益编：《中国近代工业史资料（1840—1949）》第2卷，83页，北京，中华书局，1962。

③ 辽宁省人民政府地方志办公室整理：《辽宁旧方志·奉天通志》五，2753页，沈阳，辽宁民族出版社，2010。

④ 据上述民国各县县志统计。

一道，在中国古代误置于士农工商之末，乃不知现在列强均借此以应优胜劣败之雄谟。"①

作为时代发展的一个必经历史阶段，正像"农本"地位对于封建时代农耕社会一样，这是属于"商业"的时代。因此，商人们以挺直的腰板，向社会宣告以"商"为标志的历史时代的到来："上古之强在牧业，中古之强在农业，至近世则强在商业。商业之盈虚消长，国家之安危系之。……商兴则民富，民富则国强；富强之基础，我商人宜肩其责。"②曾经屈居"四民之末"的"商"，已经自觉地要肩负起时代的重任，并力求从根本上获得独立的主体地位，将传统的"依附"埋入历史的荒冢之中。

郑观应作为思想家也作为"商人"，也极力要求近代商人的独立的主体地位，提出在各州县设立的"商务公所"中，应该"毋恃官势，毋杂绅权（商民工匠见诸官绅缄口不言，恐犯当道之怒祸生不测云——原附注），当听工商仿西法投筒自举商董"③，总办各地商务的董事，"非商务出身不用"④。因此，近代之商已经开始摆脱封建等级的依附性，而同近代资产阶级胶合在一起，"商人"的阶级内容发生了根本的变化。

"商"的主体意识的萌醒，也是时代的觉醒。因此，随着具有左右社会生活力量的商人阶层的发展，体现他们的意志、表现他们力量的社会组织——商会，就开始以一种新的姿态登上近代历史的舞台。据资料统计，光绪二十八年至宣统三年（1902—1911），全国除西藏外，各省区都成立了商会，总计 793 个，其中总商会 47 个。⑤ 光绪三十一年（1905）以后商会迅速发展，已经由通商要镇扩展到全国范围的县城乡镇，许多在商言商的"绅商"都聚集在商会周围，以团体组织的形式

---

① 《武汉之商团、商会（六则）》，见武汉大学历史系中国近代史教研室编：《辛亥革命在湖北史料选辑》，304 页，武汉，湖北人民出版社，1981。

② 《兴商为富强之本论》，载《东方杂志》，第 1 卷，第 3 号，1904。

③ 夏东元编：《郑观应集》上册，617 页，上海，上海人民出版社，1982。

④ 夏东元编：《郑观应集》上册，618～619 页，上海，上海人民出版社，1982。

⑤ 参见王先明：《论近代"士农工商"结构的错动》，载《河北学刊》，1991(1)。

显示了近代商人阶层巨大的社会影响。到 1912 年，全国加入商会的商号已有 19.6 万，商会会员近 20 万。①

但我们还不得不承认，近代中国的"商务"并未真正壮大为对农业的支配力量，从而也未能导致中国社会经济结构的根本性变革。虽然"商"已和近代资产阶级胶合在一起，但"商"终究不等于资产阶级。人们习惯上把商会的发展视为资产阶级力量发展的标志，这种看法有一定根据，却不甚准确。在西欧，"重商主义"是资本主义工业世界涌现的历史前奏。它导致了商业和城市经济从农本经济的补充，发展为对农业的支配②，为近代资本主义工业发展铺平道路。"历史前奏"还不是历史时代本身，由商业发展时期到资本主义工业时期之间，还有一段必经的历程。近代中国的"重商主义"直接呼唤的不是近代资产阶级本身，而是"商"的发展。

"商"并不完全是新时代的产儿（同资本家不同），而是"士农工商"传统结构中"末业"的发展和变化。"商"的发展究竟在多大程度上包含了资本主义的发展，是仍需具体分析的一个历史课题。在民国《合河政纪》中记载的 363 家商号，其行业分布状况如表 2 所示③：

表 2 （民国）兴县的商号分布

行业	数量	行业	数量	行业	数量
当业	1	杂卖业	137	店业	32
染业	12	皮房	6	木铺	27
油粉坊	45	面铺	13	估衣业	1
药铺	1	银炉	7	成衣铺	1
肉铺	11	菜店	2	豆腐铺	5
饭店	25	剃头店	1	澡堂	1
纸房	3	铁匠铺	11		

---

① 参见王先明：《论近代"士农工商"结构的错动》，载《河北学刊》，1991(1)。

② 吴于廑：《世界历史上的农本与重商》，载《历史研究》，1984(1)。

③ 石荣暲：《合河政纪(全)》，138～139 页，台北，成文出版社，1968。

这些所谓"商"与封建社会结构中的"末业"并无太大的本质区别。在《奉天通志》中记载的 4040 个"商号"中，大都也是经营日用杂货的中小商店，而鲜有规模性近代企业。[①] 在 20 万名商会会员中，除 47 个较大的总商会外，各县镇乡村的会员基本上是经营小本生意的传统"商人"，他们是资产阶级产生和发展的社会基础或后备力量，在资产阶级发展为独立的阶级时，他们也会依附于资产阶级，但他们本身还不属于资产阶级。因此，在近代社会剧烈的变动过程中，"商"虽然是"士农工商"结构错动的中心力量，却并不是独立的资产阶级的主体力量。

三、"士"的引领

社会生活内容的变化更新为"士农工商"结构错动准备了基本的社会条件，即使如此，单凭"四民之末"的"商"的挣扎和奋斗，也难以获得"国本"或"四民之首"的地位。没有"士"的觉醒和推动，"商"的本身力量及其社会地位的变动，将会失去社会文化或社会中坚力量的支撑而不被社会所认可。"士农工商"结构的错动，是借助"士"的力量来实现的。

近代之"商"社会地位变动和社会结构错动的思想文化前提，是"重商主义"思潮及其对传统"农本"观念的冲击。知识分子并不仅仅是现存社会秩序的维系者，作为人类社会智慧的继承和传递者，知识分子还拥有预示未来并规划未来社会的远见和自觉。

"重商主义"思潮是近代社会结构和"商"的地位发生根本性变动的时代先声，是中国社会由农本经济向近代商品经济转变的启蒙思想之一。如果说"商人"阶层是以"经济"的增殖来表现自身实力的话，那么，智慧和远见则是属于"士人"阶层力量的主要要素。因而，及早地站立在近代社会的前列，为"末商"和现存"士农工商"社会结构提出改造方案的，不是"商"本身，而是昂居"四民之首"的士。"士"是近代"重商主

---

① 辽宁省人民政府地方志办公室整理：《辽宁旧方志·奉天通志》五，2753页，沈阳，辽宁民族出版社，2010。

义"思潮的倡导者和传播者。滥觞于 19 世纪 60 年代，盛行于 80 年代
的近代"重商主义"，几乎成为几代知识分子共同创造的时代思潮。

早在 19 世纪 60 年代初，曾国藩就萌发了"商鞅以耕战"的认识，
70 年代李番(湖广道御史)明确提出了"以商敌商"的对外方略。虽然这
些睿智的主张最初仅如夜幕流星，倏然一去，未能引起社会的注目，
但它们却被知识分子探寻未来的目光所捕捉。从此，以"重商"为主体
内容的，包含着"立国之本""御侮手段""价值观念""平等精神"的时代
思潮，就在"士"的推动下汹涌前行。19 世纪七八十年代后，"以商务
为体""以工商立国"①的认识迅速形成波及整个社会的思潮。

据统计，从 19 世纪 60 年代始到 20 世纪初，近代中国倡言"重商"
者有 22 人，其中大多是受传统儒家教育的功名士子，他们占到鼓吹
"重商"思想者的 80％～90％。② 从王韬的"恃商为国本"论到钟天纬的
"视工商为国家命脉"③，这股由"士"掀起的"重商主义"浪潮有力地摇
动着传统社会结构和封建王朝"立国之本"的基础。

近代之"士"并不仅仅停留在"重商"的言论上，他们还是经商或从
事商务活动的实践者。在商品经济的作用下，在传统社会结构和生活
秩序的动荡中，"士人"面临着艰难的不同惯常的选择。拘泥于时文八
股，一意于科场功名的人，已很难适应日趋精细的社会分工的需求。
对于社会成员来说，社会转折时代所产生的作用力从来都是强制性的。
"士子"们在"多致失馆无他业可为，竟有仰屋而叹无米为炊者……坐失
其业，谋生无术"④的窘况下，走向"舍儒而商"的务实道路。

---

① 中国史学会主编：《洋务运动》第 1 册，324 页，上海，上海人民出版社，
1961。

② 王尔敏：《商战观念与重商思潮》，见中国近代现代史论集编辑委员会编
辑：《中国近代现代史论集》(19)第 18 编《近代思潮》(上)，464 页，台北，台湾"商
务印书馆"，1986。

③ 《扩充商务十条上南皮张制军》，见(清)葛士浚辑：《皇朝经世文续编》卷
一一六，3105 页，沈云龙主编：《近代中国史料丛刊》第 75 辑，台北，文海出版
社，1966。

④ (清)刘大鹏：《退想斋日记》，149 页，太原，山西人民出版社，1990。

　　社会的发展方向从来都不会因为个人的意愿而改变。个人的命运选择，只能在社会需求范围内自我把握和调整。因此，在全然不同往昔的近代社会，"士人"弃仕从商便成为顺应潮流的一种必然归宿。清末状元张謇慨然"经商"，创建了近代"实业"集团，以士人领袖的地位向"商"的流动，对于社会风气的转移具有"天下从风"的导向作用。他们认为自己的责任是"提挈下等社会以矫正上等社会"，"破坏上等社会以卵翼下等社会"。[①] 所以，在近代中国的早期阶段，"私人公司也往往先归处于治者地位的士绅阶级"[②]的现实，有利于"商"的地位提高和社会结构的变动。"实下等社会之所托命而上等社会之替人也。"不仅如此，在较大的"商务"活动中，士商已经结合为一体，"商管银钱账项卖买，绅管学习机器教训学徒"[③]。光绪二十四年（1898）后各省所设的商务局，乃至后来的商会，其总理也大都由"通官商之邮"的绅士来担任。近代之"士"对商务倾注了极大的热情，致使本来有天壤之别的士与商两个社会等级阶层渐趋结合，形成"今天下士商相聚，抵掌侈谈四海内外"[④]的新景观。

　　"士"还是"四民平等"的倡导者和实践者。在"士农工商"传统结构中，"士"居其首，是社会结构的上层。"商"的地位的提高依赖于对这一等级性结构的破解。然而，在近代最先提出废除这一等级桎梏，改变"末商"地位要求的不是"商"，而恰恰是"士"。郑观应所提出的"苟能一变隆古之习，视商如士"[⑤]，作为违逆传统习见的观念，是"士"为"商"的不平等地位的鸣喊。这种朦胧意识显然是基于士商之间不平等

----

① 杨笃生：《新湖南》（1903 年），转引自张枏、王忍之编：《辛亥革命前十年间时论选集》第 1 卷下册，615 页，北京，生活·读书·新知三联书店，1960。

② 瞿秋白：《中国之资产阶级的发展》，见复旦大学历史系等合编：《近代中国资产阶级研究》，4 页，上海，复旦大学出版社，1984。

③ 《陕西集股创用机器织布说略》，转引自章开沅：《辛亥革命与近代社会》，137 页，天津，天津人民出版社，1985。

④ （清）何良栋辑：《皇朝经世文四编》卷四七，856 页，沈云龙主编：《近代中国史料丛刊》第 77 辑，台北，文海出版社，1966。

⑤ 夏东元编：《郑观应集》上册，593 页，上海，上海人民出版社，1982。

地位的一种直接感受，远远达不到"四民平等"的时代高度（这大致与光绪八年郭嵩焘倡言"商贾可与士大夫并重之义"①足使顽绅们惊诧愤激的思想大体相近）。

但是，在这种把商比照着士而论其地位的思路的启导下，随着近代社会的进一步发展和西方民主平等观念的传播，"士"便明确地呼喊出"四民平等"的时代最强音："士农工商，四大营业者，皆平等也，无轻重贵贱之殊。"②

一旦把社会群体的划分仅仅置于社会分工而不是社会等级的近代目光下，贵贱身份之别就会让位于平等职业之分。"凡社会以三种系统成立：曰督制系统，官兵是也；曰供给系统，农工是也；曰分配系统，商贾是也。"③不言而喻，"四民平等"对"商"意味着社会地位的提高，对"士"则标志着其优越地位的跌落。"士"是以自身独特地位的巨大牺牲精神来换取社会平等的。

那么，在"四民平等"的社会结构变动过程中，士将何以自处？孙宝瑄从社会发展眼光预见："余谓欲各种系统④之进于文明，皆非读书不可。故士也者，贯乎三系统之中也。"⑤"士"在社会进步中将不再以独立的社会阶层自成系统，而是析分于或贯乎于各行各业之中。唐才常比照着西方资本主义制度，表达了同样一种思想，为"士"的前途规划了远景："且农中有士，商中有士，工中有士，艺成之后，皆日出其所法以笔之书，垂为宪典……安得而不强且富也？"⑥在传统结构的错动中，"士"或分化为"农"，或分化为"工"，或分化为"商"，这是社会进步的必然趋向。因而，传统之"士"所具有的独特地位和特性，将被

① 王闿运著，马积高主编：《湘绮楼日记》，1139 页，长沙，岳麓书社，1997。

② 悲时客稿：《贵业贱业说》，载《大公报》，1902-11-20。

③ 孙宝瑄：《忘山庐日记》上册，622 页，上海，上海古籍出版社，1983。

④ 督制系统、供给系统、分配系统。——引者注

⑤ 孙宝瑄：《忘山庐日记》上册，622 页，上海，上海古籍出版社，1983。

⑥ 《历代商政与欧洲各国同异考》，见湖南省哲学社会科学研究所编：《唐才常集》，4 页，北京，中华书局，1980。

社会发展的浪潮所淹没。

在"士农工商"结构错动中，"士"表现了极大的牺牲精神。"四民平等"的实现和商的地位的上升，均以"士"的优越地位的失落为前提。正是在"士"为平等而呼号奋斗的实践中，清末"士"与"商"的等级界限已不甚分明清晰了。在普遍的"士""商"交错对流过程中，传统的称谓概念已不足以反映社会存在本身的意义。于是，在近代社会开始形成了一个新的、比较模糊的概念："绅商阶层"。这是一个包括了"士"和"商"在内的混合体，是"士农工商"等级结构关系变动过程的时代产物。

四、等级结构的分解

在近代社会，"商"突破了传统社会结构的限制，使"士农工商"序列发生了具有时代特征的错动。遗憾的是，这种错动仅仅使中国社会显露了走向近代社会的基本趋向，并未能脚踏实地的迈进近代资本主义文明的通途，反而走上了一条百倍痛苦而又千回百折的坎坷之路。究其原因，除了列强的排斥和限制外，也与自身社会结构的变动状况有关。

首先，近代中国的"重商主义"思潮乃至由此而推动的"商"的发展，不像西欧社会那样起因于农本经济内部，而主要是由于外国商品经济的冲击所致。"重商"和发展"商务"与其说是商人自觉的利润追求，毋宁说是士人阶层"民族觉醒"的表现；它是新的"变局"时代下士人以"天下为己任"的理想人格的变异，而不是商品市场孕育出来的竞争精神的实现。因此，"商"的发展没有更多内在的经济动因，也缺失了必要的经济力量的养育，它始终从属于"救亡图存"的历史主题，而未能获得自主独立的发展。

其次，"商"虽然一定程度上排挤了"士首"的地位，在政治、法律上逐步取得了平等地位，社会不再视"商"为"末务"，但"商"却从未从根本上导致"农本"经济结构的分解，近代中国的农耕经济没有发生实质性变化，不像西欧社会那样形成"商本"对"农业"的支配，保守、封闭且强大的"农本"经济在中国社会一直处于绝对的优势。

再次，政权对"商"的重视偏重于希图从中获得较多的财税；"商"并不能得到政权的合法保护，商人阶层也未能从根本上渗透到政权结构中，从而，难以形成"商人于国中可以操议事之权"①的政权格局。

最后，传统的"末商"意识的痼疾还不时制约着商的发展，使"言商"或从商并不那么"高尚"和理直气壮。张謇虽以状元经商，却仍要申明自己是"言商仍向儒"，不仅表明自己的行为是"求国之强"，而且是"兴实业为办教育"，"自士林出发，经过商贾又回到士林"。②

传统的力量像梦魇一样拖累着近代中国社会迈进的步伐。

原载《河北学刊》1991 年第 1 期，原题为《论近代"士农工商"结构的错动》。

---

① （清）王韬：《弢园文录外编》卷二，46 页，上海，上海书店出版社，2002。
② 章开沅：《开拓者的足迹——张謇传稿》，54 页，北京，中华书局，1986。

近代绅士阶层的社会流动

不论社会变革最终爆发的形式和烈度如何，事实上，它的爆发力量和变动的历史趋向，早在社会生活的一般进程中缓慢聚积着和适度体现着。人类社会的历史规律从来也不会外在于日常社会生活。重大的历史事变和社会变革只是社会生活一般进程的发展趋向和力量聚合的必然结果。尽管人们常常格外关注历史事变的最终结果或重大的事变本身，而相对漠视事变酝酿的不经意的历史过程；但思想者，旨在彻悟历史发展的未来方向的历史学者理应坚信：只有通过对日常社会生活及其社会关系的演化变迁的详尽考察，才有可能真正把握人类永恒追求着的历史规律的脉搏。

社会流动所揭示的恰恰是日常社会生活中，人们社会地位和社会关系不断变动的、最为普遍的一种社会现象。借助对近代绅士阶层社会流动形式和内容的分析，我们将从一个新旧时代转折的具体历史过程中，获得对于近代中国社会运演规律及时代特征更为丰厚也更为深刻的认识。

一、传统的社会流动

社会的存续和发展都是一个动态的历史演变过程。这一历史过程不仅仅表现为转折时代社会形态的剧烈更替，而且还表现为更为常见的社会现象——社会流动。社会流动指的是人们在社会结构体系中从一个地位向另一个地位的转移，它包括了人们的身份、职业、阶级、阶层关系的变动。由于社会关系空间与地理空间上具有难以分割的密切联系，因此理论上把人们在地理空间上的流动也归于社会流动。不过，社会学中常说的社会流动，主要是用以描述和分析人们的社会关系空间变动的学术概念。有些学者认为，这个由英文"social mobility"翻译过来的学术名词，不能准确地反映或表达它所包含的实在内容，而称之为"社会位移"①，也有人称之为"社层流动"②。学者们对这一概念称谓的分歧，并不曾影响它所涵指的具体内容，因此，笔者拟按照中国社会学者最普遍的用法仍称之为"社会流动"。

需要说明的是，社会流动作为社会关系结构的一个变量，与阶级关系的变动有着历史发展的因果联系，尤其与阶级分化相关性甚强。但二者并不相同，也不能互相取代。阶级关系是特定历史阶段里社会关系中的基本关系，却不是唯一的关系；人们在社会关系中地位的变化也并不完全表现为阶级关系的变动，或者说并不经常地表现为阶级关系的变动，如科举时代秀才向举人、进士的流动，庶民地主向绅士阶层的流动等。因而，用以揭示人们社会地位变动过程的社会流动概念的涵盖面要比阶级分化或阶级变动概念宽泛得多。从其内涵来讲，阶级分化的特定含义是指同质的社会阶级分解为不同质的两极对抗性的阶级或阶层，如西欧的市民阶层分化为资本家阶级和工人阶级，中国合作化时期农村阶级分化过程中形成的贫、富两极对立趋向等。然而，标示着个人社会地位转移的社会流动，并不一定就要意味着形成对抗性的两极分化，如绅士阶层与官僚阶层的相互对流，近代农民向城市的流动等。

此外，社会流动是任何一个社会结构在任何历史时期都存在的、极为普遍的社会现象；只要有社会存在，只要有社会分工、社会差别以及由此形成的社会分层，就必然要出现社会流动，尽管社会流动的形式、规模和特征因时代变化而各有不同。阶级分化则不然，它通常只出现在社会结构或社会关系发生巨大变动的特殊历史时期，发生在

---

① ［苏］T. B. 里亚布什金、Г. B. 奥西波夫：《苏联社会学》，陈一钧、哈余灿译，461 页，北京，中国社会科学出版社，1986。

② 宋林飞：《现代社会学》，406 页，上海，上海人民出版社，1987。

社会历史的转折时期。因此，从社会历史发展的纵向上考察，阶级分化是具有特殊性和阶段性的社会现象，社会流动却是具有普遍性和共时性的社会现象，故此，仅仅运用具有特殊性的阶级分化概念，显然无法准确、完整地分析和揭示关于人们社会地位频繁变动这一具有广泛性和普遍性的社会历史现象。不容否认，概念并不产生社会历史，相反，它只能是人类认识、理解社会历史的产物；它也只能随着人类对社会历史认识的不断深化而形成、消亡、更新。所以，社会流动概念向史学领域的渗透就成为社会史学科发展的必然要求。

当然，社会流动与阶级分化或阶级关系的变动并不是截然两分的，正像社会生活的历史进程是一个统一的有机体一样，它们在现实生活中也表现为相互关联相互作用的统一的动态进程。通常，自由性社会流动只是特定社会结构稳定状态下，调节人们社会关系确定人们社会地位的一种运动过程，它不会引起阶级关系的重大变动；但是，在社会生产力或社会制度变革作用下形成的结构性社会流动，却常常以强制力量促使某一阶级或阶层大规模地流向别的阶级或阶层，它不仅会造成两极殊分的趋势——由此导致剧烈的阶级分化，而且也将最终使旧有的社会结构发生根本性变动。显然，阶级分化又是结构性社会流动的最终结果。

事实上，社会流动是人类社会发展所生成的一种内在机制，它使社会结构在动态流动中获得了自我调节的功能，借助这一机制，社会阶级、阶层结构得以不断平衡和调适。同样，社会阶级结构也制约和影响社会流动的性质。在人类跨入文明时代以后，社会阶级结构便决定着每个社会成员和社会群体在社会关系体系中的地位、身份乃至职业，并从根本上影响个人的生活方式和整个社会秩序。在不同的社会阶级结构中，必然形成特征不同的社会流动模式。印度的种姓社会在婆罗门、刹帝利、吠舍、首陀罗、贱民各种姓之间严禁通婚和任何形式的交往，种姓之间既无代际流动，也无社会关系空间上的流动，社会流动只能局限于各种姓之间的水平流动，形成一种极度封闭性的社会流动模式。

在中国封建社会阶级结构中，社会流动模式是混合型的。这是一种适度型封闭(而不是极度封闭)的社会流动,它既严格限制垂直流动在任何阶级、阶层间自由发生,如贵族以血亲和特殊功勋形成世袭的特权等级,不轻易允许较低级阶层向贵族流动,平民的上升流动也从法律上加以限制;又保证一定范围内的上升性流动,如在平民阶层和绅士阶层之间,有水平流动也有垂直流动。

况且,在任何社会阶级结构中处于不同地位的社会成员都存在一个代际间的社会继替问题。步入社会的新成员都是在特定的社会结构中不断追寻着自己所能够获取到的社会位置(地位),并由此归属于某一阶级、阶层或集团。实际上,社会阶级、阶层和社会集团成员的变动和代际更替通常都是通过社会流动机制来实现的。而且在基本阶级结构、社会结构不变的情况下,由于劳动生产率的变化和其他自然、社会因素的影响,也会在各阶级、阶层之间出现明显的成员的流出和流入现象,"这些也都是通过社会流动来实现的"[1]。社会流动机制一方面为个人或家族提供了获取地位和改善地位的社会渠道,另一方面,又调适了社会阶级、阶层结构的动态性平衡。所以,即使是在闭锁的封建社会结构中,社会关系的调节、平衡和稳定,很大程度上也是通过社会流动机制来实现的。尽管社会流动和阶级分化内涵不同,视角不同,但在社会历史运动过程中二者的内在相关性却甚为紧密。因此,借助社会流动概念分析社会历史现象,不仅不违背阶级分析观点,而且会使阶级分析本身拥有更加丰富、充实和细化的社会内容。无疑,通过社会流动这一中介来观察社会结构,会看到社会变动的另一番历史景观。

通常,社会流动的性质由社会结构本身所制约。在封建社会结构中,"绅为一邑之望,士为四民之首"的社会等级规范,刺激着整个社会的平民做出向绅士阶层流动的努力。在相对闭锁和稳定的封建社会结构中,社会流动的形式被长期累积的封建文化的价值指向所约定,并最终由封建制度所给定。

---

[1] 《社会学概论》编写组:《社会学概论》,149页,天津,天津人民出版社,1984。

《荀子·效儒》篇中所谓由贱而贵、由贫而富的"唯学"道路，同后世社会"学而优则仕"的人生箴言，就是对那个时代社会流动形式的最高概括。稳定化和制度化的流动渠道就是科举制度。科举制度作为封建时代社会流动的基本途径，从表象上看的确是十分公正的，因为它在形式上一般是排除贫富、门第、血缘等先赋性因素的。事实上，历史上也并不乏贫寒之士荣登榜首而富贵天下的实例。在科举制度下，"生员由童生考取，读书子弟除极少数属于所谓倡、优、隶、卒等户外，都可应考，因此都有机会登上科举入仕的荣显之途"①。儒家文化尽管推崇和维系身份社会，但同时又侧重以个人成就因素决定身份。这一看似矛盾的学说，通过科举制度得以统一在现实的社会生活中。正是在文化或生活的矛盾运转中，这一制度性流动形式，既成就着个人和家族的前程和地位，也推动着封建帝国社会秩序的平衡和文明的运行。据何炳棣先生统计，有的州县在明代约有四分之三的生员，清代约有二分之一以上的生员出身寒微，祖上甚至未曾有过生员。明清两代的进士，平均也有百分之四十以上出身于从未有过功名的家庭。封建社会本来就不像资本主义社会那样，以赤裸裸的金钱货币来维系人的社会关系，尤其在以"仁义礼智信"为精神支柱的中国封建社会里，在人的社会关系和社会结构形成过程中，更多地罩上了一层温情脉脉的面纱。

然而，科举制度形式上的平等被它所具有的严格的淘汰规则和漫长的竞争路途所限制。作为以个人学问成就为取向的科举制度，要求踏入此途的社会成员必须经年累月地脱离生产和维持生计的活动，而主要专心致志于"八股"考试。因此，它最终要求参加科举的社会成员必须具备基本的条件：一是足够的土地或其他经济来源，二是一定的家庭文化教育背景。因此，"在绝大多数情况下，中榜登科的还是士绅阶层的子弟"②。大多数农民和平民阶层事实上很少参与这一纵向流动。根据《道光甲辰恩科直省同年录》的抽样统计，其祖、父有功名身

---

① 王德昭：《清代科举制度研究》，67 页，北京，中华书局，1984。
② 张德胜：《社会原理》，282 页，台北，巨流图书公司，1984。

份的举人所占比例占绝对的多数，参表1①。

表1　绅士家庭出身的中举情况

地区	中举总人数	祖、父有功名者	百分比/%
山东	69	60	87
山西	60	33	55
四川	60	23	38.3
广东	71	48	67.6
广西	45	31	68.9
云南	54	34	63
贵州	40	5	12.5
顺天	239	166	69.5

通过科举制进行上升性社会流动的集团力量，主要限于具有功名身份的绅士或绅士家庭。虽然科举制度具有明确的人才甄拔作用，但同样以等级累造的科举功名体系，注定只有极少数绅士可以博取到进士、举人等中高级功名而跻身于官僚阶层。道光甲辰（1844）恩科中举者为1010人，而其中上升流动为进士者仅有209人，占20.7%。② 在咸丰元年（1851）的科试中，全国（广西除外）中举者1789人，上升流动为进士者249人，占13.9%，后实授官职者317人，占举人（考取进士者不计）的20.6%，候补者72人，占4.7%，两者合计共占25.3%，尚有74.7%的中举者仍处于"社会沉淀"状态。③ 对于大多数绅士而言，他们最终都无法成就"学而优则仕"的社会垂直流动和实现封建社会人生追求的夙愿，对此，通过湖北和山西一些县的科举统计情况我们可知一二，参表2。④

---

① 据《道光甲辰恩科直省同年录》（光绪刻本）统计。
② 据《道光甲辰恩科直省同年录》（光绪刻本）统计。
③ 据《咸丰辛亥恩科十八省乡试同年录》（清咸丰二年刻本）统计。
④ 据《湖北通志》和民国《太谷县志》《安泽县志》《虞乡县志》资料统计。

表 2　社会垂直流动中的绅士

地区	进士	举人	贡生	生员	说明
湖北	257	1369		47310	咸丰十年至光绪三十一年
山西太谷	12	85	105	920 左右	道光二十一年至宣统三年 生员按每次取 20 名计之
山西安泽		2	76	920 左右	
山西虞乡	1	10	52	920 左右	

因此，通过科举制度完成社会垂直流动的绅士仅占 3%～4%。当然，这不能完全归咎于科举制度本身。

任何社会都有内在的调节功能，社会流动必然受到封建社会结构的制约。"一个社会中社会流动的程度取决于两个因素：可以获得的地位的多少，以及人们从一种地位向另一种地位移动的难易程度。"[1]因而，在以身份等级为主要结合方式的封建社会中，较高的身份和等级地位必然受到制度性的严格限制。按清朝官制，全国的正式官员大约有 2 万名文官和 7000 名武官，在职的官吏人数甚少。与此相应的另一情况是，在任何时候都只能有少数合格的功名获得者：举人共有 18000 名左右，进士 2500 名左右，翰林 650 名左右。[2]况且，19 世纪中期以后，清王朝出于财政的需要广泛采用了捐纳制度。由此，"官有定价，可以报捐实官与花样。实官可以捐至府道，而花样则有所谓捐花翎，捐升衔，捐尽先补用，捐单双月，捐免验看，捐封典等……名器之滥至此而极……是直同贸易矣"[3]。虽然社会上对捐纳制度的舆论批评不绝如缕，然而，作为附丽于封建政治制度腐烂机体的捐纳制度，如同扼制生命的癌细胞一样迅速地生长蔓延着。据计，在太平天国运动前捐官的总人数为 3.5 万人，而在 19 世纪最后 30 年中，捐官人数

---

① ［美］伊恩・罗伯逊：《社会学》上，黄育馥译，305 页，北京，商务印书馆，1990。

② ［美］费正清编：《剑桥中国晚清史（1800—1911 年）》上卷，16 页，北京，中国社会科学出版社，1985。

③ 凌惕安：《咸同贵州军事史》第 2 册，46～47 页，台北，文海出版社，1967。

达到 53.4 万人。① 咸丰十年(1860)以后,通过捐官途径得官的四品到七品的地方官竟多于通过正常的科举途径得官的人数。② 在官吏和有官衔的人当中,捐纳的比例高达 66%。③ 因而,在漫长而艰难的科举路途上得以鱼跃龙门,对于每个个体而言,偶然因素或许起着重要的作用,但对于绅士阶层整体而言,历史的必然性最终起着决定性的作用。

舍此以外,通过办理团练、兴办军务而膺获保举,也是绅士上升性流动的途径。"从前三省教匪滋事,尽有义勇出身擢至大员者。"④在叶名琛当政广东期间,香山团练首领绅士林福盛因"表现十分突出,从一名普通士绅屡保至知府衔"⑤。特别是在战争期间,由保举而进身的绅士所在尤多。据统计,仅在湘军集团中"以此邀富贵而幸功名,所在亦不乏"⑥,由保举而官至督抚的各类功名之士就达到 26 人之多⑦。由此形成"发捻平后,保案累牍,世职云起,浸浸乎有官多于民之势"⑧。但是,军功保举究竟不是常规性制度流动方式,而且由此流动的人数相对于数量庞大的绅士阶层而言是微不足道的,它不会从根本上影响科举制度流动本身,而仅为其补充。因此,我们确信,科举制度或封闭型社会流动,除了其明确的官僚选拔作用外,它的隐形作用就是使 96% 左右的绅士"沉淀"下来,形成封建社会结构中一个相对稳

① 张仲礼:《中国绅士——关于其在 19 世纪中国社会中作用的研究》,103~111 页,李荣昌译,上海,上海社会科学院出版社,1991。

② [美]费正清编:《剑桥中国晚清史(1800—1911 年)》下卷,617 页,北京,中国社会科学出版社,1985。

③ 张仲礼:《中国绅士——关于其在 19 世纪中国社会中作用的研究》,李荣昌译,116~117 页,上海,上海社会科学院出版社,1991。

④ 《筹办夷务始末(道光朝)》第 3 册,1316 页,北京,中华书局,1963。

⑤ [澳]黄宇和:《两广总督叶名琛》,区铿译,51 页,北京,中华书局,1984。

⑥ 郑献甫:《补学轩文集》卷四,18 页,台北,文海出版社,1974。

⑦ 罗尔纲:《湘军兵志》,56~65 页,北京,中华书局,1984。

⑧ (清)刘锦藻:《清朝续文献通考》卷八四《选举一》,8423 页,北京,中华书局,1986。

定的社会集团力量。

流动中的"社会沉淀"基本以生监为主，他们构成地方绅士的主体，并以高于平民的社会地位，成为基层社区的控制力量。这在动荡时期崛起的地方团练中表现得尤为突出。如在川楚白莲教大起义时期，各地团练领袖的出身情况，参表3。[①]

表3　川楚白莲教起义时团练中的绅士

出身	进士		举人		贡生	廪生	监生	生员		捐职	平民	总计
	文	武	文	武				文	武			
人数	0	0	4	9	8	3	32	18	13	5	11	103
百分比/%			3.9	8.7	7.8	2.9	31.1	17.5	12.6	4.9	10.7	

其中平民为团练领袖者11人，占10.7%，绅士92人，占89.3%。

绅士中进士、举人极少，基本以生、监为主，几乎占50%。鸦片战争后，地方绅士的权力并未减弱，反而呈上升趋势。在太平天国运动时期，地方团练领袖仍然以绅士为主。如《浙江忠义录》中所记载的两江地区的团练领袖情况，参表4。[②]

表4　太平天国时期两江地方团练中的绅士

出身	进士		举人		贡生	廪生	监生	生员		捐纳	乡绅	农	工商	不详	总计
	文	武	文	武				文	武						
人数	7	0	20	10	17	6	23	5	49	15	18	4	7	53	234
百分比/%	3		8.5	4.3	7.3	2.6	9.8	2.1	21	6.4	7.7	1.7	3	22.6	

可知，平民出身的团练领袖仅占27.3%，绅士占72.7%。这当然不是个别地区的特殊情况，它基本上如实地反映了地方绅士对基层权力控制的一般情况。征以其他资料，我们可以发现各地团练领袖基本都是以绅士为主的：

---

① 参见石侯编：《勘靖教匪述编》卷一至卷十，台北，成文出版社，1968。

② 参见浙江采访忠义局编：《浙江忠义录》卷四至卷五，台北，明文书局，1985。

江苏	士绅占 61%	平民占 39%①
广东	士绅占 78.4%	平民占 21.6%②
广西	士绅占 80.9%	平民占 19.1%③
湖南	士绅占 56%	平民占 44%④

社会结构本来就是一个诸因素相关甚密的系统。处于封建社会结构中心的绅士阶层的流动和"沉淀",从根本上对于传统社会结构本身起着重要的稳定和平衡作用。

第一,绅士阶层的形成和存在,为封建社会的官僚队伍提供了充足的后备力量。科举之士一般在 30 多岁步入仕途,60 至 70 岁告老还乡,其流动速度和幅度都较大。这既能保证官僚队伍每年有一次较大的流动,造成官场中部分新人涌入,又因其补充和流动的新人比例不是很大,而使官员结构保持相对稳定,有利于统治阶层的新旧交替,使社会政治处于相对稳定的流动态势。此外,绅士阶层的存在也为退出官场的"富贵者"提供了荣归的社会场所。"绅出为官,官退为绅"⑤,官、绅两个阶层之间的流动和不同社会角色的转换,体现了中国封建社会政治在适度流动中获致平衡与稳定的基本特征。

第二,绅士阶层的流动与"沉淀",对于封建社会基层社会结构的稳定起着重要调节作用。在清代社会组织结构中,绅士是上层社会和基层社会结构的中介。清末基层社会组织,无论是保甲(或里甲)还是团练,抑或是宗族,都兼有政治、经济、军事三方面的职能,都是社会的控制系统,其间都离不开绅士阶层的参与,如图 1 所示⑥。

---

① 参见《近代史资料》总第 34 号,北京,中华书局,1964。

② 参见《南海县志》(同治十一年)、《番禺县志》(同治十年)、《东莞县志》(宣统三年)、《茂名县志》(光绪十四年)。

③ 参见张月卿:《平桂纪略·广西昭忠录》,台北,台湾学生书局,1972。

④ 参见《湖南通志》卷二七,光绪十一年。

⑤ 《江苏学务总会文牍》,84 页,上海,商务印书馆,1906。

⑥ 张研:《清代族田与基层社会结构》,224 页,北京,中国人民大学出版社,1991。

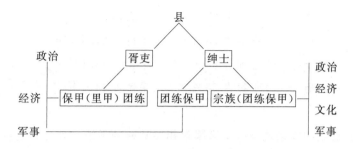

图1　基层社会控制体系中的绅士

因此，整个基层社会控制、社区的稳定，都是借助绅士的力量来实现的。

第三，绅士阶层的流动和"沉淀"，成为封建社会权力结构体系正常运转的基本条件。中国封建社会是高度集权化的政治体制和高度分散的小农经济的统一。但封建政权（皇权）事实上不能介入分散的彼此隔绝的小农社会。"在正式的权力机构无法深入社会基层的中国传统社会中，士绅阶层与正式权力机构之间形成了一种相互依存的关系。"① 或者说，"皇权"与"绅权"形成了对中国封建社会权力的分割与统一的政治格局，如图2所示②。

图2　皇权与绅权关系

毫无疑问，绅士阶层的社会流动过程（封建型流动），实质上就是封建社会中最基本的等级身份的形成过程。这一过程既使各个社会成员在社会结构中定位，又使得封建社会政治结构在动态中获得平衡与稳定。

---

① 孙立平：《辛亥革命中的地方主义因素》，载《天津社会科学》，1991(5)。

② 吴晗、费孝通 等：《皇权与绅权》，135 页，天津，天津人民出版社，1988。

二、近代的社会流动

诚然，如果社会流动只是局限于一个封闭的等级圈内，每一代人都只是通过流动进行社会结构的再生产，而不能形成整个社会的流动，那么，封建社会就会稳定地永远存续下去。然而，鸦片战争后，中国的社会结构毕竟开始发生裂变，稳定的社会分层状况被打破，社会分工科层化（Bureaueratization）。整个社会结构开始由封闭走向开放，这导致了社会流动发生质的变化：由封闭型流动发展为开放型流动；社会流动开始冲破等级身份的阻碍，在更广泛的社会阶层中发生。

近代中国社会处于剧烈的变动之中。西方列强以携雷挟电之势向古老的中国进逼，"它迫使一切民族——如果它们不想灭亡的话——采用资产阶级的生活方式"[①]。商品市场、劳动力市场、资本、机器、新的生活方式及其价值观等，近代社会的诸多变化，促使社会阶级结构关系也发生急速变动。这一变动首先表现为普遍的社会流动现象。

封建社会结构中的社会流动是封闭型的，社会阶层的垂直流动主要局限于平民—绅士之间。这种闭锁的社会流动突出体现为封建社会结构的社会关系的再生功能，而不曾体现为社会经济、技术进步引发的社会结构变动。因此，本质上封闭的封建等级、身份制度，从根本上限制和阻碍社会流动，致使绅士阶层不仅成为非身份性平民流动的唯一社会定向，而且借助科举实现制度性流动的社会集团力量也主要限于绅士阶层。

中国社会由古代迈向近代以后，社会生活发生了亘古未有之变化。"迩来欧风东渐，生活程度日益增高，向来单纯之农业，端不足以应今日繁重之需求，于是工商兴焉……"[②]在娘子关内的山西新绛县尚且如此，通都大邑和东南沿海地区的生活变化更是可想而知。随着新的经济关系的产生和发展，随着社会分工的日趋精细，"世业恒为"的职业

---

① 《马克思恩格斯选集》第 1 卷，255 页，北京，人民出版社，1972。

② 《新绛县志》卷三《生业略》。

结构和"士农工商"的社会结构模式发生了裂变，与新的经济、技术、职业联系着的社会流动的普遍发生，便成为中国社会由封闭走向开放的重要特征。

近代社会流动伴随着新的社会职业的出现而发生。可以说最早与商品经济紧密结合，并与外国资本集团联结的买办职业的出现，是近代社会流动的开端。

买办①一词早已有之，但并不具有买办的近代含义。在鸦片战争前，买办一般是指管理外国商馆的内部经济和事务的人，诸如总管、账房、银库保管，以及照管外商贸易、生活等方面事情的办事人员。"遇洋船来，十三行必遣一人上船，视货议价，乃偕委员开舱起货。乃货售罄，洋人购办土货回国，亦为之居间购入。而此一人者，当时即名之为买办。"②早期买办并不具有阶级特征，而首先表现为一种近代社会的新职业。

鸦片战争后，公行制度被废弃，买办不再受公行控制而直接受外国资本的雇佣，充当外商在华推销商品、购买原料的中介。随着外国经济侵略活动的扩大，买办职业也发展起来。"沪地百货阗集，中外贸易惟凭通事一言。"③一种新的职业集团的出现，是社会生活与社会分工发生变化的体现。鸦片战争后，在封建社会传统的"士农工商"结构之外，外商经济强行打入中国市场，适应这种社会生活变动的需要，买办这一职业集团应运而生。五口通商后，中外贸易活动日趋发展，从事买办职业的人数也不断增长，"遂于士农工商之外别成一业"。④随着近代买办职业的兴起，一部分商贩、行商由传统的"末商"职业向买办新式职业流动，由此形成了具有近代特征的社会流动。

近代中国最早的社会流动即表现为由商贩、学徒、游民向新式买

---

① 明朝称专司宫廷供应的商人为买办。

② （清）徐珂编撰：《清稗类钞》第5册，2319页，北京，中华书局，1984。

③ 王韬：《瀛壖杂志》，见刘惠吾：《上海近代史》上，230页，上海，华东师范大学出版社，1985。

④ （清）冯桂芬：《上海设立同文馆议》，见《显志堂稿》卷十，18页，台北，文海出版社，1974。

办的流入。但是，作为一种新的社会职业的买办，也具有"商"的性质和特征，在传统社会结构及其价值观念体系中，仍然被视为"贱商"之业，上层阶级和有身份的人并不屑为此。故而，最初的社会流动一般限于由较低贱的阶层向买办的流入。然而，买办商人凭借着丰厚的经济收入和外国领事裁判权的庇护①，事实上在社会中享有独特的优越地位。在近代社会变动中，经济力量始终是分解封建等级身份结构和稀释浓厚的等级观念的主要因素。因此，买办职业以其优厚的经济地位和社会地位最终也成为上层阶级追求的目标。在近代中国社会的后期，一些绅士或权贵阶层的成员也开始向着买办流动，于是，两江总督沈葆桢的孙子沈昆山、禁烟督办柯逢时的儿子柯纪文、福建知事胡琢之的儿子胡二梅、直隶总督李鸿章的乡友吴洞卿、山东巡抚孙宝琦的把兄弟王铭槐，甚至翰林院的编修江霞公等都摇身一变成为追逐利润的买办。

向买办职业的流动是近代社会流动的开端。它的时代意义就在于由此冲破了传统的局限于绅士阶层的封闭型社会流动的格局，扩大了社会流动的参与阶层。随着社会结构和社会生活的更深层次的变动，参与流动的人数和社会阶层都在迅速地增长和扩大。如此，开放性近代社会流动的序幕就正式开启了。

发生在早期的"无业商贾""义学生徒"向买办的流动，是近代社会非身份等级制度制约下的社会流动。随着社会生活的进一步变化，随着近代生产关系、生产技术向中国社会生产领域的引进的发展，社会流动日益超越传统的封闭模式而成为最频繁、最普遍的社会现象。19世纪 60 年代以后，社会流动的范围已不局限于"买办"，其流向表现为多样化趋势。

从 19 世纪 60 年代开始，洋务运动导致了中国社会产业结构的变化，以西方机器生产设备和技术为基础的近代工业系统的出现，促使传统的"士农工商"结构发生质的变化。到 19 世纪 90 年代中期，洋务企业

---

① 中国人民银行上海市分行：《上海钱庄史料》，38 页，上海，上海人民出版社，1960。

共设立了 40 个，创办资本约 4500 万两白银，雇佣工人达 13000～20000 人。[①] 19 世纪 70 年代后，民族资本企业也缓慢生长起来，截至光绪二十年(1894)，民族资本兴办的近代企业共 136 个，创办资本约 500 万两白银，雇佣工人约 30000 人。[②] 近代企业的建立和发展及其引发的产业结构变化，导致了社会职业结构和社会分工的细密，并由此推动了两个方向的社会流动：一是由官僚、商人、买办向资本家企业主的转化，二是由破产农民、市民、手工业者向近代雇佣工人的转化。

不同人群向企业主、资本家和向工人的流动，是随着近代中国社会内部变革，适应社会生活发展需求的流动，它在一定程度上反映了中国社会结构变动的历史趋向。因此，作为同近代中国社会发展起伏缓急密切关联的社会流动，它在早期阶段呈现出如下几个特点。

第一，社会流动频率逐步加快。无疑，从现有史料中科学地、准确地测定社会流动的频率是很难做到的，但通过新式企业兴建的情况也可以理出一个基本的趋向。从 19 世纪 60 年代到 90 年代，中国近代企业有 170 多个，平均每年有 3 个企业出现。在上海，光绪十六年(1890)后的 5 年内，平均每年有 7 个新企业诞生，再加上外国资本的 100 多个企业，仅由农民、手工业者、市民流向雇佣工人的人数就约有 10 万人，其中流向中国自办企业的工人约有 6 万人，平均每年约有 2000 人向工人职业方向流动。[③]

第二，社会流动范围呈现扩大趋势。最早的社会流动的流向限于买办，流源限于商人、贩夫等，参与社会流动的阶层范围是狭小的。但在近代社会企业推动下的社会流动，其范围却日趋扩展，流向不仅由买办扩展到企业主、资本家、工人，而且流源扩展到官僚、地主、商人、买办、农民、手工业者、学徒等诸多社会阶层。

---

① 孙毓棠：《中国近代工业史资料》第 1 辑(上)，565～566 页，北京，中华书局，1957。

② 孙毓棠：《中国近代工业史资料》第 1 辑(下)，1666～1773 页，北京，中华书局，1957。

③ 参见《旧中国的资本主义生产关系》编写组编：《旧中国的资本主义生产关系》，24 页，北京，人民日报出版社，1977。

尽管近代社会流动具有开放性特征，因为流动本身已不再受到身份或等级的限制，但就社会流动的方式、规模而言，在甲午战争前近代社会流动还属于自由流动。自由流动是指由于特殊原因引起的单个人的流动，它还不表明大规模的阶级、阶层的整体变化，也不足以引起较大的社会结构的变动。因为新兴的百数十个近代企业对于整个封建经济结构和阶级结构，并不形成根本性冲击；而且向近代企业主、资本家的流动还处于过渡状态，很多人是以封建官僚身份来"督办"企业的，官僚仍具有封建社会独特的身份、地位和权威，不曾真正流变为资本家。数万雇佣工人相对于四亿人口的农民，也远远不足为数，而且它并没有引起农民阶级结构性变动。

然而，近代开放性社会流动，毕竟是中国近代社会生活演进规律的表现，所以自由流动既已发生，就具有不可遏止的趋势，它的产生、发展也就为结构性社会流动规划了基本走向和提供了必要的历史前提。甲午战争后，由于民族危亡的刺激和民族意识的觉醒，以"救亡"为目的的"实业"热潮推动着近代企业建设，获得了空前发展。同时，文化、教育领域的变革和政治领域的革新，标志着近代中国社会结构的深层次剧烈变动。适应这一变动的社会流动也由自由流动发展为结构性流动。结构性流动是指由于生产技术或社会方面的变革、革命而引起的大规模的阶级、阶层或人口地区分布的变化。甲午战争后近代社会流动已在规模和流向上具备了结构流动的特点。

其一是社会流动规模迅速地扩大了。甲午战争后，近代中国的民族资本企业形成三个大的发展高潮，到1913年新设的民族资本厂矿达到549家，比甲午战争前增长了36.6倍。[①] 因此，向新式企业主、资本家的社会流动至少扩大了30倍。同时，近代企业的发展规模，也带动了相应的向工人阶层的流动规模的扩大，流向工人的总人数已达到200万左右。

其二是社会流向的扩大。甲午战争后中国社会结构表现了经济、

---

① 中国人民大学政治经济学系编：《中国近代经济史》上册，224页，北京，人民出版社，1979。

文化、教育、政治结构的全面而深刻的变动，一些新兴的社会生活领域和事业相继兴起，诸如报刊业、学堂教育、社会团体事业、新政的出现，导致了社会职业结构的根本性变化。一些阶级和社会集团为了适应新的社会职业、新的社会角色，其社会流动呈现出复杂多向的趋势。作为具有功名身份的绅士阶层不仅向企业主、资本家流动，更大量流向了编辑、教师、社团法人代表等自由职业，而且还有举人、秀才充军的向下层社会的流动。

社会是一个诸因素密切相关的有机体。社会流动不是孤立的社会现象，它受社会结构和社会生活变动的制约。社会生活愈是走向开放，社会工业化程度愈高，社会分工愈精细，社会流动频率就愈快，流向就愈广泛。那么，近代中国的社会流动的总体特征如何呢？我们可以从"流源""流向""流程"几个方面做一简略的分析。

流源，是指参与社会流动的分子（阶层），相对于该阶层向其他阶层流入的方向而言。流向，是指社会流动的基本方向，即所要流入的阶层。流程，是指社会流动的过程，即由流源到流向的变化过程。

近代中国早期的社会流动情况可以用流动过程图式表示，参图3。

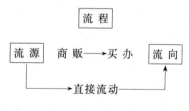

图 3　直接社会流动

由商贩到买办的流动，是一种简单的流动，其流源、流向都是单一的。19世纪60年代以后，由生产方式和技术设备引起的社会流动开始呈现由单一趋于复合的走向。参与社会流动阶层已是明显地扩大到诸多社会阶层，如官僚、绅士、地主、买办、学徒、农民、手工业者等。社会流动的流向也由单向变为多向——买办、企业主、工人，甲午战争后又扩展到报刊主笔、编辑、学堂教师、兵士等。在社会流动的流程上也出现了间接的复合流动，如徐润、祝大椿等人的流动过程，参图4。

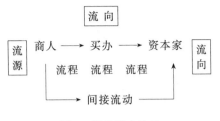

图 4 间接社会流动

近代社会流动是不断发展的历史过程，商人在第一阶段经过流动变为买办者，随着 19 世纪六七十年代近代企业的发展，他们再度参与流动，由买办流向近代资本家集团。这是一个完整的整体流动过程，它是社会流动更加广泛、社会结构趋于开放的显著特征。徐润、祝大椿、朱志尧等都是经过这一流动程式由买办成为资本家的。他们在"早期的中国私人工业投资资本中占第一位，1895 年以后开办的棉纱、面粉、缫丝厂和航运企业的创办人数中，买办(仍)占第二位"①。买办阶层是近代中国社会流动中变动最早也最为显著的社会集团，它的流向既反映帝国主义侵华的特征，也受到中华民族意识觉醒和民族反抗斗争的时代制约。

在近代中国开放型流动过程中，由自由流动到结构流动，从社会关系的变动趋向上体现了近代中国社会结构的深刻变化。正是在这一社会流动的总体格局中，作为封建社会中一个独特阶层的绅士集团，展示了完全不同于传统社会结构中的社会流动的时代特征。

三、绅士的多向流动

在近代中国新旧蜕变嬗替的社会变革过程中，社会流动的形式与内容，自然昭示出一个时代行进的历史趋向。绅士阶层不仅仅是封建社会结构中社会流动的"交汇点"，而且也是近代中国社会结构中流动演变最为剧烈的集团力量。在近代社会结构的历史性裂变过程中，"士

---

① 凌耀伦、熊甫、裴倜：《中国近代经济史》，157 页，重庆，重庆出版社，1982。

农工商"的传统结构发生了根本性错位，标志着绅士阶层由封闭型社会流动向近代开放型社会流动的过渡。

随着近代买办商人和新式商人经济实力的增强，商人阶层对于近代社会生活的影响力日趋增长。因此，近代商人不甘蛰伏于"四民之末"而努力向绅士阶层流动，"惟经营大获，纳资得官，乃得厕身缙绅之列"①。由于对外贸易的兴盛，在沪的浙江宁波籍买办集团自上海开埠后，已逐渐取代了粤籍买办的地位，如杨坊、陈竹坪、陈裕昌、王槐山、王一亭、虞洽卿、叶澄衷等皆因买办而致巨富。他们一方面将其资财投向新式企业，另一方面以其资财捐纳职衔翎顶，向绅士阶层流动。浙江南浔是贸易繁盛的丝业市镇，因营丝而富的梅鸿吉、蒋堂、刘镛、周昌炽、庞云增也都千方百计跻身于绅士阶层。在近代，骤富的商人们或者像南浔四象之一的庞元济捐纳官衔②，改善其社会地位；或者像木渎镇商人钱坚以经济实力使子孙获取科举功名③。近代由商向绅的流动，不仅改变了绅士阶层的构成，而且也必然导致封建身份等级结构的破解。历史运动的最终结果常常与它最初展示的历史表象的变化方向相反，或许这正是人们永远追求而又不易探寻到的客观历史规律的残酷无情。

随着近代中国社会生活的变化和近代新式商业、企业的不断涌现，由"商"向"绅"的逆向渗透很快被"顺向渗透"所取代。传统的功名身份甚至官职爵禄已不再是社会唯一的价值指向，失去了固有的吸引力。由官绅向企业主流动的朱仲甫深有感触地说："我从政数十年，乏味的很，要做实业。"④上海开埠初期，就有一位买办劝告他醉心科举功名的侄儿说："我建议你不要投身宦途……过去十年外商在上海贩运丝、茶出洋，牟利颇厚，业务极为兴旺……我希望你学习英语，然后我推

---

①　《论整顿茶市》，载《申报》，1880-05-06。

②　(清)周庆云：《南浔志》卷三三，1922。

③　(清)张壬士辑：《木渎小志》卷二，1921。

④　汪敬虞编：《中国近代工业史资料》第2辑(下)，708页，北京，科学出版社，1957。

荐你到洋行工作。"①曾经居于传统社会的"末商",居然对"四民之首"形成如此巨大的吸引力,这一社会变动无疑体现了时代迈步前行的力度。"同光以来,人心好利益甚,有在官而兼营商业者,有罢官而改营商业者。"②社会价值指向发生了根本性逆转。

甲午战争之前,盛宣怀等一批洋务官绅经营近代企业,是由绅向商流动的开始,而在1895—1913年近代民族资本企业创建热潮中,官、绅向商人(企业主)的流动已是极为普遍的社会现象了,如"湖南诸绅现已设立宝善公司,集有多股,筹议各种机器制造土货之法,规模颇盛"③。在近代燃料开采、金属采冶和纺纱业中,绅士投资创办者占有相当的比例参表5④。

表5　近代企业投资与创办者的身份

企业类别	商办企业	投资创办者的身份				
		绅士及绅士家庭	商人	其他	不明者	买办
纺纱	18	11		1	2	3
金属采冶	10	2	2		5	
燃料开采	25	12	3	1	9	

受资料的局限,我们尚不能对近代绅—商的流动状况做出确切的量化分析,但依据现有资料也可以粗略地了解到绅士在民族资本工业创办者队伍中,究竟占据了什么样的地位。《中国近代工业史资料》曾对所记载的"工业投资者示例"48人(除华侨外)的出身做了一个初步分类⑤:

①　Hosea Ballou Morse,"In the days of the Taipings,"Massachusetts,The Essex Institute,1927,p.66.

②　徐珂编撰:《清稗类钞》第4册,2319页,北京,中华书局,1984。

③　张之洞:《华商用机器制货请从缓加税并请改存储关栈章程折》,见《张文襄公全集·奏议》卷四五,3266页,台北,文海出版社,1966。

④　参见汪敬虞编:《中国近代工业史资料》第2辑(下),872~924页,北京,科学出版社,1957。

⑤　参见汪敬虞编:《中国近代工业史资料》第2辑(下),926~976页,北京,科学出版社,1957。

绅士　　18人　　商人　　　　8人

买办　　20人　　学徒、工人　2人

事实上这一分类诚如"编者按"所言："本节虽将官僚地主阶级的士绅和商人作了区分，但有许多人是先商后官，或亦官亦商的"，"中国资本家之为官为商，竟不能显为区别"。[1] 认真检阅史料，我们不难发现，书中所列"商人""买办"两类中，很多人都属于获得了身份和头衔的绅士，而并非纯粹的"商人"或买办，参表6。[2]

表6　《中国近代工业史资料》所列绅商身份

姓名	《中国近代工业史资料》所列身份	实际属于绅士的身份
周廷弼	商人	三品衔候补道
渠本翘	商人	进士、内阁中书
黄佐卿	商人	二品顶戴
曾铸	商人	一品封典花翎候选道
宋炜臣	商人	二品顶戴候选道
顾馨一	商人	绅士
叶澄衷	商人	绅士
郑观应	买办	监生
祝大椿	买办	绅士
朱葆三	买办	绅士
吴懋鼎	买办	道员
王一亭	买办	绅士
唐廷枢	买办	二品衔候补道

由表6可知，在这48人投资者中，完全属于商人出身者仅为1人，买办14人，而属于绅士者竟达到31人，约占统计示例人数

---

[1] 汪敬虞编：《中国近代工业史资料》第2辑（下），926～976页，北京，科学出版社，1957。

[2] 汪敬虞编：《中国近代工业史资料》第2辑（下），926～976页，北京，科学出版社，1957。

的 65%。

如果"绅—商"流动的数量分析还不足以显示出绅士阶层在近代资本家形成过程中的历史地位的话，那么，我们可以变换一个视角，即从"绅—商"流动的质量上做一番初步的考察。在甲午战争后中国民族资本企业大规模发展过程中，较大型的工厂企业和农牧垦殖公司主要都是由绅士们创办的，比如在新兴的近代纱厂企业中，绅士阶层的投资者就占有绝对的优势，参表 7。[①]

表 7　近代纱厂企业投资者身份情况

身份	纱厂	百分比/%	投资额/元	百分比/%
绅士	13	68	10004	73.3
买办	2	10.5	1680	12.3
钱庄主、商人	1	5.3	210	1.5
官僚	1	5.3	1200	8.8
不明	2	10.5	560	4.1
总计	19		13654	

历史表明，"最初一期所谓兴办实业，实在非可怜的小商人阶级所能担任，因此，私人公司也往往先归处于治者地位的士绅阶级"[②]。拥有百万元至数百万元的大资本家企业，一般都属于那些"通官商之邮"的有封建功名身份的大绅士。下列 11 个资本企业集团除祝大椿、曾铸属于由商向绅流动的特例外，其余都是甲午战争后由绅向商流动的典型，参表 8[③]。

———————

　　① 汪敬虞编：《中国近代工业史资料》第 2 辑（下），924 页，北京，科学出版社，1957。

　　② 瞿秋白：《中国之资产阶级的发展》，见复旦大学历史系编：《近代中国资产阶级研究》，4 页，上海，复旦大学出版社，1984。

　　③ 汪敬虞编：《中国近代工业史资料》第 2 辑（下），1091～1096 页，北京，科学出版社，1957。

表 8　甲午战争后的绅商流动情况

绅士	身份	创办投资企业	资本额/元
张謇	状元、修撰	27	7087700
祝大椿	二品顶戴花翎道	11	3445000
沈云沛	侍郎	13	4118000
严信厚	道员	14	8064000
宋炜臣	二品顶戴候选道	8	6969000
许鼎霖	二品顶戴候选道	10	5547000
周廷弼	三品衔候补道	8	1440000
楼景晖	四品候选州同	3	829000
曾铸	花翎候选道	3	1949000
张振勋	头品顶戴太仆寺卿	11	4858000
庞元济	四品京堂	6	2912000

毫无疑问，与西欧资产阶级是从"这个市民等级中发展"来的历史过程绝然不同，在近代中国资产阶级形成的早期阶段，绅士阶层始终是一个重要的社会集团力量。

需要特别加以说明的是，与时代发展节拍相谐和的绅士阶层向近代企业主的流动，虽然最初是发生于江南沿海沿江地区的时代发展趋向，但到 19 世纪末，却逐步成为浸及内地省份的一个普遍性的社会变动。如素以表里山河著称的较为封闭的山西，在一位旧式绅士的日记中也透露了这一时代变动的气息：

> 近来吾乡风气大坏，视读书甚轻，视为商甚重。才华秀美之子弟，率皆出门为商，而读书者寥寥无几，甚且有既游庠序，竟弃儒就商者……当此之时，为商者十八九，读书者十一二。①

掇起了青衿绅带的举贡生员们，在近代企业发展中寻求着符合时代要求的属于自己的新的落脚点：江阴有贡生吴听胪的华澄布厂，长沙有

---

① 刘大鹏：《退想斋日记》，17 页，太原，山西人民出版社，1990。

监生禹之谟的织巾厂，巴县有秀才杨海珊的火柴厂，厦门有生员孙逊的电灯公司，平陆有狄海楼的矿务公司……由绅向商的社会流动标志着时代发展的基本趋向，其质的规定性远远超越了具体数量统计的意义。①

这一时期的绅—商流动尚属于非强制性的自由流动，相对于百数十万之众的绅士阶层，这种自由流动的规模显然十分有限。但是，正是这种自由流动的逐步发展为绅士阶层的结构性流动创造了最基本的社会历史条件。

第一，它突破了封闭性社会结构的模式，促使不容僭越的"士农工商"社会结构发生了互动和互渗。"士"与"商"的相互对流和"绅商"阶层的出现，标志着社会由等级身份向平民化方向的发展。由此，近代社会由严格的"士农工商"之别向着"士官商民混一无别"②的方向发展。在这剧烈的社会变动中，绅士所具有的功名身份逐步趋于失落。传统的以"首""末"划分的"四民"，其等级的鸿沟在阶级、阶层间的流动中呈现出平均化的趋向，"士农工商，四大营业者，皆平等也，无轻重贵贱之殊"③。

第二，它引起了中国社会经济结构和阶级关系的新变化，并有助于封建社会价值取向的转移，淡化了绅士阶层对功名身份的向往。"于是风俗丕变，不重儒，应科试者少，士子多志在通晓英算。"④传统的"贵义贱利"价值观念，被"习尚日非""嗜利忘义"⑤的风尚所取代。由此，随着近代社会结构的深层变动，绅士阶层便发生了结构性的大规模流动。

对于绅士阶层而言，20世纪初年科举制度的废除和新式教育体制勃兴的社会变革，必然成为改变其历史命运的根本性转折点。"自变法以来，业经六七年，而老师宿儒皆坐困于家。"⑥由社会制度变革引发的结构性社会流动，对于社会成员个体而言，具有不容等闲的强制意

① 参见王先明：《近代绅士阶层的分化》，载《社会科学战线》，1987(3)。

② 《海宁州志稿》卷二四，1922。

③ 悲时客稿：《贵州贱业说》，载《大公报》，1902-11-20。

④ 陈训正等编：《定海县志》第2册，551页。

⑤ 许瑶光：《谈浙》，见中国史学会主编：《中国近代史资料丛刊·太平天国》第6册，615页，上海，上海人民出版社，1987。

⑥ 刘大鹏：《退想斋日记》，169页，太原，山西人民出版社，1990。

义。因此，这一时期的绅士阶层的社会流动的确不同以往。

首先，流动的广泛性。"科举既议停减，旧日举贡生员年在三十岁以下者，皆可令入学堂之简易科。"①在社会进步的巨大压力下，尘羹土饭的八股文和不合时宜的"功名"身份已经失去了维系其基本社会地位的功用，各省"数万举贡，数十万生员"不得不四方觅食，自谋生路，大批流向与新的社会分工相联系的各种社会职业阶层。据统计，清末20年间湖北地区的4万多名绅士中，至少有2万人是通过新式教育参与社会流动的，约占全部绅士人数的43%。②绅士们纷纷离却了曾经苦苦追逐的功名之途，在近代社会转型过程中获得了各种新的社会资格，形成了所谓既有"旧功名"又有"新学历"的双重身份。据民初《最近官绅履历汇编》统计，江苏地区具有双重身份的"功名"之士情况参表9。③

表 9　江苏地区新学历中的绅士

旧功名	新学历	占原功名人数/%
进士	留学	54.6
	新学堂	3.0
举人	留学	31.0
	新学堂	12.1
生员	留学	66.7
	新学堂	25.0

表9表明，在旧式功名之士中，至少有50%的人同时接受过新式教育而流向其他阶层。

其次，流动的多向性。在新旧教育体制的更替中，新学堂为绅士社会地位的重新选择提供了最基本的途径。以新式教育体制为中介，传统绅士获得了新的政治、经济、教育、工商、科技、军事、司法等

---

① 《管学大臣等奏请试办递减科举注重学堂折》，载《东方杂志》，第1卷，第1号，1904。

② （清）刘锦藻：《清朝续文献通考》卷九七，8572页，北京，中华书局，1986。

③ 王树槐：《中国现代化的区域研究——江苏省，1860—1916》，529～530页，台北，"中央研究院"近代史研究所，1984。

适应社会结构变动需求的专门知识和技能，从而流向了社会各个层次，如湖北地区绅士的多向流动情况，参图5。①

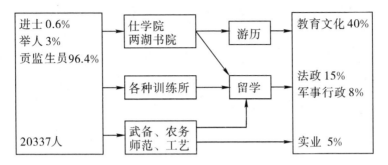

图5　湖北地区绅士的多向流动

在结构性社会流动中，绅士阶层的流向不再局限于单一的"绅—官"或"绅—商"流动格局，而呈现出多元分化的趋向，流向社会的各个方面：教育、文化、法政、行政、实业等。不仅如此，许多绅士还向社会下层流动，舍弃"功名"而充任兵士。1905年，《大公报》报道："深州举人胡某率本州举人七名，廪生三十余名，呈请练兵处王大臣，恳请分发各镇充当兵勇，以为中国文人秀士之倡。"②在清末新军兵营中，以举人、秀才身份当兵效力已是很普遍的社会现象。③ 有些绅士甚至流向秘密社会，"绅衿与哥老会多合为一气"④。因此，清王朝所忧心的"前闻举贡生监，以考试既停无所希冀，诗书废弃，失业者多，大半流入会党"⑤，绝非耸闻之词。

毋庸置疑，结构性社会流动，导致绅士阶层社会地位的根本变动。

① 苏云峰：《中国现代化的区域研究——湖北省，1860—1916》，466～468页，台北，"中央研究院"近代史研究所，1981。

② 《大公报》，1905-12-22。

③ 中国人民政治协商会议全国委员会文史资料研究委员会编：《辛亥革命回忆录》第1集，461、626页，北京，文史资料出版社，1961。

④ 范爱众：《辛亥四川首难记》，见丘权政、杜春和选编：《辛亥革命史料选辑》下册，188页，长沙，湖南人民出版社，1981。

⑤ 故宫博物院明清档案部编：《清末筹备立宪档案史料》下，995页，北京，中华书局，1979。

20 世纪初年的结构性社会流动，造成了绅士阶层社会地位的分殊发展，特别是绅士阶层向上层社会和下层社会的两极流动趋向，标志着该阶层开始由结构性社会流动发展为剧烈的阶级分化。科举制度的消亡宣告了绅士阶层社会继替的中断，因此，一方面，绅士阶层大规模地流向其他阶层，而自身却缺失了流入的社会力量；另一方面，由于"功名"身份的失落，绅士与其他阶层的社会对流情况也不复存在。因此，在社会变动频度较大的 20 世纪初年，结构性社会流动最终促使整个绅士阶层开始走向消亡。

四、从身份化到职业化

社会流动是一定的社会结构机制的作用。在人们相互作用的社会中，以个人和社会集团的社会地位变动过程为基本内容的社会流动，更为鲜活丰富地揭示出社会结构的基本特征及其演变趋向。桑巴特（W. Sombart）说，在资本主义以前的社会里，人们由社会权力获取财富，在资本主义社会里，人们由财富获取权力。这是对两种不同社会结构中社会流动方式和流动方向的揭示。但是，在新旧时代转换的历史过程中，绅士阶层的社会流动具有怎样的特征呢？

第一，封建的功名身份依然是社会流动的起点或基本条件。在典型的封建社会结构中，绅士阶层的社会流动基本依循"由贵而富"（由社会权力获取财富）的方向发展。他们通过科举制度（或其他非制度化途径）获取功名、身份，"学而优则仕"固然可以立于庙堂之上，学而不"优"也可凭借已有的"功名"身份回到乡村社会控制基层权力。"二者巧妙的运动使中央和地方都能受到同一阶层的支配。"[1]在近代中国社会的转型时期，封建的功名身份并未猝然废弃，它依旧从根本上保障绅士阶层社会地位的确立和对社会权力的攫取。"彼国之人，一为官吏，则蓄产渐丰，而退隐之后，以富豪而兼绅贵，隐然操纵其政界之行动，而为乡同之所畏忌……次之者为绅商，此中固也有相当之官阶……常

---

[1] 吴晗、费孝通等：《皇权与绅权》，142 页，天津，天津人民出版社，1988。

表面供职于官府，而里面则经营商务也。"①不仅流向近代大企业的是那些"通官商之邮"的大绅士，就是商人、买办也要利用捐纳途径买得翎顶辉煌，跻身绅士阶层。盛宣怀不无感触地承认："目前办理商务，若不愿为他人之下，仍可列主事之衔。"②因此，在绅商之间的互渗互动过程中形成的近代绅商集团，其实就是封建身份与近代资本、传统绅士与新式商人的胶合。在此情况下，封建功名身份仍然是个人社会地位变动的基本保障。尽管绅士阶层中不乏先觉者率先自愿向近代商人流动，形成了跨越阶级、阶层的社会流动，但对于绅士阶层整体而言，仍局限于本等级圈内的流动。对此，我们通过光绪年间浙江杭州和福建部分地区进士、举人的考取情况，可以略知一二。③

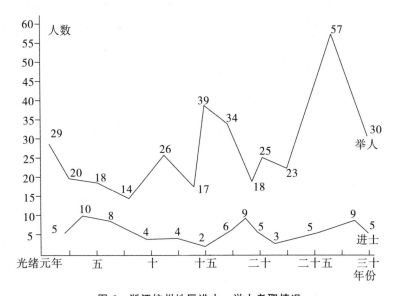

图6 浙江杭州地区进士、举人考取情况

① 汪敬虞编：《中国近代工业史资料》第2辑（下），926页，北京，科学出版社，1957。

② （清）经元善：《居易初集》卷二，66页，光绪辛丑本。

③ 参见中华文化复兴运动推行委员会主编：《中国近代现代史论集》第28编，61页，台北，台湾"商务印书馆"，1985。

图 6 是光绪年间杭州府中举和考取进士的曲线图。由此可知，甲午战争后绅士阶层对于科举的向心力并无明显的减弱趋向。我们再看表 10 所示福建地区的情况①：

表 10　福建地区进士、举人考取情况

年份	光绪元年至十年	光绪十一年至二十年	光绪二十一年至三十年
进士	53	67	38
举人	223	199	98

各地较一致的情况是，甲午战争后绅士阶层的中举人数没有太大的逆减，多数绅士仍视科举为社会垂直流动的基本方式。

20 世纪初年，近代新学堂的兴起和科举制度的衰亡，终于引发了绅士阶层整体的结构性社会流动。即使如此，"这个改变并没有妨害既得阶层的优势"②。传统的"功名"身份也并未因此而失去其基本的保障作用。几乎所有的新式学堂都无例外地把有"功名"的绅士作为最基本的接纳对象，如湖北，参表 11③：

表 11　湖北新学堂接纳绅士情况

学堂	名额	资格	年龄/岁
两湖书院	240	举贡、廪增附生	—
自强学堂	120	附监生员	15～24
农务学堂	120	廪增附贡	—
工艺学堂	60	绅商士庶子弟	12～16
文普通学堂	240	生员	15～24
两湖师范	480	举贡生员	16～28
优级师范	256	举贡生员	16～28

---

① 据福建闽侯、龙岩、同安、永春、南平、惠安县县志统计。

② 吴晗、费孝通等：《皇权与绅权》，142 页，天津，天津人民出版社，1988。

③ 参见苏云峰：《中国现代化的区域研究——湖北省（1860～1916）》，464～465 页，台北，"中央研究院"近代史研究所，1981。

续表

学堂	名额	资格	年龄/岁
道府师范	1400	廪增附贡生员	17～40
存古学堂	120	廪增附贡及师范教育	17～40
武备学堂	120	文武举贡生员官绅世家子弟	<18
方言学堂	150	文普通中学毕业生	15～20

第二，社会流动的趋向是职业功能结构取代了身份等级结构。在封建社会结构中"功名"身份既是社会流动的起点和保障，又是社会流动的唯一方向。一般说来，绅士阶层传统的社会流动，只改变个人的社会地位，只改变个人和阶级的关系，不能改变社会的阶级结构和阶级之间的关系。封建社会的价值体系和社会结构的再创造过程，就在社会流动起点和方向的高度一致中获得均衡发展。但是，近代中国绅士阶层的社会流动不是从起点上，而首先是从流动方向上打破了这种均衡态势，致使传统的"功名"身份不再是流动的唯一方向。近代社会中新兴的"商""学""法""工"乃至各种"自由职业"都成为绅士们选择的目标。正是在这种具有鲜明时代特征的社会流动中，传统的身份等级结构被近代的职业功能结构所取代。地方志中户口职业项目内容的变化，一定程度上就是这种社会变动的映照。清代地方志中"职业"项目通常分为"官员""士绅""农业""工业""商业""兵勇"几项，或者径直分为"士农工商"，如《束鹿县志》①。虽然"绅士"并不具备"职业"的意义，却位列各业之首。这是封建时代身份等级社会结构的特征。但是，近代绅士阶层的多向流动，使它所拥有的"功名"身份逐步失落而不再构成一个特定的封建等级，而且它还被日趋细化的新兴社会职业所吸纳而走向分化。在民国年间新编的许多地方志中，体现近代社会分工的"职业"项目最终排除了浓厚的等级特色而不再把"绅士"列为一目，基本上从分工意义上来划分职业。如《阜宁县新志》将职业表分列为23项：党务员、公务员、教员、学生、律师、工程师、会计师、医生、

---

① 同治七年《束鹿县志》卷五《田赋类·户口》。

新闻记者、电务员、邮务员、路员、农人、商人、渔人、负贩、矿工、工人、劳工、军人、警察、伶人、杂业。① 在社会流动由传统的身份等级结构向近代职业功能结构转向的情况下，绅士阶层的社会流动形式自然逐步脱离科举制度的影响，而主要受到下列因素的制约：第一，以传授适应某种职业的知识和技能为目的而设置的近代教育体制；第二，制约教育体制的产业组织和社会管理结构及其对劳动力质量的要求等。可以说，这既是清末绅士群趋于学堂的原因，也是近代学堂招收对象又限定于绅士的原因。

社会近代化的一个基本趋向就是由身份等级社会向职业社会的变动，而这种变动本质上也是人的解放过程，是挣脱封建等级束缚，获取个人自由的历史过程。无论历史演变的结果如何，都无法从根本上摆脱它的起点和制约。"人们自己创造自己的历史，但是他们并不是随心所欲地创造，并不是在他们自己选定的条件下创造，而是在直接碰到的、既定的、从过去承继下来的条件下创造。"②在"定贵贱""明等威"的封建社会结构里，"功名"身份必然成为个人或社会集团选择其未来社会地位的起点。近代绅士阶层就是借助于"功名"身份而走向了"非身份"。

"非身份"的社会变动是近代中国社会历史运行趋向的标帜，却并不意味着绅士阶层社会地位及其作用的减退。对此，我们可从两个方面略作分析。

首先，近代绅士阶层的社会权力地位得到了明显强化。在清末绅士阶层大规模结构性社会流动中，相当一批绅士得以上升流动进入中央政权机构。据《宣统三年冬季职官录》统计，中央各官员的出身背景见表12③：

表 12　清末中央职官中旧功名与新学历出身情况

旧功名	百分比/%	新学历及其他	百分比/%
进士	35.7	新学堂毕业生	4.1

---

① 民国《阜宁县新志》卷三《内政志·户口》，附表，6～11 页。

② 《马克思恩格斯选集》第 1 卷，603 页，北京，人民出版社，1972。

③ 王树槐：《中国现代化的区域研究——江苏省，1860—1916》，525 页，台北，"中央研究院"近代史研究所，1984。

续表

旧功名	百分比/%	新学历及其他	百分比/%
举人	13.7	其他	7.5
贡监生	33.2		
生员	5.8		
总计	88.4	总计	11.6

由此可知,清末新式知识分子在权力结构上还未能构成取代绅士阶层的基本力量,出身于传统功名身份的绅士在官员中仍占 88.4% 的绝对优势。在清末各省的谘议局,也几乎是绅士阶层独占的政治活动天地,绅士议员一般占到议员数的 90.9% 以上,各省议长 21 名,绅士竟占了 20 名。①

其次,近代绅士阶层的社会活动范围得到了扩展。传统绅士活动所限于地方基层社区,他们依凭绅士身份独揽地方公务,通过扮演官、民中介的角色,控制基层权力。近代绅士通过多向流动,取得了超越传统社会角色的资格,致使近代社会新兴的各项事业如工矿、报刊、社团、学会、学堂、市政皆为绅士阶层所把持。"中国文字隐奥,皆民听命士绅。变法以来,学堂、农矿多属士绅。"②

尤其在展现社会集团力量的近代商会、农会、学会、社团活动中,绅士们自觉的社会活动意识和能力得到了锻炼,驱动着近代绅士阶层从狭隘的社区力量向社团力量发展。因此,在 20 世纪初年的大规模社会政治活动中,如反美爱国运动、收回利权运动、地方自治运动、立宪运动、保路运动乃至辛亥革命,绅士力量的参与及其影响都无法忽视。

无论是对于个人命运,还是对于一个社会阶层的历史归宿而言,开放型社会流动所带给他们的只能是超越传统的社会活力。

原载《历史研究》1993 年第 2 期。

---

① 参见李守礼:《清末谘议局》,见《中国近代现代史论集》第 16 编,486 页,台北,台湾"商务印书馆",1986。

② 故宫博物院明清档案部编:《清末筹备立宪档案史料》上,269 页,北京,中华书局,1979。

近代中国绅士阶层的分化

　　阶级分化是社会历史运动中较深层次的变动。世界历史向近代社会转变，无例外地发生剧烈的阶级分化。在近代中国，首先走向大分化的是绅士阶层。

　　那么，何谓绅士？

　　绅士所指范围可以说是相当广泛的。作为封建社会等级制度下的绅士，应该具有两个基本特征。第一，不是现任官，而属于相反的"民"。第二，获得一种不同于平民的，为封建制度所认可的特殊"身份"。在清代，固然可以从不同途径来获得这种身份，但其最主要的途径则是通过科举而取得"功名"出身。绅士身份是同科举制度相联系的。民国年间的《洛川教育志》卷头语说："地方教育……或为绅耆，或为新进，前者当远溯诸'科第谱'，后者当近察夫'毕业谱'。"①科举既然是一种制度，那么由此途径而获得身份的作用或影响，就是其他途径所无法替代的，尽管捐纳、保举也可获得相对应的身份。就是清代所举孝廉方正也不能完全脱离科举功名，如宣统二年（1910）保定州县举孝廉 10 人，其中生员 6 人，贡生 2 人，仅 2 人无功名。②　山东巡抚孙宝琦在折中所谈山东省所举孝廉 49 名，其中 44 人属于举贡生员之类。③具有这种独特身份的"民"处于相同或大体相同的社会地位，并表现出共同的社会特征。因此，我把他们作为同一个社会阶层——绅士阶

---

① 黎锦熙、余正东：《洛川教育志》（民国），卷头语，泰华印刷厂，1944。

② 参见《大公报》，1910-04-09。

③ 参见《内阁官报》《折类·叙官类》，7 月 4 日，第 4 号。

层——来加以考察。

从清代官方文牍和社会报章中可知，绅士一般当指具有生员以上身份的"民"（或其他相对应身份者）。《大公报》载，"深州绅民上道宪公禀"，具名绅士都是举贡生员。① 清"新政"时民政部颁"京师内外城各厅区人民职业分别统计表"，其中士绅项内特予说明"兼包举贡生员肄业学生及本地官绅"②。这是推衍扩展了的说法，因为近代学堂毕业生不具有等级身份，他们只是形成了近代另一种社会阶层——知识分子阶层，而不属于绅士阶层。

在近代，绅士阶层的社会地位发生了明显的变化，探讨这一阶层变动分化的历史过程，有助于全面理解和认识近代中国社会。

一、分化的基本趋向

"绅为一邑之望，士为四民之首。"③在"定贵贱，明等威"的封建社会，绅士阶层享有徭役优免权或其他法外特权。"家有举贡士，敢把钱粮蚀；孝肃与忠介，所以疾巨室。"④他们是清朝专制统治的社会基础。所谓"官于朝，绅于乡"则较形象地说明了绅士阶层的独特统治地位。绅士占据公产，独揽钱粮，与地方官员"扶同舞弊"，公同分肥⑤；起灭讼词，武断乡曲。⑥ 且不说地方官走马上任首先拜会一方绅耆，甚至地方官升迁任免也取决于绅士们的好恶。⑦

诚然，绅士阶层作为相对独立的社会政治力量，有时也同封建统

---

① 《大公报》，1910-10-07。

② 商务印书馆编译所编：《大清宣统新法令》第2册，5页，上海，商务印书馆，1908。

③ （清）徐世昌：《将吏法言》卷五，8页，台北，成文出版社，1968。

④ 钱麟：《潜皖偶录》卷九，158页，民国三十四年铅印本。

⑤ （清）樊增祥：《樊山政书》卷二，34页，北京，中华书局，2007。

⑥ （清）徐世昌：《将吏法言》卷五，8页，台北，成文出版社，1968。

⑦ 1910年5月12日，天津《大公报》载："乐亭县赵大令因与地方绅士意见不合而被撤任。"此种例子实在不少。

治集团发生冲突①，甚至也同民众斗争结合起来反对恶豪与官府②。但是，在正常的封建社会统治秩序中，绅官冲突的外在现象还不具有内在的本质对峙。

社会阶级的分化变动是在巨大的历史变动的阵痛中逐步分解形成的。

鸦片战争揭开了近代中国历史的第一页。由于民族矛盾的激化，绅士们也曾同民众结社团练，抗击"英夷"侵略③；生员邹伯奇、李善兰则专意于近代化学、船械的研究④。自发行动不足以导致整个阶层的分化，个别事例也不能影响阶层的整体变动，但在近代社会的剧变中，它毕竟预示了这一阶层的历史命运。

"阶级间的关系的变化是一种历史的变化，是整个社会活动的产物，总之，是一定'历史运动'的产物。"⑤阶级分化不发生在社会变迁的开端，而发生在社会变迁的一定历史阶段。导致整个绅士阶层分化变动的转折点是中日甲午战争。

甲午一战，蕞尔日本竟击败了以"天朝"自居的清王朝，"中国之甲午中东一役而情实露……盖不独列强之所以待我者大异乎其初；即神州之民所以自视其国者亦异昔。于是党论朋兴，世俗之人从而类分之，若者为旧，若者为新"⑥。"士夫之有知识者，亦知非变法不足以自强。"⑦绅士们受到内忧外患的强烈刺激，所谓"天下兴亡，匹夫有责"，他们对社会现实不能不加以认真思索。先前鄙视实业、藐视商界的观念遽然改变，对清政府的依赖心理也陡然涣解，绅士们开始弃置空泛

---

① （清）刘锦藻：《清续文献通考》卷九七《学校四》，见《续修四库全书》第 817 册，8568 页，上海，上海古籍出版社，1996。

② 明万历时松江生员和人民共同反对恶豪董其昌。

③ 广东绅士组织社学进行抗英斗争。

④ （清）刘锦藻：《清续文献通考》卷一〇七《学校十四》，见《续修四库全书》第 817 册，8664 页，上海，上海古籍出版社，1996。

⑤ 《马克思恩格斯选集》第 1 卷，191 页，北京，人民出版社，1972。

⑥ 《大公报》，1902-06-26。

⑦ 张继煦编：《张文襄公治鄂记》，10 页，湖北通志馆，1947。

的浮议和对官场的向往①，走向充满危机的社会。面对甲午败局，绅士们意识到"非输入新学术，不足以济时艰"②。"遂谋振兴实业，策励自强。"③于是，绅办之苏州苏经丝厂、苏纶纱厂、杭州通益公纱厂、无锡业勤纱厂、通州纱厂等相继兴起。④

在风气渐开的初期，绅士们刻意举办近代企业，虽还不曾起到寸炬千灯的作用，但它毕竟改变了"民分四等，商居其末"⑤的观念，"朝野士庶，渐不至鄙商为末务"⑥的新兴局面才得以出现。由此，苏州"商民莫不踊跃"⑦集资设厂；在较为闭塞的陕西，举人邢廷荚呈请设立机器织布局，以同外人争利。⑧

甲午战争后，上层绅士举办近代企业不过是一个开端。此前外国资本主义的经济入侵和随之而来的科学技术冲击及洋务运动的影响等，是这一开端的历史准备。此后经过维新变法的荡涤和清朝"新政"的鼓励，绅士阶层的分化加剧，向近代企业的投资才具有了普遍意义。战后十数年间，他们集资借款或纠股招募，"到处创办起股份，合伙或独资经营新企业"⑨。掖起了青衿绅带的举贡生员，甚至进士状元们，在

---

① 朱仲甫说："我从政数十年，乏味的很，要做实业。"见汪敬虞编：《中国近代工业史资料》第2辑（下），708页，北京，科学出版社，1957。

② 黄季陆主编：《革命人物志》第3集，219页，台北，文物供应社，1969。

③ 蒋炯棠编：《浙江高等学堂年谱》，出版地不详，1957年油印本。

④ 汪敬虞编：《中国近代工业史资料》第2辑（下），686～704页，北京，科学出版社，1957。

⑤ 《论商会倚赖政府》，载《东方杂志》，第1卷，第5号，1904。

⑥ 《光绪二十八年九月盛宣怀、张之洞会奏上海设立商业会议所折》，见上海商务总会编：《上海商务总会历次奏案禀定详细章程》，46页，上海，上海集成图书公司，1907年代印。

⑦ 汪敬虞编：《中国近代工业史资料》第2辑（下），926页，北京，科学出版社，1957。

⑧ 《时务报》第36册，6页。

⑨ 汪敬虞编：《中国近代工业史资料》第2辑（下），738页，北京，科学出版社，1957。

近代企业厂房中寻找到了新的落脚点：在江阴有贡生吴昕胪的华澄布厂①，在长沙有监生禹之谟的织巾厂②，在巴县有秀才杨海珊的火柴厂③，在厦门有生员孙逊的电灯公司④……可以说，在近代中国民族资本主义发展的早期，由封建绅士阶层分化出来的资本家居于重要地位。《中国近代工业史资料》中统计的企业主，除华侨不计外，买办为30 家，商人 8 家，学徒 2 家，官、绅 18 家。⑤ 实际属于绅士阶层的企业主远不止此数。该书归入商人类的周廷弼、渠本翘等，本身就属于绅士阶层。就连买办和华侨中的资本家也有不少是绅士，如贡生朱开甲为上海民族资本家，曾任东方汇理银行买办⑥；举人邱菽园就是新加坡华侨中有名的资本家⑦。据本文接触到的资料作一大概统计，绅士投资于近代企业者已达 140 多家。⑧ 由封建阶层向近代企业投资，这标志着绅士阶层走向分化的第一个主要途径。

几乎还在企业热潮的势头上，走向分化的绅士们又把注意力投向近代教育事业。"天下之变岌岌哉，夫挽世变在人才。"⑨这是因为其在从事实业的社会实践中感受到近代人才的奇缺，也从近代企业的难产中发现了"民智不开"的严重性。"近数年来振兴商务工务农务之谕旨传播海内，而振兴商务工务农务之功效罕有所闻，此虽官司劝导之无方，

---

① 扬州师范学院历史系编：《辛亥革命江苏地区史料》，179 页，香港，大东图书公司，1980。

② 陈新宪等编：《禹之谟史料》，4 页，长沙，湖南人民出版社，1981。

③ 《各省工艺汇志》，载《东方杂志》，第 1 卷，第 10 期，1904。

④ 汪敬虞编：《中国近代工业史资料》第 2 辑（下），739 页，北京，科学出版社，1957。

⑤ 汪敬虞编：《中国近代工业史资料》第 2 辑（下），1123 页，北京，科学出版社，1957。

⑥ 民国《上海县志》卷五，43 页，1936 年铅印本。

⑦ 丁文江、赵丰田编：《梁启超年谱长编》，201 页，上海，上海人民出版社，1983。

⑧ 资料限于本文所引用，数字仅有参考意义。

⑨ 《强学报》，第 1、2 号，5 页。

抑亦民智未开，而力且有所不足也。"①因此，兴学育才成为"时势所趋，大圣难遏"②的当务之急。20 世纪初年，绅士办学层出不穷，蔚然成风，如江苏绅士王同愈举办 4 所半日学堂③，安庆绅士方象堃设立 3 所女医学堂④，有的绅士办学达几十所⑤。各种专门学堂也为绅士们所关注，如广东绅士梁祖光设立农务学堂⑥，四川孝廉张式卿设立蚕桑学堂⑦，湘绅胡元倓设立高等商业学校⑧。绅士们还举办各种社会文化教育事业，如阅报所⑨、书报室⑩等，"任人浏览……得增知识"⑪。

绅士本来是封建阶层，吮吸的是传统封建文化，这时却热衷于创办新式教育。"科举停止以来，各省地方绅士热心教育，开会研究者，不乏其人……"⑫旧等级，新动向，它标志着绅士阶层走向分化的第二个主要途径。

这两个途径是绅士阶层走向大分化的基本点。在近代社会的不断运动中，这两个基本点又进而扩展，终于使绅士阶层走向更深层次的分化。绅士们积极组织学会社团，兴办近代报刊，编印西方书籍⑬，甚至专意于发明创造⑭等。绅士们的社会活动可谓千姿万态。但是，

① 张怡祖编：《张季子九录》卷一，13 页，台北，文海出版社，1983。

② 陕西同乡会编：《劝学刍言》，1 页，出版地点与时间不详。

③ 参见《各省教育汇志》，载《东方杂志》，第 3 卷，第 9 号，1906。

④ 参见《大公报》，1905-12-05。

⑤ 参见《各省教育汇志》，载《东方杂志》，第 1 卷，第 11 号，1904。

⑥ 参见《大公报》，1902-07-28。

⑦ 参见《大公报》，1902-08-29。

⑧ 参见黄季陆主编：《革命人物志》第 6 集，19、21 页，台北，文物供应社，1969。

⑨ 参见《大公报》，1905-06-30。

⑩ 参见《各省教育汇志》，载《东方杂志》，第 1 卷，第 5 号，1904。

⑪ 《四川》，第 2 号，151 页。

⑫ 《学部奏酌拟教育会章程折》，载《东方杂志》，第 3 卷，第 9 号，1906。

⑬ 参见江西绅士李凝一：《德国志》，载《大公报》，1903-03-13；余仲还：《蒙学读书》，载《大公报》，1902-07-19。

⑭ 《粤绅制造灭火机，并呈请专利》，载《大公报》，1903-02-24。

只有引起该阶层社会职业或社会地位发生根本变化的社会活动，才足以标示出它分化的历史趋向。向近代企业投资的绅士也不是都能转化为近代资产者（如王先谦、曾朴都投资近代企业，却没成为资本家），但由此形成了一批绅士资产者、企业主，却也是事实。除此，中下层绅士还从事近代报刊编辑和近代学堂教员等自由职业。1903 年，《广益丛报》的主要编辑就是两名秀才杨沧白和胡湘帆。① 1904 年，江西绅士龙钟洢编辑了《江西农报》，"按期出版，各处流通"②。仅据本文使用资料辑录表 1，以见从事编辑职业的绅士情况。

表 1　晚清从事编辑职业的绅士

姓名	身份	职务	姓名	身份	职务
廉惠卿		文明编译局编辑	韩 衍	生员	《通俗报》编辑
于仲芳		《黔报》编辑	朱 山	生员	报馆主笔
蒋大同	生员	《长春日报》编辑	程善之	生员	《中华民报》主笔
刘博存		《选报》主笔	叶楚伧	生员	《中华新报》主笔
于右任	举人	神州日报社主笔	李基鸿	生员	《汉文新报》编辑
吴伟康	生员	报馆编辑	景耀月	举人	《民呼报》主笔
田 桐	生员	《国风日报》编辑	李庆芳	生员	《教育官报》主编
雷昭性	生员	《鹃声报》编辑	吴鼎	生员	《国风日报》主笔
时题杏	生员	《晨钟报》编辑	李钟钰	举人	《字林沪报》编辑
蒋衍生	生员	《悬钟周刊》编辑	刘镇	生员	《西南日报》编辑
马 方	贡生	《皖报》主笔	张明德	生员	《西南日报》主笔
狄楚青	举人	《时报》主笔	刘縠训	进士	《晋阳报》主笔
陈训正	举人	《天铎报》主笔	胡汉民	举人	《岭海报》记者
黄 某	举人	《厦洪日报》编辑	黄协埙	生员	《申报》主笔
汤化龙	进士	《教育杂志》主编	蒋方震	生员	《浙江潮》主笔
丁仲和	生员		居励今	生员	《铁道时报》主编

---

① 参见《大公报》，1903-04-25。

② 傅春官：《江西农工商矿纪略》2 编（南昌府卷），1941 年铅印本。页码缺失。

姓名	身份	职称	姓名	身份	职称
杜孟兼	举人	文明编译印书局编辑	张某	举人	《北洋学报》主编
王元庆		《农务报》编辑	胡湘帆	生员	《广益丛报》编辑
万芳卿		《农务报》编辑	杨沧白	生员	《广益丛报》编辑
陈 范	举人	《苏报》总编	范腾霄	生员	《海军杂志》编辑
莫伯伊	拔贡	《羊城报》主编	钟荣光	举人	《博闻报》编辑
曾熙寿	举人	《国民日报》编辑	龙钟泲		《江西农报》主编
杨 度	举人	《大同中央日报》编辑	李云藻	生员	《进化报》编辑
李 某	举人	《汇报》主编	熊育锡	生员	广智书局编辑

至于绅士从事教师职业，则更为普遍。如天津崇实学堂光绪三十年(1904)聘任刘子云等两秀才为教习①；广东潮阳林氏蒙学堂也是两名秀才任教习②。光绪二十八年(1902)端方泰保的湖北教习也都属于绅士阶层。由于近代学堂的兴起，社会对教员需求量骤增。"近来各属学堂多苦于教员之难得。"③因此，大批中下层绅士自然向教师职业流动。光绪三十年三江师范学堂设立，即"选派举贡廪增出身之中学教习五十人分授修身、历史、伦理学、算学、体育各科"④。于此可见一斑。

此外，还有一批绅士则走向下层社会，自愿投军，充任兵士。《大公报》报道："深州举人胡某率本州举人七名，廪生三十余名，呈请练兵处王大臣，恳请分发各镇充当兵勇，以为中国文人秀士之倡。"结果，"发交保阳第三镇步队第三营"⑤。投笔从戎，救亡图存，几乎成为年轻士子选择前程的重要途径，以至于"读书士子争先恐后，犹恐其投效

---

① 参见《大公报》，1904-04-01。

② 《各省学堂类志》，载《东方杂志》，第1卷，第2号，1904。

③ (清)樊增祥：《樊山政书》卷一七，9页，北京，中华书局，2007。

④ (清)刘锦藻：《清续文献通考》卷一七〇，见《续修四库全书》第817册，8659页，上海，上海古籍出版社，1996。

⑤ 《大公报》，1905-12-22。

之晚也"①。光绪二十八年清政府派铁良视察长江，"至皖检阅武备练军，许其成绩优美，而兵士多系举人、廪贡、秀才之优秀分子"②。

岂止是参军，绅士们还加入下层劳动者的秘密结社组织。光绪二十九年（1903），开封举人李元庆倡议反清革命，成为仁义会首领③；河南柘城青帮首领是秀才王居信④；卫辉等地"票匪尤盛，头目多生员，通文理者"⑤。四川"绅衿与哥老会多合为一气"⑥。重庆哥老会的舵把子也是举人刘锡封⑦。湖南会党至此"富人及士绅亦有加入者，成分虽较复杂，势力则较前厚矣"⑧。

绅士阶层的分化趋向大致有三：一是转向近代资产者，二是转向自由职业者，三是走向下层社会。这种分化不是限于一个地区，而是全社会范围；不是几个代表人物，而是整个阶层的变动。唯其如此，才造成绅士阶层的大分化。

二、社会作用及其影响

开风气的社会倡导性和对外国侵略的民族抵御性，是绅士阶层分化呈现的两个特点。"下等社会之视听，全恃上中社会为之提倡。"⑨中

① 丘权政、杜春和选编：《辛亥革命史料选辑》上，384页，长沙，湖南人民出版社，1981。

② 《近代史资料》总40号，北京，中华书局，1979。

③ 段剑岷：《辛亥河南革命轶事》，见丘权政、杜春和选编：《辛亥革命史料选辑》下，261页，长沙，湖南人民出版社，1981。

④ 政协全国委员会文史资料研究委员会编：《辛亥革命回忆录》第5册，385页，北京，中华书局，1963。

⑤ 沈祖宪编：《养寿园奏议辑要》卷三一，1页，项城袁氏宗祠本，1937。

⑥ 范爱众：《辛亥四川首难记》，见丘权政、杜春和选编：《辛亥革命史料选辑》下，188页，长沙，湖南人民出版社，1981。

⑦ 政协全国委员会文史资料研究委员会编：《辛亥革命回忆录》第3册，107页，北京，中华书局，1962。

⑧ 政协全国委员会文史资料研究委员会编：《辛亥革命回忆录》第3册，241页，北京，中华书局，1962。

⑨ 《吉林全省自治筹办处第一次报告书》中卷，宣统二年。

国"实业不振，首在提倡"①，而颇具"乡望"的绅士们是当然的"四民之首"，故提倡之责，就舍绅士莫属了。光绪三十一年(1905)，云南派遣留学生，也还不能无视这种社会现实，认为"学生出洋以开风气之先，必始名望之人"②。旋将一位七十多岁老孝廉派往日本。在清朝《商部奏绅商承办劝业银行要折》中，也特别强调绅士们的倡导作用，认为"商情涣散，物力奇绌，非广招外洋华商不足以树风声"。因此，商部选定闽绅林维源，"使之招集华商，自必闻风响应"③。倡导社会，开辟风气，走向近代的绅士们一开始就揭橥了这面旗帜。

对社会的倡导作用体现在绅办企业和学堂中。甲午战争后，张謇"半生精力耗于实业"④，到宣统三年(1911)，他创办的有影响的企业已有 29 个之多⑤；绅士沈云沛从光绪二十一年(1895)至三十三年(1907)举办和投资的企业有 13 家；许鼎霖 10 家，周廷弼 8 家。⑥ 在数千年封建重负下，在广阔的自然经济之中，要迈向近代化是一个艰难的过程，而民办企业更是千回百折，历尽艰辛，但在绅士们的维持周转下，毕竟获得了社会的承认。在江苏，大生纱厂"管理之善，销数之旺……实为中国商界独一无二之特色"⑦。《东方杂志》曾报道绅办豆饼、面粉、垦牧三公司，使"生产渐多，风气较从前开辟"⑧。在较闭塞的地区，绅办企业的倡导意义就更为突出。光绪二十六年(1900)，南昌绅士曾秉钰创办工艺局，"创开风气，成效可观"，该厂仿制洋式

---

① 傅春官：《江西农工商矿纪略》初编，2 页，1941 年铅印本。

② 《大公报》，1905-06-02。

③ 《大公报》，1905-06-30。

④ 参见张怡祖编：《张季子九录·实业录》卷七，1 页，台北，文海出版社，1983。

⑤ 参见汪敬虞编：《中国近代工业史资料》第 2 辑(下)，925～926 页，北京，科学出版社，1957。

⑥ 参见汪敬虞编：《中国近代工业史资料》第 2 辑(下)，768 页，北京，科学出版社，1957。

⑦ 《大公报》，1905-05-23。

⑧ 《外务部等议复署两江总督周奏请海州开埠折》，载《东方杂志》，第 3 卷，第 3 号，1906。

木器，获利甚厚，他人仿效者遂众。① 不久，城内就增设十多家同类企业，足见工业竞争，进步显然。

进步绅士在学堂建设中的倡导作用也很明显。如陕西临潼，"该县学务蔚兴，悉由张绅秉枢、杨绅樾、杨绅联芳捐资提倡使然"②。当时，清廷无暇也无力在全国广兴学堂，地方办学几乎完全由绅士们来承担，"今之言学务者，往往是绅，非官"③。民立、公立学堂都是由绅士们来开设。"晋省自奉诏兴学以来，各府厅州县中小学堂皆由官立，从未有民立者。适有晋绅举人冯济川等公议筹银三千两……设公立中学堂。""实为民学开风气之先，远近士绅必有闻而兴起者。"④

在绅士们积极倡导下，"捐资设学者不绝，公立私立日有所闻"⑤。公立、私立学堂奋然兴起，大有压倒官立学堂之势。光绪三十年(1904)两湖地区办学情况如下：

湖北　　　　民立学堂 10 所　　　官立学堂 19 所⑥
湖南长沙　　民立学堂 19 所　　　官立学堂 15 所⑦

而在《无锡江阴学界调查汇表》中所列 32 所学堂，官立者仅 4 所，其余 28 所均为民立和公立，大多是绅士们创办。⑧ 江苏省奖优学堂共 37 所，其中绅办学堂占了 21 所。⑨ 因此，在清政府第二次教育统计

---

① 傅春官：《江西农工商矿纪略》2 编(南昌府卷)7 页，1909 年石印本。

② (清)樊增祥：《樊山政书》卷一七，36 页，北京，中华书局，2007。

③ 沈同芳编：《江苏学务总会文牍》，83 页，上海，商务印书馆，1906。

④ (清)刘锦藻：《清续文献通考》卷一〇六，见《续修四库全书》第 817 册，8652 页，上海，上海古籍出版社，1996。

⑤ 沈祖宪：《养寿园奏议辑要》卷三九，5 页。

⑥ 《各省教育汇志》，载《东方杂志》，第 1 卷，第 12 号，1904。

⑦ 《各省教育汇志》，载《东方杂志》，第 1 卷，第 12 号，1904。

⑧ 《杂俎》，载《醒狮》，第 4 期。

⑨ 沈同芳编：《江苏学务总会文牍》初编上，91～108 页，上海，商务印书馆，1906。

时，各省学堂达到 42444 处，其中"公立和私立比官立为尤多"①。绅办学堂的发展，改变了清廷对教育的控制权，有利于新思想、新学术的传播和进步人才的成长。

由爱国而办实业，由爱国而兴学堂，正是严重的民族危亡的局面和"匹夫有责"的责任感促成了绅士阶层的分化，因此，对外国侵略的民族抵御性是走向近代的绅士们的鲜明特点，绅士们创办企业莫不具有"杜外人觊觎之渐"②的民族信念。上海绅士设立华盛公司，为"寄售仿造各种洋货，以挽利权"③。有的绅办企业在章程中就特予强调："不招集洋股，亦不借用洋款，庶免利权外溢。"④正是在"救亡图存"旗帜下，绅士们两度投入了大规模的民族抗争热潮：波及全国的反美爱国运动和声势浩大的收回利权运动。⑤

毫无疑问，绅士阶层的分化对近代社会的作用是多方面的，而就其直接作用来看，最能反映这一阶层特点的，则莫过于开风气的社会倡导作用和对外国侵略的民族抵御作用。

然而，绅士阶层的分化对近代中国还将产生极其深远的社会影响。随着社会的发展，分化绅士愈来愈走向封建主义的反面。他们也将"按照自己的面貌为自己创造出一个世界"⑥。在"自由""民权"的呼声中，在资产阶级政治思想的引导下，分化了的绅士们热衷于通过地方自治和谘议局的形式来谋求参政。"自治云者，对乎官治而言。"⑦20 世纪一开始，地方自治就成为绅士们主要的政治活动。《浙江潮》向社会呼吁组织自治机关，要求：

---

① （清）刘锦藻：《清续文献通考》卷一四〇，见《续修四库全书》第 817 册，8634 页，上海，上海古籍出版社，1996。

② （清）樊增祥：《樊山政书》卷一七，469 页，北京，中华书局，2007。

③ 《各省商务汇志》，载《东方杂志》，第 3 卷，第 3 号，1906。

④ 汪敬虞编：《中国近代工业史资料》第 2 辑（下），1093 页，北京，科学出版社，1957。

⑤ 绅士在反美爱国运动和收回利权运动中的活动准备专文论述，此不详述。

⑥ 《马克思恩格斯选集》第 1 卷，255 页，北京，人民出版社，1972。

⑦ 《浙江潮》，第 2 期，3 页，1903。

第一，各地固有之绅士联合成一自治体。

第二，自治体宜分议决与执行二机关。

第三，分任机关之事者，由绅士中投票公举。

第四，机关议事，必以多数为可行。

第五，机关之职员悉为名誉职。①

地方自治是绅士们要求摆脱封建专制控制，获得"绅权"的较好形式。"一二年来，地方自治之论，日腾于士大夫之口。"②"自治名义，近世国民咸心醉焉。"③

从自治人才的培养到地方自治实施和组织谘议局，都是绅士们前后奔走，鼎力相助。天津宣讲自治，是"遴派曾习法政熟谙士风之士绅为宣讲员"④。各地自治研究所章程也大同小异，基本上以地方绅士为入所对象，如宾州府：

第一，本所为招集本厅合格士绅讲习自治章程、造就自治职员而设……

第二，本所学员就本厅直辖全境二十区内遴选合格士绅次第入所听讲。⑤

因此，各地进入地方自治研究所学习近代资本主义政治法律的学员，绝大多数都是地方绅士。在具有近代特征的社会政治活动中，绅士们的思想认识开始发生变化，他们的社会活动和地位也有所变化。通过自治所活动，绅士们学习了资产阶级的法律、财政、政治、经济等主要课程。这样，绅士们系统地接触了新的学术、思想，对西方资

①　《浙江潮》，第10期，11页，1903。

②　《四川》，第2号，55页。

③　寿鹏飞编：《吉林农安戊己政治报告书》卷四《杂录》，91～108页，吉林官书印刷局，1910年铅印本。

④　沈祖宪编：《养寿园奏议辑要》卷四四，10页，项城袁氏宗祠本，1937。

⑤　参见李澍恩编著：《吉林省宾州府政书》乙编《公牍辑要》，188页，上海，商务印书馆，1908。

本主义制度有了一定了解。自治研究所培养了一批开明进步绅士，为近代资产阶级政治活动造就了人才。

通过自治、立宪和谘议局活动，绅士们在分化中形成一股新的政治力量。绅士们首先控制了谘议局的选举，各地选举章程都规定："用本省曾习法政绅士作司选员。"①因此，随着立宪运动的发展和谘议局的出现，活跃在各地政治舞台上的绅士理所当然成为各省、州、县议员的主体。宣统二年(1910)山西选出常驻议员 18 名，其中举人 5 名，贡生 5 名，生员 7 名。② 宣统元年四川省 127 名议员，也基本上是地方上的举贡生们。③ 宣统二年资政院各省互选议员 98 人，其中进士 26 人，举人 37 人，贡生 18 人，生员 11 人，监生 1 人，其他 5 人。④ 由此，绅士们"内而资政院，外而谘议局"⑤，由乡居走向合法的政治舞台，开始为自身利益而斗争。清末，从事地方自治和立宪活动的主体是那些由封建等级向资产阶级转化的绅士。可以说，绅士阶层的分化是资产阶级立宪派形成的直接前提。

就是资产阶级民主革命派的形成，也受到绅士阶层分化的影响。广西柳州，举办地方自治和教育的绅士们不断交往革命党人，"这些绅士受到影响，逐渐倾向革命……先进分子加入同盟会"⑥。容县绅士陈协五也"向往革命"，与同盟会关系甚密。⑦ 山西安邑秀才李歧山也很早就加入同盟会，并"结交学生、士兵和塞外豪杰，以壮大革命力

---

① 《浙江省谘议局筹办处报告》乙编，卷上，"文牍一"，42 页。

② 山西省地方志编纂委员会办公室：《近现代山西政权机构概况》，48 页，1984。

③ 参见《辛亥革命回忆录》(3、146~151 页)和《四川复选当选人名表》。

④ 据 1910 年天津《大公报》。

⑤ (清)胡思敬：《退庐疏稿》卷二，35 页，新昌胡氏刻本，1913。

⑥ 政协全国委员会文史资料研究委员会编：《辛亥革命回忆录》第 2 集，454 页，北京，文史资料出版社，1962。

⑦ 参见政协全国委员会文史资料研究委员会编：《辛亥革命回忆录》第 2 集，454 页，北京，文史资料出版社，1962。

量"①。在民主革命风潮推动下,相当一批绅士积极投入民主革命斗争的洪流中。同盟会河南支部的骨干都是清朝的举人、秀才们。② 这绝不是例外的情况,各地从事革命活动,"主谋及联络者,为加盟之进士、举人,实行者皆学生、农民及兵士也"③。光绪二十九年(1903)成立的反清革命团体光复会,其领袖骨干 14 人,有功名属于绅士阶层者占到 10 人④;河南农民革命组织领袖,也是秀才张子良、金炳光和举人王北方等⑤。

背叛了自己阶级出身的绅士们,成为亡清革命的策动者,他们真诚渴望资产阶级民主制度,并不惜为之献身。据《革命人物志》做一大概统计,参加辛亥革命属于绅士阶层者,进士 7 人,举人 29 人,贡、监生 13 人,生员 170 人,其他 3 人;其中为同盟会员者,进士 2 人,举人 11 人,贡监生 5 人,生员 62 人,其他 1 人。⑥ 全书共载 1900 多人,除去大量属于辛亥以后的人物,这 220 多人确是不小的数目。绅士分化对民主革命斗争的作用不可忽视。

绅士阶层的分化本质是上对封建制度及本阶级的否定,而"否定就是背弃"⑦。从武昌起义后各地绅士的基本动向不难看出,除早已投身革命者外,在革命风潮鼓荡下,绅士们或赞成独立,或承认革命的既成事实,或骑墙观望,只有极少数顽绅采取对抗态度。不是对革命进行赞助,就是对清王朝命运的漠然置之,这恰恰说明"在阶级斗争接近决战的时期,统治阶级内部的、整个旧社会内部的瓦解过程,就达到

①　政协全国委员会文史资料研究委员会编:《辛亥革命回忆录》第 2 集,454 页,北京,文史资料出版社,1962。

②　参见段剑岷:《辛亥河南革命轶事》,见丘权政、杜春和选编:《辛亥革命史料选辑》下,262 页,长沙,湖南人民出版社,1981。

③　段剑岷:《辛亥河南革命轶事》,见丘权政、杜春和选编:《辛亥革命史料选辑》下,262 页,长沙,湖南人民出版社,1981。

④　参见罗福惠:《光复会的特点及其悲剧》,载《华中师范大学学报》,1985(1)。

⑤　参见罗福惠:《光复会的特点及其悲剧》,载《华中师范大学学报》,1985(1)。

⑥　据《革命人物志》统计,其中难免疏漏,只求反映大概状况而已。

⑦　《马克思恩格斯选集》第 1 卷,169 页,北京,人民出版社,1972。

非常强烈、非常尖锐的程度"①。作为清朝专制统治社会基础的绅士阶层，它的分化无疑是掘松了清王朝统治大厦的根基。虽有鲁阳，亦无从挥戈反日，清朝败亡已是指日可待了。

三、社会原因与历史条件

阶级分化有其深刻的社会原因。近代中国严重的民族危机，亡国灭种的紧迫感，清政府的政治昏聩，引起了绅士阶层的分化。甲午中日战争使外患严重和内政黑暗充分暴露，它引起异常强烈的社会反响："可哀哉中国，可怜哉中国！""庞大中国竟不能敌一蕞尔日本"②，以致"国威丧削、有识蒙诟"③。民族灾难和耻辱比任何说教更为有力，它使人们懂得了"国事败坏，由于朝政昏谬"④，"政府既已无可望矣"⑤。它使绅士们从封建政治文化的氛围中解脱出来，从事实实在在的事业——实业。张謇由此"专意于实业、教育二事"⑥，成为状元资本家；曾朴少年科第，也因《马关条约》奇耻大辱，觉悟到"中国文化需要一次除旧布新的大改革"⑦。绅士们虽有不同的等级身份，有不同的个人生活历程，却有大体相同的深邃执着的社会识见，这是社会历史运动的力量作用于个体人的顽强表现。正是绅士们不约而同的实践活动，隐现着人类旨在探求的历史发展的必然。

近代中国的社会历史条件，对于任何阶级和阶层而言都是同样的，

---

① 《马克思恩格斯选集》第 1 卷，261 页，北京，人民出版社，1972。

② 《大公报》，1902-12-30。

③ 张怡祖编：《张季子九录·教育录》卷三，15 页，台北，文海出版社，1983。

④ （清）黄濬：《花随人圣庵摭忆》，12 页，香港，亚东学社，1965。

⑤ 《论中国改革之难》，载《东方杂志》，第 1 卷，第 4 号，1904。

⑥ 张怡祖编：《张季子九录·教育录》卷三，15 页，台北，文海出版社，1983。

⑦ 吴廷嘉：《论戊戌思潮的历史作用》，见胡绳武主编：《戊戌维新运动史论集》，146 页，长沙，湖南人民出版社，1983。

不同的则是绅士阶层首先具备了分化的条件。

绅士阶层还是一个社会知识层。当一个民族、国家受到文明程度较高的外国的军事、经济、文化侵略时,首先觉醒的是社会知识层。只有具备了一定的文化水平,才有可能对两种交锋的社会进行真正的横向比较,才不至于永远囿于"蛮夷"或"奇技淫巧"的狭隘观念。张謇就是通过中外对比,洞悉中外大势,认识到"图存救亡,舍教育无由,而非广兴实业,何以取资以为挹注?是尤士大夫所当兢兢者矣"①,才能"推原理端",认识到"不得不营实业"②。旧文化是新文化发展的基础,即使是传统的封建文化。梁启超在《论中国之将强》中满怀希望地说:"其灼然有见于危亡之秋、振兴之道,攘臂苦口思雪国耻者,所在皆有","后起之秀,年在弱冠以下者,类多资禀绝特,志气宏远,才略沉雄,嗟呼!谓天之不亡中国也"!③ 梁启超所言足以说明社会注意力一般是集中于社会知识层的。近代社会是走向开放、社会联系广泛的社会,从"老死不相往来",进而梯山航海,知识也就愈见其功用。

在封建社会,劳动群众绝少有接受文化教育的权利和机会,"穷陬僻澨,蠢如豕鹿,姓名不能书,条教不能读者,吾反见其如林卿也"④。"中国人之识字者,通国约计,亦不过十之一二。"⑤近代社会劳动群众缺乏知识文化的现状,自然突出了具有文化知识的绅士阶层的地位和作用。《湖南各县调查笔记》对劳动群众的知识状况,有个大致介绍:

安化县,"民众之识字者,不超过十之二三"⑥。

---

① 张怡祖编:《张季子九录·教育录》卷四,23 页,台北,文海出版社,1983。

② 张怡祖编:《张季子九录·教育录》卷三,15 页,台北,文海出版社,1983。

③ 《时务报》第 31 册,1 页。

④ 《时务报》第 32 册,28 页。

⑤ 《大公报》,1902-07-21。

⑥ 曾继梧等编:《湖南各县调查笔记》下,60 页,出版地不详,1931。

常宁县，"全县人民，平均能识字者，不过十之一二"①。

汝城县，"野老村夫，不识字者约十分之七八"②。

湖南并非全国文化最落后的地区，而且这已是民初的统计情况了。清末，随着立宪运动的发展，人们才注意到民众知识水平较低的严重性。劳乃宣说："距地方自治成立，近者二年，远者五年，为选民者必须二十五岁以上能识字之人，目下各省乡民往往阖村无一识字之人，自治从何办起？"③立宪、自治需要知识，办企业、兴学堂需要知识，这自然成为绅士们专为之事。这种社会历史玉就的、不可骤然改变的因果关系，决定着历史发展中阶级分化的选择范围。

因此，绅士阶层具有首先接触西方先进科学文化的条件，具有传播、改造、利用这种文化的能力和手段。无论是游学外国，还是就读于新学堂，绅士阶层享有优先权。湖北武备学堂"自开办至今已及七年，前选取入堂之举贡生监，文武候选员弁以及官绅子弟来学，其成材者实不乏人"④。各地选送留学生也是尽先照顾绅士们。⑤ 所谓"民间识论，恒随士子为转移"⑥，也就在于绅士还有社会知识层的优势。

而且明末清初形成的反清传统意识，也在绅士阶层中通过社会文化意识形态顽强地延续着。近代许多举贡生员就是在《明季稗史》《痛史》《扬州十日记》⑦的刺激下激发了反清思想，逐步走上推翻清王朝的革命道路。

从根本上说，绅士阶层是地主阶级的一部分，但绅士又是成分比

---

① 曾继梧等编：《湖南各县调查笔记》下，70 页，出版地不详，1931。

② 曾继梧等编：《湖南各县调查笔记》下，88 页，出版地不详，1931。

③ （清）赵尔巽编：《宣统政纪》卷二六，1 页，沈阳，辽海书社，1934。

④ （清）端方：《端忠敏公奏稿》卷三，393 页，沈云龙主编：《近代中国史料丛刊》第 10 辑，台北，文海出版社，1973。

⑤ 《四川学政吴奏设学堂以备游学而广师范折》，载《东方杂志》，第 1 卷，第 1 号，1904。

⑥ 中国历史研究社编：《庚子国变记》，361 页，上海，神州国光社，1946。

⑦ 中国人民政治协商会议全国委员会文史资料研究委员会编：《辛亥革命回忆录》第 4 集，67 页，北京，文史资料出版社，1963。

较复杂的一个阶层。绅士中有终生不得出仕者，也有主持正义被革职回籍者，还有因教案戴罪落乡者……这一阶层时常同清朝统治者发生矛盾。近代中国阶级矛盾和民族矛盾的尖锐化，也加深着官绅之间的裂痕。20世纪初期，官、绅冲突已发展到不可调和的地步。《大公报》发表文章，提出官吏不能把持地方行政，而应授诸绅士，认为"我中国之所以弱，由官吏代治而弱也"①。广东因筹办粤汉铁路，绅士与官府屡起冲突。② 天津督署会议厅会议谘议局议决案，由于绅士人数只占三分之一，绅士们极为不满，同官府发生龃龉。③ 上海实行地方自治，绅办巡警着警服入城都不许可。④ 因此，官、绅之间的矛盾冲突不仅有增无已，而且已具有新的内容和特点。绅士阶层既是地主阶级的一部分，又同清朝统治者存在矛盾冲突；既欺压鱼肉劳动群众，又时常和群众相结合共同反抗官府。这种两面性正是绅士阶层时常处于官与民之间的"中等社会"⑤地位的反映。"中等社会"的地位，使绅士阶层在新的历史条件下，具有走向分化的最大可能性。

尤其在义和团运动失败后，清廷屈从于帝国主义，大肆镇压人民反帝斗争，绅士阶层也未能幸免。"地方绅民胁从伤害教民之人，虽宽其死罪，却不得无过。"⑥在湖北襄阳，参加义和团运动的绅士受到不同程度的惩治：朱广林、赵文源等八人被革除顶戴；冯国士等二人永远监禁；李隆斋等二人顶罪监禁，其余绅士则应"接待教士，会面赔礼"⑦。当时，从反洋教斗争到义和团运动，各地都有绅士参加。《论中国停试事》中记载："盖向来中国仇视洋人之事，由士林中人主谋者十居八九。""此次凡谋与洋人为难者，非进士，即举人，非举人，即秀

---

① 《大公报》，1905-11-02。

② 《杂俎》，载《东方杂志》，第3卷，第2号，1906。

③ 《大公报》，1910-12-06。

④ 吴桂龙：《清末上海地方自治运动述论》，见湖南省历史学会编：《纪念辛亥革命七十周年青年学术讨论会论文选》下，414页，北京，中华书局，1983。

⑤ 浙江同乡会干事：《浙江潮》，第1期，11页，1903。

⑥ 中国历史研究社：《庚子国变记》，238页，上海，神州国光社，1946。

⑦ 中国历史研究社：《庚子国变记》，290页，上海，神州国光社，1946。

才，从未闻无功名之士，能煽动愚民，为其效力者。"①其结果是绅士们由此受到不同程度的压迫。然而，"愈压则反激烈"，"愈摧则愤变愈捷"，中外反动势力的镇压，也促使绅士们走上反帝反清道路。

"中等社会"的绅士阶层，在阶级斗争日趋激烈的政治舞台上，受到各种政治力量的关注。清廷为绅士们创造条件，把他们送入各类新学堂，尽先为自己的统治培养人才。"选派学生出洋游学，但取举贡生监"②，在"科举初停、学堂未广"时期，绅士们总是优先进入各级学堂，如湖南达材学堂"专收举人五贡入堂"③，景贤学堂也是"取通省中年以上生员入堂"④。至于师范和法政学堂，一般都限定在"举贡生监内考选"⑤。如两江法政学堂"专收宁属三十六州县举贡生员及宁属候补人员"⑥。有的学堂则专为绅士设立别科、特班。⑦ 清廷"分学科，招绅班"⑧，其主旨是把绅士培养成为稳定自己统治秩序的人才。

革命党人在实际斗争中，也十分注意联合地方绅士。浙江党人在白云庵会议中决定行动计划，一是运动新军，二是运动学界和地方绅士。⑨ 上海同盟会响应武昌起义，也决定"联络商团，媾通士绅为上海起义工作之重心"⑩。有的革命志士甚至认为："联络会党，不如从地

① 中国历史研究社：《庚子国变记》，296 页，上海，神州国光社，1946。

② （清）樊增祥：《樊山政书》卷一四，398 页。

③ （清）刘锦藻：《清续文献通考》卷一三〇《学校十》，见《续修四库全书》第817 册，8614 页，上海，上海古籍出版社，1996。

④ （清）刘锦藻：《清续文献通考》卷一三〇《学校十》，见《续修四库全书》第817 册，8614 页，上海，上海古籍出版社，1996。

⑤ 沈同芳编：《江苏学务总会文牍》，23 页，上海，商务印书馆，1906。

⑥ （清）端方：《端忠敏公奏稿》卷一一，1353 页，台北，文海出版社，1973。

⑦ （清）刘锦藻：《清续文献通考》卷一八〇，见《续修四库全书》第 817 册，8669 页，上海，上海古籍出版社，1996；《大清宣统新法令》第 1 册，43 页，上海，商务印书馆，1908。

⑧ 赵尔巽编：《宣统政纪》卷二，15 页，沈阳，辽海书社，1934。

⑨ 参见中国人民政治协商会议全国委员会文史资料研究委员会编：《辛亥革命回忆录》第 4 册，48 页，北京，文史资料出版社，1963。

⑩ 中国人民政治协商会议全国委员会文史资料研究委员会编：《辛亥革命回忆录》第 4 册，48 页，北京，文史资料出版社，1963。

方士绅、富商大贾及青年学生入手。"①

至于立宪派，诚如前述，它的主体就是分化了和正在分化的绅士阶层。

在 20 世纪初年，加速绅士阶层分化的还有两个重要因素，即清朝仕途拥塞和科举制的废弃。在科举制度下，举贡生员疲精死神于举业，在于功名，博取功名，在于出仕。但清季，"捐纳、保举两项得官较易"。这对科举出仕极为不利。由此，"流品混淆，奔竟百出……""江苏省内外……候补道道员乃至二百余人之多，殊骇听闻"。② 江西"仕路近来尤拥挤不堪"③，浙江仕途"自道府五倅以及牧令佐杂各班，均甚拥挤，品类不齐"④，山东也是"候补正佐各员计逾千数，无所事事者，或不免酒食征逐"⑤。《大公报》颇有感触地嘲讽济南三多："柳暗花明风俗淫荡多，人力车多，道员多，以至司道官厅几无坐处。"⑥官途拥塞是政治衰败的表现，它只能促使士子们抛弃功名找寻新的出路。

由于科举废除，各省数万举贡，数十万生员⑦，在社会进步的强制作用下，不得不四方觅食，自寻生路。清末举贡生员大批涌向新学堂，从事实际工作，谋求新的职业出路，正是废除科举的必然结果。即使其仍属于同一阶层，也显示着鲜明的时代差异。清末许多年轻的绅士一走向社会，就受到近代思想文化的影响和启示；受到社会变动发展的刺激和推动，他们已是属于自己时代的"儿子"了。光绪二十八年(1902)浙江乡试，就有考生即堂"演说自由民权各种新理，环而听者

---

① 贺觉非：《辛亥革命武昌首义人物传》上，204 页，北京，中华书局，1982。

② （清）端方：《端忠敏公奏稿》卷七，891 页，沈云龙主编：《近代中国史料丛刊》第 10 辑，台北，文海出版社，1973。

③ 《大公报》，1902-09-09。

④ 《大公报》，1905-09-28。

⑤ 沈祖宪编：《养寿园奏议辑要》卷九，26 页，项城袁氏宗祠本，1937。

⑥ 《大公报》，1905-02-24。

⑦ 《政务处奏酌拟举贡生员出路章程折》，载《东方杂志》，第 3 卷，第 4 号，1906。

如蜂屯蚁聚，几将堂前栅栏挤倒"①。他们追求的是争当这一时代的主人，而不是甘为封建时代的臣属。因此，中了举人的吴禄贞不是回乡做绅士，而是走向民主革命道路。②

造成阶级分化的社会原因和历史条件是多方面的，也是相互联系互为因果的。它们在近代特定历史环境中结合为一体，相互关联制约而发生作用。从甲午战争后到辛亥革命是上述诸条件和因素充分发生作用的时期，绅士阶层的分化也就在这一时期充分展开。

虽然历史发展的转折并不只表现为一次，但对于历史时期的一个阶层来说，造成该阶层走向分化的历史机缘却只能有一次。历史毫不留情：已经分化者，踏上新的道路；正在分化者，还在抉择前程；冥顽不化者，只能同历史的堕性合流并存。不过，作为一个封建等级的绅士阶层，却走向了灭亡。

历史的启示是有益的，也是深刻的。

原载《社会科学战线》1987 年第 3 期。

---

① 《大公报》，1902-09-30。
② 黄季陆主编：《革命人物志》第 6 集，330 页，台北，文物供应社，1969。

略论晚清乡村社会教化体系的历史变迁

　　教化是"个人社会化的客观条件，是生物的人变成社会人的过程。一个人降生后，要成为一个社会的人，都将接受一定的不同层次的社会文化，经过家庭、家族、邻舍、社区及各类学校的教育、训练，逐步懂得一定的社会规范，成为服务于社区、社会群体的合格角色"①。简言之，教化就是通过教育和训练使人们的思想符合既定的社会规范的过程，它为个人的行为奠定了思想基础，是个人一切行动的最初原动力。教化的成功与否，与社会的稳定息息相关。在高度分散聚居的乡村社会中，如何建立完善的教化体系，加强思想控制，始终是封建王朝必须面对的棘手问题，它的成败直接关系到王朝的兴衰。入关以后，清王朝在接纳儒家文化和明朝基本制度的基础上，构建了一套比较成功的乡村社会教化体系，用以对乡村社会的广大民众实行思想控制。但是鸦片战争的爆发，导致了中国社会结构和文化规范的剧变，从而也使得清王朝传统的乡村社会教化体系发生了历史性变迁。在变迁过程中，清王朝基本上失去了对基层社会的有效控制，从而，人心的离散便成了清王朝迅速灭亡的主要社会条件。

一、以教化为本

　　"为国之道，以教化为本。移风易俗，实为要务。诚乱者辑之，强者训之，相观而善，奸慝何自而逞。故残暴者，当使之淳厚，强梁者，

当使之和顺，乃可几仁让之风焉。舍此不务，何以克臻上理耶。"①早在 1619 年 7 月，努尔哈赤就充分意识到社会教化在政治统治中的重要作用。康熙九年(1670)，圣祖谕礼部曰：

> 朕惟至治之日，不以法令为亟，而以教化为先。其时人心醇良，风俗朴厚，刑措不用，比户可封，长治久安，茂登上理。盖法令禁于一时，而教化维于可久，若徒恃法令，而教化不先，是舍本而务末也。②

就王朝的安危和权力的巩固而言，军事统治和严法峻刑只是一时之举，而非久远之策。因此，清朝统治者在实践中确认了"教化为本"的统治原则，并逐渐形成并完善了自己的乡村社会教化体系。

为了从思想上控制乡村社会的民众，清王朝建立了一系列的组织来承担社会教化的职责，主要有社学、书院和保甲组织。

从顺治至雍正年间，清廷多次下令要求"每乡置社学一区，择其文义通晓、行谊谨厚者补充社师"③，"凡近乡子弟年十二以上二十以内有志学文者，俱令入学肄业……务期启发童蒙，成就后人，以备三代党庠术序之法"④。社学的设立，任务主要有两方面：一是教训生童，启迪百姓，化民成俗，以收教化之功；二是教会学生识字读书的基本技能。社学是一种兼有学校作用的社会教化组织。

清初，鉴于明末的教训，对书院采取抑制政策。随着清王朝统治的日趋稳定，清廷对书院的态度也转变为积极兴办。雍正十一年

---

① 《清太祖高皇帝实录》卷六，天命四年六月己未，85 页，北京，中华书局，1986。

② 章楑纂：《康熙政要》，24 页，北京，中共中央党校出版社，1994。

③ (清)托津等奉敕纂：《钦定大清会典事例》(嘉庆朝)卷三一七《礼部·学校·各省书院·各省义学》，4029 页，沈云龙主编：《近代中国史料丛刊三编》第 67 辑，台北，文海出版社，1991。

④ (清)素尔纳纂修：《钦定学政全书》，1535～1536 页，沈云龙主编：《近代中国史料丛刊》第 30 辑，台北，文海出版社，1973。

(1733)，清廷敕令曰："近见各省大吏渐知崇尚实政，不事沽名邀誉之为；而读书应举者，亦颇能摈去浮嚣奔竞之习，则建立书院，择一省文行兼优之士读书其中，使之朝夕讲诵，整躬励行，有所成就，俾远近士子观感奋发，亦兴贤育才之一道也。"①从此，清代书院经历了一个蓬勃发展的时期。清代书院是以考课为主，"讲学者鲜"②。但书院学生所习仍为儒家经史之术，"书院肄业士子，令院长择其资禀优异者，将经学史学治术诸书，留心讲贯以其余功兼及对偶声律之学。其资质难强者，且令先工八股，穷究专经，然后徐及余经以及史学治术对偶声律"③。正是通过书院的教育，一部分士子和生童获得儒家伦理知识。与社学相比，书院教化的范围较窄，且教化内容的程度较深，它更多的是入仕或即将入仕的人们接受教育的场所。

保甲制作为清政府控制乡村社会的一项基本政治制度，早在顺治元年(1644)之时就开始推行，"清代行保甲，重在户口、警察、收税三端"④，但在实际生活中，保甲组织亦承担着劝善惩恶、化民成俗的教化作用。保甲长有宣喻教化本地乡民的责任，他要向知县"举善恶"，凡"读书苦斗之士""耐贫守节之妇""乐善好施之人""孝顺之子孙"等善迹，保长要向知县公举，知县"或周以布粟，或表其门闾，则乡里争以为荣，而愚民咸知劝善"⑤；凡违背教约、素行不俭者，保长向官府检举后，官府"先以训饬，继以鞭笞，于户口簿内注明其劣迹，许其自新"⑥。平时保甲长还要负责执行官府的禁令，向百姓宣讲法律，使乡

---

① （清）托津等奉敕纂：《钦定大清会典事例》(嘉庆朝)卷三一七《礼部·学校·各省书院》，4015～4016 页，台北，文海出版社，1991。

② 商衍鎏：《清代科举考试述录》，218 页，北京，生活·读书·新知三联书店，1958。

③ （清）托津等奉敕纂：《钦定大清会典事例》(嘉庆朝)卷三一七《礼部·学校·各省书院》，4022 页，台北，文海出版社，1991。

④ 闻钧天：《中国保甲制度》，204 页，上海，商务印书馆，1935。

⑤ （清）徐栋辑：《保甲书·成规上·保甲事宜稿》，55～56 页，清道光二十八年李炜刻本。

⑥ （清）徐栋辑：《保甲书·成规上·保甲事宜稿》，56 页，清道光二十八年李炜刻本。

民知所为与所不为。另外，保甲制的一个重要内容就是株连互保，一家有犯，周家同坐，"保甲之法，一家有犯，连坐十家"①。在这种情况下，个人的犯法已经超越了个体所承担责任之范围而涉及一个群体，因此，这个群体必然要互相监督，防患于未然，个人行事时必然又要顾及群体的利益。保甲制在无形中对乡民的思想教化起到了强制作用。"扶儒法之中心，备刑教作用而有之者，厥为保甲之法制……其中育民、训民之道，即本教的立场，而彰化育之功。"②

社学、书院和保甲组织作为政府推行教化所依赖之组织，具有共同的特点：其一，其首领皆由政府所规定并选择，或享受免差役之优惠，或领取膏火之费；其二，要接受政府的管理与考核。所以，它们应属于实行教化的官方组织范畴。

除了制度化的教化组织之外，清王朝也通过旌表等形式在无形中对乡村民众进行着潜移默化的思想引导。旌表是封建政府对符合自己利益的行为进行表扬的一种方式。顺治五年（1648），清廷议准："孝子、顺孙、义夫、节妇自元年以后曾经具奏者，仍行巡按，再为核实，造册报部，具题旌表。"③为了宣扬忠孝节义并使入旌式，清政府在各地兴建祠堂与牌坊，旌表忠孝节义："顺天府、应天府、直省府州卫分别男女，每处建二祠：一为忠义孝弟祠，建于学宫之内，祠门内立石碑一通，将前后忠义孝弟之人，刊刻姓名于其上，已故者设位祠中。一为节孝祠，别择地营建，祠门外建大坊一座，将前后节孝妇女，标题姓名于其上，已故者设位祠中。"④在政府的提倡下，忠义祠堂、贞节牌坊在乡村之中随处可见。通过对被旌表人物的表扬和奖赏，现实的顶戴与祠堂牌坊吸引着民众逐步向旌表的范围靠拢，旌表的形式在思想教化上起着强大的导向作用。

---

① （清）继昌：《行素斋杂记》，34页，上海，上海书店出版社，1984。
② 黄强：《中国保甲实验新编》，21页，南京，正中书局，1935。
③ （清）托津等奉敕纂：《钦定大清会典事例》卷三二三《礼部·风教·旌表节孝》，4263页，台北，文海出版社，1991。
④ （清）托津等奉敕纂：《钦定大清会典事例》卷三二三《礼部·风教·旌表节孝》，4274页，台北，文海出版社，1991。

除直接受控于官方的教化组织外,在乡村社会教化体系中,非官方的教化组织亦扮演着重要角色。这些非官方的教化组织主要有宗族、乡约、私塾和义学组织等。

宗族是一种血缘性的地方社会组织,它是由聚居在一定区域内的同一祖先的若干后裔所组成,拥有共同的宗祠、族田、族规等。它"是封建社会最基本的组织……它不属于行政体系,但它所起的作用是行政组织远远不能比拟的"①。宗族"力图在它的成员中维持法律和秩序,不让它们的纠纷发展成为牵动官府的诉讼"②。宗族之首在全族大会上都要宣读族规,以使族众咸知,而且宗族也有强制力保证族规得以执行和遵守。宗族在清朝社会的广泛存在,对教化民众起了极大作用,它在一定程度上弥补了国家权力的空隙,"宗法者,佐国家养民教民之原本也"③。在血缘和地缘关系上建立起来的宗族组织利用它的地方权威性,软硬兼施地对族人进行着思想教化。

乡约即乡规民约,它是由本乡人民自己订立,为维护共同利益而要求集体遵守的一种道德引导性组织。清初,政府就规定:"凡直省州县乡村巨堡及番寨土司地方,设立讲约处所,拣选老成者一人,以为约正,再择朴实谨守者三四人,以为值月,每月朔望,齐集耆老人等,宣读圣谕广训,钦定律条,务令明白讲解,家喻户晓。"④乡约一般皆有两部册籍:一为记善之籍,记载乡人之善行;二为记过之籍,记载乡人之过失,乡约"置二籍,德业可劝者为一籍,过失可规者为一籍"⑤。

---

① 陈旭麓:《近代中国社会的新陈代谢》,11 页,上海,上海人民出版社,1992。

② 〔美〕费正清:《剑桥中国晚清史》上卷,13 页,北京,中国社会科学出版社,1994。

③ (清)冯桂芬:《复宗法议》,见《皇朝经世文续编》卷五五《礼政六·宗法》,66 页,光绪壬寅夏月天章书局石印版,1902。

④ (清)托津等奉敕纂:《钦定大清会典事例》(嘉庆朝)卷三一八《礼部·风教·节约一》,4047 页,台北,文海出版社,1991。

⑤ 《宣讲圣谕礼》,见(清)曾国荃:《(光绪)湖南通志》卷七一《典礼志一》,光绪十一年刻本。

乡约定期集会，首先宣读讲解圣谕广训，然后推举乡人的善行与过失并且分别记入籍内："乡内有善者众推之，有过者值月纠之，约正询其实状，众无异词，乃命值月分别书之"①。屡犯过失而不改者就要受到一定的惩戒。"凡同约之组合员，其遵守协约者，则有善行之记载，以昭激励；其违犯协约者，则有过失之登录，以示惩戒。且罚行三度，怙过不悛者，即与众弃之，而绝其享受团体教化之机会。"②如果说宗族是在血缘关系的基础上，以"敬宗收族"为旗帜实行的一种强制性较大的教化组织，那么乡约则是在地缘关系的基础上，更多地依靠道德约束力而实行的教化组织。

私塾为封建时代蒙学教育机构之一，它一般有三种形式：一是教师自己设馆授课；二是贵族富户设立家塾，聘请教师到家中教书；三是义塾性质，如宗族利用族产设立书塾，本族子弟可入学学习，也有大户人家捐钱设立义塾。义学一般为官或民捐钱设立的供贫苦无力上学之人就学的教育机构。"义学私建者也，或捐自官，或捐自民，总为子弟就学无资，故为之膏火师长以造就之。"③义学"招致贫不能读者"④，它一般免收学生的学费。由于清政府的提倡，义学在清代广泛地存在于乡村基层之中。私塾中之义塾有时也称为义学。私塾和义学都属于蒙学机构，它们承担着社会上基层民众的教育任务，其教育内容一般从最基本的识字读书开始，课本有《千字文》《百家姓》《三字经》等，它们为学生的一生教育打下了最早的基础。由于清政府设立的正规学校一般只到县一级，因而私塾和义学成为乡村社会的主要教育机构，其中的教师亦成为士子入仕进学前的主要教育者，他们在教会学生识字读书的同时，也将最初的伦理知识与做人准则教给了学生。由

---

① 《宣讲圣谕礼》，见（清）曾国荃：《（光绪）湖南通志》卷七一《典礼志一》，光绪十一年刻本。

② 黄强：《中国保甲实验新编》，26 页，南京，正中书局，1935。

③ （清）申正飏：《中国地方志丛书·华中地方·第二八五号》，473 页，台北，成文出版社影印清同治七年刊本，1975。

④ （清）诸晦香：《明斋小识》卷八，12 页，见尹德新主编：《历代教育笔记资料》第 4 册，清代部分，33 页，北京，中国劳动出版社，1993。

于私塾和义学是初级教育，故教师在教给学生知识时就无形中将封建伦理道德渗透到学生们人生观的形成过程中了。宗族、乡约、私塾、义学组织作为实施教化之组织，同样具有共同的特点：它们的首领由自己推选，并不由官方所任命或批准；另外，它们的日常事务也由自己安排并不受官方的考核。

除了常规性教化组织外，一些非官方的教化形式，如宗教和戏曲等，也具有教化的功能。

二、二元同构

就国家主体而言，它对乡村民众进行思想教化时，必然要利用多种途径，既要利用常设的社学、书院、乡约、宗族等常规性的教化组织，也要利用旌表、宗教、戏曲等一些非常规性的、不定期而出现的教化形式，这些教化组织与形式共同构成了清代乡村社会的教化体系。

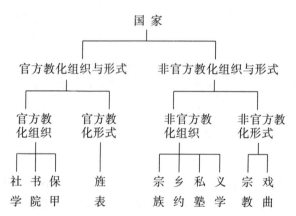

图1　清代乡村社会教化体系

由图1可以看出，清代乡村社会的教化体系乃是一个二元同构性的组织系统，即以保甲制为代表的官方教化组织与形式和以宗族、乡约为代表的非官方教化组织与形式同构而成。

在这一"二元同构体"中，绅士阶层起着社会纽带的作用。绅士们"出则为官，入则为绅"，成为连接官方系统与非官方系统的最佳契合点。清王朝明确规定了绅士们在乡村教化体系中的领导地位，在下令"每乡置社学一区"的同时，亦要求"择其文义通晓行谊谨厚者补充社师"。雍正元年(1723)对于社学的教师又做出了明确规定："州县于巨乡大堡各置社学，择生员学优行端者补充社师。"①由于这一阶层所具有的学识和权威性，他们在非官方的教化组织和形式中也同样占据着领导地位。在宗族组织中，"族正以贵贵为主，先进士，次举贡生监，贵同则长长，长同则序齿，无贵者，或长长，或贤贤"②。在乡约组织中，也是"于举贡生员中拣选老成者一人，以为约正"③。

作为乡村教化体系领导力量的绅士阶层，由于知识的占用和特权的享受，在乡村社会中具有天然的权威，他们本身就对乡村教化起着重大作用。"士子者，百姓所观瞻"④，"士人有廉耻，而后乡里有风化"⑤。吕坤曾言道："吾少时乡居，见闾阎父老，小民同席聚饮，恣其笑谈，见一秀才至，则敛容息口，唯秀才之容是观，唯秀才之言语是听；即有狂态邪言，亦相与窃笑而不敢言短长。秀才摇摆行于市，两巷人无不注目视之曰：此某斋长也。人情之重士如此，岂畏其威力哉！以为彼读书知礼之人，我辈村粗鄙俗，为其所笑耳。"⑥如果绅士们贪婪好利，行为无常，彼地则教化难行，风俗败坏，"士大夫任风化之责，既恬不为虑，又不躬行俭让以先之，欲俗之归复于厚，安可得也。"⑦

---

① 《义学事例》，见(清)素尔纳等篡：《学政全书》卷七三，乾隆三十九年武英殿刻本。

② (清)冯桂芬：《复宗法议》，《皇朝经世文续编》卷五五《礼法六·宗法》，1430 页，沈云龙主编：《近代中国史料丛刊》第 75 辑，台北，文海出版社，1966。

③ (清)冯桂芬：《复宗法议》，见《皇朝经世文续编》卷六七《礼法七·宗法》，卷三九八，609 页。(原文不在《复宗法议》中，而在《讲约事例》中。)《讲约事例》，见(清)素尔纳：《学政全书》卷七四，乾隆三十九年武英殿刻本。

④ 《大清世宗宪皇帝实录》卷七七，雍正七年己酉春正月。

⑤ 许振祎：《奏设味经书院疏》，见《皇朝经世文续编》卷五三《礼政四·学校上》，48 页，光绪壬寅夏月天章书局石印版，1902。

⑥ (明)吕坤：《实政录》卷一《明职·弟子之职二·作人道理》，明万历二十六年赵文炳刻本。

⑦ (清)王柏心：《导俗》，见《皇朝经世文续编》卷十《礼治一·原治》，93～94 页，光绪壬寅夏月天章书局石印版，1902。

"夫士而无行，则庶民之浮伪，风俗之浇漓，不待言矣。"①"中国传统社会中的士，以其教化功能成为社会结构稳定运行的重要力量。他们'在本朝则美政，在下位则美俗'，对建立符合家长制伦理规范的社会秩序起着任何其他群体不可替代的作用。"②

三、时代之变

鸦片战争后，中国社会与文化遭遇"千古未有之奇变"。一方面，在西方资本主义商品的冲击下，传统的自然经济结构逐渐破产，固有的"士农工商"的社会结构也在发生着错动。向来居于"四民之末"的商人地位得到提升，从商之人增多，且有士大夫步入商人行列，"同光以来，人心好利益甚，有在官而兼营商业者，有罢官而改营商业者"③。另一方面，传统教化体系面对着剧烈的社会变动，失去了维系人心的传统功能。在专制社会中，社会规范是以维护王权的利益为基础的，教化体系所遵循的社会规范同样以王权的利益为旨归。在清代乡村社会教化体系中，儒家学说成为教化所奉行的理论标准。在晚清，这一标准本身正面对着自己难于解释的问题。儒家学说提倡忠孝节义，重内心的修养与人格的锻炼，尊崇礼义道德对于治国的作用。倭仁就提出："立国之道，尚礼义不尚权谋；根本之图，在人心不在技艺。"④但是，实际上，尊崇礼义的上邦总是不敌持"奇技淫巧"的"夷狄"。于是，清朝实行乡村教化所奉行的社会规范本身就陷入了迷茫。传统的教化体系开始受到了前所未有的挑战。

其一，传统乡村教化组织趋于形式化。在社会生活内容发生巨变的情况下，原有乡村教化组织未能及时应变，遂在时代发展中日趋形

---

① (清)汤成烈：《风俗篇一》，见来新夏主编：《清代经世文全编》卷七四《礼政十四·正俗》第71册，6页，北京，学苑出版社，2010。

② 王玉波：《深化社会结构史研究》，载《历史研究》，1995(6)。

③ (清)徐珂编撰：《清稗类钞》第4册，1672页，北京，中华书局，1984。

④ (清)王之春：《国朝柔远记》卷一六，光绪十七年广雅书局刻本。

式化。"今之保甲，虚贴门牌，隐匿不知，迁徙不问，徒饱胥役，即诩善政，民病盗喜。"①同治元年(1862)，顺天府尹林寿图无可奈何地说，保甲之法"虽已刻有成书，颁行州县，无如视为具文、虚应故事"②。在保甲制成为具文的同时，乡约组织也经历了同样的命运，早在乾隆时期就有人指出乡约宣讲的弊端："其荷锄负耒之夫，贸易之子，并未有一人舍其本业前来听讲者。间或行路之人，驻足观听，又于圣言之精义未能入耳会心。在州县原不过奉行故事，而督抚开列首条亦不过遵巡旧文。"③在近代，乡约宣讲更趋于形式，时人指出："盖上无教化，则下多凉德，其士大夫鲜廉耻而日习于淫侈，其民蔑伦纪而日趋于邪僻，见异思迁，有必然者。制书朔望宣讲圣谕，久已视为具文，今无圜听之人矣。"④

其二，乡村教化的内容开始发生变化。近代社会生活的巨变必然影响到社会生活的各个层面，同样，它也渗透入乡村教化体系之中并对其内容产生着影响。乡村教化的内容在近代随着形势的变化不可避免地夹杂着新的内容，其变化要之有三。

首先，儒家学说主体地位的动摇。儒家学说曾是乡村教化奉行的理论标准，四书五经也成为各级学校的教科书。在近代，其旧有的内容已经与时代不相符。有人对私塾中的教学做了讽刺性的描述："摆来桌椅纵横乱，七八儿童上学堂。一块红毡铺地上，拜完老孔拜天王。先生头脑是冬烘，架子居然像不同。坐在一张高椅里，戒方一响逞威风。吓得儿童魂也消，宛如老鼠见狸猫。抬头怕看先生面，天地君亲着力号。温完《大学》读《中庸》，功课偏无半刻松。还有一桩可怕事，背书弗出跪灯笼。只许自家随意乐，学生嬉笑便含嗔。身边常带潮烟

---

① (清)何绍祺：《禁化牛丛论》，见来新夏主编：《清代经世文全编》卷八〇《兵政六·保甲》，325～326 页，北京，学苑出版社，2010。

② (清)林寿图：《敬陈弭盗刍言疏》，见来新夏主编：《清代经世文全编》卷八〇第 72 册，352 页，北京，学苑出版社，2010。

③ (清)凌如焕：《敬陈教民实政疏》，见《皇清奏议》卷三四，民国影印本。

④ (清)汤成烈：《风俗篇四》，见来新夏主编：《清代经世文全编》卷七四《礼政十四·正俗》第 71 册，17 页，北京，学苑出版社，2010。

管，捎起来时乱打人。"①在变化的时代面前，旧式教学内容早已不合时代节拍，专心旧学之人日渐稀少，"士风之坏未有甚于此时者，诚心读书以求根底者固不多见，即专攻时文以习举业者亦寥寥无几"②。与旧学钻研日少形成鲜明对照的是，西学传入以后在此时颇得人们的青睐。"近年来为学之人，竟分两途，一曰守旧，一曰维新。守旧者惟恃孔孟之道，维新者独求西洋之法。守旧则违于时而为时人所恶，维新则合于时而为时人所喜，所以维新者日益多，守旧者日渐少也。"③

其次，对旧式观念的否定。义利观是传统社会的基本观念之一，"义利二字乃儒者第一义"④。在儒家思想的教导下，人们普遍重义轻利，耻于言利，相应地商人的地位在中国历来被轻视。在近世社会，传统的义利观发生变化，商人的地位逐步提升，人们不再耻于言利，而是明确提出："天下之攘攘而往者何为？熙熙而来者又何为？曰为利耳……利之时义大矣……吾茫茫四顾，见四海之大，五洲之众，非利无以行……当今之天下实为千古未有之利场，当今之人心亦遂为千古未有之利窟。"⑤义利观之改变一直延伸到乡村社会："近来吾乡风气大坏，视读书为轻，视为商甚重，才华秀美之子弟，率皆出门为商，而读书者寥寥无几，甚且有既游庠序，竞弃儒而就商者。亦谓读书之士，多受饥寒，曷若为商之多得银钱，俾家道之丰裕也。当此之时，为商者十八九，读书者十一二。"⑥传统教化中所宣扬的义利观再也束缚不住人们的思想，读书仕进的唯一出路在近代被打破。

最后，科学观念的诞生。由于科学技术的落后，宗教迷信观念曾长期占据中国人的精神世界，君权神授、五德终始说曾成为历代王朝存在的依据。西方科学文化的传入带给近代中国人的是一个崭新的世界，从前居于人们头脑中的神灵原来是一个虚幻的产物，自然界的一

① （清）徐珂编撰：《清稗类钞》第 4 册，1631 页，北京，中华书局，1984。

② 刘大鹏：《退想斋日记》，21 页，太原，山西人民出版社，1990。

③ 刘大鹏：《退想斋日记》，143 页，太原，山西人民出版社，1990。

④ （清）潘世恩《正学编》卷四，清同治刻本。

⑤ 《利害辨》，载《申报》，1890-07-23。

⑥ 刘大鹏：《退想斋日记》，17 页，太原，山西人民出版社，1990。

切只是一种客观存在，并无超自然的神灵在控制。雷神是中国人信仰的神祇之一，被认为是代表天来惩罚人间坏人的："中国之言雷者曰，雷有神以司之……斯人有隐恶而悻逃于法网之外者，雷则殛之，故中国之人无论智愚贤不肖，无不有一雷之神存于意中，即平时悖逆愍不畏法之流，一阅隆隆之声莫不变色相戒，若有惧惮。"①西方文化传入后，人们开始认识到雷只是一种普遍的自然现象并了解了它的形成过程："雷者曰雷，乃天空之电气耳，天空之处本有电气，其气之为用极广，得而收之用以镀金银燃炮火通文报代灯烛，皆可以人力制之，而是气最忌五金之物，一遇铁器便顺流而下，观于电气所行，贮之电引以铁物，不必贴近瓶边，即相离四射，而瓶中火光激射而出，故西人言大船桅杆与夫屋中不可用铁柱，恐近天空，电气即乘之而下以致轰击也。"②西方文化传入以后，科技的发展揭示了自然界存在的神秘现象，在科学面前，迷信的面纱被一层层地揭开，事物回复到它本来的面目。科学的观念使人们的思想获得解放，精神境界得到提升。随着新的教化内容的渗透和社会生活的需要，一些新的教化组织形式也应运而生，打破了清王朝传统的教化体系。这些新式的组织形式主要有新式学堂、新式传播媒介、教堂及教会学校。

同治元年(1862)同文馆之设是新式学堂发展之嚆矢。但洋务学堂虽然开风气之先，却并未深入到乡村社会，真正在乡村社会建立起学堂是从清末新政之时开始的。20世纪初，清政府迫于内外形势的压力，只好在光绪二十七年(1901)下诏变法，实行"新政"，其中的教育改革方案规定："除京师已设大学堂应行切实整顿外，著将各省所有书院，于省城均改设大学堂，各府厅直隶州均设中学堂，各州县均设小学堂，并多设蒙养学堂。"③新式学堂由是开始在基层社会设立。光绪三十一年(1905)清政府下令："自丙午科始，停止各省乡、会试及岁、

---

① 《论雷》，载《申报》，1880-07-27。

② 《论雷》，载《申报》，1880-07-27。

③ (清)端方：《大清光绪新法令》，清宣统上海商务印书馆刊本。

科试。"①沿袭上千年的科举制度终于寿终正寝，基层社会的新式学堂从此大量兴起。乡村新式学堂成立后，其教学内容以中学为主，西学为辅，一改过去儒学独占的地位。在《钦定学堂章程》中，政府为寻常小学堂设立的课程门目表为："修身(取《曲礼》、朱子《小学》诸书之平近切实者教之)；读经(《诗经》)；作文(教以口语四五句使联属之)；习字(今体楷书)；史学(上古三代之大略)；舆地(地球大势)；算学(加减乘除)；体操(柔体操)。"②由此，新学日渐融入基层教育体系之中，成为规范人们思想和行为的最基础的"社会化"内容。

新式大众传播媒介的诞生，对晚清基层社会教化体系的变动起到了极其重要的作用。"有效的传播媒介是一种能动的倍增器，可以大大加快社会变革的速率。"③在近代以前，中国社会的传播媒介主要是书籍，但由于成本昂贵、发行环节不畅，书籍的传播受到极大限制，受众人数并不多。鸦片战争后，魏源撰《海国图志》，该书介绍西方各国的基本情况，刊行后在社会上广为传颂，成为当时的畅销书籍。然而据估计，其受众人数仅仅为一万人左右，占当时有阅读能力者的七千分之一。④晚清时期，最有效的传播媒体是新式报纸。西方殖民者虽然率先在中国创办了一批新式报纸，但对于社会大众的影响十分有限。之后，中国人亦仿而效之，创办国人自己经营的报纸，并逐步从士大夫阶层向平民百姓阶层渗透，形成了受众极广的宣教系统。《申报》在其发刊告白中即称："凡国家之政治风俗之变迁、中外交涉之要务、商贾贸易之利弊与夫一切可惊可喜之事，足以新人听闻者，靡不毕载。"⑤新式报纸所用言语一般力求通俗，以获取众多的读者理解，报

①　赵尔巽等撰：《清史稿》卷一〇七，3135 页，北京，中华书局，1976。

②　《钦定学堂章程·光绪二十八年七月十二日钦定小学堂章程》，见朱有主编：《中国近代学制史料》第二辑(上册)，164 页，上海，华东师范大学出版社，1989。

③　闾小波：《中国早期现代化中的传播媒介》，1 页，上海，生活·读书·新知三联书店上海分店，1995。

④　闾小波：《中国早期现代化中的传播媒介》，5 页，上海，生活·读书·新知三联书店上海分店，1995。

⑤　《本馆告白》，载《申报》，1872-04-30。

纸一般皆"文则质而不俚，事则简而能详，上而学士大夫，下及农工商
贾皆能通晓者，则莫如新闻纸之善矣"①。正因为报纸之时效性强且通
俗易懂、价格便宜，所以易于传播，阅读之人也比以前大量扩充。以
《时务报》为例，1896 年 7 月 1 日，该报在上海正式出版，由梁启超任总
主笔，到 1898 年 6 月，该报停刊。在两年时间内"《时务报》馆实际印成
784500 册，再加上第 1—30 册的缩报 300000 册，合计1084500册……实
际售出的《时务报》当在一百万册左右"②。而"《时务报》的直接读者约二
十万人"，"《时务报》受众的总人数在一百万以上当是可能的"。③ 后来，
梁启超曾回顾道："甲午受挫，《时务报》起，一时风靡海内，数月之间
销行至万余份，为中国有报以来所未有，举国趋之，如饮狂泉。"④报
纸提供给民众的是一个全新的画面，"自新闻纸出，而凡可传之事无不
遍播于天下矣，自新闻纸出，而世之览者亦皆不出户庭而知天下矣"⑤。

第二次鸦片战争以后，西方传教士取得了在内地的传教权，从此，
传教士们深入内地到处传教。传教士带给乡民的是一种全新的基督教
文化，它宣扬上帝是唯一真神。为了吸引人们入教，教堂常常对人们
施以救济，用物质手段引诱人民入教。通过多种途径，基督教在华势
力得到空前发展，到 1885 年，仅在华天主教徒就达 56 万之众。⑥ 为
了扩大在中国的影响，传教士们还在中国大量地建立教会学校。早期
的教会学校多附属于教堂，是一些初等学校。为了招徕学生入学，教
会学校一般免收学费，有的还供给膳费和伙食费，招生对象多是贫苦
子弟和无家可归的流浪儿，这些都带有义学的性质。洋务运动兴起后，

① 《本馆告白》，载《申报》，1872-04-30。
② 闾小波：《中国早期现代化中的传播媒介》，89 页，上海，生活·读书·新知三联书店上海分店，1995。
③ 闾小波：《中国早期现代化中的传播媒介》，180、181 页，上海，生活·读书·新知三联书店上海分店，1995。
④ 梁启超：《本馆第一百册祝辞并论报馆之责任及本馆之经历》，见梁启超、凤镜如等编：《清议报》第 100 册，6294 页，台北，成文出版社，1986。
⑤ 《本馆告白》，载《申报》，1872-04-30。
⑥ 王先明：《近代绅士——一个封建阶层的历史命运》，117 页，天津，天津人民出版社，1997。

教会学校也得到了极大发展："到光绪元年(1875年)左右，教会学校总数约增加到800所，学生约2万人，其中基督教传教士开办的约有350所，学生约6000人，其余均为天主教开设。到义和团运动前，教会学校增至2000所，学生达4万人。"①到20世纪初，教会学校基本形成自己的体系，从幼儿教育、初等教育、中等教育直至高等教育和实业教育。在早期教会学校中，由于主要是希望为教会培养传教士，故而教学内容主要以宗教为主，最主要的中心科目是《圣经》，一切其他学科都是围绕着这个中心来进行教学。随着教会学校的扩大及西方对中国侵略的加深，教会学校希望培养出高级人才代自己在中国行使权力，1907年在华传教士大会报告书提出："我们必须在那必将到来的更大的机会来到前，就作好准备；现在就应该训练我们之青年人，使他们将来在担任政府职务时能够胜任。"②教会教育家狄考文也认为，教会学校"不仅要培养传教人士，还要培养教员、工程师、测量员、机械师、手艺人等等"③。深入到中国基层社会的传教士，以完全不同于中国传统的行为方式、思想文化顽强地影响着乡村民众。

四、教化失范

与传统乡村社会的教化体系——官方与非官方教化组织二元同构性体系——不同，近代乡村社会的教化体系乃是一个新兴教化体系与旧式教化体系异质并存的复合体。旧式教化体系以儒家学说为指导理论，以维护王朝的统治为旨归。新式教化体系则重在传播西方现代的知识与文化，以开通民气为标的，这是两个根本不同质的体系。当新的教化体系在近代社会诞生并成长之时，旧的教化体系仍同时在社会

---

① 刘秀生、杨雨青：《中国清代教育史》，182页，北京，人民出版社，1994。

② 李楚材：《帝国主义侵华教育史资料·教会教育》，5页，北京，教育科学出版社，1987。

③ 狄考文：《基督教会与教育的关系》，见陈学恂主编：《中国近代教育史教学参考资料》下册，10页，北京，人民教育出版社，1993。

中存在并发生缓慢的变动。在任何时候，新的体系的诞生必然不可能完全脱离旧的东西而独立发展。同样，在近代社会，新旧乡村教化体系之间存在着重叠更替的过渡组织。新旧乡村教化体系的异质并存便构成了晚清乡村教化模式的时代特征。

与传统教化体系不同的是，晚清乡村社会的教化体系呈现出多元化的趋向，这首先表现在教化组织形式属性的多元化上。传统乡村社会教化体系是官方教化组织形式与非官方教化组织形式的二元结构。而在晚清，在这二者之外，教堂与教会学校的出现却以完全不同于上述二者的方式楔入了中国社会，它是西方入侵中国所带来的产物，并不受中国政府的控制，基本上独立于原有的教化体系之外，是外国殖民势力对中国社会进行思想教化与控制的工具。随着西方商品经济的涌入，自然经济日趋破产，人们开始走出家门，在广阔的社会中寻求生路，人们相互间的联系加强，公共领域内的活动相应强化。"19世纪中叶以降，随着中国传统社会开始向近代社会转轨，传统'公'领域呈现出明显的扩张趋势。"①乡村社会教化作为公共领域的范围，其重要性日益得到全社会的重视，从而，新式社会法团在乡村教化中的力量开始强化。教育会在近代出现，成为乡村教化中的重要团体。在旧的教育制度尚未崩溃、新的教育制度尚未形成的20世纪初叶，教育会成为二者转换的中间机构。"直至1909年，全国教育会已达到723个，拥有会员48432人，借此形成了以绅士阶层为主体，以教育会社团为依托的掌控地方新式文化教育的组织体系。"②

晚清乡村社会教化体系趋向多元化的另一表现为教化主体的多元化。传统乡村社会教化体系中，四民之首的绅士阶层承担着实施教化的任务。但在晚清，居于教化主体地位的已不再仅仅是绅士阶层。在社会生活急剧变化与西方商品大潮的冲击下，传统价值观念发生变化，

---

① 马敏：《官商之间：社会剧变中的近代绅商》，227页，天津，天津人民出版社，1995。

② 王先明：《近代绅士——一个封建阶层的历史命运》，261页，天津，天津人民出版社，1997。

屈居于四民首末的绅士与商人在近代发生了对流，商人羡绅士之顶戴权威，捐钱为绅，"目前由商而官者不胜枚举"①。绅士慕商人之钱财富有，厕身经商，甚至身为状元的张謇也弃官为商。绅商对流的结果就是一个新的阶层——绅商阶层在近代的出现。绅商阶层出现之后，他们与传统的绅士阶层分享着乡村教化的权力，商人通过绅商阶层也承担了乡村教化的部分权力。随着新式学堂的建立和留学浪潮的出现，从学堂毕业和国外学成之人成为由旧式士绅转化而来的新式知识分子，他们又任职于学堂教习或报馆之记者、编辑等，同样进行着社会教化。传教士一直是教堂与教会学校中的教化主体。由此可见，绅士阶层在近代再也不能独占乡村社会教化的主体地位，这一地位由旧式绅士、绅商阶层、新式知识分子与传教士等阶层和集团共同分享。

因此，晚清乡村社会教化体系嬗变的历史趋向，是以王朝对于基层社会控制的失控为标志的。

在这一历史性变迁过程中，"这些变化表明政府权力削弱了，绅士摆脱了政府权力的制约，并变得难以驾驭。对于传统的纲常伦纪的日益淡漠销蚀了绅士对政府的忠诚信念"②。当1905年科举制度废除后，政府控制绅士阶层的最主要绳索从手中滑落了，它逐渐失去了对乡村社会教化主体的控制，使得乡村社会的教化呈现出一种空前的失范状态，地方社会对中央的向心力于是逐步消失殆尽。乡村教化结构的变化正凸显了晚清中国社会政治结构的变化，中央失去了对地方社会的权力控制。到了20世纪初，清政府已处于火山喷发的口端，当武昌一地首义，则各地纷纷响应，貌似庞大的清王朝在一夜之间便分崩离析。

晚清乡村社会教化体系变迁所产生的影响是深远的。当然，它与晚清政府走向灭亡时各项制度的衰落变迁同步进行着，并产生互动，共同构成了王朝灭亡的全部内容。

原载《史学月刊》1999年第3期。

---

① 《再论保护商局》，载《申报》，1883-11-03。

② 张仲礼：《中国绅士——关于其在19世纪中国社会中作用的研究》，李荣昌译，154页，上海，上海社会科学院出版社，1991。

下　篇

清代的"禁教"与"防夷"

——"闭关主义"政策再认识

　　人类社会历史的步伐跨入近代之后，文化才开始突破民族、国家的界限而具有了世界性意义。面对西方资本主义文化咄咄逼人之势，是消极地"闭关自守"还是恢弘地开放汲取，将直接影响"本体文化"走向近代的历史进程。清朝适逢其时，迎头撞上了中西文化交汇激荡的浪潮。面对中西文化的两极相逢，清朝断然推出"闭关主义"政策，以应付这千古未有之奇变，从而，对中国社会在世界历史进程中的路向选择和发展轨程，产生了极大影响。

一、"禁教"与闭关

　　史学界通常认为，清朝的"闭关政策"主要包括两个内容：一是乾隆皇帝于1757年谕令关闭漳州、宁波、云台山三口，限定广州一口通商；二是设立公行制度，垄断对外贸易。但是，如果我们把探求的目光扩展得更远一些，就会发现对"闭关政策"做这样的概括是很不确切的。

　　首先，我们不能把清政府的"闭关政策"理解为把外商"关在门外"。因为清代的对外贸易虽是一种畸形，却也是实实在在地不断增长着；而且在1830年英国下议院关于对华贸易的审查委员会议中，几乎无例外地都承认，在广州做生意比在世界上任何其他地方都更加方便。

　　其次，清政府的"闭关"绝不是针对外商贸易的一项具体政策。如果把"闭关政策"的理解仅仅局限于对外贸易方面，我们甚至可以说，这样的"闭关政策"从来也没有出现过。因为三口关闭后，广州口岸仍然对外开放，单纯的外贸口岸的增减，并不足以说明影响清代社会发展的"闭关政策"所应具有的深刻内涵。

站在今天的时代刻度去审视清代历史发展的基本轨迹，我们可以清醒地悟到，"闭关政策"赖以确立的基点，不是经济贸易问题。由外贸产生的经济利益问题，原本对天朝就无关轻重，"天朝物产丰盈，无所不有，原不借外夷货物以通有无"①。由此可知，这是超越具体经济利益的总政策、总方针。

那么，清王朝为何实施"闭关主义"政策，这一政策的基本精神究竟是什么？这在乾隆皇帝颁给英王的敕谕中已有明确的概括："杜民夷之争论，立中外之大防。"②然而，这一精神既不源于中外贸易，也不完全体现于关闭三口的具体措施之中。因此，真正导致"闭关政策"产生的契机是西方人的"传教"，而不是西方人的贸易；它产生于雍正元年(1723)而不是乾隆二十二年(1757)。

从雍正年间开始渐次形成的闭关政策，事实上也是对康熙时期较为宽松的对外政策的回缩。明末清初，中西海道大通，西方传教士来华人数激增，据统计，从1650年到1664年，全国教友已达到245800人。③

清初时期，康熙对于西方传教士并无过多限制，而且优加礼遇。康熙帝曾在乾清宫西暖阁召见传教士白晋、雷孝思等人，认为"西洋人自利玛窦到中国二百余年，并无贪淫邪乱，无非修道，平安无事，未犯中国法度，自西洋航海九万里之遥者，为情愿效力。朕因轸念远人，俯垂矜恤，以示中华帝王不分内外，使尔等备献其长，出入禁廷，曲赐优容致意。尔等所行之教，与中国毫无损益"④。因此，康熙一朝传教士的在华活动，确曾是盛况空前。但是，随着西方传教士活动范围

---

① 第一历史档案馆编：《英使马戛尔尼访华档案史料汇编》，57页，北京，国际文化出版公司，1996。

② 萧一山：《清代通史》卷中，819页，上海，商务印书馆，1928。

③ 庄吉发：《清代史料论述》(一)，139页，台北，文史哲出版社，1979。

④ 陈垣识，叶德辉重刊：《康熙与罗马使节关系文书》，120页，沈云龙主编：《近代中国史料丛刊续编》第7辑，台北，文海出版社，1974。

的扩展，以及中西文化交汇的加深，清王朝对于"猾夏之变"的担忧日趋警觉。因此，如何对付西方传教士就不再简单地是"轸念远人，俯垂矜恤"的区区小事，而成为一项关系王朝统治秩序稳定与否的根本之图。雍正元年闽浙总督就开始忧心忡忡地奏称：

> 西洋人杂处内地，在各省建设天主堂，邪教遂行，闻见渐淆。……请将各省西洋人除送京效力外，余俱安置澳门。①

雍正皇帝准如所请，并诏谕"地方官沿途照看西洋人"，将其驱至澳门。② 雍正皇帝此举一反康熙时期的对外政策，实为清代"闭关政策"之滥觞。

清朝"闭关政策"的根本之点在于防范西洋"邪教"对于中国"圣道"及世俗人心潜移默化的瓦解，所以自雍正朝开始，清朝屡颁圣谕，严正告诫臣民一方面要杜绝外夷传播"邪教"，另一方面严禁官民信奉洋教。"凡中外设教之意，未有不以忠臣孝亲、奖善惩恶、戒淫杀、明己性、端人品为本。"③然而，封建统治者却敏锐地发现，西方文化中的教义却恰恰与中国封建政治文化的基本精神相悖。雍正二年（1724）两广总督孔毓珣就有较深切的认识：

> 西洋人在中国未闻犯法生事，于吏治民生原无大害。然历法算法各技艺民间俱无所用，别为一教，原非中国圣人之道，愚民轻信误听，究非长远之计。经臣议将各省送到之西洋人暂令在广州省城天主堂居住，不许出外行教，亦不许百姓入教。④

---

① 印鸾章编：《清鉴纲目》第 6 卷，318 页，长沙，岳麓书社，1987。
② 印鸾章编：《清鉴纲目》第 6 卷，318 页，长沙，岳麓书社，1987。
③ 王之春：《国朝通商始末记》卷三，76 页，沈云龙主编：《近代中国史料丛刊》第 15 辑，台北，文海出版社，1973。
④ 王之春：《国朝通商始末记》卷三，71～72 页，沈云龙主编：《近代中国史料丛刊》第 15 辑，台北，文海出版社，1973。

"闭关政策"作为清王朝防范西方文化侵蚀中国"民心风俗"的基本政策，从雍正年间确立后就一直奉行不辍。嘉庆二十年（1815）十月，名为兰月旺的西洋人就因"潜入内地，远历数省收徒传教"被处以绞决。①

历史清楚地表明，"闭关政策"不是乾隆二十二年才形成的一种限制对外贸易的基本政策，而是自雍正元年就开始形成的一种防范西方文化的基本政策；其着眼点并不在于贸易利益，而在于"人心之大防"。嘉庆皇帝颁发的圣谕，再次昭示了这一基本政策的主旨：

> 西洋人等来至内地授徒传教，为害风俗，早在圣明鉴察之中。……嗣后著该督抚等饬知地方官于澳门地方严查，西洋人等除贸易而外，如有私行逗留讲经传教等事，即随时饬禁……惟当善为经理，实力稽查，绝其根株，正其趋向，亦整饬风俗之要务也。②

二、"防夷"与"闭关"

"闭关政策"实际是清王朝面对"西学东渐"而采取的一项具有指导意义的总政策，而不是一项具有条文规则的具体措施。"杜民夷之争论，立中外之大防"只是它的精神实质，却不是它的完整的全部内容。在具体的贯彻落实中，鸦片战争之前，"闭关政策"的实际效果主要体现在两个方面：一是严禁西洋人传教，二是限制外夷通商。因此，史学界通常所说的"一口通商""垄断贸易""公行制度"，事实上是清王朝基本于"立中外之大防"而采取的"防夷"措施，是"闭关政策"在外贸领域中的落实，而不等于"闭关政策"本身。只是因为，一方面，雍正以后禁止洋教措施的严格实施，使西方传教士在华活动已基本销声匿迹；另一方面，18世纪中叶以后西方向中国的推进"基本以商业为主"，故

---

① 王之春：《国朝通商始末记》卷三，166 页，沈云龙主编：《近代中国史料丛刊》第 15 辑，台北，文海出版社，1973。

② 道光帝敕撰：《清仁宗睿皇帝圣训》，99 页，台北，文海出版社，2005。

而，清王朝的"闭关政策"就突出体现为对外贸易中的"防夷"措施。

清王朝对外贸易中的各项"防夷"措施固然不能完全等于"闭关政策"，但却是这一总政策在 18 世纪中叶以后的集中体现。当时，大洋彼岸的船舶乘季风的推力不断涌向中国的广州滩头，主要是受商业利润的驱使。"近代使东方和西方发生接触的是商业"①，如何处置这些汹涌而来的"嗜利忘义"的西方商人，是清王朝颇感棘手的一个现实问题。世界历史发展的进程终于给封建的中国统治者提出一个不太情愿回答而又不容回避的重大课题：以"天朝"自许的清王朝既要"杜民夷""防中外"，不能由外商自由贸易，又要昭示"天朝帝王""垂怜外夷子民""一视同仁之恩"的雍容大度。因此，在中外贸易的实践过程中，清王朝企图兼得鱼与熊掌，逐步形成了既能显示"天恩"，又能"防中外"的"防夷"措施。它是"闭关政策"的必然产物。

从嘉庆年间开始，到鸦片战争前夕，清王朝颁行了一系列"防夷"条款，构成了清代限制外商制度的主体内容。最早提出"防夷措施"的是两广总督李侍尧。乾隆二十五年(1760)，他奏陈"防夷五事"：

第一，禁止外商在广州过冬；

第二，外商到粤后由行商管束稽查；

第三，借领外夷资本及雇请汉人役使，应一并查禁；

第四，严禁外夷雇人传递信息；

第五，夷舶停泊处，调拨营员弹压稽查。②

此后，清朝限制外商政策和防夷措施不断完善，日臻系统化，嘉庆十四年(1809)又产生了"民夷交易章程"和"查禁官银出洋及私货入口章程"七条，而集其大成者则是两广总督李鸿宾于道光十一年(1831)提出的"防夷八条"。"防夷八条"虽然承袭了清朝历年限制外商措施的基本精神，但在实际条款上却本着务实的精神有所增损。其主要内容为：

①　[英]格林堡：《鸦片战争前中英通商史》，康成译，2 页，北京，商务印书馆，1961。

②　《乾隆二十四年英吉利通商案·李侍尧折三》，见故宫博物院文献馆编印：《史料旬刊》第 9 期，308～309 页，北平，京华印刷书局，1931。

第一，夷商进口后泊舶处所应照旧派弁兵稽查，其住居行商馆内即令行商约束，以免滋事也；

第二，夷人私带番妇住馆及在省乘坐肩舆均应禁止也；

第三，夷人偷运枪炮至省应责成关口巡查弁兵严加禁遏也；

第四，夷商雇请民人服役应稍变通也；

第五，夷商具禀事务应酌量是否紧要分别代递也；

第六，借贷夷商银钱应杜绝拖欠弊端也；

第七，夷商不得在粤住冬变通旧章随时防范也；

第八，英吉利国公司船户驾艇往来用夷商货船领牌出口均应遵定制也。①

在世界历史发展进程中，出于保护民族经济利益的合理的"限制贸易"政策，无论就其目的还是效果而言，均无可指责。然而，清王朝推行的"防夷"措施却并不是什么"限制贸易"政策。从其颁行的规章来看，它所防范的主要内容为"以免滋事""番妇住馆""乘坐肩舆""华夷勾通"；从其实践结果来看，也唯有"番妇住馆""乘坐肩舆"执行得最为严厉。因此，"防夷"的根本点就在于"杜民夷之争论，立中外之大防"，而绝不是一种单纯的对外贸易政策。两广总督李鸿宾在一个奏折中一语道破了"防夷"措施的本质："英吉利恳请在省城自租栈房，囤积夷货等条，皆与向定章程，俾民夷不相交接之意，大有违碍，万不可行。"②

毋庸置疑，隐匿在"防夷"措施帷幕之后的是封建王朝对于"民"的一种极度恐惧。"夫防范者何也？只恐敝处百姓渔民，一见远方来孤单船只，争相扰近，登船窥探。尤虑该百姓等，枭心一起，酿事靡轻。"③"防夷"的本质是实行"华夷隔绝"，而不是经济利益的直接权衡。诚如马克思所言："推动这个新的王朝实行这种政策的更主要的原因，

①　参见梁廷枏等纂：《粤海关志》卷二九《夷商四》，475 页，沈云龙主编：《近代中国史料丛刊》第 19 辑，台北，文海出版社，1975。

②　齐思和等编：《中国近代史料丛刊·鸦片战争》（以下简称《鸦片战争》）第 1 册，75 页，上海，上海人民出版社，1957。

③　齐思和等编：《鸦片战争》第 1 册，75 页，上海，上海人民出版社，1957。

是它害怕外国人会支持很多的中国人在中国被鞑靼人征服以后大约最初半个世纪里所怀抱的不满情绪。由于这种原因,外国人才被禁止同中国人有任何来往。"①应该说,崛起于白山黑水之间的清王朝,在"华夷"这个既是文化又是政治,既是理论又是现实的重大课题上,具有"超重"的忧惧。况且,中国封建王朝兴变更替的内循环的历史阴影,总在死命地追逐着清王朝的历史命运。所以,对王朝本身安全利益的忧虑远远超越了对中华民族走向世界的长远战略利益的考虑。

三、历史影响

对于"闭关政策"的历史估价,史学界在不同时期,从不同角度已经给出了足够的评说。然而,无论是从"禁教"与"防夷"的直接历史作用,还是从"闭关政策"对中国社会长久的文化心理影响来看,有两点尤其值得我们认真反思。

第一,"禁教"和"防夷"导致中国社会错失了追步西方的历史机遇。观照人类历史发展的总进程,可以说清朝处于一个极其幸运的时代。中西文化的交汇和冲破民族地域界限的世界历史进程,为中国社会历史的发展提供了千载难逢的转折机遇。在康熙亲政的大约半个世纪中,西方文化的传入表现得极为活跃。西方传教士南怀仁、白晋、汤若望等在科技事业上的积极努力,曾经为中国的科学发展提供了契机。在西方传教士主持下于康熙五十七年(1718)完成的《皇舆全图》,运用了当时最先进的地图测绘和地理科学知识,使这一全国性的三角测量,能够名列世界前茅。② 在康熙皇帝大力支持下,康熙六十年(1721)编成的《数理精蕴》介绍了从17世纪初年以来传入的西方几何学、代数学以及算术等数学知识,成为系统介绍西方数学的百科全书。③

---

① 《马克思恩格斯选集》第2卷,6~7页,北京,人民出版社,1972。

② 杜石然等编:《中国科学技术史稿》下册,209页,北京,科学出版社,1982。

③ 杜石然等编:《中国科学技术史稿》下册,216页,北京,科学出版社,1987。

但是，清王朝"闭关主义"政策的确立，终于阻断了西方科学文化的传入，非但如此，而且还毁弃了明末清初西方文化带来的积极成果。由于西方地理科学的影响，清初一些知识分子已经开始抛弃"天朝中心""华夷隔绝"的观念，对于地球和世界地理的概念有了初步的认识。但是在乾隆十二年（1747）编纂的《四库全书》中却说，利玛窦所讲的五大洲不过是荒诞的奇谈。① 因此，"闭关主义"首先闭掉了科学文化的发展，使中国社会失去了走向世界的难得的历史机遇。

以通商为前导的中西交往，对于中国的经济来说，同样是历史转折的一次机遇，这是一个充满选择的历史时代。五光十色的西方产品，携带着另一种文化和生存方式的信息，对于中国社会历史走向选择，无疑具有充分的认识价值和实践上的扬弃意义。在鸦片战争前的二百年间，中国对外贸易总是保持出超地位，但是，清朝厉行的"防夷"措施和垄断贸易制度，仅仅在于"防范民夷交接"，而无视民族经济利益本身。作为"防夷"制度化和"广州的官员和商人收到了胜利的果实"的公行，"赋有政府的全权，一方面受到政府的充分支持并充作政府的代理人，另一方面又作为源源而来的财路，那笔财富正是官吏们为之垂涎三尺，指望从中大捞一笔的"②。

在中英贸易领域中产生的官与商的畸形经济组合——公行，是最早的一种官商劣化结合形态。"公行无异是他的一种工具，凭以榨取对外贸易并从中勒索一笔自罗马帝国鼎盛时代以来举世无双的私人收入。同样，自总督以下各级官员也都摊分一部分赃款。"③就在英国通过伦敦—印度—广州中英三角贸易千方百计获取利润、增殖资本，推动其经济迅猛发展的同时，大量白银通过公行滚入了清朝由官吏、行商严密构织的私囊之中。

---

① ［美］费正清：《美国与中国》，张理京译，112 页，北京，世界知识出版社，1999。

② ［美］马士、宓亨利：《远东国际关系史》上册，姚曾廙等译，60 页，北京，商务印书馆，1975。

③ ［美］马士、宓亨利：《远东国际关系史》上册，姚曾廙等译，60 页，北京，商务印书馆，1975。

尽管公行使朝廷的"贡银"不断增长,"行用"的抽取范围不断扩大,数额不断增长①,但是,整个民族或国家的经济却无有真正意义上的增殖。以"防夷"和"闭关"为前提而形成的公行,所吞噬掉的绝不仅仅是大量的货币财富,更消磨了无以估量的民族精神财富。因此,"闭关主义"政策决定了清王朝的必然悲凉和凄惨的历史命运,使之错失了曾经面临的历史选择的机遇。

第二,"闭关主义"也长久地拖累着近代中国社会迈进的步伐。从根本上来说,"闭关"并不是一项具体的对外政策,而是从文化发展总体上的对外来文化的一种具有指导意义的原则,它是"闭关主义",而不是"闭关政策"。作为"主义"所造成的民族文化心理上的影响远比"政策"本身的作用要牢固久远。清王朝紧紧封闭的国门,最终被鸦片战争的炮火轰开了,然而,在强力逼迫下的启关也只是纯粹政策上"闭关"的撤除,它无助于真正意义上的文化开放。它使国人面对近代化的世界潮流,注意焦点不能集中在中西文化的横向交流或改造上,而是围绕封建主义文化自身,从纵向上千思百虑苟且弥缝。因而,封建主义文化不曾得到彻底改造并转化为促进中国近代化的有利因素,反而在民族文化心理上依然表现为一种变态的"闭关"。这就是近代的"中体西用"或"西学中源"说。从本质上看,"中体西用"和"西学中源"仍是"闭关主义",所不同的不过是由较阔大的封闭圈退缩为较狭小的封闭圈而已。"中体西用"说和"西学中源"说的主要精髓不外是两个方面。

第一个方面,尽力把西方近代文化封闭在一个可能的范围之内。从"以中国之伦常名教为原本,辅以诸国富强之术"②和"中学其体也,西学其末也"③,到"舍西学而言中学者,其中学必为无用;舍中学而

① (清)梁廷枏:《历代史料笔记丛刊·夷氛闻记》,邵循正点校,1~3页,北京,中华书局,1959。

② (清)冯桂芬:《校邠庐抗议·采西学议》,57页,上海,上海辞书出版社,2002。

③ (清)郑观应:《盛世危言·西学》,31页,呼和浩特,内蒙古人民出版社,2006。

言西学者，其西学必为无本"①，以至于《劝学篇》所揭橥的"旧学为体，新学为用"，其实都贯串着一个最基本的原则，即要在传统与新生、中学与西学之间，划出一条不可逾越的深沟高垒，把西方近代文化拒斥于一个既定的范围之外。

第二个方面，保持封建文化天下中心的独尊地位。近代中国社会处于剧烈变动之中，中西新旧文化交锋激烈。一方面，封建的传统价值观念和思想体系趋于衰微，失去了制约社会人心的功能；另一方面，新的价值观又一时难以形成体系。社会人心普遍产生一种无所适从感和危机意识，形成"文化失范"的现象。然而，"中体西用"和"西学中源"不是在近代文化失范状态中重构一个崭新的适合中国近代发展的文化体系，反而是通过不可触犯的"中体"和无所不有的"中源"来维系封建文化的独尊地位。近代士人津津乐道"今天下竞言洋学矣，其实彼之天算、地舆、数学、化学……无一非暗袭中法而成"②。甚至认为西方政治制度也源于中国的古圣先贤。

从清初的"天朝无所不有"到近代的"西学中源"，从"天朝中心"到"中体"的不可动摇，整个清代的文化发展基本上保持一种"闭关自守"的定势。清初的"闭关政策"和近代的"中体西用""西学中源"，在文化发展趋向上，并无本质之别，只有程度之差。所不同的只是，一个是大范围的整体闭关，另一个是封闭圈相对缩小了的闭关；一个是政策上的"闭关"，另一个是文化心理上的"闭关"。

成功的近代化应该是一个双向运动过程，即对传统因素与对新生因素进行选择和整合，而这种选择和整合，必须建立在真正的全面开放的基础之上。"闭关主义"只能错失历史提供的充分选择的机遇。

清代以"禁教"与"防夷"为主导内容的"闭关政策"以及由此形成和强化了的"闭关主义"的历史影响，将是我们永远记取的历史教训。

原载《近代史研究》1993 年第 2 期。

---

① （清）梁启超：《饮冰室合集·文集》第 1 册，128 页，北京，中华书局，1989。
② （清）郑观应：《郑观应集》，306 页，上海，海人民出版社，1982。

从"华夷"到"中西"话语的演变

——《瀛寰志略》与近代民族观念的孕育

关于中国的"近代民族主义"可以有不同层面的认识①，就现代性意义上的民族国家来说，它强调的是主权这一国际法的权利主体。对于民族的认同也就是对于这个民族的主权的认同，主权是民族认同的核心标志，也是民族认同的合法性和正当性基础。这显然与基于"华夷之辨"的中国传统民族意识相去甚远。正是这种不同，区分了两种不同时代的民族主义特征。由传统民族意识向近代民族观念的跨越，是一个艰难而复杂的历史过程，蕴含着极其复杂的各种利益、观念的矛盾和冲突。其中，从"华夷"向"中西"话语的转型，则是这一历史性跨越的基本前提。而正是在这一话语转型的历史过程中，我们发现徐继畲的《瀛寰志略》具有独特的地位和价值。

---

① 从三个方面可以获得一个基本理解：《简明不列颠百科全书》认为："民族主义可以表明个人对民族国家怀有高度忠诚的心理状态。"（见中国大百科全书出版社《简明不列颠百科全书》编译部译编：《简明不列颠百科全书》第 6 卷，6 页，北京，中国大百科全书出版社，1992）；盖尔纳认为："民族主义是人类社会的文化功能。"〔[英]E. 盖尔纳：《今天的民族主义》，载《国外社会科学》，1993(7)；古奇表述得最具体，他说："民族主义是一个民族(潜在的或实际存在的)的成员的觉醒，这种觉醒是与实现、维持与延续该民族的认同、整合、繁荣与权力的欲求结合在一起。它作为一种意识形态，是指一种心态，即一个人以民族作为最高效忠对象的心理状况，它包含着本民族优越于其他民族的信仰。"〔[美]G. P. 古奇：《民族主义》，5 页，纽约，1920，转引自李宏图：《西欧近代民族主义思潮研究：从启蒙运动到拿破仑时代》，5～8 页，上海，上海社会科学院出版社，1997）。

一、从"华夷之辨"到"利权之争"

从社会运动层面而言，近代中国的民族抗争运动当以 1901 年为历史界标，明确标示出中国民族主义运动的不同时代特征，体现出民族运动的两个不同的价值取向。即从鸦片战争时期三元里民众抗英活动开始，以及其后持续几年的反入城斗争；从 19 世纪 60 年代开始持续不绝的反洋教运动一直到义和团运动，属于传统民族主义的社会运动。1901 年后以"拒俄运动""反美爱国运动""收回利权运动"等一系列前后相继的民族斗争为主体内容，则属于近代民族主义特征的社会运动。

从表现形式上看，两大时代的民族主义运动具有完全不同的特征。19 世纪传统民族主义运动在表现形式上具有历史的一致性，即从组织力量上看，无论是鸦片战争时三元里的社学还是义和团时期的"坛""拳"等，都属于中国传统社会组织机制。他们借以动员民众的手段是传统社会中具有隐秘性和隐喻性的揭帖、告白、歌谣、俚语等。而 20 世纪的民族主义运动无论是反美爱国运动，还是收回利权运动，其组织力量已是近代性的社团组织，如商会、学生会以及渗入其中的革命党人组织等。20 世纪民族运动的动员手段已经主要是报刊、电报、公告以及特刊，甚至还有各种公开的演讲、报告等，更多地表现为公共性、公开性的载体。

大规模民族抗争运动所依据的主要精神武器及文化内涵，是我们判别其时代特征的主要依据。可以说，1901 年后大规模民族抗争运动的思想内涵和精神武器发生了时代性变化，正是这种历史性变化决定了民族主义鲜明的时代特色。

其一，从"华夷分辨"向"主权认同"的转变。19 世纪的民族抗争运动从三元里到义和团，民众动员的精神力量是"华夷之辨"。虽然鸦片战争后有列强割地赔款、通商谋利等一系列攫取利益的问题，但借以动员民众抗争的主要理由却不是民族利益本身，而是"夷性犬羊，难保不生事端"这种注重文化异同的成分远大于民族利益得失的以文化认同为出发点的"华夷"观念。因此，从三元里斗争到反洋教乃至义和团运动，主要是从传统文化遗存中发掘着动员民众的思想武器，形成以"华夷之辨""人禽之辨""正邪之辨"为特征的文化认同，来抵拒"西夷"的入侵。虽然我们不能否认其斗争具有反侵略的民族性价值，但民族利益的意向却被传统的文化认同严密地包裹着，并没有凸显为时代性价值。所谓"通商罔利，情尚可容，邪说横行，神人共愤"（沈葆桢语），"通商则渐夺中国之利，传教则并欲夺华人之心"（李东沅语）。因此，19世纪中国民众主要通过反洋教来表达自己的民族意识，而这恰与此时西方列强"对传教一事远不及对通商重视"的选择全然不同。

20世纪勃兴的民族主义运动的主要精神武器是立足于民族—国家的"主权"认同。这一时期民族主义运动的中心议题是"利权意识"，而所谓"利权"最终表达的是国家或民族利权。收回路矿权利运动显然并不仅仅着眼于经济利益的考量，而是立足于民族—国家主权危亡的深层思虑。当时，动员民众起而奋争的立足点是"亡人国之法，计无巧妙于铁路者"①的民族危亡意识。具体路权集中体现的是"国权"，即"故今欲言自立于强权之漩涡中，非先保其路权，以渐复其国家主权不可"②。当时护理四川总督王人文直截了当地承认湖广铁路借款合同"乃举吾国之国权、路权，一界之四国，而内乱外患不可思议之大祸，亦将缘此合同，循环发生"③。"路权即国权"的认识构成了20世纪民族主义运动的基本前提。

其二，从天朝话语向国家—民族话语转变。就世界秩序而言，鸦片战争后一再兴起的民族抗争运动，始终坚持着传统中国文化体系中的"天朝"观念。"天朝"与"蛮夷"的对立构成绅民反抗外来侵略力量的天然道理。在《全粤义民申谕英夷告示》中，"天朝"一词的使用超过十处，并且是以"天朝"与"属国"的概念表达整个生存世界。这一观念从

---

① 大悲：《呜呼腾越铁路之命运》，见中国科学院历史研究所第三所编：《云南杂志选辑》，406页，北京，科学出版社，1958。

② 《交通·山西留学日本学生为同蒲路敬告全晋父老乡亲》，载《东方杂志》第3卷，第1号，1906。

③ 章开沅、林增平主编：《辛亥革命史》中册，494页，北京，人民出版社，1980。

三元里斗争到反洋教一直延续到义和团运动。因此，19世纪一直延续于民族抗争运动中"恭维天朝大统，岂容裂土以与人"①的"天朝"意识与20世纪收回利权运动中所揭示的"财产属于人民，人民属于国家，所有国有、民有者，为名义上之分别，而于事实上究不必强分离"②的民族—国家观念有着天壤之别。正是这种巨大的差别，揭示出中国民族主义运动由传统向近代转型的时代价值。

其三，从臣民话语向国民话语的转变。就民众自身称谓而言，在19世纪的告白、揭帖中更多地以"臣民""义民""子民"③相称，这是与"天朝"相匹配的传统民族意识概念。然而，进入20世纪初年，我们可以清晰地感受到20世纪"国民"概念取代传统"臣民"概念的历史趋向。1902年，《大公报》载《论演说》一文中说："须知古今天下国民，从未有纯由书册报篇能使一律晓然于所当之危险，所短之知能，所可乘之事机与其所享之权利者。今欲作其上下之气，皋其通国之魂，则死文字断不及生语言感通之为最捷。此后起爱国之贤不可不讲演说之术。"④《顺天时报》中更多地以"国民""权利"话语取代了传统的"子民""臣民"和"华夷"话语。"是以各强国之民族，人人有国家思想，有政法思想，有权利义务思想，其收效于演说者良多。而演说之关系于国家人民，非浅鲜也！"⑤1905年，天齐庙宣讲所就附设一个专门机构，向

---

① 《全粤义士义民公檄》，见中国史学会主编：《中国近代史资料丛刊·鸦片战争》（以下简称《鸦片战争》）第3册，353页，上海，神州国光社，1954。

② 宓汝成编：《中国近代铁路史资料：1863—1911》，1259页，北京，中华书局，1963。

③ 《延平民人告白》，见故宫博物院编印：《清季教案史料》第2册，159页，1937；《仇教记》，见石曾：《民国重修大足县志》卷四，8～11页，重庆，中国学典馆北泉分馆印刷厂排，1945；《宁波众义民公启》等，见翦伯赞、郑天挺主编：《中国通史参考资料》（近代部分）上，62、65页，北京，中华书局，1980；《义和团告白》，见包士杰：《拳时上谕》，《杂录》，116页，1919，转引自辽宁大学历史系中国近代史教研室编：《中国近代史资料选辑》，120页，沈阳，辽宁大学历史系中国近代史教研室，1981。

④ 《大公报》，1902-11-05、1902-11-06。

⑤ 《论中国宜普兴演说会》，载《顺天时报》，1906-06-08。

人民劝募"国民捐"①，从社会舆论和民众话语中，我们可以感受到具有现代性的国民意识被普遍认同的程度。

民众运动层面上展示的民族主义的时代特征，与思想家学理层面上的民族主义的时代内涵存在着历史的一致性。梁启超在 1901 年 10 月发表《国家思想变迁异同论》，揭橥了近代民族主义的时代特征。梁文提出："民族主义者，世界最光明、正大、公平之主义也。不使他族侵我之自由，我亦毋侵他族之自由。"②梁启超同时指出，西方民族主义已发达数百年，当时已进入民族帝国主义时期，我中国人民正受此民族帝国主义侵害。故"知他人以帝国主义来侵之可畏，而速养成我所固有之民族主义以抵制之，斯今日我国民所当汲汲者也"③。值得注意的是，"国民思想"或"公民权利"思想也构成梁启超近代理性的"民族主义"思想体系中应有之义。"对梁来说，近代国民思想包含了公民权利。国民不再是传统制度下的臣民，他们是国家主权的主体。"④

此后，梁启超在其《论中国学术思想变迁之大势》一文中，又首次提出了"中华民族"的概念，为此后学者谈民族主义问题立一典范。梁启超于 1902 年 2—4 月在《新民丛报》上发表《论民族竞争之大势》一文，更加明确地指出："今日欲救中国，无他术焉，亦先建设一民族主义之国家而已。"建设民族国家是近代民族主义的中心内容。梁启超最早揭明此义，亦属可贵的贡献。此后梁启超之言论、活动均不脱建立民族国家，争取中华民族之国际地位这一总目标。

如果不是过分拘泥于细枝末节的历史表象，我们则可以从历史演变的大势中分辨出近代中国民众抗争运动所具有的时代性界标。因为无论从其组织形式还是从其精神内容来看，1901 年义和团运动之失

① 《大公报》，1906-03-04。

② 李华兴、吴嘉勋编：《梁启超选集》，191 页，上海，上海人民出版社，1984。

③ 李华兴、吴嘉勋编：《梁启超选集》，192～193 页，上海，上海人民出版社，1984。

④ ［美］张灏：《梁启超与中国思想的过渡》，崔志海、葛夫平译，117 页，南京，江苏人民出版社，1995。

败，成为截然分划两大时代民族主义运动（传统民族主义与近代民族主义）的历史分界。这一重大历史转折不仅仅体现在民族抗争实践运动中，而且也是近代思想家和社会思潮由传统走向近代的历史成果。这是我们认识《瀛寰志略》历史地位与思想价值的历史大背景。

二、《瀛寰志略》时代的"华夷"话语

对于"三千年未有之大变局"所形成的中外关系的认知，由"华夷"到"中西"话语模式的转变，显然构成了近代民族主义形成的基本前提。放弃"华夷"的表达不仅仅是"话语"的转变，而是体现着一个时代的转折。问题在于，《瀛寰志略》面对的却是一个完全的"华夷"话语的时代。对此，当时身临其境的外国人的感触是深刻而具体的："这种对外部世界的无知导致他们产生了一种荒谬的认识：他们是整个世界的主人；他们居住在世界最重要的地盘上，不在中国疆域内生活的人都是野蛮蒙昧的。"①其时，中英之间的很多纠纷和争执，都与此相关。如 1834 年 8 月间，英国商务总监督律劳卑与中国官员（广州知府、潮州知府和广东协台）会晤，关于双方的座次排列有过一番争执：中国方面在英国商馆的客厅里的布置是"将北面的上座完全留给中国官员，行商们则坐在东边，即旁座的上席；而把英国监督们——包括律劳卑男爵在内——的座位都放在西边，这不但是边座的下席，而且是背着英王的肖像"②。这不是一个简单的座位安放问题，至少英方看来，是"把他和一切外夷比作是天朝皇帝所任命的官宪脚下的尘埃"③的一种鄙视。所以，作为英方商务监督的律劳卑坚持更改座位布置，他采用了一张

---

① 杜赫尔德编：《中华帝国全志》第 1 卷，237 页，伦敦，1783，转引自［美］M. G. 马森：《西方的中国及中国人观念(1840—1876)》，杨德山译，82 页，北京，中华书局，2006。

② ［美］马士：《中华帝国对外关系史》第 1 卷，张汇文、章巽、倪徽噢等译，152 页，北京，生活·读书·新知三联书店，1957。

③ ［美］马士：《中华帝国对外关系史》第 1 卷，张汇文、章巽、倪徽噢等译，153 页，北京，生活·读书·新知三联书店，1957。

会议桌，将"自己放在主人的席位上，把三个上宾的席位留给那三位中国官员，第四席位留给监督处的一位同僚，并将秘书阿斯迭的席位放在长桌的末端，行商们的座位则未加更动"。"以现在的眼光来看"，"是一种唯一可能的或合理的布置"，"但在当时则被视为一种太过分的平等权主张"。①

鸦片战争之后，"确认英、中两国以及他们的官吏和代表身份上的平等，是当中最主要的，并且几乎是唯一的一点。……所以条约就被写成这样的形式并且还包括有这样的规定，以便把英国撤出进贡国之列并且把英国君主和她的官员置放在同中国君主和官员互相平等的地位上。民族的平等是以条约的形式确认的"②。但是，英国人的这项要求并没有获得中国社会的认可，在鸦片战争后广泛而激烈的民族冲突中，朝野上下反而更加强化和突出了"华夷"话语。这是弥漫于整个社会的共同表达。

朝廷方面，对于列强仍然坚持"夷"的认定。1850年6月，皇帝对英巴麦尊全权公使送致白河的抗议信下发谕旨说："迩者夷人在天津之行径，实属桀骜侮谩已极，乃竟恬不知耻，径自投函枢臣。……况礼有常规，凡国家官吏，均不得交通夷人，着该军机大臣等，即勿予以置复，以免轻启该夷僭越无礼之渐。"③如何冲破"华夷之辨"的障碍，至少在正式的中国官方表达中剔除"夷"的字眼，也成为鸦片战争后西方列强的一种持久不息的努力。从1834年到1860年，西方国家做了各种努力以保持其对于"天朝"的"国家地位"，要求"各式公文中不得再把外国人叫做'夷'人。"④"以前中国是处于命令的地位去决定国际关系

---

① 〔美〕马士：《中华帝国对外关系史》第1卷，张汇文、章巽、倪徵噢等译，152页，北京，生活·读书·新知三联书店，1957。

② 〔美〕马士：《中华帝国对外关系史》第1卷，张汇文、章巽、倪徵噢等译，349页，北京，生活·读书·新知三联书店，1957。

③ 〔美〕马士：《中华帝国对外关系史》第1卷，张汇文、章巽、倪徵噢等译，449页，北京，生活·读书·新知三联书店，1957。

④ 〔美〕马士：《中华帝国对外关系史》第1卷，张汇文、章巽、倪徵噢等译，137页，北京，生活·读书·新知三联书店，1957。

的各种条件，而现在则是西方各国强把他们的意图加在中国身上的时候了。"①

民间方面，鸦片战争后，广州民众抵制英人入城的社会运动持久不绝，用以动员民众的揭帖将"华夷之辨"发挥到极端："查英夷素习，豺狼成性……尔不过贪利而来，有何知识？尔之贪利，犹畜生之贪食，不知法度，不知礼仪。尔试揽镜自照，尔模样与畜生何异？不过能言之禽兽而已。"②1849 年 3 月号《澳门月报》刊发的广州绅民的告示也宣称："该蛮夷一有举动，即在各地响起警钟，同心协力，一鼓作气，杀尽叛夷，寸草不留，不容蔓延。"③可以说，整个 19 世纪在民间涌动的民族抗争运动的思想资源，都局限在"华夷之辨"的传统民族意识层面。

士大夫方面，"（同文馆）选翰林及部员科甲出身、年三十及以下者学习行走，则以中华之儒臣而为丑夷之学子，稍有人心，宜不肯就"④。1853 年，对西学已经颇有体悟的王韬，在日记中也还不免"华夷之辨"的意识："然夷性无常，一旦见利所在，不能不保其败盟也。（指英法缔约——引者注）"⑤须知，当时的王韬早已在上海英国教会开办的墨海书馆工作，而且时也同西方学者如伟烈亚力接触交流，对于西方知识已有一定了解。但是，置身于举国皆言"华夷"的时代，真正面对客观的世界大势，放弃"夷"的认知仍然是十分艰难的选择。即使在表达上不用"华夷"而用中西或中外，但深植于心底的"文化民族主义"的优越意识仍然溢于言表。通过 1859 年 5 月 6 日王韬与西人伟烈

---

① ［美］马士：《中华帝国对外关系史》第 1 卷，张汇文、章巽、倪徵燠等译，696 页，北京，生活·读书·新知三联书店，1957。

② 《全粤义民谕英夷檄》，见中国史学会主编：《鸦片战争》第 4 册，18 页，上海，神州国光社，1954。

③ 《澳门月报》，1849 年 3 月号，见［美］马士：《中华帝国对外关系史》第 1 卷，张汇文、章巽、倪徵燠等译，432 页，北京，生活·读书·新知三联书店，1957。

④ 徐一士：《倭仁与总署同文馆》，见徐一士编：《一士谈荟》，382 页，北京，书目文献出版社，1983。

⑤ 方行、汤志钧整理：《王韬日记》，121 页，北京，中华书局，1987。

亚力的一番争论，或可体悟到当时士人的思想与心境。

王韬说："西国政之大谬者，曰男女并嗣也；君民同治也；政教一体也。"

伟烈亚力答称："是不然。泰西之政，下悦而上行，不敢以一人揽其权，而乾纲仍弗替焉。商足而国富，先欲与万民其利，而财用无不裕焉。故有事则归议院，而无蒙蔽之虞；不足则筹国债，而无捐输之敝。今日中国政事壅于上闻，国家有所兴作，而不民不得预知……"

王韬辩对说："泰西列国，地小民聚，一日可以遍告。中国则不能也。中外异治，庶人之清议难以佐大廷之嘉猷也。……中国所重者，礼义廉耻而已。上增其德，下懋其修，以求复于太古之风耳。奇技淫巧凿破其天者，摈之不谈，亦未可为陋也。"①

从话语形式上看，王韬此处已明确地用"中国"和"泰西"取代了"华"与"夷"，但在深层意识上却不免"文化优越论"的"华夷"意识。

19 世纪 60 年代后，围绕着开设算学馆问题，洋务派与守旧派进行了更激烈的论争，从而在官方话语体系中公然触及"华夷"问题，并将之推升为关涉近代中国历史走向的文化论争。反对西学的倭仁提出："今求之一艺之末，而又奉夷人为师……如以天文、算学必须讲习，博采旁求，必有精其术者，何必夷人，何必师事夷人？"②对倭仁提出反驳的奕䜣则以守为攻说："该大学士既以此举为窒碍，自必别有良图。如果实有妙策，可以制外国而不为外国所制，臣等自当追随该大学士之后……用示和衷共济，上慰宸廑。"③令人特别关注的是，双方立场不仅仅是内容的反差，而且话语反差也是惊人的：针对同一事物，使用两种不种的话语，倭仁自始至终用"夷"，即"何必夷人，何必师事夷人"；奕䜣则一以贯之的用"外国"，即"可以制外国而不为外国所制"。

① 方行、汤志钧整理：《王韬日记》，113 页，北京，中华书局，1987。

② 《同治六年二月十五日(1867 年 3 月 20 日)大学士倭仁折》，见中华书局编译部：《筹办夷务始末(同治朝)》卷四七，25 页，北京，中华书局，1979。

③ 《同治六年三月初二日(1867 年 4 月 6 日)总理各国事务奕䜣等折》，见中华书局编译部：《筹办夷务始末(同治朝)》卷四八，10～11 页，北京，中华书局，1979。

同为朝廷大员，可以由此概见由"华夷"与"中西"映照的民族意识之时代差别。我们可以判明倭仁的守旧和保守的品性，但我们却无法否认其基本的"民族"立场——尽管是文化保守主义的民族意识。对于洋务派的努力，我们当然也不能怀疑其追求国家"自强"的民族立场——但这种民族意识又全然不同于传统的"华夷之辨"，而开始具有了近代的意涵，即以近代民族—国家主权利益为主体内容的新的民族意识。如果认真地加以分辨的话，倭仁与奕䜣之争的核心，并不直接体现为民族主义与否的问题，而是体现为传统狭隘的民族意识（华夷之辨）与近代新生的民族观念的冲突。

这场论争之后，社会上开始更多地逐渐用"洋务"代替"夷务"，这一走向说明了时代观念的更新。"某些腐旧而且僵固的封建传统观念被迫发生变化，这一点主要体现于辨'夷'与'洋'。用'夷'来泛指华夏以外一切外族的人和事，从孔夫子以来，在中国已有几千年的历史了。夷与夏（或华）相对峙，在区分民族地域的同时又划出了文化上的高低，千百年来，国人熟悉而且惯用的这个称呼在近代中西之间划了一道深深的礼仪、文化和心理不平等之沟。……一直到第二次鸦片战争，'夷'的使用才受到限制，这是洋和夷替代的交接点。它意味着从华夷秩序走向世界民族之林的一步。"[1]"从夷务到洋务再到后来的外务，记录了中西交往刺激下中国人世界观念发展的脉络。"[2]基于此，我们可以认为，从早期"师夷制夷"的权宜之策，到洋务时"中体西用"的文化原则，一定意义上标志着传统民族意识向近代民族观念的转变。

这一历史进程也同时提示着，此前在《瀛寰志略》时代，整个朝野上下基本上都还处于"华夷之辨"的话语时代，狭隘的传统民族意识主导着整个社会生活。这是我们借以认识和评判《瀛寰志略》的基本历史前提。

---

① 陈旭麓：《近代中国社会的新陈代谢》，106 页，上海，上海社会科学院出版社，2006。

② 陈旭麓：《近代中国社会的新陈代谢》，107 页，上海，上海社会科学院出版社，2006。

三、《瀛寰志略》超越时代的思想价值

然而，就是在"华夷"话语充斥朝野的时代，徐继畬的《瀛寰志略》却特立独行地放弃以"夷"来指称西方各国，建构起一种具有近代意义的话语模式。我们发现，《瀛寰志略》全书中很少或几乎没有对于西方各国的"夷"的表述。

首先，在几百字的《自序》中，它称"泰西人善于行远，帆樯周四海"①。在涉及国外民族和国家时，它通常用"泰西人""域外诸国"等来表述。在《志略》的《凡例》千余字中，对于西方各国称谓是"泰西诸国""泰西人""外国"，或直接称为"英吉利""英人""花旗国""葡萄牙"②等。

其次，全书用"夷"字者仅仅几处。卷七《葡萄牙国》，"按"中说："粤东之居夷""南洋诸夷""澳门之夷"。③ 对西方国家治下属地有用"夷"称者，如卷四《欧罗巴》："所传畏冷者乃黑夷，黑夷皆印度或南洋各岛人"④；卷六《意大利亚列国》："适有夷族自东北来侵。"⑤这里的"夷"并不用于国家民族指称，而只是相对于土著的一种表述。

最后，《瀛寰志略》中的"夷"是在引述他人言论时所用，如顾亭林《天下郡国利病书》："……有至部者不行跪礼，朝见欲位先诸夷"；嘉靖中，"私舶杂诸夷中"⑥等。

面对一个新的世界秩序和"三千年未有之变局"的时代，《瀛寰志略》率先超越了"华夷"话语。重要的是，比起同时代人的思想认识和境界，《瀛寰志略》远远出乎其上！它所具有的卓识远见，成为此后未来中国社会发展的指示器！为此，我们可以将魏源的《海国图志》与《瀛寰

---

① （清）徐继畬：《瀛寰志略》，6 页，上海，上海书店出版社，2001。

② （清）徐继畬：《瀛寰志略》，7～9 页，上海，上海书店出版社，2001。

③ （清）徐继畬：《瀛寰志略》，224 页，上海，上海书店出版社，2001。

④ （清）徐继畬：《瀛寰志略》，113 页，上海，上海书店出版社，2001。

⑤ （清）徐继畬：《瀛寰志略》，188 页，上海，上海书店出版社，2001。

⑥ （清）徐继畬：《瀛寰志略》，210 页，上海，上海书店出版社，2001。

志略》做一比较。《海国图志》虽然被认为是近代中国"学习西方思想"之滥觞，但《海国图志》对于中西关系却也始终坚持着"华夷"话语。

第一，仅在万字左右的《筹海篇一·议守上》中，所用"夷"字就达139处。① 一些篇章中可谓处处皆"夷"，如"三元里之战，以区区义兵，围夷酋，斩夷帅，歼夷兵，以款后开网纵之而逸"②。如《筹海篇三·议战》中之"筹夷事必知夷情，知夷情必知夷形"③等。就是那段脍炙人口的代表近代中国睁眼看世界的经典表达也是如此："攻夷之策二：曰调夷之仇国以攻夷，师夷之长技以制夷。款夷之策二：曰听互市各国以款夷；持鸦片初约以通市。"④在短短40多字的表述中竟用"夷"字7个。这真是一个无"夷"不成文，无"夷"不思想的时代。

我们同样可以发现，在光绪元年（1875）时，左宗棠在《重刻〈海国图志〉叙》中，对于"师夷长技"同样思想的表述的不同之处仅仅是对"夷"的剔除："……海上用兵，泰西诸国互市纷至，西通于中，战争日亟。……然同光间福建设局造轮船，陇中用华匠制枪炮，其长亦差与西人等。……此魏子所谓师其长技以制之也。"⑤显见的话语差别，其实就是一个时代认识的差别。

第二，与《瀛寰志略》不同的是，《海国图志》对于西方国家和民族直接用"夷"来指称。如《海国图志》卷十一，《东南洋》下有"吕宋夷所属岛屿一"⑥。但徐继畬的《瀛寰志略》卷二记载同样内容的《南洋各岛》项下，却始终无一"夷"称；而在论及此地为西班牙占据时，说"是时吕宋已为西班牙所据"⑦，亦只作客观叙述，无用夷字。《海国图志》称西方

① （清）魏源：《魏源全集》第4册，1～15页，长沙，岳麓书社，2004。

② （清）魏源：《魏源全集》第4册，13页，长沙，岳麓书社，2004。

③ （清）魏源：《魏源全集》第4册，25页，长沙，岳麓书社，2004。

④ （清）魏源：《魏源全集》第4册，1页，长沙，岳麓书社，2004。

⑤ （清）魏源：《魏源全集》第7册，2255页，长沙，岳麓书社，2004。

⑥ （清）魏源：《魏源全集》第7册，469页，长沙，岳麓书社，2004。此内容后的注又称：魏源受某些不正确的记载影响，误以为"吕宋"是西班牙本名……本卷的篇名就是在这种颠倒的概念下写出来的（480页）。

⑦ （清）徐继畬：《瀛寰志略》，32页，上海，上海书店出版社，2001。

国家为"夷"者所在多处，如记述意大利时称："为天主教之宗国"，"故自昔惟意大里亚足以纲纪西洋"。① 《海国图志》卷十三《东南洋》海岛之国，题为"英荷二夷所属葛留巴岛"②。关于荷、法所属地，《海国图志》记述是"荷佛二夷所属美洛居岛"③，而《瀛寰志略》则无有夷称。

第三，以"夷"指称西方，是魏源的主观选定。作为地志类图书，大量内容属于辑录，而辑录内容当受原著者表述的限制。此在《瀛寰志略》中也不免。但魏源《海国图志》撰述部分则完全体现其主观选择的思想立场。如在其所撰《中国西洋历法异同表》中有历表两年为例，以道光十八年戊戌、十九年己亥与西夷千八百三十八、三十九年为对照，西历各日，均以西夷某月某日对应。④

显然，"华夷"话语背后是基于传统礼仪文化的一套规范，是以等级尊卑、内华外夷为世界秩序的认知体系。所以，魏源对于"外夷"的认同，也是基于所谓"礼教"标准，如魏源在述及意大利与英国时说："自意大里裂为数国，教虽存而富强不竞"，"而英吉利尤炽，不务行教而专行贾，且佐行贾以行兵，兵贾相资，遂雄岛夷"。⑤ "故今志于英夷特详。志西洋正所以志英吉利也。"⑥ 将英视为"夷"是因为英"专谋利"而"不务行教"，可见"礼仪教化"仍为魏源判定是否为"夷"的基本标准。由此可知，在《瀛寰志略》时代，即使如魏源之开明和开放，也未能摆脱这套传统的话语体系。

19世纪60年代后，经过两次鸦片战争的创痛和迫于西方列强的压力，又经过朝野上下"中学西学"论争后形成的"中体西用"文化原则的相对认可，强固的"华夷之辨"的话语模式逐步开始消解，并一度出现"夷""洋"或"夷""西"并行局面。这种情形突出体现在冯桂芬使用的话语中。冯桂芬的《校邠庐抗议》完成于1861年，全书共40篇，涉及

① （清）魏源：《魏源全集》第5册，1077页，长沙，岳麓书社，2004。
② （清）魏源：《魏源全集》第5册，513页，长沙，岳麓书社，2004。
③ （清）魏源：《魏源全集》第5册，563页，长沙，岳麓书社，2004。
④ （清）魏源：《魏源全集》第5册，1794～1798页，长沙，岳麓书社，2004。
⑤ （清）魏源：《魏源全集》第5册，1078页，长沙，岳麓书社，2004。
⑥ （清）魏源：《魏源全集》第5册，1078页，长沙，岳麓书社，2004。

政治、经济、社会、文化、军事各个方面。有 4 篇文论与西方国家或西学相关（《制洋器议》《善驭夷议》《采西学议》《重专对议》），而在此 4 篇议论中，虽然题目中"洋""夷"并用，"西""夷"同行，但在具体内容的阐释中，冯基本上还是坚持"华夷"话语。一方面，在《制洋器议》约 3000 字的篇章，用夷字 34 处，《善驭夷议》约 1500 字，用夷字 27 处，《采西学议》约 2000 字，用夷字 8 处，《重专对议》800 多字，用夷字 5 处。① 另一方面，《校邠庐抗议》其余谈内政事，偶有用夷字处，如"诸夷以开矿为常政，不闻滋事……夷书动言鸦片害人"②；"彼诸夷以利为国，富商辄与大酋敌体"③。而代表冯氏变法思想的名言，"法苟不善，虽古先吾斥之；法苟善，虽蛮貊吾师之。尝博览夷书而得二事焉，不可以夷故而弃之也"④的思想表达，也几乎是一"夷"到底。尽管，在事后和世后的境况下，人们可以体会到思想先行者们努力的不易，诚如王韬所评："一代大儒，千秋硕学"，"不泥于先法，不胶于成见"，"知西学之可行，不惜仿效；知中法之已敝，不惮变更"。⑤ 但是，我们却不能不客观地指出，当时，激愤于冯氏内心世界的恰恰是"华夷"优越地位倒错引发的不平，即"堂堂礼仪文物之邦，曾夷法之不若，可慨也已"⑥！

---

① （清）冯桂芬：《校邠庐抗议》，48～51 页，上海，上海书店出版社，2002。

② 《筹国用议》，见（清）冯桂芬：《校邠庐抗议》，32 页，上海，上海书店出版社，2002。

③ 《变捐例议》，见（清）冯桂芬：《校邠庐抗议》，61 页，上海，上海书店出版社，2002。

④ 《收贫民议》，见（清）冯桂芬：《校邠庐抗议》，75 页，上海，上海书店出版社，2002。

⑤ （清）王韬：《跋》，见（清）冯桂芬：《校邠庐抗议》，88 页，上海，上海书店出版社，2002。

⑥ （清）王韬：《跋》，见（清）冯桂芬：《校邠庐抗议》，76 页，上海，上海书店出版社，2002。

四、《瀛寰志略》与近代民族意识的孕育

摒弃"华夷之辨"是由传统民族意识向近代民族意识转型的历史前提。鸦片战争以后，进步的思想家们为此付出了艰苦的探索和不少的代价。被社会所认可的进步思想，经历了漫长的历史进程，其间产生的社会冲突、思想碰撞和内砺外铄，注定成为我们认知和体悟历史真知的基石。思想史演变的进程表明，鸦片战争后即使是学习西方的各种"师夷"之策，也始终是"犹抱琵琶半遮面"地在"华夷"话语中运行着，这种状况直到19世纪80年代后才得以改观。19世纪60年代之际，王韬在与伟烈亚力论争中西差别时，还不时以"夷"指称西方，而到19世纪80年代，王韬却专门撰写了驳斥持此言论的文章——《华夷辨》。王文说："自世有内华外夷之说，人遂谓中国为华，而中国以外统谓之夷，此大谬不然者也。《禹贡》画九州，而九州之中诸夷错处；周制设九服，而夷居其半。《春秋》之法，诸侯用夷礼则夷之，夷狄之进于中国者则中国之，夷狄虽大曰子。故吴、楚之地皆声名文物之所，而《春秋》统谓之夷。然则华夷之辨，其不在地之内外，而系于礼之有无也明矣。苟有礼也，夷可进为华；苟无礼，华则变为夷，岂可沾沾自大，厚己以薄人哉？"[1]

王韬的思想演变，其实也是时代思潮嬗变的历史缩影。重要的是，这一思想很快获得社会的认同，从而，制约人们走向近代的"华夷之辨"就被时代的进步所扬弃了。1896年秋，曾是曾国藩、李鸿章幕僚的吴汝纶，在一封信中对"不悖正道，兼启新法，收礼失求诸野之近效，峻用夷变夏之大防"的论调也做了批判，而批判所据竟也与王韬所论如出一辙："天算格致等学本非邪道，何谓不悖正道？西学乃西人所独擅，中国自古圣人所未言，非中国旧法流传彼土，何谓礼失求野？周时所谓东夷、北狄、西戎、南蛮，皆中国近边朝贡之蕃，且有杂处中土者。蛮夷僭窃，故《春秋》内中国，外夷狄。……今之欧美二洲，

---

① （清）王韬：《韬园文录外编》，245页，上海，上海书店出版社，2002。

与中国自古不通，初无君臣之分，又无僭窃之失，此但如春秋列国相交，安有所谓夷夏大防者？"①显然，这意味着近代民族主义即将成为新时代的主导力量，而传统的"华夷之辨"行将成为历史陈迹。然此时，却已是即将告别19世纪而要进入20世纪的年代了。因此，站在近代民族主义演进的时代高点上回视历史，我们又怎能不慨叹徐继畬《瀛寰志略》中超越时代的卓见！——还在举国皆为"华夷之辨"的话语时代，它就已经超越了同时代的主流话语模式，孕育着具有近代性的民族主义话语。

首先，《瀛寰志略》将中国与西方各国的认知，置放在具有对等或平等地位的世界体系中，以抛弃"华夷"话语，构建了从传统观念的"天下"到近代意义的"世界"的新的认知体系。这种浸透在"世界地理"知识建构中的思想认识，对近代中国思想和社会的触动与影响，比之于地理知识本身的影响而言，更为持久而深远。当时人们对它的关注并不在地理知识本身，而更多地集中在"思想观念"层面上。因此，史策先写道："立论多有不得体处……张外夷之气焰，损中国之威灵。予初见此书，即拟上章弹劾之。"②李慈铭在日记中斥责："轻信夷书，动涉铺张扬厉……似一意为泰西声势者，轻重失伦，尤伤国体。"③由此反证出《瀛寰志略》思想史的意义与价值，超越了它的地理学知识本身。

其次，《瀛寰志略》将学习西方的思想从"夷技"层面隐约扩展到更深广的层面，为近代变革思想的提升、发展提供了思想资源。当时社会上涌动的进步思想是"师夷长技以制夷"，但是，这一思想的起点仍是"华夷"话语，即使更进一步的冯桂芬，也同样坚持着"法苟善，虽蛮貊吾师之"原则。它的逻辑前提是中国礼教远超乎西方之上，而只是"技术"（或"治法"——如冯氏思想）层面落后于西方；而"礼教"恰恰是

---

① 《答牛蔼如》，《桐城吴先生尺牍》卷一，见（清）吴汝纶撰：《吴汝纶全集》第3册，129～130页，合肥，黄山书社，2002。

② 转引自《近代史资料》总43号，219页，北京，中华书局，1981。

③ （清）李慈铭：《越缦堂读书记》，526～527页，上海，上海书店出版社，2000。

划分"华夷"的标准。所以，所可"师"者"夷技"而已。但是，《瀛寰志略》对于西方世界的描述和评价，已经突破了"技艺"和"治法"所限。关于西方文教，其言巴黎"为欧洲都会第一，城内有大书院，藏印本书三十六万册，钞本书七万册，游学之士许住院借读"①。"佛郎西颇重读书，学优者超擢为美官。其制宰相一人，别立五爵公所，又于绅士中择四百五十九人立公局。"②尤其对英、美的民主政治制度建设表达出渴慕之情，评述英国之议会民主制度，于国计民生之事由"爵房酌议，可行则上之相而闻于王，否则报罢"。而且"此制欧罗巴诸国皆从同，不独英吉利也③。那番对于美国民主制的评述，更是具有久远的思想意义："米利坚合众国以为国，幅员万里，不设王侯之号，不循世及之规，公器付之公论，创古今未有之局，一何奇也！泰西古今人物，能不以华盛顿为称首哉！"④

固然，诚如一些学者所言，徐继畲并没有就鸦片战争后中国之对策提出直接方案，没有形成如魏源"师夷长技"之策，也没有冯桂芬之《采西学议》《制洋器议》的专对之论。但是，谁又能否认《瀛寰志略》中蕴含于字里行间那种超越同代人"华夷"之见之上的远略之见呢——这是比单纯的"夷技"和"洋器"以及"西治"更为本质的一种久远的思想识见。它为中国近代民族主义的转型和凝练，提供了最初的思想基石和历史资源。

原载《学术研究》2010年第9期。

---

① （清）徐继畲：《瀛寰志略》，207页，上海，上海书店出版社，2001。
② （清）徐继畲：《瀛寰志略》，209页，上海，上海书店出版社，2001。
③ （清）徐继畲：《瀛寰志略》，235页，上海，上海书店出版社，2001。
④ （清）徐继畲：《瀛寰志略》，291页，上海，上海书店出版社，2001。

从痴迷到迷惘

——梁启超与近代新学的历史命运

对于近代新学而言，因其内容的复杂和形态的不甚确定，以及功用的有限性，学界至今仍或语焉不详，或袭承旧说①，远未及其本相与实质。其实，新学之于近代中国不啻为传统中学发生史无前例之转型的一个特定历史过程，实也是深入披寻整个近代中国社会演进特征、运行趋向的必要视角。从戊戌时期纠葛错杂的新旧之争，到 20 世纪初年天下风靡的新学时尚；从张之洞《劝学篇》中苦心孤诣"权衡新旧"的谋划，到王国维总括"道咸以降之学新"②的历史走势，近代新学的价值和意义其实已超越了思想或学术文化范畴，几乎与整个时代相通贯。至少，新学是一个特定时代的最富特色的话语。

梁启超之于近代新学的意义，不仅因其曾是新学的创建者和推动者，于新学的内容和特性创获甚多，更因其以学术史宏阔的眼界曾予

① 冯天瑜：《从明清之际的启蒙文化到近代新学》，见龚书铎编：《近代中国与近代文化》，郑州，河南人民出版社，1988；李双璧：《从经世到启蒙——近代变革思想演进的历史考察》，北京，中国展望出版社，1992；丁伟志、陈崧：《中西体用之间》，北京，中国社会科学出版社，1995。他们曾就"近代新学不同于西学"的论述做过不同角度的评述，然均侧重于总体性、逻辑性论述，在实证和具体论述方面用力不多。故近年来学界仍持"西学即新学"说者尚不少见，如葛荣晋：《中日实学史研究》，23 页，北京，中国社会科学出版社，1992；杨国强：《百年嬗蜕：中国近代的士与社会》，270 页，上海，上海三联书店，1997；罗志田：《国家与学术：清季民初关于"国学"的思想论争》，北京，生活·读书·新知三联书店，2003；等等。

② 王国维：《沈乙庵（曾植）先生七十寿序》，见王国维：《观堂集林》卷二十三，26 页，上海，上海古籍出版社，1983。

近代新学以历史定位与学理分辨。他的"新学"活动及其认识和过后的历史反省,对我们更准确更透彻地理解近代新学不无启发。诚如刘梦溪论及清末民初中国学术变迁时所言:"前瞻性思考的真理性往往即深藏于对往昔的回顾之中。特别是一个民族的学术思想……往往蕴藏着超越特定时代的最大信息量。站在学术史的角度回观二十世纪的中国,简错纷繁的百年世事也许更容易获致理性的通明。"①

透过梁启超投射于近代新学的历史背影,我们或可从个体行为和历史时代的关联性方面,比较具体地体悟出近代新学的基本特性与时代价值。

一、弃旧从新的经历

"新学"一度成为从风而靡的社会时尚,是在庚子以后,然"新学"风潮之发端却在甲午战争后。时誉称之为"新学旗帜"并与康有为齐名的梁启超,于近代新学风潮的涌动功莫大焉,谢国桢在《梁任公先生遗事》中颇有赞辞:"其迈往之风,有非寻常人所可及者,盖有变风易俗之功,开创文化之力,自清末光绪之季,以迄晚近三四十年,大凡读书之人,无不被其教化,受其影响者,可谓伟已!"②在20世纪之初新旧学时代转换的历史过程中,"当时学子既震于其文,又惊其所学",适逢"时科举方改试策论时务,故应试者亦多借《新民丛报》为蓝本。其文字之势力,乃遍及于学堂之学生,科场之士子"③。梁所具有的社会影响确实无可比拟:

际此鄙僿恂陋举世昏睡之日,任公独奋然以力学经世为己任。

① 刘梦溪主编,汪荣祖编校:《中国现代学术经典·萧公权卷》总序,1页,石家庄,河北教育出版社,1999。

② 夏晓虹编:《追忆梁启超》,171页,北京,中国广播电视出版社,1997。

③ 彬彬:《梁启超》,见夏晓虹编:《追忆梁启超》,11页,北京,中国广播电视出版社,1997。

> 其涉览之广，衍于新故蜕变之交，殆欲吸收当时之新知识而集于一身，文字、思想之解放，无一不开其先路。……登高之呼，聋发聩振，虽老成夙学，亦相与惊愕，而渐即于倾服。所谓"思想界之陈涉"，视同时任何人，其力量殆皆过之。①

虽然梁启超一直是近代新学之领军人物，"早抛旧业，肆力新知，浸以新学知名于世"，但在甲午之前，"外患未著，新政未萌，犹是科名时代，以梁之才思卓越，而以时代关系，固未能遽超乎举业之范围"②。故而，梁启超本人超越旧学而力谋新学的过程，其实也就是近代新学从旧学蜕演、发端和形成的过程。

从梁氏学术经历的演变来看，其"一生之智力活动，盖可分为四时期"，但根本性转变则是在甲午至戊戌时期的"自其撤弃词章考据，就学万木草堂"的"第一期"，即张荫麟所述"是为通经致用之时期"。③ 后人所论与梁启超《三十自述》所记完全一致：

> 时余少年科第，且于时流所推重之训诂词章学，颇有所知，辄沾沾自喜。先生乃以大海潮音，作狮子吼，取其所挟持之数百年无用旧学更端驳诘，悉举而摧陷廓清之。……自是决然舍去旧学，自退出学海堂，而间日请业南海之门，生平知有学自兹始。④

此后，梁始则与陈千秋"二人者学数月，则以其所闻昌言于学海堂，大

① 林志钧：《〈饮冰室合集〉序》，见夏晓虹编：《追忆梁启超》，61页，北京，中国广播电视出版社，1997。

② 彬彬：《梁启超》，见夏晓虹编：《追忆梁启超》，11页，北京，中国广播电视出版社，1997。

③ 素痴：《近代中国学术史上之梁任公先生》，见夏晓虹编：《追忆梁启超》，101页，北京，中国广播电视出版社，1997。

④ 丁文江、赵丰田编：《梁启超年谱长编》，23页，上海，上海人民出版社，1983。

诋诃旧学，与长老侪辈辩诘无虚日"①。并在时务学堂"以新学课士，耆老震惊。王先谦以书抵先兄致警告，而不为动"②。从此，梁启超以"春华烂漫""夺人心魄"之"新学"，开始了终结旧学历史的新时代。

"吾国四千余年大梦之唤醒，实自甲午战役割台湾偿二百兆以后始也。"③民族国家危难之际，从学术或学风层面上寻求终极性原因，原本就是清代学术和思想的立足之基，也是脉系相连的经世学思潮一贯关注之所在。因此，在此破立相关的学术潮向转换之际，对于新学的认识和价值评判，与对旧学的认识和价值评判几乎是难以分立的。从某种意义上说，近代新学就确立于对旧学的否定之中。那么，康、梁等新学之士倾力所摧毁的旧学又何所指？

在后来着眼于学术史清理的研究中，梁启超对清代旧学有一个全面总括，但事实上，康、梁所攻讦的旧学并非清学之全部，如《清代学术概论》所述："当时学者，以此种学风相矜尚，自命曰'朴学'。其学问之中坚，则经学也。"④

宋学也是新学家们不时抨击的内容，在学术历史流变过程中，尽管汉宋之争间或不绝如缕，却终未曾动摇"乾嘉以来，家家许、郑，人人贾、马，东汉学烂然如日中天"⑤的基本局面。所以，梁启超径直将"汉学"一词替以"清学"。

梁启超与夏曾佑均自诩为新学中人，且梁自称学问受夏之影响颇多。1924 年，梁启超在《亡友夏穗卿先生》一文中，对于他们舍旧从新

---

① 梁启超：《清代学术概论》，见朱维铮校注：《梁启超论清学史二种》，68 页，上海，复旦大学出版社，1985。

② 彬彬：《梁启超》，见夏晓虹编：《追忆梁启超》，13 页，北京，中国广播电视出版社，1997。

③ 梁启超：《戊戌政变记》卷一，见中国史学会主编：《中国近代史资料丛刊·戊戌变法》（以下简称《戊戌变法》）第 1 册，249 页，上海，上海人民出版社，2000。

④ 梁启超：《清代学术概论》，见朱维铮校注：《梁启超论清学史二种》，39 页，上海，复旦大学出版社，1985。

⑤ 梁启超：《清代学术概论》，见朱维铮校注：《梁启超论清学史二种》，60 页，上海，复旦大学出版社，1985。

的历史转折有一段生动的追忆，从中可见二人当时所厌恶之"旧学"的基本指向："穗卿和我都是从小治乾嘉派考证学有相当素养的，到我们在一块儿的时候，我们对于从前所学生极大的反动……故有夏之虐旧学之诗：冥冥兰陵门，万鬼头如蚁。质多举只手，阳乌为之死。"①因此，晚清新学首先是在反叛乾嘉汉学（旧学）的前提下确立其根基的。

旧学之存在和影响固然有其学术上的源流和统绪，但其巨大的社会作用和对人才的制约却主要体现为科举制度。梁启超认为旧学之种种弊害皆以科举八股为渊薮。"盖师以是教，弟子以是习，不知帖括以外尚有所谓'学'也。"②在梁启超看来，旧学之特征归于无用，然八股科举则更其为甚而归于无学。所以，在"时方以科举笼罩天下，学者自宜十九从兹途出"③的旧学制下，旧学的制度性基础即科举八股。"学术界最大的障碍物，自然是八股。八股和一切学问都不相容。"④这是康、梁近代新学建构的历史起点。

在新旧之争已然成为历史之后，作为曾经披坚执锐破旧创新的梁启超，有过一番总结性回顾："学问和思想的方面，我们不能不认为已经有多少进步，而且确已替将来开出一条大进步的路径。这里头最大关键，就是科举制度之扑灭。……到'戊戌维新'前后，当时所谓新党如康有为、梁启超一派，可以说是用全副精力对于科举制度施行总攻击。……到底算把这件文化障碍物打破了。"⑤

透过这番慨然兴叹，我们不难发现当时新学家们"诋诃旧学"的用

① 梁启超：《亡友夏穗卿先生》，见《饮冰室合集·文集之四十四》（上），20页，北京，中华书局，1989。

② 林志钧：《〈饮冰室合集〉序》，见夏晓虹编：《追忆梁启超》，61页，北京，中国广播电视出版社，1997。

③ 梁启超：《清代学术概论》，见朱维铮校注：《梁启超论清学史二种》，53页，上海，复旦大学出版社，1985。

④ 梁启超：《中国近三百年学术史》，见朱维铮校注：《梁启超论清学史二种》，111页，上海，复旦大学出版社，1996。

⑤ 梁启超：《五十年中国进化概论》，见《饮冰室合集·文集之三十九》，42页，北京，中华书局，1989。

力所在。废科举兴学堂与弃旧学创新学，本是同一个历史任务的两个方面。

二、新学非西学

维新变法失败的痛楚犹存之际，梁启超于 1902 年就试图从学术思想演变的大势中追索历史成败的深层关联性。晚清"兵战不如商战，商战不如学战"的社会思潮，是在应对西方挑战中不断失败的历史总结中形成的，这使得 20 世纪之交的梁启超更多地痴迷于"新学"救亡的理念。在梁启超一生持续不绝而又复杂多变的追求中，对于新学的探究、创获和深省，始终是其谋求政治革新的"原动力"。梁启超认为"欲谋政治之根本改革，须从国民心理入手，欲改造国民心理，须从社会教育入手，社会教育主要之工具为舆论，舆论之灵魂为思想，故思想乃创造新时代之原动力"①。

自从明末清初中西交通大开之后，中学就无可避免地难逃西学的浸染，尽管其范围有限。至晚清，西学对于中国学术文化和思想文化的冲击，却如破竹之势，"正是西欧的科学、文艺以排山倒海之势输入中国的时代；一切旧的东西，自日常用品以至社会政治的组织，自圣经旧典以至思想、生活，都渐渐的崩解了，被破坏了，代之而起的是一种崭新的外来的东西"②。鸦片战争以降，"光绪间所谓'新学家'者，欲求知识于域外，则以此为枕中鸿秘"③。

梁启超新思想的发轫和新学的建构均受西学之影响，"先生……于其所创新法之内容，及其得失，言之特详，而往往以今世欧美政治比

---

① 张其昀：《梁任公别录》，见夏晓虹编：《追忆梁启超》，133 页，北京，中国广播电视出版社，1997。

② 郑振铎：《梁任公先生》，见夏晓虹编：《追忆梁启超》，65 页，北京，中国广播电视出版社，1997。

③ 梁启超：《中国近三百年学术史》，见朱维铮校注：《梁启超论清学史二种》，79 页，上海，复旦大学出版社，1985。

较之，使读者于新旧知识，咸得融会"①。郑振铎谈及梁启超的学术贡献时，特别提及说，第一是鼓吹'新民'之必要，第二是介绍西方的哲学、经济学等学说，第三是运用全新的见解与方法以整理中国的旧思想与学术。② 的确，数百年占居主流学术地位的旧学壁垒，正是在西学东渐浪潮中轰然破碎的。"于时欧学正东渐，新书洋装夸瑰玮。闻所未闻见未见，旧学当之辄披靡。"③那么，由此崛起的新学是否就是西学本身，或者"'新学'基本是'西学'的同义词，至少是近义词"④？问题恐非如此简单。

至少，"在青年思想上，则促起'新学'之自觉"的康、梁"新学"，并不等同于西学。⑤ 当时梁启超"主时务学堂"时，影响青年的所谓"新学"事实上既包括《春秋》改制一类的"中学"，也包括西学。"所讲则《春秋》改制，兼及西学，以新学教育湖南青年，其门生中，驰名于后者，有革命伟人蔡锷及教育总长范濂也。""其著《饮冰室全集》，言新学者，家有其书。"⑥非仅如此，且在新学的建构上，梁启超并不以西学为重心。因为很早即已输入中国的西学，于中国思想界的作用相当有限，故梁启超针对专以译书为职志的"西学堂"也颇有微词："目的专在养成通译有才，其学生之志量，亦莫或逾此"，"故十数年中，思想界无丝

① 王森然：《梁启超先生评传(节录)》，见夏晓虹编：《追忆梁启超》，26 页，北京，中国广播电视出版社，1997。

② 郑振铎：《梁任公先生》，见夏晓虹编：《追忆梁启超》，69、73 页，北京，中国广播电视出版社，1997。

③ 梁启超：《诗话》，见《饮冰室合集·文集之四十五》(上)，107 页，北京，中华书局，1989。

④ 罗志田：《国家与学术：清季民初关于"国学"的思想论争》，70 页，北京，生活·读书·新知三联书店，2003。

⑤ 王森然：《梁启超先生评传(节录)》，见夏晓虹编：《追忆梁启超》，23 页，北京，中国广播电视出版社，1997。

⑥ 王森然：《梁启超先生评传(节录)》，见夏晓虹编：《追忆梁启超》，20 页，北京，中国广播电视出版社，1997。

毫变化"。① 对于西学与新学的直接影响，梁启超一直持保留态度，多年后仍然认为："海禁既开，译事萌蘖，游学欧美者，亦以百数，然无分毫影响于学界……我国阅四五十年，而仅得独一无二之严氏……而士子学于海外者，毋亦太负祖国耶……近顷悲观者流，见新学小生之吐弃国学，惧国学之从此而消灭。吾不之惧也，但使外学之输入者果昌，则其间接之影响，必使吾国学别添活气，吾敢断言也。"②梁启超当时所言新学非指西学，且为避免混淆，遂以"外学"一词以与国学相对，可知当时新学与西学（外学）固然不免相关，却难以相同。一定意义上说，正是输入的西学未能真正"促起青年之自觉"，才从根本上触动了康、梁构建新学的"自觉"。这是近代中国学术文化和思想文化演变的一个关节点。

任何一个时代的变革，都是以最直接的历史阶段为起点的。甲午战争后新学的兴起不仅仅是对传统旧学的反叛，一定程度上也包含着对鸦片战争以来以洋务为目标的单纯"西趋"走向的反省。甲午战争中国惨败的事实是一个具有悲剧意义的历史警示，它使30多年来以"求强求富"为目标的洋务运动承负了战败的责任，至少在康、梁眼中是如此。"然则不变其本，不易其俗，不定其规模，不筹其全局，而依然若前此之支支节节以变之，虽使各省得许多督抚若李鸿章、张之洞之才识，又假以十年无事，听之使若李鸿章、张之洞之所为，则于中国之弱之亡能稍有救乎？吾知其必不能也。"③当然，梁启超对洋务运动评述公允与否可不置论，问题的关键在于，康、梁以此作为自己变法和新学建构的历史前提，却包含着对前此洋务"西学"偏向的一种否定。

① 梁启超：《中国近三百年学术史》，见朱维铮校注：《梁启超论清学史二种》，79页，上海，复旦大学出版社，1985。

② 梁启超：《论中国学术思想之大势》，见《饮冰室合集·文集之七》，104页，北京，中华书局，1989。

③ 梁启超：《戊戌政变记》，见中国史学会主编：《戊戌变法》第1册，275～276页，上海，上海人民出版社，2000。

所以，面对"格致之道中国素所不讲，自洋务兴而西学尚矣"①的现实，梁启超提出一个尖刻的诘问："问国之大学，省之学院，郡县之学官，及其所至之书院，有以历代政术为教者乎？无有也。有以本朝掌故为教者乎？无有也。有以天下郡国利病为教者乎，无有也。""是故西学之学校不兴，其害小，中学之学校不兴，其害大；西学不兴，其一二浅末之新法，犹能任洋员以举之，中学不兴，宁能尽各部之堂司、各省之长属，而概用洋员，以承其之乏也？此则可流涕者也。"②

与前此务求"西学"的历史走向已不相同，康、梁在确立新学之基时已有力避单纯"西化"的寓意了。所谓"新武未习，而故迹已沦，我三十年来，学西法之成效，已可睹"③！对于当时兴西学的趋势，梁之所以"此余所以悁悁而悲也"，原因在于重西文西学而失其所当重，故梁启超针对性地提出"故今日欲储人才，必以通习六经经世之义、历代掌故之迹，知其所以然之故，而参合之于西政，以求致用者，为第一等"④。康、梁维新之核心是革中学之旧而为新，并非易中学以为西学，其旨趣意境之侧重显在中学方面。"兴学校，养人才"，被梁启超视为"强中国"的"第一义"，因"条理万端，皆归本于学校"。然而在梁启超之倾心于新学创立的时代，洋务类学堂已存立经年了，但梁启超认为这类西式学堂却是"今之所患者，离乎中国，而未合乎夷狄"。结果"其上者仅充'象鞮之事'，余则不过为洋行买办之类耳"⑤。

近代以来，无论新学的建构还是新思想的孕生，都不能脱逃中西

① 杨家禾：《西学储材说》，见甘韩辑：《皇朝经世文新增时务、洋务续编》，沈云龙主编：《近代中国史料丛刊》第 81 辑，台北，文海出版社，1973。

② 梁启超：《学校总论》，见《饮冰室合集·文集之一》，18 页，北京，中华书局，1989。

③ 梁启超：《学校总论》，见《饮冰室合集·文集之一》，31 页，北京，中华书局，1989。

④ 梁启超：《学校总论》，见《饮冰室合集·文集之一》，63 页，北京，中华书局，1989。

⑤ 梁启超：《学校总论》，见《饮冰室合集·文集之一》，19 页，北京，中华书局，1989。

文化交汇的历史大势。但是，甲午之后力求从"本原"上变革社会的新学家们，在面对中学与西学汇聚、互渗、蜕变的时代性课题时，梁启超忧虑的恰是："今日非西学不兴之为患，而中学将亡之为患。"①在建构新学的理路上，梁主张"务使中学与西学不分为二，学者可以相兼，而国家随时可收其用"②。这与时人所谓梁"主讲《春秋》改制，兼讲西学"的新学（指合中西为一）趋向是完全一致的。

"以西国之新学，广中国之旧学"③，这种将新学混同于西学，将中学统视为旧学之说，曾是"广学会"传教士的宗旨，然其时多行西学一词，与此后康、梁所倡行和 20 世纪之初风行的新学一语，已有隔世之别。梁启超将近代新学在语义和概念上与西学剥离，并非仅仅是思想认识的逻辑结论，而是时代性学术潮流发展的历史必然。早期所谓新学其实只是附着于西学的概念，是西学、夷学、洋学的同义语，并未形成社会性思潮性内容。它只是中国学术文化中向未出现过的一个外来之物的一种表达。戊戌之际康、梁着力于对旧学的摧毁性破坏并力图重构一个具有时代特征的学术文化时，才赋予新学以全新的内涵与意义。

三、新旧之争的焦点

关于戊戌年间的"新旧之争"，梁启超事后回忆说："那时新思想的急先锋，是我亲受业的先生康南海……当时我在我主办的上海《时务报》和长沙时务学堂里头猛烈宣传，惊动了一位老名士而做阔官的张香涛，纠率许多汉学宋学先生们著许多书和我们争辩。学术上新旧之斗，

---

① 梁启超：《学校总论》，见《饮冰室合集·文集之一》，126 页，北京，中华书局，1989。

② 梁启超：《复刘古愚山长书》，见《饮冰室合集·文集之三》，14 页，北京，中华书局，1989。

③ 古吴困学居士：《广学会大有造于中国说》，见中国史学会编：《戊戌变法》第 3 册，214 页，上海，上海人民出版社，2000。

不久便牵连到政局……表面上，所谓'新学家'完全失败了。"①戊戌时期牵动朝野的"新旧之争"，将康、梁推向了历史冲突的巅峰。这是继洋务时期的"中西之争"后，近代中国学术文化论争的第二波。历史演进或许在表象上常有相似之处，然其内容却有着本质的不同。比之于中西之争，除了论争主角的不同外，新旧之争的焦点和内容也是完全不同的。② 不同的历史阶段自有其不同的历史主调。

此时旧学家们肆意诋毁的新学，也不再是朝野上下已经相对认可了的西学，而是经康、梁融合中西后有所创获的"不中不西即中即西"之学，即如旧派士人胡思敬所指陈的"康学"："梁启超……少从康有为受学……当《时务报》盛行，启超名重一时，士大夫爱其语言笔札之妙，争礼下之。自通都大邑，下至僻壤穷陬，无不知有新会梁氏者。及应聘入湖南主讲时务学堂，专阐发康门一家之学③，倡议废拜跪，易服色，抑君权，伸民权。湖湘劬学之士，如皮锡瑞、樊锥、戴德诚等，皆为所惑。"④时值新旧更替之际，确若梁启超所述当时中国之现状，实如驾一扁舟，初离海岸线，而放于中流，"士子既鄙考据词章庸恶陋劣之学⑤，而未能开辟新学界以代之，是学问上之过渡时代也……"⑥因此，构建新学以取代旧学遂成为最紧迫的时代任务。久困于旧学之中的梁启超之所以敬服于康有为者，则在于此。然梁启超认为康有为之"新学"是"以孔学佛学宋明学为体，以史学西学为用。其教旨专在激

① 梁启超：《清代学术概论》，见朱维铮校注：《梁启超论清学史二种》，123～124 页，上海，复旦大学出版社，1985。

② 见拙著《近代新学——中国传统学术文化的嬗变与重构》，28～33 页，北京，商务印书馆，2000。其中已有较详论述，此处不再赘言。

③ 所谓康学即新学。——引者注

④ 胡思敬：《党人列传·梁启超》，见夏晓虹编：《追忆梁启超》，40 页，北京，中国广播电视出版社，1997。

⑤ 即旧学。——引者注

⑥ 梁启超：《过渡时代论》，见《饮冰室合集·文集之六》，29～30 页，北京，中华书局，1989。

励气节，发扬精神，广求智慧"①。

"梁启超等自命西学兼长，意为通贯，究其所立说者，非西学实康学耳。"②其实，将新学指认为康、梁"别树一帜"的"康学"，尽管其中不无旧学家们的贬斥之恶，然其所述却是一个"客观历史的存在"。所以后世学人也如此体认，如左舜生所言："自甲午对日战争失败，迄庚子拳变，此六七年间，为中国新旧冲突最激烈之一时期……湖南人之性格，敦厚简朴，新者固能真新，旧者亦能真旧，当时所谓新学如'康学'者，既风靡于全湘，于是笃旧之士如王益吾（先谦）、叶焕彬（德辉）等，乃起而予以抨击。新者以时务学堂为大本营，以南学会为别动队，以《湘学报》《湘报》等为宣传机关，而地方政府复予以相当维护，故其势甚张；顾王、叶等之于旧学，亦造诣甚深，叶尤剽悍，初非梁及韩文举辈所能摇撼，且拥有岳麓、城南、求忠三书院学子以为其群众，而社会旧势力复助之张目，因之势亦不弱。……犹可想见当时新旧思想作殊死斗之一斑。"③

《皮锡瑞年谱》也有对当时"新旧之争"的一段回忆："时湘设时务学堂……复创南学会于长沙，公④被聘为学长，主讲'学派'一科。开讲之日，官绅士民集者三百余人，公阐明学会宗旨，略谓：学非一端所能尽，亦非一说所能该。先在读书穷理，务其大者远者，将圣贤义蕴，暸然于心中；古今事变，中外形势，亦须讲明切究，方为有体有用之学。……公讲演共十二次，所言皆贯穿汉宋，融合中西，闻者莫不动容。"⑤"学派有汉学，有宋学。汉学有西汉大义之学，有东汉训诂之

---

① 梁启超：《南海康先生传》，见《饮冰室合集·文集之六》，62 页，北京，中华书局，1989。

② 《宾凤阳等上王益吾院长书》，见（清）苏舆编：《翼教丛编》卷五，145 页，上海，上海书店出版社，2002。

③ 左舜生：《我眼中的梁启超（1873—1929）》，见夏晓虹编：《追忆梁启超》，278～279 页，北京，中国广播电视出版社，1997。

④ 指皮锡瑞。——引者注

⑤ 中国史学会编：《戊戌变法》第 4 册，189～190 页，上海，上海人民出版社，2000。

学。宋学有程朱之学，有陆王之学。近世又有以专讲中国学者为旧学，兼讲西学者为新学，互相攻驳，势同敌仇，心安得同？"①由此可知，在尖锐对立的新旧论争中，所谓"有体有用"之新学并不专指西学，而实指"兼讲西学"（合中西为一）的康、梁新学派，旧学则指"专讲中学"（汉学、宋学）的旧学派。

在"学术上的新旧之斗"中，旧学家们对于新学的诛伐可谓不遗余力，然旧学家们却并不一味地反对西学，因为不仅得势后的湘绅们特意把"新学书局一律改为西学书局"②，而且他们事实上也相当程度地认可了西学的实用价值。王先谦曾与吴学兢书信中言及，"今日之事亦趋重西学者，势所必至"，"故声光化电及一切制造矿学皆当开通风气力造精能"。③ 即使被人们目为顽绅的叶德辉，也有"学通天人""学贯中西"之称。④ 当时徐致靖为湖南学政，力倡新学，"尝取启超所著《輶轩语》颁示学官"，叶德辉针锋相对作《輶轩今语评》："力辟其谬，自云孔子问礼老聃，不传老子之学，虽比拟不伦，而词锋凛凛可畏。曩时王先谦、孔宪教、黄自元诸人，皆称老辈，咸不悦仁铸所为……新学甫萌芽，势尚孤，不获大伸其志。"⑤

戊戌"新旧之争"所争者在"公羊"，而不在"西学"。这也是张之洞的基本态度："平生学术最恶公羊之学，每与学人言，必力诋之，四十年前已然，谓乱臣贼子之资。"⑥新旧学胜负已十分明朗的情势下，张之洞并不为"西学"所忧，而是深虑"中国之祸不在四海之外，而在九州

---

① 中国史学会编：《戊戌变法》第 4 册，195 页，上海，上海人民出版社，2000。

② 《湘绅公呈》，见（清）苏舆编：《翼教丛编》卷五，12～13 页，上海，上海书店出版社，2002。

③ 《王祭酒与吴生学兢书》，见（清）苏舆编：《翼教丛编》卷六，上海，上海书店出版社，2002。

④ 崔建英整理：《郋园学行记》，载《近代史资料》，总第 57 号。

⑤ 中国史学会编：《戊戌变法》第 4 册，9 页，上海，上海人民出版社，2000。

⑥ 《抱冰堂弟子记》，见中国史学会编：《戊戌变法》第 4 册，230 页，上海，上海人民出版社，2000。

之内"①。盖因张深知"新旧之争"要害在于中学之内的"公羊"，而并不牵涉西学。在《叶吏部与石醉六书》中，叶德辉也特别提出：

> 时务学堂梁卓如主讲公羊之学以佐其改制之谬，三尺童子无不惑之……一人唱百人和，聪颖之士既喜其说之新奇，尤喜其学之简易，以至举国若狂，不可收拾……今之视西学若仇雠者，一孔之儒也……公羊之学以治经尚多流弊，以之比附时事，是更启人悖逆之萌。②

当新旧交哄之际，康、梁与湘绅学派阵营明晰，各有所持，也各有所守。然旧派于西学并非极端排斥，好言西学者所在多有，即使叶、王诸绅也断非能以"恶西学"之名标量其于新学之恨。

以中西之争附会新旧之争，非但抹杀了旧学家之本意，且也未能揭示此段历史之本相，并导辨伪明智之历史于迷津之中。

近代新学语义歧乱，时人所指常有不确和游移之惑，然至少此时已不被认同为西学的同义语，而富有了特具时代性的含义。"凡一新学派初立，对于旧学派，非持绝对严正的攻击态度，不足以摧故锋而张新军。"③具有强烈"学派"意识的康、梁，将所授之学的内容与立学体制相结合，构建了相对完整的新学体系：以学堂为体制，以学科为纲要，以新学(合中学西学为一)为内容。从康有为的"长兴学记"到梁启超主讲的"时务学堂"，均高扬这一"新学"旗帜以与"时流所推重之旧学"相对垒。但无论"长兴学记"还是"时务学堂"，西学却并不独立于学科的构架之中，而只是作为部分课目内容与中学课目共构为新的学科

---

① 张之洞：《劝学篇·序》，1页，上海，上海书店出版社，2002。

② (清)苏舆编：《翼教丛编》卷六，第15页，上海，上海书店出版社，2002。

③ 梁启超：《清代学术概论》，见朱维铮校注：《梁启超论清学史二种》，8页，上海，复旦大学出版社，1985。

类型。① 在此，西学附着于新学，而不能等同于新学。这一趋向并不因维新的失败而消弭，却以不同的方式和特性融入新学体制的创立之中。

新学最终须落实于学堂的制度层面，从而才能根掘旧学之基——科举八股之制。当跨越了戊戌时期"学术上的新旧之斗"的历史阶段后，19、20世纪之交的新旧之争进入了学制层面。然而，当年以《劝学篇》"权衡新旧"的张之洞却成为学制更替时期新旧之争的主角。面对旧学势力的抵力相阻，张之洞极力主张以新学堂取代旧学制，会同张百熙、荣庆奏请朝廷当以兴新学为主导，认为新学堂优于科举旧学之处所在多多：其一，科举文字，每多剽窃，学堂功课，务在实修；其二，科举止凭一日之短长，学堂必尽累年之研究；其三，科举但取词章，其品谊无从考见，学堂兼重行检，其心术尤可灼知。因此，新学与旧学相比，则为"凡科举之所讲习者，学堂无不优为，学堂之所兼通者，科举皆所未备，是则取材于科举，不如取材于学堂"②。所以，虽然后人对张之洞有着"以其先人而新，后人而旧"③的费解之谜，张之洞本人却执着地以"倡新学"为自得，其弥留之际仍谓："洞近年以来，于各种新学、新政提倡甚力，倡办颇多，岂不愿中华政治焕然一新，立刻转弱为强，慑服万国？"④因此，尽管梁启超认为戊戌政变时的张之洞曾是"纠率许多"旧学家"和我们争辩"的魁首，但在新学的价值及其作用方面，他们具有更多的共识，其主要之点即在于张之洞也是将西学

---

① 康、梁"长兴学记"和"时务学堂"的"新学"体制和内容，虽具体方案有出入，但总体结构却一致，都采取"援西人中"方法构建以"义理之学""考据之学""经世之学""文字之学"和"溥通学""专门学"为学科特征的"新学"体系。详见拙文《近代"新学"形成的历史轨迹与时代特征》，载《天津社会科学》，2002(1)；拙著《近代新学——中国传统学术文化的嬗变与重构》，218～219页，北京，商务印书馆，2000。

② 张之洞：《张文襄公全集》卷六一，24～25页，北京，中国书店，1990。

③ 《张文襄公事略》，见巴蜀书社编：《清代野史》，98页，成都，巴蜀书社，1988。

④ 吴庆坻：《蕉廊脞录》，见章伯锋，顾亚主编：《近代稗海》第13辑，678页，成都，四川人民出版社，1989。

纳入中学之内，并构成新学堂的学科体系。梁启超也认可张在新学方面的建树：

> 今海内大吏，求其通达西学深见本原者，莫吾师若；求其博综中学精研体要者，尤莫吾师若。故为今之计，莫若用政治学院之意以提倡天下。……启超以为所设经学、史学、地学、算学者，皆将学焉以为时用也，故事务一门为诸学之归宿，不必立专课。①

以兴学堂而立学制，以"合中西"而新学术，是晚清以来新学大张的主流趋向，也是朝野上下相对一致的认识。其间或有因时因势而易变不居，因人因事而各有侧重，却终未能脱其以学堂代科举、合中西为一体的新学发展的历史大势。

戊戌政变宣告了康、梁新学派的失败，然而，"康旋起'思想界一大飓风'之《新学伪经考》的'新学'原指东汉新莽之学，但'易世误读'的结果，竟变成了流行于晚清的普泛新学的同义语"。"晚清新学的第一号领袖人物当然非南海先生莫属。"虽然学术根基上康、梁因经学和史学旨趣各异，但"同为新学翘楚"②，成为近代中国学术文化和思想史上新旧更嬗的历史主导。他们所开启的学术路向氤氲成风并玉就了一个具有特色的时代："故国初之学大，乾嘉之学精，道咸以降之学新。"③

更为重要的是，20 世纪初废科举兴学堂的学制变革，正是康、梁以新学取代旧学的主旨所在。以学堂为标志的新学从制度上终结了以八股科举为特征的旧学，因此，当梁启超回观戊戌历史时，那段凶险、诡谲的新旧之争的成败得失比之于历史的巨大进步，不过只是"所谓

---

① 梁启超：《上南皮张尚书书》，见《饮冰室合集·文集之一》，105～106 页，北京，中华书局，1989。

② 刘梦溪主编，汪荣祖编校：《中国现代学术经典·萧公权卷》，21 页，石家庄，河北教育出版社，1999。

③ 王国维：《沈乙庵(曾植)先生七十寿序》，见《观堂集林》卷二三，26 页，上海，上海古籍出版社，1983。

'新学家'""表面上"的"失败"罢了。

四、新学乃时代之学

"新旧之争"厮杀的残酷性超越了学术或思想的范畴。但是，双方在对新学的界定上却是惊人的一致，即新学并非西学，而是"康学"。这提示着我们，近代新学所标示的是一种旨在完全取代旧学的新的学术形态或流派，它主要立足于中学的现代性与传统性的观照，而非西学与中学的对应。正是在"旧学派权威既坠，新学派系统未成，无'定于一尊'之弊，故自由之研究精神特盛"①的情势下，康、梁主要立足于中学从学术源流上算账，认为"中国自汉以来的学问全要不得"，而"以复古为解放"的路径建构新学。虽有"外学"为激励，但新学所本仍为"传统"，故强调要溯源于"专读各经的正文和周秦诸子"②。所以，梁启超与夏曾佑等新学家们的学术品性更多地回归于"复古为解放"的中学特征。梁启超追忆道：

> 我们的"新学"要得要不得，另一问题，但当时确用"宗教式的宣传"去宣传他。穗卿诗说："嗟嗟吾党人"即指"学术界打死仗的党"……而且，夏之崇"墨子"，为其自名"别士"。③

痴迷于新学的梁、夏等辈旨在辟莽斩棘创开新路，"相约作诗非经典语不用"④，然其所谓"经典"，则"普指佛孔耶三教之经"。"故新约字面，

---

① 梁启超：《中国近三百年学术史》，见朱维铮校注：《梁启超论清学史二种》，22 页，上海，复旦大学出版社，1985。

② 梁启超：《亡友夏穗卿先生》，见《饮冰室合集·文集之四十四》（上），22 页，北京，中华书局，1989。

③ 梁启超：《亡友夏穗卿先生》，见《饮冰室合集·文集之四十四》（上），22 页，北京，中华书局。

④ 梁启超：《诗话》，见《饮冰室合集·文集之四十五》（上），41 页，北京，中华书局，1989。

络绎笔端焉。""言龙者指孔子，言蛙者指孔子教徒云。"①由此日常生活中的情趣，可以感知所谓新学家们与中国传统学术（周秦时期）上渊深根固的关联；也可体悟出融孔佛耶三教一体，杂糅中西之路向，从一个侧面体现着新学之演进轨迹和特征。所以，抛开中学深厚的历史之源和千曲百回的流迁蜕变动因，根本就无从谈及近代中国的新学。因此，将新学直接视同于西学的识见，未免有轻谩无稽之嫌。

如果不将近代新学置于清代学术乃至整个中国学术演变的历史进程中，就难以超越"时流"的遮蔽，而获得富有时代性和历史性的认识。就此而言，梁启超洞微察远的卓见予我们以更多的理性启示。

首先，近代新学是清代学术内在动因发展的必然结果。倘若着眼于"长时段"的学术演变史，梁启超认为道、咸以降的新学是自西汉以来中国学术"第五变"。② 即使仅从清代学术流变趋向来看，新学的生成和发展也表现为"本朝二百年之学术，实取前此二千年之学术，倒影而缲演之，如剥春笋，愈剥而愈近里；如啖甘蔗，愈啖而愈有味。不可谓非一奇异现象也"③。晚清之际，"则世变日亟，而与域外之交通大开。世变亟，则将穷思其所以致此之由，而对于现今社会根本的组织，起怀疑焉。交通开，则有他社会之思想输入以为比较，而激刺之淬历之，康、谭一派所由起也"。固然"交通开"后西学之影响不容忽视，然就各时期学术之争的核心问题而言，却并不主要体现在西学方面，其演进路向为：第一期顺康间，程朱陆王问题；第二期雍乾嘉间，汉宋问题；第三期道咸同间，今古文问题；第四期光绪间，孟荀问题

---

① 梁启超：《诗话》，见《饮冰室合集·文集之四十五》（上），41 页，北京，中华书局，1989。

② 道咸以降，"非常异义之论"炽，西汉"今文学"复兴，是为五变（自西汉末至此凡五变），参见素痴：《近代中国学术史上之梁任公先生》，见夏晓虹编：《追忆梁启超》，102 页，北京，中国广播电视出版社，1997。

③ 梁启超：《论中国学术思想之大势》，见《饮冰室合集·文集之七》，102页，北京，中华书局，1989。

孔老墨问题。① 基于此，梁启超总括为："要而论之，此二百余年间，总可命为古学复兴时代。……至今日而葱葱郁郁，有方春之气象焉，吾于我思想界抱无穷之希望也。"②

近代新学是清代学术本身蜕变、演进的结果，尤其是在道、咸之后"当洪杨乱事前后，思想界引出三条新路"，即其一宋学复兴，其二西学之讲求，其三排满思想之引动。③ 然毕竟"第一期所谓西学"，却"不能在学界发生影响"。所以，正是中学的内在蜕演趋势到"光绪初年，一口气喘过来了，各种学问，都渐有向荣气象……接二连三的大飓风，把空气振荡得异常剧烈，于是思想界根本动摇起来"。乃至于清初大师黄、顾、朱（舜水）、王，"他们许多话，在过去二百多年间，大家熟视无睹，到这时忽然像电气一般把许多青年的心弦震得直跳"。他们所提倡的"经世致用之学""蓦地把二百年麻木过去的民族意识觉醒转来……总而言之，最近三十年间思想界之变迁……最初之原动力，我敢用一句话来包举他，是残明遗献思想之复活"。④

其次，西学乃近代新学构成要素之一，但不是唯一要素，甚至也不是核心要素。新旧学之间的时代更嬗，是在西学强势冲击下发生的历史现象，以至于"效法泰西"逐渐演进为鸦片战争后中学发展的趋向之一。"坚信泰西之优胜，而有模仿之必要……薛福成及郭嵩焘，此种运动之代表人物也。效法泰西，是为第三种趋势。"⑤所以引入西学或援西入中成为康、梁新学建构的重要内容。"启超……皆抱启蒙期'致

① 梁启超：《论中国学术思想之大势》，见《饮冰室合集·文集之七》，102页，北京，中华书局，1989。

② 梁启超：《论中国学术思想之大势》，见《饮冰室合集·文集之七》，103页，北京，中华书局，1989。

③ 梁启超：《清代学术概论》，见朱维铮校注：《梁启超论清学史二种》，102～103页，上海，复旦大学出版社，1985。

④ 梁启超：《清代学术概论》，见朱维铮校注：《梁启超论清学史二种》，122～123页，上海，复旦大学出版社，1985。

⑤ 素痴：《近代中国学术史上之梁任公先生》，见夏晓虹编：《追忆梁启超》，103页，北京，中国广播电视出版社，1997。

用'的观念，借经术以文饰其政论，颇失'为经学而治经学'之本意，故其业不昌，而转成为欧西思想输入之导引。"①然而，康、梁不通西文，对于西学的知识极为有限，正如郑振铎所言："我常常觉得很可怪：中国懂得欧西文字的人及明白欧西学说的专门家都不算少，然而除严复、马建忠等寥寥可数的几位之外，其他的人都无声无息过去了，一点也没有什么表现；反是几位不十分懂得西文或专门学问的人如林琴南、梁任公他们，倒有许许多多的成绩，真未免有点太放弃自己的责任了。"正是在"清末民初时代……由于西方文明已系统地、大量地传播到我国，获得广泛的研学探求"②的趋势下，梁启超等新学之士"于是对外求索之欲日炽，对内厌弃之情日烈……于是以其极幼稚之'西学'知识，与清初启蒙期所谓'经世之学'者相结合，别树一派，向正统派公然举叛旗矣。此清学分裂之主要原因也"③。康、梁将西学与传统中学中的经学、诸子学因素相整合，重构了适应时代的新学。"我们所标榜的'新学'就是这三种原素④混合构成。"⑤

康、梁于西学的识见均十分有限，只有援西入中以西为用的手段，断无独悟别会之深功，因而论及新学之本原时，梁启超更多地关注于"今文学"的影响："其最近数十年来，崛起之学术，与惠、戴争席，而驺驺相胜者，曰西汉今文之学……道光间，其学浸盛，最著者曰仁和龚定庵、曰邵阳魏默深……语近世思想自由之响导，必数定庵。""数新思想之萌蘖，其因缘固不得不远溯龚、魏，而二子皆治今文学。"即或新学之种种流弊，也是与"今文学"与生俱来，"……然定庵憔悴牢落不得志，

---

① 梁启超：《中国近三百年学术史》，见朱维铮校注：《梁启超论清学史二种》，5 页，上海，复旦大学出版社，1985。

② 周传儒：《史学大师梁启超与王国维(节录)》，见夏晓虹编：《追忆梁启超》，383 页，北京，中国广播电视出版社，1997。

③ 梁启超：《中国近三百年学术史》，见朱维铮校注：《梁启超论清学史二种》，59 页，上海，复旦大学出版社，1985。

④ 即西学、经学与诸子学。——引者注

⑤ 梁启超：《亡友夏穗卿先生》，见《饮冰室合集·文集之四十四》(上)，22 页，北京，中华书局，1989。

其道力不足以自胜，故细行多不检，其恶习影响于新学界者亦有焉"①。

最后，康有为汇聚并整合了晚清学术文化的蜕变趋势，完成了由旧趋新的历史转折。晚清学术演进的路向"先后衍成三种趋势"（梁启超所述之"乾嘉间朴学之正统派""经世致用之学""泰西之学"②），而"三种趋势"虽已孕育着反叛旧学的内在动因，却是由康、梁适势而起完成了"集其大成"的历史任务，从而以新学标领时代。所以梁启超在《论中国学术思想之大势》中说：

> 近十年来，我思想界之发达，虽由时势所造成，欧美科学所簸动，然谓南海学说无丝毫之功，虽极恶南海者，犹不能违心而为斯言也。南海之功安在？则亦解二千年来人心之缚，使之敢于怀疑，而导之以入思想自由之途径而已。自兹以还，浏阳谭壮飞著《仁学》，乃举其冥想所得实验所得听受所得者，尽发之而无余，而思想界遂起一大革命。③

甲午战争后的康有为因应着鸦片战争之后"清学"的历史走向，决然地"于时舍弃考据帖括之学"，"以经营天下为志"。④

近代新学体现着 20 世纪中国学术演进的特性。时代的推演使得"中国千百年来依托圣贤而编织的'意义之网'"到甲午战败后已"千疮百孔"，"已经无法再使中国人继续自我悬挂其中"。因此，从旧学而蜕变出新学以为中国时代之灵魂，乃当务之急。新学的勃然而起，使"中国传统文化受到了攻击，固有的价值系统遭到了否定，中国士子开

---

① 梁启超：《论中国学术思想之大势》，见《饮冰室合集·文集之七》，96～97 页，北京，中华书局，1989。

② 梁启超：《中国近三百年学术史》，见朱维铮校注：《梁启超论清学史二种》，103 页，上海，复旦大学出版社，1985。

③ 梁启超：《论中国学术思想之大势》，见《饮冰室合集·文集之七》，99 页，北京，中华书局，1989。

④ 康有为：《康南海自编年谱·外二种》，楼宇烈整理，9 页，北京，中华书局，1992。

始……日益向新型知识分子的思维方式转化"。然"值得我们珍视的是，在 20 世纪里，面对新学及其种种论述话语，一些大师以他们的史学实践为我们做出了如何治学的表率——既不囿于传统，又不惑于新奇，沦入'入主出奴'之劣性"①。因此，在晚清及近代新学历史上，康、梁不仅顺应着时代发展的趋势，而且也代表着时代的一个高度。

五、新学的历史命运

"献身甘作万矢的，著论求为百世师。誓起民权移旧俗，更挈哲理牖新知。"②的确，以"牖新知"而"移旧俗"曾是康、梁一生之追求，彬彬评论说："综梁氏一生，以纯旧之学者起（科举），以较新学者终。"③对于近代中国的历史命运，梁启超更多地寄望于新学，期以从本原上为中国之变革造就精神动力。梁启超曾充满自信地说过："吾雅不愿采撷隔墙桃李之繁葩，缀结于吾家杉松之老干，而沾沾自鸣得意。吾诚爱桃李也，惟当思所以移植之，而何必使与杉松淆其名实者！"④戊戌变法之后，新学几已成为时代之代名词，流转于社会各界之口。"新学之风既倡，民智渐开，故两年以来，支那人士诚见言论，颇有异于昔日。从前自尊自大，自居于中国，而鄙人为夷狄之心，多有悟其为非者。先觉之士，慨世之徒，攘臂抗论，大声疾呼，所在多有……"⑤

然而，轰然而起的新学并未能为中国社会变革和文化革新提供持久的动力和确定的方向，随着历史时代的变动，新学的热潮很快消退于五四运动之后。"所谓新学，就偃旗息鼓，宣告退却，失了灵魂，而

①　张广达：《关于唐史研究趋向的几点浅见》，载《中国学术》，2001(4)。

②　梁启超：《诗》，见《饮冰室合集·文集之四十五》(下)，16 页，北京，中华书局，1989。

③　彬彬：《梁启超》，见夏晓虹编：《追忆梁启超》，14 页，北京，中国广播电视出版社，1997。

④　梁启超：《清代学术概论》，77 页，北京，东方出版社，2012。

⑤　刘凤瀚：《袁世凯与戊戌政变》，41 页，台北，传记文学出版社，1997。

只剩下它的躯壳了。"①

当奋然勃兴的近代新学把传承既久的旧学逐出历史舞台后，肇始不久的民国社会现状，则成为"新学运动"价值的评估依据。据此，梁启超不免黯然地说："中国人对于科学的态度有着根本不对的两点：其一，把科学看得太低了太粗了……'德成而上，艺成而下'……所以从郭筠仙张香涛这班提倡新学的先辈起，都有两句自鸣得意的话，说什么'中学为体西学为用'……直到今日依然为变相的存在……我替他起个名字叫做'西装的治国平天下大经纶'和'西装的超凡入圣大本领'。其二，把科学看得太呆了太窄了……他们只有数学、几何学、物理学、化学……等等概念，而没有科学的概念……殊不知所有政治学、经济学、社会学……等等，只要够得上一门学问的，没有不是科学……中国人因始终没有懂得'科学'这个字的意义……我大胆说一句话，中国人对于科学这两种态度倘若长此不变，中国人在世界上便永远没有学问的独立。"②

"新学既兴之后，凡借舌为生者多失其业，现在后生小子诵读数年，既弃诗书而学商贾，再阅十年八载，则读书之士难望接踵而继起也。"③敌视新学的旧学之士这番预言，却不意而成为日后新学历史命运的判词。面对历史的结局，梁启超对于新学由痴迷而陷入迷惘，并在反躬自省中予以历史的总结："这五十年间我们有什么学问可以拿出来见人呢？说来惭愧，简直可算得没有……（除了学界的脑筋变得真厉害外）……总之这四十几年间思想的剧变，确为从前四千余年所未尝梦见……居然有了'源泉混混不舍昼夜'的气象了……他们的政治运动，是完全失败，只剩下前文说的废科举那件事，算是成功了……第三期新运动的种子，也可以说是从这一期播殖下来……我们闹新学闹了几

---

① 《毛泽东选集》第2卷，697页，北京，人民出版社，1971。

② 梁启超：《科学精神与东西文化》，见《饮冰室合集·文集之三十九》，2页，北京，中华书局，1989。

③ 刘大鹏：《退想斋日记》(1908年3月27日)，167页，太原，山西人民出版社，1990。

十年，试问科学界可曾有一两件算得世界的发明，艺术家可曾有一两种供得世界的赏玩，出版界可曾有一两部充得世界的著述？哎，只好等第三期以后看怎么样罢。"①

客观历史的演进往往超乎于个人主观追求之外，即使对于主动追随时代的先行者亦复如此。与往昔"诋诃旧学"的奋勇气势已然不同，民国时期的梁启超对于新学的评判中却充溢着对"旧学"先辈们的向往："晚清之新学家，欲求其如盛清先辈具有'为经学而治经学'之精神者，渺不可得，其不能有所成就，亦何可足怪？故光、宣之交，只能谓清学衰落期，并新思想启蒙之名，亦未敢轻许也。"②这种充满失落和迷惘的历史检讨，既"说明晚年的梁任公先生已超越了清末新学的藩篱，开始了与王国维的学术思想趋于合流"③的走向，同时也反证了近代新学的时代特性与历史定位绝难等同于西学。

近代新学本原于传统中学的内在演进诉求，并在西学的启导、融通中创开新路，至康、梁而蔚成大观，其基本趋势则循着"复古为解放"的路向展开。康、梁等新学领袖于西学知识均甚浅薄，只有援西入中以西为用的手段，断无独悟别会之功夫。非只如此，一批真正于西学有系统素养者，却疏于新学之创建（此于新学之价值尤其于其历史深切之影响至重至大）。急于用世乃新学之品性，而晚清一系列变革之于富国强兵功效甚微，终清之陵替而未达此目标；即或民国肇兴亦复归于失望，由以引发对新学咎由之追究。然更深层之追索则指向整个中国传统文化——"五四"极端之反传统，或以此为直接之背景。

原载《南开学报》2004 年第 5 期。

---

① 梁启超：《五十年中国进化概论》，见《饮冰室合集·文集之三十九》，43～45 页，北京，中华书局，1989。

② 梁启超：《清代学术概论》，见朱维铮校注：《梁启超论清学史二种》，80 页，上海，复旦大学出版社，1985。

③ 刘梦溪主编，汪荣祖编校：《萧公权卷》，57 页，石家庄，河北教育出版社，1999。

义和团的历史记忆与文化认同
——"后义和团"的文本类型比较研究①

20 世纪初义和团运动硝烟渐散，然于此事件的文本记载却在长达一个多世纪的时光流逝中，仍彰显其鲜活的生命力。作为历史比较我们不难发现，义和团运动经历了"拳匪"话语和"英雄"话语的不断转化。关于义和团运动的历史记忆在不同的时代呈现出截然不同的价值取向，承载义和团历史记忆的文本历史地传递着这一变迁的轨迹与深植其中的意义、价值。文本的叙事离不开其赖以产生的时代与文化。义和团运动是一个历史事实，它经由书写而形成文本，而文本与语境的结合又引发历史的重构。以文本形式出现的义和团运动，已不再是一个单纯的历史事件，它更多地表现为一个被叙述的符号，成为历史文化象征。在此过程中，义和团运动逐渐由"事件"走向"历史"。

一、各种记忆文本类型比较

作为事件的义和团，早已随时光的流逝拉上了帷幕。② 作为历史的义和团，直至今日仍彰显其历史的穿透力。义和团运动后，围绕此事件的叙述、记忆不绝于耳，尽管包含着立场、观念及认知的对立与冲突。描述义和团的一系列文本，按其侧重点，大致可分为表现型文本与表意型文本两类。③ 最初，表现型文本因叙述主体的不同，又形

---

① 此文为纪念义和团运动 110 周年而作。

② 文中笔者以中立的"事件"一词来表述义和团。

③ 此类划分仅相对而言。表现型文本是基础文本，它侧重于再现客观现实，在反映事物时，着重塑造典型形象；表意型文本为衍生文本，多以表现型文本为基础，它注重描写"客观事物对他产生的印象"，以象征的方式寄寓作品。

成以清廷为主体和以义和团民众为主体之别。① 清末民初，"反映这一战役的文学作品，在各方面都比过去的每一回对外战役多"②。为叙述的明晰，笔者将该历史时期的相关文本划分为诗词、小说、说唱、文论四类。

义和团事件发生后，晚清的诗词作者纷纷挥笔记载这一事件，诸如"纪事""感事"，抒"愤"表"哀"的文本大量涌现。因义和团事件的复杂性，为描述或表达此纷繁的内涵，这一时期的诗词文本大多采用组诗的形式。这些文本大部分作于 1900 年至 1901 年，数目繁多。以阿英《庚子事变文学集》为例，是书"诗词"类一栏中，共收录了 98 位诗人270 个标题的近千首诗词，大部分的诗词都附有作者的论说与注释。③事实上，这仅是其中很小的一部分，如《庚子秋词》共 622 首诗歌，却仅有 15 首被收录。义和团运动发生后不久，大量诗词作品的出现，为我们提供了认识"义和团"的丰富文本。

除诗词文本外，还有描述和刻画义和团形象的小说文本。这些小说情节多采用以义和团事件为背景的叙述模式，着力表现动荡时局的特征。就笔者有限的搜集所见，该时期反映义和团的代表性小说文本主要如表 1 所列。

表 1　1901—1914 年反映义和团内容的小说文本

作　者	小说名	出版时间
艮庐居士	救劫传	1901
忧患余生	邻女语	1903
吴趼人	恨海	1905

---

① 义和团运动涉及清政府、西方国家和义和团三方事件直接参与者。因主题所限，本文对"西方人文本中的义和团"这一问题暂略去不表。

② 阿英：《关于庚子事变的文学》，见阿英编：《庚子事变文学集》（上），7页，北京，中华书局，1962。

③ 参见阿英编：《庚子事变文学集》（上），1～207 页，北京，中华书局，1962。

续表

作　者	小说名	出版时间
符霖	禽海石	1906
无名氏	端王	1911
林纾	剑腥录	1913
陆士谔	孽海花	1914

资料来源：翦伯赞：《义和团书目解题》，见中国史学会主编：《中国近代史资料丛刊·义和团》(以下简称《义和团》)第 4 册，527～598 页，上海，上海人民出版社、上海书店出版社，2000；阿英编：《庚子事变文学集》，207～671 页，北京，中华书局，1959。

　　说唱文本方面，除话剧杂剧形式的作品外，另有所知传奇三种：一为陈季衡的《武陵春传奇》，全剧共八出，从一渔父与一士大夫的对话中，描绘出义和团之局势。一为 1917 年由上海商务印书馆印行的《蜀鹃啼传奇》，是书为一剧本，有唱词有科白，全剧分二十出，叙述义和团始末。① 还有支碧湖的《春坡梦传奇》等。此外，最值得一提的是由南亭亭长李伯元所创作的《庚子国变弹词》，共四十回，初刊于《世界繁华报》，1901 年 10 月至 1902 年 10 月连载，1902 年冬，由报馆刊成单本六册发行。"宣统辛亥，复有石印大本出现，惟已易名为绘图秘本小说义和团，分上下集，内容只有原书之前二十回，续本出否不可考。"②阿英认为弹词形式"韵语出之，感人尤易，传播得也更容易普遍"，对该剧评价甚高，称其"代表了旧的弹词最高的发展，突破了英雄美人、佳人才子一般固定的老套，走向广大的社会生活，历史上的特殊事变"，是"最能反映这一回事变，最通俗，而又有文艺价值的书"。③

　　记述义和团的文论文本，有以单篇文论形式描述之，见诸报刊的，更多的则是以成文著作文本形式表现。此一阶段的文论文本的作者，

---

① 相关可参见阿英编：《庚子事变文学集》(下)，671～945 页，北京，中华书局，1962。

② 阿英：《弹词小说评考》，129 页，上海，中华书局，1937。

③ 阿英：《小说二谈》，70～77 页，上海，古典文学出版社，1958。

有许多为亲历义和团的当事人，故而"纪略""纪事""纪闻"①成为文本形成的初始动力。如1902年，当义和团运动的余波还在晚清政局回荡时，李希圣就写出被时人看作第一本义和团信史的《庚子国变记》。该书初刊于光绪二十八年（1902），重刊于民国十二年（1923）。作为一部最早系统记述义和团事件的著作，它在塑造义和团形象上起着基础性的作用。是书以目击者的立场，详细地叙述了光绪二十四年（1898）八月至光绪二十七年（1901）之间晚清政局中发生的历史事件。② 与其同名的罗惇曧《庚子国变记》文本，最早刊登在《庸言》第一卷第一号上（1912年12月1日），是书"大抵取材于李希圣撰之庚子国变记"③。在《庚子国变记》后，罗惇曧"搜集记载及连年旅京津所闻较确者，录为拳变余闻"④。1959年，顾颉刚在《义和团故事笔谈》中，就曾提到过这些文论文本对其义和团历史记忆的影响，这从一个侧面反映了文论文本的功效。⑤

这一时期的文本，多以"拳匪"这一极富价值判断意味的词汇描述义和团，"拳匪祸国""拳匪闹事""拳匪肇乱"的论说充斥其间，敌视义和团的立场跃然纸上。直至一个甲子过去，作为历史事件参与者的义和团团民及其后人才有机会发出自己的声音，使得义和团从"拳匪"走向"英雄"的历史进程有了更现实的机缘。

1958年《民间文学》上一系列"义和团故事"的出现，预示着新一类

---

① 关于此阶段文论文本，可参见赵兴国：《拳匪史料辑目》，载《人文月刊》，第7卷，第7期，1936；翦伯赞：《义和团书目题解》，见中国史学会主编：《义和团》第4册，527～598页，上海，上海人民出版社、上海书店出版社，2000；阿英：《庚子八国联军战争书录》，见张静庐辑注：《中国近代出版史料初编》，134页，上海，群联出版社，1954。

② 李希圣：《庚子国变记》，见中国史学会主编：《义和团》第1册，9～44页，上海，上海人民出版社、上海书店出版社，2000。

③ 翦伯赞：《义和团书目解题》，见中国史学会主编：《义和团》第4册，547页，上海，上海人民出版社、上海书店出版社，2000。

④ 罗惇曧：《拳变余闻》（未完），载《庸言》，第1卷，第3号，1913；罗惇曧：《拳变余闻》（续完），载《庸言》，第1卷，第4号，1913。

⑤ 顾颉刚：《义和团故事笔谈》，载《民间文学》，1959(2)。

义和团文本的形成。这类口述文本，最早由张士杰搜集整理的"义和团故事"而兴。从 1953 年到 1958 年，张士杰在河北省安次县（今安次区）和武清县（今武清区）境内搜集了一些义和团的传说故事，同时也搜集到了一些关于义和团的历史资料，这些史料和义和团的传说故事一样，完全是从当地老人们的口头上搜集的。这些老人有的参加过义和团，有的是当地基本群众，有的现在已经去世。①

1958 至 1959 年《民间文学》共刊登了 28 篇义和团故事，这些故事有的描写一次重要的战斗（如《义和团战落垡》《洗大王家务》），有的通过一两个人物反映了一个村落的义和团从建立、斗争到失败的整个过程（如《托塔李天王》《铁金刚》），有的着重刻画了某些农民英雄的重要斗争经历（如《刘黑塔》《红樱大刀》《洪大海》），有的以故事片段表现了革命农民的英勇机智（如《打聂鬼子》《宗老路》《张头和李头》），有的描述了知识分子在农民的影响下走向斗争（如《秀阁》），有的则主要刻画和鞭挞恶霸、奸商的非法行为（如《梁三霸团》《大盐水和二盐水》《王三发横财》），还有一部分是充满神奇幻想的关于洋人盗宝受到惩罚的故事（如《白母鹅》《小黄牛》《渔童》）。②

所有传说故事，都紧紧围绕一个中心主题：反对帝国主义侵略。这些故事得到了人们的广泛关注，引起了极大的反响，不少刊物也相继刊载了义和团故事。1959 年，《人民文学》转发了六篇义和团故事，接着《蜜蜂》《新港》《北京文艺》等期刊相继刊登了义和团故事。《民间文学》还就此组织过关于义和团传说故事的座谈会，同时接连几期专开《义和团故事笔谈》一栏。张士杰《义和团故事》的推出，引发了关于义和团的讨论热。时人认为，"已经整理、发表的'义和团的故事'，可以说，初步恢复了义和团运动史若干基本情况。'故事'的搜集、整理和发表，为参加义和团运动的国内外劳动人民白了怨，为当时的'中国

---

① 张士杰：《义和团传说故事的有关资料》，载《民间文学》，1958(12)。
② 宋垒：《深刻表现农民革命性的义和团的故事》，载《人民文学》，1959(2)。

人'白了冤"①，"为义和团恢复了名誉"②。

　　除义和团故事外，《民间文学》还刊登了义和团歌谣。1960 年，为纪念义和团运动 60 周年，上海文艺出版社出版了由刘崇丰等搜集的《义和团歌谣》。其中所收的歌谣多从京津一带的老人口中记录而来，他们对这一场英勇的反帝斗争都很熟悉，有的还是目击者，有的且曾亲自参加过战斗。③

　　除表现型文本外，还存在着表意型文本。表意型文本多是透过已经存在的文本，再创造出的另一类型文本，它注重描写"客观事物对他产生的印象"，以象征的方式寄寓作品。五四新文化时期，以当时最重要的文献《新青年》为例，义和团被提及的次数为 124 次，位居《新青年》所提及的十一项大事之第四。一般来说，事件被提及次数愈多，代表当时的人愈关注它。④ 此一时期，义和团已作为历史记忆而存在，《新青年》中论述义和团的文论文本的出现，对义和团历史记忆的重塑起了关键的作用。

　　1924 年，全国出现收回关税主权、收回租界、废除不平等条约的反帝高潮，这后一点主要指的就是辛丑条约。8 月，北京"反帝国主义大同盟"倡议以 9 月 7 日为辛丑条约国耻纪念日，得到社会各阶层的热烈响应。连续几年每逢"九七"，全国各地都举行集会纪念国耻。"有很大意义的义和团运动，二十余年来埋没在一般的厌恶唾骂之中，直至最近二年，才稍稍有人认识其真实的意义"，这一时期，在国民大革命的氛围下，以《向导》和《中国青年》为代表的一系列义和团文论文本的出现，为义和团塑造了新的历史形象，提供了新的历史解释。

　　为纪念义和团 50 周年，翦伯赞等从已见的 300 多种关于义和团的史料中，选录了 48 种书，带着"希望读者能从我们所选录的书中，获

---

　　①　吕振羽：《伟大人民的伟大历史和创作——读"义和团的故事"笔记》，载《民间文学》，1958(3)。

　　②　陈白尘：《为义和团恢复名誉》，载《民间文学》，1959(4)。

　　③　刘崇丰等搜集：《义和团歌谣》，前言，上海，上海文艺出版社，1960。

　　④　金观涛、刘青峰：《五四新青年群体为何放弃'自由主义'？——重大事件与观念变迁互动之研究》，载《二十一世纪》(香港)，2004(82)。

得有关义和团运动发生、发展及其失败之全过程的基本资料，并获得有关义和团各个侧面的具体知识"的意愿，编成《中国近代史资料丛刊·义和团》。可以说，翦伯赞的《义和团》文本是对五十年来义和团文本的总括。同时，在总括的基础上，它又形成了一个关于义和团的新文本，正如翦伯赞所言："这些书的作者，大抵都是官僚、绅士、教徒，也有帝国主义分子，他们对义和团都怀着最大的敌意，在他们的著作中，对义和团都极尽诋毁、诬蔑、诽谤乃至咒骂之能事，他们把义和团描写为人类的仇敌，把义和团运动描写为'匪类'的造反。虽然如此，从这些著作中仍然可以看出义和团运动是一个顽强而英勇的反帝国主义的斗争，可以看出清朝统治者在最初怎样欺骗利用农民，到后来又怎样懦怯动摇以至无耻地出卖农民，投降帝国主义。同时也可以看出帝国主义强盗怎样白昼杀人，当街放火，以及公开地奸淫、掳掠和偷盗等等的罪行。"[1]

前述表意型文本是以清末民初的表现型文本为前提，而 20 世纪 60 年代以来的表意型文本则多以该时期的表现型文本为基础。在义和团故事和歌谣广泛传诵的时候，以此为依据的义和团戏剧文本兴起。1960 年，由高介云、王蔚君、张迅编剧的大型歌剧《义和团》在天津人民歌舞剧院上演[2]；段承滨把义和团斗争的故事写成一组独幕剧《黑宝塔传奇》，其中有正剧《黑塔归团》、喜剧《双塔闹衙》、悲剧《烈火炼塔》和讽刺剧《二丑夺塔》[3]；为纪念义和团 60 周年，老舍创作了一部四幕六场话剧——《神拳》，塑造了高永义、高大嫂、冯铁匠、牛大海等农民英雄的形象，热情地歌颂了农民的革命反抗精神。特别是作为义和团首领的高永义，在作者笔下是一个代表了农民智慧和勇敢的光辉形象，是一个铁骨铮铮、正气浩然的英雄好汉。[4] 刘正心根据张士杰和

---

① 翦伯赞：《翦伯赞史学论文选集》第 3 辑，165～167 页，北京，人民出版社，1980。

② 高介云、王蔚君、张迅：《义和团》，载《剧本》，1960(7)。

③ 参见段承滨：《义和团故事组剧：黑宝塔传奇》，载《剧本》，1960(11)、1962(2、5、9)。

④ 老舍：《神拳》，载《剧本》，1961(2、3)。

段承滨有关义和团的故事和话剧，改写出小戏曲《闹衙》。①

除戏剧外，以义和团为题材的小说文本也涌现出来，如冯骥才和李定兴1977年创作的正面描写天津义和团运动兴衰始末的历史小说——《义和拳》，小说塑造了张德成、刘黑塔、林黑儿等英雄人物，同时刻画了帝国主义分子马嘉乐、塔伦斯基和直隶总督裕禄、海关道台黄花农等反面人物，表现了那一时代错综复杂的阶级矛盾和民族矛盾，讴歌了人民群众反帝爱国的伟大精神②；鲍昌《庚子风云》的小说文本描述了那场"反击帝国主义的伟大爱国斗争"，对义和团首领的形象群写得实实在在，令人信服，其中张德成、林黑儿两个人物更显其特色和光彩③；另外以《义和团演义》为名的小说和以义和团首领为题材的小说也不断涌现④。

二、文化认同的历史演变

文化，作为符号学的概念，意指一些由人自己编织的意义之网。⑤历史文本是"某种叙事逻辑和结构支配下的产物"⑥，文本的叙事离不开其赖以产生的文化。关于义和团的一系列文本，无论是表现型文本，还是表意型文本，都深植于特定时期的社会文化结构之中。对同一时期不同类型的文本进行共时性分析，能从中窥见文本中所体现出的文化认同。文化认同是一个多元的、不断建构的过程，它呈现的是一种

---

① 刘正心：《闹衙》，载《当代戏剧》，1983(4)。

② 参见冯骥才、李定兴：《义和拳》，北京，人民文学出版社，1977。

③ 鲍昌：《庚子风云》絮语，载《书林》，1982(4)。

④ 如魏文华：《义和团演义》，石家庄，河北人民出版社，1998；高振魁：《义和团演义》，北京，中国戏剧出版社，1999；焦力军、于振声：《朱红灯传奇》，济南，山东文艺出版社，1986；焦力军、于振声：《巾帼遗恨》，济南，山东文艺出版社，1993。

⑤ ［美］克利福德·格尔茨：《文化的解释》，纳日碧力戈、郭于华、李彬等译，5页，上海，译林出版社，1999。

⑥ 赵世瑜：《传说·历史·历史记忆——从20世纪的新史学到后现代史学》，载《中国社会科学》，2003(2)。

集体情感的归属感，代表一个特定群体的共同文化诉求，故而不同历史时期的义和团文本，所承载的文化传统是不同的。

　　清末民初，描述义和团的诗词数不胜数，繁多的诗词文本可分为三类，即叙事诗、讽刺诗和抒情诗。① 文本中虽有对义和团略表同情之作②，但大部分都是站在反对义和团的立场，"盗贼""乱民""暴徒"这样的字眼常被用来形容义和团。义和团民众被比喻为"狐鼠"，被指为"联群狐鼠声同和"③，"纵横城社骄狐鼠"④；或被形容为"虎狼"，喻指义和团的残暴，说"虎狼一过伤心地"⑤。文本中，义和团事件被描述为"荒唐说部演封神"⑥，时人将义和团视为封神榜的再次表演。同时这一历史事件被比喻为"儿戏"，人们戏谑"战争真儿戏，军由小子行"⑦，嘲讽"六国不知是儿戏，旌旗拂天炮震地"⑧。义和团事件的爆发，勾起了文本作者对历史的回忆，黄巾起义等中国历史上爆发过的农民起义被拿来与义和团相对比，故而诗人慨叹"明明狂寇似黄巾"⑨。

---

① Chiang，Ying-Ho，*Literary Reactions To The Keng-Tzu Incident*（1900）（*China*），Ph. D，University of California，Los Angeles，1982.

② 如常济生《杂感》所言："方顾同袍哀蚁命，忍从撼树笑蜉劳？天民在世谁先觉？畏死于今视此曹"，称拳民不量轻弱，与外国为敌，其愚忠非畏死之徒所能及。见阿英编：《庚子事变文学集》（上），179 页，北京，中华书局，1962。

③ 无名氏：《某公督师》，见阿英编：《庚子事变文学集》（上），150 页，北京，中华书局，1962。

④ 周昌寿：《庚子都门纪事》，见阿英编：《庚子事变文学集》（上），38 页，北京，中华书局，1962。

⑤ 城南寄庐：《题庚子纪念图》，见阿英编：《庚子事变文学集》（上），159 页，北京，中华书局，1962。

⑥ 无名氏：《庚子时事杂咏二十二首》，见阿英编：《庚子事变文学集》（上），147 页，北京，中华书局，1962。

⑦ 蒋兰畲：《战事》，见阿英编：《庚子事变文学集》（上），63 页，北京，中华书局，1962。

⑧ 蒋楷：《那处诗钞：哀天津》，见阿英编：《庚子事变文学集》（上），43 页，北京，中华书局，1962。

⑨ 高树：《金銮琐记》，见阿英编：《庚子事变文学集》（上），140 页，北京，中华书局，1962。

值得注意的是，在这些诗词文本中，传统的"夷夏"观念仍然浸透其间，"民族利益的意向被传统的文化认同严密地包裹着，并没有凸显为时代性价值"①。在有关义和团的诗词文中本，举以下例证说明：

> 燕齐妖祲敢横行。②
> 漫天毒雾胡氛急。③
> 金戈重又召西戎／朝臣妄起封狼策，草寇翻思汗马功。④
> 西来蛮教久为虐，妖巫仇蛮虐相若。⑤

这些文本的论述中有几处值得强调的地方，第一，义和团民众被视为"妖巫"；第二，"蛮""西戎"这样的字眼被用于形容西方列强；第三，两者被视为对等的地位。早在 40 多年前，清政府就曾规定："嗣后各式公文，无论京外，内叙大英国官民，自不得题书夷字。"⑥这一时期义和团诗词文本的民间描述，则弃朝廷明文规定于不顾，将传统"夷夏"观念体现得淋漓尽致。与此相应的还有"天朝上国"理念的不断彰显。类似"海疆险要地，久矣居九夷。通商四十载，事事甘受欺。我朝尚宽大，不复计较之"⑦的表达比比皆是。这些文本大多对义和团持

① 王先明：《传统民族主义与近代民族主义的历史界标》，载《史学月刊》，2006(7)。

② 朱滋泽：《悲感》，见阿英编：《庚子事变文学集》(上)，70 页，北京，中华书局，1962。

③ 杨蕴辉：《庚子闻警感事》，见阿英编：《庚子事变文学集》(上)，72 页，北京，中华书局，1962。

④ 吕湘：《庚子书愤》，见阿英编：《庚子事变文学集》(上)，74 页，北京，中华书局，1962。

⑤ 朱滋泽：《哀哉行》，见阿英编：《庚子事变文学集》(上)，70 页，北京，中华书局，1962。

⑥ 王铁崖：《中外旧约章汇编》第 1 册，102 页，北京，生活·读书·新知三联书店，1957。

⑦ 延清：《庚子都门纪事诗》，见阿英编：《庚子事变文学集》(上)，79 页，北京，中华书局，1962。

批评态度，把这一场风暴归罪于所描绘的"谗臣"："祸生黑虎重君忧"①，"君处忧危民处困"②都是站在君主角度的陈述，同时慈禧也被尊称为"圣母"③。

小说文本多以庚子之乱为社会背景，大部分为指责义和团之作。然和诗词文本不同的是，它很少将西方国家称作"夷狄"，理由在于："古时夷狄，都是我中国边界穷苦的地方，未经教化，不知礼仪的人，与现在各国来通商的洋人，绝不相同，岂可混乱说他是夷狄?"此类文本中多充溢着传统道统观念和忠君思想，对于义和团所灭之"洋"的立场是，"皇上既准，难道我们百姓敢不准"，称义和团为"犯上作乱的人"，他们"要杀洋人，便是不遵王法，做了叛逆的事"④，说其"在北京联群结党，称颂大师兄法力怎么大，怎么样灵，把社稷当作孤注"⑤，将义和团描述为"拳匪""乱民""邪教"⑥。端王等顽固大臣被视为这一事件的主要责任人，感慨"这场残杀，虽则皆由乱民自取，然而终是这班顽固大臣酿成的奇劫，不是这班愚民平白拘造的"⑦，直言乱事为"端王等所为"⑧。清朝灭亡后，人们将"事变"责任归之于慈禧和

① 曹润堂：《仿杜工部秋兴八首》，见阿英编：《庚子事变文学集》(上)，65页，北京，中华书局，1962。

② 杨蕴辉：《庚子闻警感事》，见阿英编：《庚子事变文学集》(上)，73页，北京，中华书局，1962。

③ 曾广钧：《环天室诗集》，见阿英编：《庚子事变文学集》(上)，50页，北京，中华书局，1962。

④ 艮庐居士：《救劫传》，见阿英编：《庚子事变文学集》(上)，210～211页，北京，中华书局，1962。

⑤ 忧患余生：《邻女语》，见阿英编：《庚子事变文学集》(上)，259页，北京，中华书局，1962。

⑥ 如艮庐居士《救劫传》《邻女语》，以上均见于阿英编：《庚子事变文学集》(上)，214、267页，北京，中华书局，1962。

⑦ 忧患余生：《邻女语》，见阿英编：《庚子事变文学集》(上)，293页，北京，中华书局，1962。

⑧ 程道一：《庚子事变演义》，见阿英编：《庚子事变文学集》(上)，284页，北京，中华书局，1962。

一班利用义和团的武功大臣。①

和前述文本一样，说唱文本也在演绎着"拳匪闹事""拳匪祸国"的形象，视义和团为"匪类"，称义和团事件是一场"浩劫"，这场浩劫源于"中国人心不好，上天震怒，假手于洋人"②。正如《庚子国变弹词》中所唱："两代皇都巩燕京，精华荟萃自前明，一朝忽遇红羊劫，那怕城池铁铸成。"③义和团被描述为一场"国变"，在京城沦陷后，文本中对光绪皇帝的称呼仍是"主圣""龙主"，慈禧被称为"圣慈"或"圣母"，直至庚子西狩，时人感慨"可怜仁孝真龙主，一日蒙尘受苦辛"，"想苍天，故将盘错试明君，叫吾皇，因之得识民间苦，他日归来庆太平"。④

说唱文本中亦流露出"奸臣误国"的感慨，唱"那知事误庸臣手，直把拳匪当作神"⑤。在《蜀鹃啼传奇》中，端王一派人物被刻画为反面角色，性格残暴不仁；而义和团则被认定为其同伙，称义和团所忠的乃端王等庸臣。其唱词称："贵州主考已登程，再表词林吴郁生，也沐圣恩为主考，乘轺秉节出皇京。家中古董收藏富，留在都门未带行，来了义和拳一众，肆行劫掠荡无存。拳匪送到端王府，聊表他，一片为公报效心。逆邸观之心大喜，命将古玩府中存，金银赏与拳匪等，酬谢他们忠爱忱。自此百竹承意旨，匪徒气焰压公卿。"⑥

"拳匪""邪教"亦是文论文本中出现频率最高的用以描述义和团的关键词。如1905年名为《拳祸记》的文本，共两册，上册旗帜鲜明地题

① 林纾：《剑腥录》，见阿英编：《庚子事变文学集》（上），536～577 页，北京，中华书局，1962。

② 陈季衡：《武陵春传奇》，见阿英编：《庚子事变文学集》（下），902 页，北京，中华书局，1962。

③ 李伯元：《庚子国变弹词》，见阿英编：《庚子事变文学集》（下），767 页，北京，中华书局，1962。

④ 李伯元：《庚子国变弹词》，见阿英编：《庚子事变文学集》（下），771 页，北京，中华书局，1962。

⑤ 李伯元：《庚子国变弹词》，见阿英编：《庚子事变文学集》（下），805 页，北京，中华书局，1962。

⑥ 李伯元：《庚子国变弹词》，见阿英编：《庚子事变文学集》（下），731 页，北京，中华书局，1962。

名为《拳匪祸国记》，自"拳团原始"说起，依次叙述"奸臣祸国""联军进军""两宫西巡"以及"回銮志盛"；下册题名《拳匪祸教记》，收录各地教会的报告。① 这些文论文本的论述中有许多值得强调的地方，因为它们在构建义和团历史记忆方面产生了持久的影响。义和团事件多被描述为一场"国变"。很显然，此处用"国"字指称当时的清廷，这至少表明，近代国家观念尚未与传统忠君思想完全剥离。在当时许多旧式文人对于义和团的理解中，"奸臣模式"的传统话语的影响力自不待言，故而端王等一些事后因义和团受到惩罚的官员，就被放置于这个框架之中：义和团事件这场国变，是"奸臣误国"的外在表现形式。这一点通过诸文本的显性状态得以昭示。在可见的"奸臣误国"话语背后，是不可见的几千年来的人们根深蒂固的传统忠君理念，而此理念内含于文本的隐性状态中。

直到五四新文化时期，在新的文化启蒙运动推动下，在《新青年》重新书写义和团的氛围下，人们对义和团的历史记忆出现了一些新的解释。1917 年，全国教育联合会、专门学校联合会分别通过山东代表的提案，决议将济南军界马良组织一些武术家编成的《中华新武术》列为各级学校的正式体操教材，一时中华武术风行全国。马良在中华新武术的发起总说中称："考世界各国武术体育之运用，未有愈于我中华之武术者，前庚子变时，民气激烈，尚有不受人奴隶之主动力，惜无自卫制人之术，反致自相残害，浸以酿成杀身之祸。"②在极力主张"尚武立国"的马良看来，义和团是"中华尚武风气"的象征，故而他对义和团大表同情也就是情理之中的事了。

而陈独秀则据此感慨，曾被教育部审定的马良中华武术教科书，现在居然风行全国，书中图像，简直和义和拳一模一样。在他看来，这是义和团的思想，义和拳的事实，遍满国中，方兴未艾的一个显证。③ 和

---

① 翦伯赞：《义和团书目解题》，见中国史学会主编：《义和团》第 4 册，551 页，上海，上海人民出版社，2000。

② 马良：《中华新武术·剑术科》上编上课，1 页，上海，商务印书馆，1919。

③ 陈独秀：《克林德碑》，载《新青年》，第 5 卷，第 5 号，456 页，北京，人民出版社，1954。

陈独秀观点相同的还有刘半农，1918 年 3 月 15 日，他在"答王敬轩"文中说道："为了学习打拳，竟有那种荒谬学堂，设了托塔李天王的神位，命学生跪拜……照此看来，恐怕再过几年，定有聘请拳匪中'大师兄''二师兄'做体育教习的学堂。"①同年，鲁迅在得知诸多民国教育家大力提倡中华新武术的境况时，不禁回忆起"先前也曾有过一回，但那时提倡的，是满清王公大臣"，他用其特有的辛辣笔调嘲讽道："现在那班教育家，把'九天玄女传与轩辕黄帝、轩辕黄帝传与尼姑'的老方法，改称'新武术'，又是'中国式体操'，叫青年去练习"，同时冷语戏言："打拳打下去，总可达到'枪炮打不进'的程度"，他猜想，这也许就是所谓的"内功"，并感慨："这件事从前已经试过一次，在一千九百年。可惜那一回真是名誉的完全失败了。且看这一回如何。"②

鲁迅的文章发表后不久，《新青年》杂志即收到了署名陈铁生的驳斥文章。值得注意的是，这个陈铁生并非"那一班"提倡打拳的"教育家"，而是热爱武术的武林人士。陈铁生在文章开头就嘲笑了鲁迅所犯的前提性错误，即"拳匪"和技击是两个完全不同的概念，而鲁迅却将这两个概念完全混淆了。他指出，"义和团是凭他两三句鬼话，如盛德坛《灵学杂志》一样……而且他只是无规则之禽兽舞"，对尚武的陈铁生而言："义和团是鬼道主义，技击家乃人道主义。"接着他以自己的切身体会，论述了中国拳术起死回生的功效。③

应该说，陈铁生的文章是很尖锐的，言辞间充满了愤怒的情绪。鲁迅对此驳斥做出了回应，他自称前文所批评的是社会现象，而陈铁生的驳斥则是其个人态度的反映。鲁迅进一步解释道，《新武术》一书对义和团大表同情，如果这只是个人看法，也就无关紧要了。然而，该书已经被政府审定，并且受到教育界的热忱欢迎，作为全国教科书

① 王敬轩：《文学革命之反响》，载《新青年》，第 4 卷，第 3 号，284 页，北京，人民出版社，1954。

② 鲁迅：《随感录》，载《新青年》，第 5 卷，第 5 号，514～515 页，北京，人民出版社，1954。

③ 陈铁生：《拳术与拳匪》，载《新青年》，第 6 卷，第 2 号，218～219 页，北京，人民出版社，1954。

使用，这便成了一种确实存在的社会现象了，而且是一种"鬼道主义"的精神。最后鲁迅明确指出，他反对的主要是两点：（一）教育家都当作时髦东西，大有中国人非此不可之慨；（二）鼓吹的人，多带有"鬼道"精神，"极有危险的预兆"。① 在鲁迅和陈铁生的交锋中，二人争论的焦点在于是否认可中国武术的问题。② 而在关于义和团的看法上，两者关注的层面是完全不同的。虽如此，但这场辩争却型铸出一个共同前提，即辩论的双方都将义和团视为某种文化符号而认同。

两人的论争拉开了五四时期义和团历史再记忆的序幕。1918 年年底，作为五四运动主角的陈独秀，在"一战"胜利后京城众人庆祝协约国胜利，欢呼"克林德碑"被拆毁时，不禁回忆往事，依旧愤言"义和团何等可恶"。他对克林德碑的拆毁并没有如众人那般的欢喜，反而认为"这块碑实拆得多事"，因为不久"义和拳又要闹事"，过去造成义和团的原因，现在依然如故。③ 陈独秀将义和拳定义为"保存国粹三教合一"的一种组织，对义和团持全盘否定的态度。他要表达的核心是：造成义和团运动的五种原因，在现在社会上依然存在着，"曹、张（义和拳两位师兄）出产地之青年思想，仍旧是现在社会上，国粹的医卜星相种种迷信，那一样不到处奉行，全国国民脑子里有丝毫科学思想的影子吗？慢说老腐败了，就是在东西洋学过科学的新人物，仍然迷信国粹的医卜星相"。④

《新青年》文论文本显示，在"五四"知识分子眼中，义和团不再以

---

① 陈铁生：《拳术与拳匪》，载《新青年》，第 6 卷，第 2 号，219～221 页，北京，人民出版社，1954。

② 1928 年 4 月 30 日，在文辉发表《这回是第三次》，试图继续坚持鲁迅前二次反对的打拳，而这次鲁迅改变观点："在五六年前，我对于中国人之发'打拳热'，确曾反对过……现在的意见却有些两样了……所以倒不妨学学。"

③ 陈独秀将造成义和团的原因归为五点，分别为道教、佛教、孔教、儒释道三教合一的中国戏以及仇视新学妄自尊大的守旧党。参见陈独秀：《克林德碑》，载《新青年》，第 5 卷，第 5 号，449～458 页，北京，人民出版社，1954。

④ 陈独秀：《克林德碑》，载《新青年》，第 5 卷，第 5 号，449～458 页，北京，人民出版社，1954。

一场巨大的政治运动的面目出现，它被解读为一场文化上的运动，成为中国传统文化的一个符号象征。对此，作为五四时期新文学运动旗帜的《每周评论》，在其创刊号的《随感录》部分，刊载了一篇题为《义和拳征服了洋人》的饶有意味的短文：

> 有人说现在法国使馆也在那里扶乩请神，岂不是洋人也相信鬼神了吗？我道却不尽然。原来官场腐败，中外相同，而且外国虽有极少数好奇的学者爱谈鬼怪，不像中国，神奇鬼怪是全国人普遍的思想。①

这篇短文的正文部分并没有出现"义和团"的字眼，这无疑表明，作者用充斥文中的鬼神思想替代了"义和团"三字。同时该文本还明确指出，"鬼神思想是全国人普遍的思想"。显然，"普遍"一词的使用，意味着义和团事件即中国蒙昧迷信、封建文化特征的一个具象。

1924 年 9 月 3 日，《向导》周刊推出一个"九七特刊"，悼念"亡国辱种之辛丑条约的二十三周年纪念日"，整份周刊就四篇大文章，都是讨论义和团的。首篇为陈独秀的《我们对于义和团两个错误的观念》，其次是彭述之的《帝国主义与义和团运动》，蔡和森的《义和团与国民革命》，张太雷的《列宁与义和团》，最后附有署名"慰"的《辱国殃民之辛丑和约》。显然这是一次精心策划的重评义和团事件、重塑义和团记忆的意义重大的舆论活动。这些文论文本，以极强的现实感，重构了国民革命时期义和团的历史记忆。

在轰然而起的国民革命的社会背景下，在振兴民族精神的时代呼声中，新知识群体旗帜鲜明地宣称："应告诉中国被帝国主义压迫之真正民众，重新起来认识这'九七'纪念日，认识义和团运动的革命精神。"义和团被定义为"一个唯一的反帝国主义之民族群众运动"，它的历史价值绝不减于辛亥革命和五四运动。② 义和团运动的伟大遗产就

---

① 《随感录》，载《每周评论》，1918-12-20。

② 述之：《帝国主义与义和团运动》，载《向导》，第 81 期。

在于其"排外"的精神："义和团排外的精神，是中国国民革命精神头一次充分的表现。"①国民革命时期义和团文论文本的存在，体现着将义和团视为"革命传统文化"的时代认同。

尚须说明的是，将义和团纳入革命话语，并非始自国民革命时期，早在二十多年前，资产阶级革命派就曾有所提及，虽然其内涵有着显然的区别。1903 年以"革命军马前卒"自居的邹容，在名为《革命军》的文论文本中，就曾将义和团归入"革命话语"加以论述。他将革命分为"野蛮"与"文明"两类，认为"庚子之义和团"属于野蛮革命的范畴，批评其"有破坏，无建设，横暴恣狙，适足以造成恐怖之时代"。②"华夷之辨"的反清意识使得多数革命派人士对义和团的"扶清"极为反感。在资产阶级革命派看来，要对付外人，理当先学外人的长处，所以必须用"文明排外"的方法，断断不可用"野蛮排外"之法。所谓"野蛮排外"，指的是"全没有规矩宗旨，突然聚集数千百人，焚毁几座教堂，杀几个教士教民以及游历的洋员，通商的洋商，就算能事尽了。洋兵一至，一哄走了，割地赔款，一概不管"。在这里，"野蛮革命"即"野蛮排外"，同为义和团之代名词。③

二十多年后，义和团的"野蛮"影像在历史记忆中逐渐淡化，以至于有意或无意地"被消失"（原因后文有谈及）。与此同时，其"反帝"的革命形象不断被凸显。国民革命时期，将义和团纳入"民族革命运动"的话语中并进行系统论述的当属恽代英。1926 年，他在广州的一个讲演中，对八十年来中国民族革命运动进行了历史的总结。题为《中国民族革命史》的讲稿指出了义和团的某些错误，提出了避免这些错误的方法。更重要的是，他充分肯定了"义和团是一种民族革命运动，他们的革命精神是值得我们钦佩的"④。该文本后来由中华全国总工会、省港

---

① 蔡和森：《义和团与国民革命》，见《蔡和森文集》上，303 页，长沙，湖南人民出版社，1978。

② 邹容：《革命军》，21 页，北京，中华书局，1971。

③ 陈天华：《警世钟》，见《陈天华集》，刘晴波、彭国兴编校，60～96 页，长沙，湖南人民出版社，1982。

④ 恽代英：《恽代英文集》下卷，939～944 页，北京，人民出版社，1984。

罢工委员会教育宣传委员会印行。毫无疑问，该文本是建立在义和团革命传统文化认同的基础上，重构义和团历史记忆的一个明证。

"义和团运动的性质就是反抗帝国主义的对华侵略，即是反帝国主义的武装暴动。"这一立场得到了国民革命时期人们的普遍认同，在1926年的"九七"纪念日中，这一点不断被强化。"不管帝国主义对义和团如何诬蔑，不管义和团本身有如何的缺憾，然而他的反抗帝国主义的精神，是永远不会磨灭的，永远值得崇拜。如果我们对义和团仍以'野蛮残暴拳匪'等词去诬蔑他的一切，那么不是丧心病狂，甘作外人奴隶，就是深中了洋大人宣传之毒。"不但如此，宣传家们还试图将国耻的"九七"纪念，变成中华民国自由的纪念日，宣称"只有在民众中复兴义和团的精神加以有组织的强争恶斗，才可以使帝国主义屈服，才可以完成民族的独立自由"①。

国民革命时期的文论文本，将"义和团"塑造为追求民族独立的符号象征。文本中所使用的"义和团"，更多地不是作为事实而是以符号的意义而存在。这些文本中所体现出的义和团"革命文化"的认同，没有如前述两种文化认同那样断裂，相反，"革命文化的认同"为其后义和团走向"爱国主义文化"认同奠定了基调。

中华人民共和国成立后，翦伯赞主编的《义和团》(中国近代史资料丛刊)一书，在清末民初文本的基础上，形成一个关于义和团的新文本。然此文本并非各种文本的简单叠加，它亦体现了对义和团革命文化的认同。翦伯赞在是书序言中说："清算帝国主义的血账，是纪念义和团最好的方法，也是我们编辑这部书的动机……我们希望这些血淋淋的史料，会提起读者对义和团的回忆，会帮助读者从历史上去认识帝国主义，会提高读者对帝国主义侵略的警惕，特别是美帝国主义的侵略。"②

有关义和团的第二次写实型文本的大量涌现，标志着义和团从"拳

---

① 龙池：《废约运动与九七纪念》，载《向导》，第 170 期。
② 翦伯赞：《序言》，见中国史学会主编：《义和团》第 1 册，1 页，上海，上海人民出版社、上海书店出版社，2000。

匪"走向"英雄"的历史性转折。在义和团故事或歌谣文本中，多以某些贫苦受压迫农民为叙事之起始。此种历史叙事的主要情节为，一个普通的农民，不堪忍受帝国主义分子和封建官僚、地主、恶霸、商人、将军、官兵的压榨和剥削，参加义和团走上反抗的道路。如果我们仔细分析还能发现，文本中这些极为普通的农民，在最后的情节中走向了英雄形象的塑造。"他们有勇有谋，都不是莽夫，斗争到底。他们具有伟大的英雄气概，蔑视仇视那些帝国主义者和封建统治者，没有妥协，斗争到底。"①

在时人看来，《义和团故事》和《义和团传说故事的有关资料》为义和团形象正了名，实现了"将颠倒的历史再颠倒过来"的历史性变革。"帝国主义和一切反动统治阶级，对于义和团运动曾竭尽其诋毁、诬蔑之能事。'野蛮'和'匪'不仅只是空洞的形容词和代名词，而是以千百种的著作，上亿万的文字，千万件'事例'来证明、宣传义和团是'野蛮'的'匪'类的。六十年来这些文字曾经发生过广泛而深透的反动影响，深入人心，流毒无穷。这二十八篇《义和团故事》和那千百种'著作'完全相反，它把被诬为'匪'的义和团，像李大良，刘黑塔，洪大海，铁二愣子，马六，宗老路，刘老爹等等，都以其令人信服、感动、崇敬的英勇正义行为证明是革命的英雄人物。反之，一切帝国主义分子和反动的官僚、地主、恶霸、商人、将军、官兵以至皇帝，在这些故事里都一个个以他们反动的、卑鄙的、肮脏的行动被证明为真正的野蛮的匪徒。"②

基于这些故事基础上的戏剧文本，着力歌颂了义和团运动爱国、正义的悲壮斗争，猛烈地鞭挞了穷凶极恶的帝国主义匪徒和腐败无能的清朝封建统治者，用艺术形象对人们进行了一次又一次生动的爱国主义教育。③ 同样，该时期的小说文本，通过对义和团人物的刻画，

---

① 任桂林：《为义和团故事所感》，载《民间文学》，1959(2)。

② 陈白尘：《为义和团恢复名誉》，载《民间文学》，1959(4)。

③ 李希凡：《义和团反帝爱国斗争的颂歌——漫谈话剧"神拳"的剧本和演出》，载《人民日报》，1962-10-07。

描述那场"反击帝国主义的伟大爱国斗争"，表现了那一时代错综复杂的阶级矛盾和民族矛盾，讴歌了人民群众反帝爱国的伟大精神。

由文本分析的角度，我们无须争论以上"义和团"叙事是否为曾发生过的"历史事实"。在这些文本中，义和团运动被塑造为气势磅礴的反帝斗争，其顽强的反帝爱国斗争精神是这些文本赖以存在的文化基础。义和团从"革命文化"的认同进一步被升华定格为"爱国主义文化"认同。在构建国人爱国主义文化认同的那些历史文本的长链中，义和团正获得一种新的历史定位和价值重估。在这个新的历史价值中，义和团并没有因其野蛮蒙昧和盲目排外的缺点，消减其英勇无畏的爱国主义的色彩。通过这种新的历史记忆的定位，义和团被重塑在中华民族爱国主义文化传统认同的框架之内了。

三、时代需求与再记忆：历史与义和团

文本中呈现出的义和团由"拳匪"走向"英雄"的历史进程，彰显了文本赖以存在的文化认同的多元性与多变性。同一历史事件，文本展露出"拳匪"与"英雄"两个如天渊之隔的社会记忆。究其原因，我们不难体悟出不同历史记忆主体利益诉求的不同。然而，记忆具有社会性，不同的社会需求促成记忆者对事件意象的重建，不同的社会情境造就了对义和团的不同评价，这些评价以文本的形式在社会中流动，又使得社会情境浮现或被凸显。正如哈布瓦赫认为的，对于记忆来说，最重要的不是记忆者本身对过去所体验事件和意象的回忆，而是社会的需求促成了记忆者对事件和意象的重建。也就是说，过去不是被保留下来的，而是在现在的基础上被重新建构的。① 对义和团的再记忆受限于特定时代需求和历史文化背景，也定义了这个背景。

清末民初关于义和团的文论文本，充斥着改良派与革命派的政治诉求，而这些政治诉求也正是那个时代需求的显性状态。作为改良派

---

① ［法］莫里斯·哈布瓦赫：《论集体记忆》，毕然、郭金华译，41～91页，上海，上海人民出版社，2002。

领袖的康有为，表面谴责"拳匪作乱，杀害各国人民，困及公使，祸酷无道，闻之愤怒，令人发指"①，实则指斥以慈禧为首的后党为"伪政府"，称"日来所出之伪谕，文句鄙俚，胆气震慑，不称团匪，而称团民，不成国体，此自取覆亡之道，所谓天夺其魄也"②。他主张"诛拳匪而清君侧"③，并且欣喜地认为"此次诸贼之结拳匪，此殆天亡之，以兴我新党者"④。"拳匪之乱，天为复圣主而存中国"，将义和团视为实现其宏伟政治蓝图的契机，高倡"天特以启中国维新之基，而为圣主复辟之地者也"⑤。梁启超也将义和团呼为"拳匪"，并将此次事件形容为"天下最奇最险之现象"，认为义和团"为政府所指使，为西后所主持"⑥。

作为改良派机关刊物的《清议报》，一开始就对义和团充满贬斥，称其为"团匪"，认为"端郡王实为义和团匪中之首领"。⑦ 这当然体现其"保皇"的立场，即强调义和团之兴是后党欲行篡逆阴谋的结果。正如麦孟华所言，"不知彼将有异谋，因而用之以为利耶？抑止求自保其歌舞之湖山、咫尺之园林，而国权之得失、国民之利害，固非所计耶？诚不知其是何居心，而必出此耻辱无聊之下策也"⑧，痛斥后党满脑子装的全是私利。在改良派看来，义和团的"扶清"不过是"扶贼"罢了：

---

① 汤志钧编：《康有为政论集》上卷，424～426页，北京，中华书局，1981。

② 冯自由：《中华民国开国前革命史》上卷，71～72页，北平，中国文化服务社，1944。

③ 汤志钧编：《康有为政论集》上卷，456页，北京，中华书局，1981。

④ 冯自由：《中华民国开国前革命史》上卷，72页，北平，中国文化服务社，1944。

⑤ 康有为：《拳匪之乱天为复圣主而存中国说》，见《清议报》报馆编：《清议报》第4册，3425页，北京，中华书局，1991。

⑥ 梁启超：《灭国新法论》，见《饮冰室合集·文集之六》，43页，北京，中华书局，1989。

⑦ 《纵匪成患》，见《清议报》报馆编：《清议报》第3册，2733页，北京，中华书局，1991。

⑧ 先忧子：《论义和团事中国与列强之关系》，见《清议报》报馆编：《清议报》第3册，2769页，北京，中华书局，1991。

"大清之天下，皇上之天下也，奸贼废篡皇上，而彼为之羽翼，是扶奸贼非扶清也。"①

总体而言，改良派称义和团民众为"团匪""乱民"，但其议论和指斥的矛头并不在或主要不在"义和团事件"本身，而是隐藏其后的后党势力。因此，他们认为："义和拳者，非国事之战争，乃党祸之战争也。"②义和团的兴起，是由西太后、端王、荣禄等后党势力蓄意引发的，出此下策的原因，在于废弑皇上。所以，康、梁等改良派势力并没有将过多的注意力放在义和团这一历史事件上，而是筹谋着利用此次事件所造成的国际国内环境，来表达和实现其自身的政治诉求，所以类如"非皇上复政则国乱不能平定"的观点在改良派的言论中俯拾可见。③

一时还难以与"华夷之辨"传统民族意识完全剥离的"反满"诉求，也使得多数革命党人对义和团极为排斥和反感，讽刺其"以皇汉之贵种而缅然自称大清之顺民，贴耳俯首受治异族"。④ 如邹容所言："团匪之乱也，以汉攻洋，血流津京，所保者满人。故今日强也，亦满人强耳，于我汉人无与焉；故今日富也，亦满人富耳，于我汉人无与焉。"⑤不难否认，义和团"扶清"的口号与革命派的排满主张相冲突，实是革命派对义和团颇有微词的关节。当时许多革命志士就主张乘时游说拳党首领，使改"扶清灭洋"旗帜为"革命排满"旗帜，秦力山就是其中之一。他只身到天津，求见拳党大师兄，痛陈厉害，结果被"斥为二毛子，命牵之出"。⑥ 故而当义和团由初起时的"扶清灭洋"，演变到

① 伤心人：《论义民与乱民之异》，见《清议报》报馆编：《清议报》第 4 册，3329 页，北京，中华书局，1991。

② 中外日报：《论义和拳与新旧两党之相关》，见中国史学会主编：《义和团》第 4 册，181 页，上海，上海人民出版社、上海书店出版社，2000。

③ 伤心人：《论非皇上复政国乱不能平定》，见《清议报》报馆编：《清议报》第 3 册，3145 页，北京，中华书局，1991。

④ 《驳"革命驳议"》，见张枬、王忍之编：《辛亥革命前十年间时论选集》第 1 卷下册，690 页，北京，生活·读书·新知三联书店，1960。

⑤ 邹容：《革命军》，19 页，北京，中华书局，1971。

⑥ 冯自由：《革命逸史》初集，86 页，北京，中华书局，1981。

景廷宾之师竖起"扫清灭洋"的旗帜时,章太炎认为这是"人心进化",并以此说明"民主之兴,实由时势迫之,而亦由竞争以生此智慧者也"。①

辛亥革命后,中华民国的建立并没有带来时人所期盼的民主政治景象。政局动荡、战乱不已、社会失序的现状,加之袁世凯称帝、张勋复辟丑剧的接连出演,一再冲击着知识阶层原本对民主政治的热情企盼。与此同时,传统旧伦理旧道德被当局政客大肆宣扬,成为束缚人们思想的精神枷锁。文化救国的时代需求呼之欲出。民初一度出现中华新武术的风行,曾触动了人们对于义和团的历史记忆,陈铁生和鲁迅的争论乃一明证。此时的人们已很少关注义和团事件本身,而是将义和团与中国传统尚武文化相联系。当然,这只是其中的一个面相。被"文化符号化"的义和团已不再是单纯事件的义和团,在"五四"知识分子眼中,义和团被催生为一场文化上的运动,成为中国传统文化的一个符号。

在新文化追求科学民主的时代诉求下,义和团被表述为整个中国社会存在的迷信野蛮与蒙昧无知的象征。1914 年,胡适在留学美国期间就曾投书报刊和发表演说,批评"但论国界、不论是非"的狭隘民族主义观念,以"是"与"非"为题,讨论了民族情结是非界限的关系,并在此基础上指出了鸦片战争和第二次鸦片战争中中国对列强反抗的正义性,以及后来义和团运动不可原谅的非理性。② 李大钊在谈论东西文明的差异时指出:"时至近日,吾人所当努力者,惟在如何以吸取西洋文明之长,以济吾东洋文明之穷。断不许以义和团的思想,欲以吾陈死寂灭之气象腐化世界。"③他在 1919 年 6 月 1 日的《每周评论》上进一步说明义和团运动是中国社会愚昧无知的结果,而愚昧无知是很危险的东西。④ 周作人将"教士毒死孤儿,或者挖了眼睛做药"这一"流

---

① 汤志钧编:《章太炎政论选集》上册,203~204,北京,中华书局,1977。

② 胡适:《胡适留学日记》,60~61 页,台北,远流出版公司,1986。

③ 李大钊:《李大钊文集》上,566 页,北京,人民出版社,1984。

④ 《危险思想与言论自由》,载《每周评论》,1919-06-01。

传"事件纳入"拳匪时代的思想"。① 在知识界眼中，义和团所代表的形象就是与"文明""科学"相对应的"野蛮""蒙昧"。

就此而言，《克林德碑》的文论文本阐述得最为引人瞩目。陈独秀的观点颇能代表当时知识界的普遍看法。克林德碑的树立并没有引起陈独秀对各国列强的愤怒，反让他感慨"中国何等可耻！义和团何等可恶"；克林德碑的倒塌也并没有触发他"推翻帝国主义的念头"，其文章的主旨并不是直接针对帝国主义的侵略和压迫。在新文化知识分子看来，中国一切问题的根源在于以义和团为象征的中国传统文化的缺陷，中国发展的前途并不在于从政治上进行改造，而在于从文化上走"共和的科学的无神的光明道路"②。这个义和团文本中所刻画的义和团形象，无不体现了新知识分子的文化诉求。换言之，正是追求民主科学，抨击封建旧文化蒙昧迷信的时代需求，凝结成这样的文本，书写出关于义和团的再记忆。

"五四运动象征着只关心思想启蒙的知识分子走上街头过问政治，正是基于这一重大事件的冲击，新知识分子的主流放弃自由主义而亲和马列主义"③，文化救国又转回了政治救国的轨道。1924 年，全国出现收回关税主权、收回租界、废除不平等条约的反帝高潮。1924 年8 月，北京反帝国主义大同盟倡议以 9 月 7 日（《辛丑条约》签订）为国耻纪念日，得到社会各阶层的热烈响应。连续几年每逢"九七"，全国各地都举行集会纪念国耻。"有很大意义的义和团运动，二十余年来埋没在一般的厌恶唾骂之中，直至最近二年，才稍稍有人认识其真实的意义。"④对义和团的历史认识再次被纳入现实政治的创造中，义和团的历史记忆开始服务于"国民革命"这个现实的命题。这才有了直接以"义和团与国民革命"命名的义和团文本的出现。

---

① 周作人：《谈龙集・谈虎集》，228～229 页，长沙，岳麓书社，1989。
② 陈独秀：《克林德碑》，载《新青年》，第 5 卷，第 5 号，449～458 页，北京，人民出版社，1954。
③ 金观涛：《五四新青年群体为何放弃"自由主义"》，载《二十一世纪》（香港），2004(82)。
④ 则连：《九七与中国民族革命》，载《中国青年》，第 131～132 期。

1925 年 5 月 30 日，震惊中外的五卅运动在上海爆发，并很快席卷全国。针对外国报刊将五卅事件中表现出来的民族主义与义和团的排外举动相提并论并予以否定的情况，时人对义和团的排外精神进行了重新诠释和说明。唐兴奇解释，义和团运动是一场"纯粹的排外运动"，不但反对外国人的压迫，并且反对和外国人有一切来往；而五卅运动却是一个反对帝国主义的运动，它反对的是剥削和压迫中国的人，但不会反对像苏俄那样以平等精神对待中国的民族，和一切国家的被压迫民族。① 张太雷认为，"中国民族运动的第一期是义和团式的原始的排外运动"②。虽然时人努力向世人不断解释五卅运动和义和团的区别，但不可否认的是，正是现实中五卅运动的出现才强化了人们对义和团的再记忆，引发了对义和团的讨论。这就建构了历史走向现实的必然关联，故而瞿秋白宣称："五卅运动是义和团的反抗侵略运动的继续。"③《中国青年》明言："五卅运动是原始的反帝国主义运动（义和团）二十六年来发展进化的结果。"④

这一时期的文本对义和团形象的高扬，源于以之作为"追求民族独立"符号的时代诉求。将义和团塑造为"追求民族独立"的符号，二十年前的资产阶级革命派曾有所提及⑤，但在当时的情境下未获得一致的社会认同。二十年后，社会情境发生了巨大的变化，义和团"灭洋"的立场和精神成为它最吸引国民革命者的内容。致力于国民革命的人们

---

① 唐兴奇：《五卅运动之意义》，载《向导》，第 121 期。

② 太雷：《五四运动的意义与价值》，载《中国青年》，第 77～78 期。

③ 秋白：《义和团运动之意义与五卅运动之前途》，载《向导》，第 128 期。

④ 《九七纪念的宣传大纲》，载《中国青年》，第 93～94 期。

⑤ 最具代表性的例子为《开智录》（第 6 期）所发表的《义和团有功于中国说》一文，该文后为黄藻收录进《黄帝魂》中，称"他日吾国而独立也，义和团固其先声也"（《叙庚子销夏记》，见罗家伦主编：《中华民国史料丛刊·黄帝魂》，293 页，中国国民党中央委员会党史史料编纂委员会印行，1979）；蒋百里的"民族主义论"更明确地表达了这种思想，他将日本的明治维新和义和团运动视为"亚洲民族主义的胚胎时期"（余一：《民族主义论》，载《浙江潮》，第 2 期，17～19 页，东京并木活版所，1903）。他们在对义和团作出评价时，对其口号中的"扶清"二字熟视无睹而不存芥蒂。

正从中发掘着义和团的精神价值——倡民族之独立，而这一点与当时轰轰烈烈的国民革命的目标在某种程度上不谋而合。

中华人民共和国成立后，反对美帝国主义的斗争成为一种迫切的现实需要。由翦伯赞主编的《义和团》文本就旨在"提起读者对义和团的回忆"，并由此提高读者对帝国主义侵略的警惕，"特别是美帝国主义的侵略"。①"特别"一词披染了鲜明的时代诉求。相应的"义和团故事"文本的发表，得到了广泛好评，因"现在帝国主义还存在，所以这些故事对我们仍然有着深刻的教育意义"，它描述了一系列"反抗侵略的坚强意志和正义行动"，"'一切帝国主义都是纸老虎'，这些民间故事证实了毛主席论断是完全正确的"。②

1960年又一个鼠年到来，合众国际社在春节发了一则电报，说到"鼠年开始"。"1840年是鼠年，那一年的灾难是鸦片战争，其结果除了别的以外，英国得到了香港。1900年也是鼠年，那一年发生义和团起义，其结果是八国联军占领北平。""假如历史重演的话，对中国来说，这将是灾难的一年。"针对猖獗不息的帝国主义叫嚣，《人民日报》发表评论员文章，称"美国宣传机器，低能竟至于此，目光不及老鼠，头脑蠢过耗子"，"不知今日何世，妄图重演历史，再打鸦片战争，重举八国军旗"。在不断强大的新中国政权面前，只能落得"理屈计尽词穷，只好乞灵黄历"③的结局。

在反对帝国主义的时代氛围下，义和团运动被定义为"一次自发的农民反帝爱国运动"，"他们在神的面前庄严地虔诚地宣誓，表示他们对革命的忠诚和胜利的确信……表示他们和洋人战斗到底的决心"。④文本用"革命的忠诚"来描述义和团，这个语句的使用毫无疑问地体现了一种历史层面与现实层面的融合。在这里，义和团融入了革命话语

---

① 中国史学会主编：《义和团》第1册，1页，上海，上海人民出版社、上海书店出版社，2000。

② 《战士座谈义和团故事》，载《民间文学》，1959(1)。

③ 《鼠年闻鼠叫》，载《人民日报》，1960-01-31。

④ 义和团运动史研究会编：《义和团运动史论文选》，1～24页，北京，中华书局，1984。

当中，被凝练为革命的符号和象征，它被抽离出具体的时空脉络，其复杂而多面的特征，经过话语权力持有者的编排和书写，成为有社会功能与目的的记忆。这样的记忆在一定的社会情境与政治诉求下，被强化为一种社会记忆，而这种社会记忆不断循环地因现实的需求而回忆、建构，再回忆和再建构。

"文化大革命"时期，义和团的革命色彩被涂抹到了极致，此点正迎合了这一时期"天然合理"的"革命造反精神"的现实需要。1967 年 3 月，戚本禹在《红旗》杂志上发表《爱国主义还是卖国主义？——评反动影片〈清宫秘史〉》一文，正如当时所有具有"极端重要性"的文章那样，戚本禹的文章立即传遍全国，1967 年 4 月 1 日的《人民日报》《光明日报》和《文汇报》以第一、第二版以及第三版一部分的篇幅刊载全文。在戚本禹的笔下，义和团团员不是"乱民""愚民"和"乌合之众"，而是"英雄"；义和团"杀洋人"，禁止洋货，把驻有外国使馆的东交民巷改名为"切洋街"，御河桥改为"断洋桥"，这一类的举动，都被不加分析地予以了全面的肯定，称义和团的反帝爱国斗争是和反封建联系在一起的。文章刻意地扭曲了义和团为后党所利用的事实，把义和团封建迷信、笼统排外等消极落后的东西，当作激进的"革命行动"加以赞扬。①

在此后的几周内，《人民日报》《光明日报》和《文汇报》几乎每天刊登谈论戚文的文章，"该文是向党内最大的走资本主义道路当权派发动总攻击的进军号，它宣判了资产阶级反动路线的死刑，大灭了资产阶级的威风，这是毛泽东思想的伟大胜利，是毛主席的无产阶级革命路线的伟大胜利"，类似的观点报刊上几乎处处可见。在戚文的号召下，当时的人们"高举革命的批判旗帜"，力图"挖掉修正主义总根子"。②该文发表后一个星期，据称"人民出版社为了满足广大读者的需要，已把戚本禹的重要文章《爱国主义还是卖国主义？》出版了单行本，从八日

---

① 戚本禹：《爱国主义还是卖国主义？——评反动影片〈清宫秘史〉》，载《红旗》，1967(5)。

② 相关论说可参见 1967 年 4 月的《人民日报》。

开始在北京发行，并将在全国各地陆续发行"①。

戚本禹的文章通过对义和团运动的全面肯定和高度神化而推动"文化大革命"升温的做法，在当时产生了巨大的反响。所以，此后在报刊上就出现了题为《义和团与红卫兵》《"红灯照"的革命造反精神万岁》《赞"红灯照"》《红小将赞》等直接把义和团运动作为红卫兵运动先导而加以大力歌颂的文章。时人看来，"如果说，对待历史上的义和团运动的态度如何，是区别革命派和反动派的分水岭，那末，在现实斗争中，如何对待红卫兵运动，则是区别真革命还是假革命、反革命的试金石"②。在"文化大革命"叙事的背景下，义和团借由一种夸大甚至扭曲的叙事手法，被当作革命神话和英雄史诗再记忆。在这一革命神话和英雄史诗中，蒙昧不见了，野蛮不见了，无知不见了。义和团被谱写为革命话语的凯歌，"它鼓舞人民的爱国热情和反帝的斗争意志"③，在中国大地四处传唱。

四、历史文化象征：义和团与历史

义和团运动是一个历史事实，它经由书写而形成文本，文本与语境的结合则构成了历史的重构。以文本形式出现的义和团，已不再是一个单纯的历史事件和一个纯粹的客观存在，它更多地表现为一个"被叙述的"人为建构物，是一个社会文化问题。义和团成为"义和团"是一个话语建构的过程，也是一个社会文化建构的过程。

在清末论述义和团的文本中，义和团运动被形容为一场"国变"，"国"字毫无疑问指代的是清政府。关于义和团的文本记述有许多值得强调的地方，尤其是它们曾长时期内流传在后来文本的表述中：第一，义和团是邪教、匪徒；第二，庚子之乱是由义和团运动引起的。在清王朝统治模式的逻辑前提下，在"天朝"的思维定势中，追随者们顺理

---

① 《赞"红灯照"》，载《文汇报》，1967-04-07。
② 柯夫：《从"切洋街"到"反帝路"》，载《人民日报》，1967-04-24。
③ 张文：《义和团故事的继承与革新》，载《民间文学》，1979(8)。

成章地得出结论：拳匪祸国。即便是以康梁为首的新派力量，也将"慈禧"归入义和团事件的责任人中，主张"联外人以救上"①，于反对义和团主张中显见其最终指向仍是维系清朝统治；义和团仍属"国变"的性质。革命派则大多基于其强烈"排满"立场，不认可清朝统治的合法性，断然不将义和团归入"国变"的范畴。革命派的文本中，有将其称为"野蛮之革命"而予以批驳的，也有将义和团视为"民族民主革命之先声"而赞扬的。虽然两者对于义和团有着截然不同的评价，但却有一个共同点，即将义和团从"天朝"话语转向了"革命"话语。

中华民国建立后，出于对现实政治的无望，新知识分子谋求文化救国之路。此时，作为历史记忆的义和团，更多地则是以一个"文化上"的符号出现。由资产阶级革命派开启的义和团"革命"话语一度似乎销声匿迹。直至五四运动，原本只关心思想启蒙的知识分子开始走上街头关心政治建构，在国民革命氛围下，断裂的"革命"话语，重新接续上了历史。这一时期义和团被反复提出，谈论义和团的文本大量涌现。这些文本使得十几年前模糊不清的"革命"话语被不断明确。关于义和团的历史表述，出现了一些新的解释。虽然各种文本对义和团的解释不尽相同，但多种分析阐释却都体现和认同一个基本前提，即义和团的反帝性。在这种模式阐释下，"义和团的反帝性"成了最小的分析单位，此乃时人共同的认知基础。

这种历史的延续直到 1949 年中华人民共和国成立。中华人民共和国这个真正意义上的民族—国家的出现，使得作为共同想象体的义和团有了新的存活土壤。这一时期的文本，开始旗帜鲜明地塑造义和团的"英雄"形象。前述义和团反帝特性，被现实化为"反美帝国主义"的吁求。义和团曾经的"国变"话语与"革命"话语凝结为"爱国主义"的象征。毫无疑问，此处的"国"字指代明确，意指中华人民共和国，"爱国"有了具体而实在的依附。义和团在话语持有者的主动规划下，被牵引出具体的时空脉络，转化为近代中国传统爱国主义的文化符号，继

---

① 冯自由：《中华民国开国前革命史》上，73 页，北平，中国文化服务社，1944。

而成为社会文化运作过程中的一部分。人民取代臣民，国家利益取代王朝利益，人们的忠诚由封建君主转向民族国家，至此形成现代意义上的"爱国主义"。

现代意义上的国家观念，在晚清并不存在，人们只知有朝廷而不知有国家。对此，陈独秀曾提到，直到八国联军之后他才晓得："世界上的人，原来是分做一国一国的，此疆彼界，各不相下。我们中国，也是世界万国中之一国，我也是中国之一人，一国的盛衰荣辱，全国的人都是一样消受，我一个人如何能逃脱得出呢。我想到这里，不觉一身冷汗，十分惭愧。我生长二十多岁，才知道有个国家，才知道国家乃是全国人的大家，才知道人人有应当尽力于这大家的大义。"①这一段文本颇能说明清季的实际情况，几千年"朝廷"观念的支配，在时人心中有着根深蒂固的记忆。这一时期丰富的义和团文本正是这种观念支配下的产物，而同时数目繁多的义和团文本，又使得社会主流意识形态——"朝廷"的观念，在文本的连接中被加固了。

以文本形式展现的义和团记忆，并非一成不变，而是在现实语境中被社会不断重新建构的。从"拳匪"到"野蛮人"再到"革命人"，直至定位在"爱国主义者"中，这场关于义和团民众记忆旋律的跌宕起伏，正是立足于时代需求而对过去重构的结果。在这个过程中，义和团的某些特殊主体被认同、夸大和刻意拔高，使得它们成为现实的能量之源。故而义和团记忆是社会建构的产物，正如哈布瓦赫所认为的，对于记忆来说，最重要的不是记忆者本身对过去所体验事件和意象的回忆，而是社会的需求促成了记忆者对事件和意象的重建。也就是说，过去不是被保留下来的，而是在现在的基础上被重新建构的。②

社会在记忆的同时也在忘却，而要记忆什么，忘却什么，是由现实社会的需要而决定的。人们的记忆因社会需要而重新构建，历史记忆只有靠不断"再生产"才能传递下去；在记忆的构建过程中，事件有

---

① 唐宝林、林茂生：《陈独秀年谱》，17页，上海，上海人民出版社，1988。

② ［法］莫里斯·哈布瓦赫：《论集体记忆》，毕然、郭金华译，41～91页，上海，上海人民出版社，2002。

所丢失，有所补充，也有所改变，所以记忆和事件之间绝不是等同的。围绕义和团符号象征再创造的过程中，一部分义和团的记忆被保存下来，另一部分则被删除了；在遗忘义和团的排外、愚昧、野蛮等问题之后，义和团被定格在中华民族爱国主义文化传统的框架之中，作为特定的社会文化符号被广泛认同。它作为一种强有力的历史记忆，冲击着人们对爱国主义理念的建构。同样，相反的情况在特定条件下也会不断出现。

历史记忆虽然是被建构的，但有它的客观性。关于义和团的各式文本，并不是一个虚无的可以任意阐释的文本，而是对一个曾经真真切切发生过的历史事件的记录、叙述和阐释。历史文本具有历史的客观性。正是因为义和团自身的纷繁复杂，才有了各式各样不同的记忆文本的出现，使得义和团历史记忆的形象呈现"罗生门"式的面相。义和团被反复提出，在不同时期以不同文本形式出现，它被权力所记忆的同时，也为权力所遗忘。不变的是，话语权力持有者总是在过去时态和现在时态象征的空间里，寻找着凝结义和团的历史精神。这不禁让人想起马克·布洛赫所说过的："对现实一无所知的人，要了解历史必定是徒劳无功的。"①

原载《人文杂志》2011 年第 4 期，与李尹蒂合著。

---

① ［法］马克·布洛赫：《为历史学辩护》，张和声、程郁译，37 页，北京，中国人民大学出版社，2006。

袁世凯与晚清地方司法体制的转型

在 20 世纪中国社会政治的现代转型过程中，现代司法体制的出现具有特殊的历史意义。它标志着中国传统的封建体系解体，中国法律开始和世界先进的法律接轨，因而是中国司法现代化的重要里程碑。20 世纪的中国法学是指 20 世纪以来受西方影响的现代法学（有的人认为是指 19 世纪后半期以来至今受西方影响的近现代法学），有别于此前主要受儒家思想影响的传统法学（律学）。清末修律是西方法律文化对中国传统文化撞击几十年之后，作为晚清新政的一项内容开始的。20 世纪初期的国际环境和国内实际情况决定了晚清修律突破了传统修律的藩篱，是中国法律现代化的开端。晚清修律历时不到 10 年，却取得了世人瞩目的成绩。那么，在这一新旧体制更嬗的历史进程中，身处权力要津的袁世凯的角色和作用值得关注。①

一、汇通中西，变通施行

在 19、20 世纪之交的庚子巨创下，进入 20 世纪后的清王朝不得不对来自朝野上下要求制度性变革的呼声做出必要的回应。1901 年 1

---

① 主要有楚双志：《袁世凯与清末法律近代化》，载《辽宁教育学院院学报》，2001(7)；徐永志：《论 20 世纪初直隶地区的社会整合——兼评袁世凯与北洋新政》，载《清史研究》，2000(3)。前者仅简要论及举荐人才、促成预备立宪和改革司法制度的一般情况，后者则侧重于北洋集团、商人组织在地方社会重建中的活动、社会角色、作用和社会影响，而对于袁世凯与地方司法制度本身改革进程、特征与价值的研究则仍不深入。

月，清廷下诏变法。翌年 5 月 13 日，一道"上谕"下达："现在通商交涉，事益繁多。著派沈家本、伍廷芳将一切现行律例，按照交涉情形，参酌各国法律，悉心考订，妥为拟议。务期中外通行，有裨治理。"①中国法律现代化由此起步，几经反复，直至 20 世纪终结，尚未完成。不过，基本架构已在晚清新政时期奠定。1903 年起，《奖励公司章程》《商标注册试办章程》《商人通例》《公司律》《破产律》《各级审判厅试办章程》《法官考试细则》《集会结社律》等先后出台。影响最为深远的是三部总结性的大法——《大清刑事民事诉讼法》《大清新刑律》《民律草案》，分别在程序法和实体法领域为中国法律的现代化奠定了牢固的基础。虽因辛亥革命爆发，《民律》已来不及审议颁布施行，但 20 世纪上半叶的中国政府无不继承这三部大法。

在晚清法律制度变革过程中，作为直督的袁世凯是积极的推动者。首先，联合地方督抚，形成影响朝政变革的高层推动力量。法律改革的前提是司法制度的变革，而司法体制变革则是清末以"立宪政治"为基本架构的新政的重要组成部分。随着日胜俄败以及民族危机的加深，先已勃发的立宪舆论愈益高昂。1905 年 1 月，留日学生邓孝可写了一份《要求归政意见书》，要求慈禧归政，宣布立宪，部分留学生还准备推举代表入都请愿。1905 年 2 月 29 日，出使日本大臣杨枢又奏请"变法大纲，似宜仿效日本"，定为立宪政体。6 月，袁世凯联合江督的周馥和鄂督张之洞电奏，请实行立宪政体，以十二年为期。7 月，周馥又单衔奏请实行"立法、行法、执法"三权分立和地方自治的立宪政体。至此，在八位总督中就有滇、粤、江、鄂、直五位奏请立宪，一位川督请派员考察各国。军机大臣则有瞿鸿机和奕劻，加上林绍年、孙宝琦等巡抚和出使大臣的奏请，出洋考察政治就成为不可避免的了。故自 7 月初起，枢府大员就连日召开会议，讨论立宪，4 日，商讨了派员考察政治的问题，9 日，便正式决定了遣使出洋考察政治之事。清政府在光绪三十一年六月十四日（1905 年 7 月 16 日）下了一道上谕，

①　（清）朱寿朋编：《光绪朝东华录》，张静庐等点校，4864 页，北京，中华书局，1958。

宣布派员考察各国政治。在晚清朝廷权威日见衰弱的情势下，以直隶总督为首的地方实力大员的立场举足轻重，他们与朝内力主改制的大员声气相通，形成足以左右朝局的政治结盟，将"立宪"政治及其体制变革推上了轨道。即使面对革命党人针对"变法立宪""以为阻止之计"的恐怖活动，地方督抚、将军和出使大臣坚持立宪政治的立场也无有更易，"更宜考求各国政治，实行变法立宪，不可为之阻止"①。

其次，举荐精通中西法律和体制的专门人才，从政体构架和法律内容上注入新质。早在 1902 年 4 月袁世凯就会同张之洞、刘坤一保举沈家本与伍廷芳主持修律馆，以期"熟悉中西律例之员"，完成"举他族而纳于大同"②的传统法制的现代转型。同时，袁世凯又会保沈曾植，认为他"学问淹博，才长心细，于汉、隋、唐、明诸律，讲求素深，而于政治事务，亦能留心窥见其大"③。尤其是沈家本曾长期任职刑部，得以浏览历代帝王典章、刑狱档案，深入、系统地研究和考证了中国古代法律的源流沿革，是谙熟中国古代法律，并在一定程度上给予批判总结的著名法学家和改革清朝法制的执行者。④ 不仅如此，在西方资本主义文化东进、新学萌起的历史条件下，他还热心介绍和探索西方法律和法理精义，是当时中国比较全面地了解西方法制的代表人和企图改革中国封建旧律的法律专家。在担任修律大臣期间，遵照清政府"务期中外通行"的修律方针，沈家本确立了"参考古今，博辑中外"⑤和"汇通中西"的修律指导思想。对西方法律采取"取人之长以补

---

① 《时报》，1905-09-25。

② 袁世凯：《会保熟悉中西律例人员沈家本等听候简用折》，见天津图书馆、天津社会科学院历史研究所编：《袁世凯奏议》上，475～476 页，天津，天津古籍出版社，1983。

③ 袁世凯：《会保熟悉中律人员沈曾植恳恩破格擢用片》，见天津图书馆、天津社会科学院历史研究所编：《袁世凯奏议》上，477 页，天津，天津古籍出版社，1983。

④ 张晋藩：《中国法律的传统与近代转型》，439 页，北京，法律出版社，1997。

⑤ 沈家本：《寄移文存》卷六《重刻明律序》，见《历代刑法考》第 4 册，邓经元、骈宇骞点校，2242 页，北京，中华书局，1985。

吾之短""彼法之善者，当取之当取而不取，是之为愚"①的态度，力
图通过修律改变中国固有的传统法系，以便"与各国无大悬绝"。他指
出"参酌各国法律，首重翻译""欲明西法之宗旨，必研究西人之学，
尤必翻译西人之书"。② 为此，他积极组织力量翻译包括法国刑法、德
国刑法、俄罗斯刑法、日本刑法、意大利刑法、荷兰刑法等 20 多部刑
法典，派人到日本考察法制，对旧律加以变通修改。沈家本批判地吸
收了中国的旧律，系统而全面的介绍了西方法律，吸取了其先进的法
理、法例。这集中表现在他主持修订的刑法、民法、诉讼法、法院编
制法等六法中，并由此奠定了现代法律和法制的基本走向。

最后，积极推行地方政体改革，率先实行地方自治实验。上谕颁
布后，袁世凯奏请派遣官绅考察日本，开启民智，为将来实行自治打
下基础。后来袁世凯又奏请"考求各国宪法，变通施行"，自为政府所
采纳。御史顾瑗、刑部侍郎沈家本和出使朝鲜的大臣曾广铨又奏请实
行地方自治，1906 年 5 月 8 月朝廷令奉天和直隶试办。1906 年，政务
处鉴于官员之请，提出由奉直两省先行试办，袁世凯即于天津设立自
治局，委天津知府凌福和金邦平筹办。8 月 29 日，自治局开局，局设
督理二员，参议三员，下置法制、调查、文书、庶务四课，每课用官
绅各半，首先选派曾学习法政的士绅为宣讲员，至天津府属城乡宣讲
实行自治的法理和利益……③天津的自治运动还模仿日本设立了天津
县自治期成会，并于 1907 年 7、8 月间举行了中国历史上第一次地方
选举，经初选和重选，选出议员十名，组成天津县议事会。8 月 18
日，又选出议长、副议长。议事会设董事会，执行日常工作。

天津县自治章程规定："县自治之监督官，初级为本府知府，最高

① 《监狱访问录序》，见沈家本：《历代刑法考》第 4 册，邓经元、骈宇骞点
校，北京，中华书局，1985。
② 《新译法规大全序》，见沈家本：《历代刑法考》第 4 册，邓经元、骈宇骞
点校，北京，中华书局，1985。
③ 来新夏：《天津近代史》，201 页，天津，南开大学出版社，1987。

级为本省总督，其属于各司道主管之事务，各该司道亦得监督之。"①
"辅官治之所不及"，"补守令之阙失"②的直隶地方自治，尽管在自治
权力主体上仅仅落实在绅士层面，形成所谓"官绅自治模式"，但新制
的出现却从方向上为传统政制的转型和重构的理想选择提供了实践性
的参照依据。而且，对于在晚清权力体系变动的格局中寻求机会的袁
世凯而言，无论是清王朝的"立宪政治"的筹办，还是直隶地方自治实
践的推行，都可为其提供相对广阔的社会政治空间。晚清直隶地区的
地方司法改革实践就在这种背景下展开。

二、构建体制，推动转型

清末以"预备立宪"为程式的政体改革，很多内容并未能在中央体
制层面得以落实，而是借助地方改制实验为样板，以求得渐趋推进这
一"样板模式"展开的。袁世凯在天津率先实行的地方司法改革，对于
制度性近代转型的样板价值，是不无意义的。

中国历代地方司法权，例由地方各级行政官员主宰。司法与行政
合一，弊病丛生。一州一县的司法组织就犹如一张由印官牵头，幕友、
长随、佐杂官、书吏、差役、乡保一层一层组织的法网，又由一个个
州县的法网组成全国的专制统治法网。③ 在清末"立宪"政体提上议事
日程后，袁世凯力主仿行宪政的第一步就是改革官制。1906 年，清政
府改革官制，将刑部改为法部，专任司法；大理寺改为大理院，专掌
审判，设总检察厅，受法部监督，对刑事案件提起公诉。各省设立检
察厅、审判厅，各府县亦设立相应的机构，地方各级检察厅受各省提
法司的监督。警官局、检察院、法院三者分工明确，形成系统的司法

---

① 《大公报》，1907-10-03，转引自来新夏：《天津近代史》，202 页，天津，
南开大学出版社，1987。

② 《北洋大臣袁世凯奏天津试办自治情形折》，见故宫博物院明清档案部编：
《清末筹备立宪档案史料》，720 页，北京，中华书局，1979。

③ 吴吉远：《清代地方政府的司法职能研究》，100 页，北京，中国社会科学
出版社，1998。

体系。这次司法改革是由直隶天津府县先行试办，然后逐步推广的。①

法律或法制内容由传统向现代转型，将为整个体制和社会转型提供基本的保障。言变法而法之不变，将从根本上妨碍制度性变革的正常运行。"近年以来东亚士夫凡关心时事者，莫不哗然而言变法矣。朝上一书则曰变法，夕进一奏则曰变法……而不知变者皆非法，法实非曾变。且非惟法未曾变，即所变之政治、之军令、之生计、之教育，大抵务增其新，何尝一革其旧，无惑乎？……且夫中国者，一上下纷扰绝无规律之国也，数千年来曾未闻勒定一群之法而守之。……既不为民划定明确之范围，又不使民知法为何物，下固无所凭借以自固，上尤得以轻重出入于其间，而一二贪官污吏因挟以行其私……则有法与无法等。……此中国之所不能振兴以至于今也。孟德斯鸠之言曰，法律者，人生所不能须臾离者也。……故夫法律者，国家所恃以存立。……故泰西立国，他事未遑，即注意于立法、行法、司法三大政，而从事于法治之实行。……惟我中国向以人治，不以法治……以无法之国之民立于天演之界，岂不危哉？"②因此，天津地方司法现代性体制的建构，实具有"今欲挽回而补救之，舍易人治而法治，实无以革数千年之积弊而为之一新"，"皆以法治为宗，卒以扶危而定霸"的导向性意义，也具有变革历代基于"人治"的"数子之法皆立自君相一二人之手"，"而勒定一群法而公守之，俾治者与被治者皆受治于同一法律之中"的"当务之急也"示范性价值。③

1907 年 3 月，袁世凯成立了天津府高等审判分厅、天津县地方审判厅，府县合设检事（检察）局，天津城乡分设乡谳处四所，同时，将原衙门的捕役改为司法警察。从制度架构上完成了司法体制的现代转型，天津成为全国改革司法的实验地。新的审判制度的建立、完善与发展，是对旧的行政、司法合一制度的历史性革命。④

① 廖一中：《一代枭雄袁世凯》，175 页，北京，北京图书馆出版社，1997。

② 《振兴中国何者为当务之急》，载《大公报》，1905-04-22。

③ 《振兴中国何者为当务之急》，载《大公报》，1905-04-22。

④ 廖一中：《一代枭雄袁世凯》，175 页，北京，北京图书馆出版社，1997。

在审判厅成立之前，天津海关道署设有发审公堂一所，专门审理外国人控诉中国人的案件。这个附属于行政机关的发审公所往往祖护洋商，欺压国人。袁世凯果断地撤销了这个发审公堂。举凡中外诉讼一律经检察厅与审判厅受理，并且决定除重大案件外，外国领事馆官员不得观审①，避免了司法权沦入上海会审公廨般的尴尬地位。

显然，现代司法体制首先在天津地方建构，并非取决于清王朝的朝令夕就，实际上，在朝廷正式推行官制改革之前，袁世凯已经在直隶地区率先做了必要的政体变革的准备。

其一，袁世凯最早实行现代警制以取代传统保甲制。袁世凯认为，"中国自保甲流弊，防盗不足，扰民有余，不得不改弦更张，转而从事于巡警"，而且"国家所赖，于民志之从违，可以验治理之得失，而官府所资为耳目，借以考察舆情者，亦唯巡警是赖"。② 1902年5月，他创设巡警局，同时在保定设立警务学堂，培养警官作为逐步扩展至各州县之基础，成为我国首创巡警的省份。③ 天津巡警建立后，市民尤其是绅富和外国侨民普遍叫好，认为自巡警建立以来，"奸宄不行，闾阎安堵，成效昭然，中外翕服，中西商人交口称誉"④。它成为全国各地的"楷模"。"惟天津、武昌两属颇著成效，其余大多敷衍塞责，收效不大。"⑤

其二，推行巡警制度的同时，袁世凯又率先建议改革法律和司法制度。早在1902年袁世凯与张之洞联衔奏请修改法律，以适应形势的变化："风会既屡有迁嬗，即法制不能无变更。"当今形势不同于过去，"将欲恢宏治道，举他族而纳于大同，其必自修改律例始"；提出对于西方各国律例"择善而从"。制度的系统性特征在于其内在体系的相互

① 廖一中：《一代枭雄袁世凯》，175页，北京，北京图书馆出版社，1997。

② 《创设保定警务局并添设学堂拟定章程呈览折》，见天津图书馆、天津社会科学院历史研究所编：《袁世凯奏议》中，171页，天津，天津古籍出版社，1983。

③ 廖一中：《一代枭雄袁世凯》，171页，北京，北京图书馆出版社，1997。

④ （清）沈祖宪、吴闿生编纂：《容庵弟子记》，4页，1913，出版地不详。

⑤ 赵尔巽编：《宣统政纪》卷26，9页，沈阳，辽海书社，1934。

需求和共生共存，当新的警察制逐步运行之后，相应的制度匹配要求就将成为系统性制度产生的内在动力。因为新的警察制与旧的司法体制形成的冲突，只能通过新的司法制度的更新才能构成有效的体制匹配。

当时，"巡警对于偶有可疑之心，不向平日操业如何，即指为秘密会党，拘之入狱。既入狱后，又闻有用刑逼其如供认者，生死不明，殊骇人听闻"。① 袁世凯在1902年9月23日上奏，天津巡警局，如"获有海盗解交候审处，立时提审，核其情罪重大者，照土匪章程，即行就地正法。仍俟盗风稍息，再行规复旧制，照例审判"。② 它不按律例经地方府县审判、刑部批准，就径行决定执行死罪。这一问题直到1904年才根据朝廷"俱应按律例议拟具奏，不得先行正法"③的谕令纠正过来。正是在新旧制度更嬗中出现的现实冲突，成为新的地方司法体制形成的催生素。1906年，府县建立审判厅，袁世凯将民事、刑事案件移交审判厅审理，巡警对于民事案件，只有"制禁、捕拿之权"④了。因此，近代的公、检、法相对完整的体制则是从袁世凯开始创建的，谅非虚语。⑤

其三，率先设立专门学堂培养近代法制人才。新制度的创立当以新人才为基础，袁世凯在直隶推行的新政也是以新式人才的培养为起点的。1906年，在保定设政法学堂及附设的仵作（法医）学堂；1907年，在天津设立政法专门学堂、罪犯习艺所附属的监狱学堂（又名看守学堂）、司法警察学堂；1905年，建立天津学习发审公所，后改名为

---

① 《大公报》（天津），1907-02-06。

② 《天津设立保甲巡警各局请将情罪重大贼犯就地正法片》，见天津图书馆、天津社会科学院历史研究所编：《袁世凯奏议》中，636页，天津，天津古籍出版社，1983。

③ （清）朱寿朋编：《光绪朝东华录》第5册，张静庐等点校，5337页，北京，中华书局，1958。

④ 《南段巡警总局会同天津府县详拟定局厅划切权限及试办违警罪目文并批》，见甘厚慈辑：《北洋公牍类纂》第9卷，台北，文海出版社，1967。

⑤ 廖一中：《一代枭雄袁世凯》，171页，北京，北京图书馆出版社，1997。

谳法研习所，1907 年更名为审判研究所，附属于高等审判分厅。把培养人才和司法改革相结合，特别是成立仵作学堂、看守学堂这样的专门学堂，这些举措对于完善司法制度具有重大意义。① 此外，根据天津知府凌福考察日本监狱情况的报告，袁世凯于 1906 年分别在保定和天津建立罪犯习艺所，强制罪犯在监狱中学习一种生产技能；同年又建立天津游民习艺所②，把社会上不安定的因素变为积极因素。

天津地方司法体制的建立"负全国模范之名"③，并成为现代司法审判体制的实验区和示范区。诚如时论所称："……天津府属审判厅"规制，"调和新旧，最称允协"，"京师办法""比照天津审判现行之例"。④

三、纳新于旧，渐进过渡

袁世凯在天津实施的现代地方司法体制，"与旧制的主旨不同，制订了司法行政的区划，承认裁判权的独立，不再像旧制那样，各个下级裁判所接受上级裁判所的监督……以裁判官的意志，任意裁判"，"在组织方面也废除了独裁制，采用了合议制。在审判官、检事官、书记官之外，另设会审官。……和旧制相比，极大地刷新了面目"。⑤ 从具体内容看，打官司的费用由于诉讼费和承发吏规费的限制，减少许多。又由于派人到日本参观后制定了监狱制度，改善犯人的生活条件，并使罪犯有学习工艺、技艺的机会，这也可称为有某些改进。⑥ 当然，作为现代司法体制的试验地，它的产生和运作很难完全脱离传统体制的制约，因为，中央官制变革的滞后性和相关旧制的存在，仍然对新制建构和运行构成制度性阻力。所以，当时有个县令就认为"名目虽

---

① 廖一中：《一代枭雄袁世凯》，175 页，北京，北京图书馆出版社，1997。
② 廖一中：《一代枭雄袁世凯》，175 页，北京，北京图书馆出版社，1997。
③ 甘厚慈辑：《北洋公牍类纂》第 4 卷，5 页，台北，文海出版社，1967。
④ 《法部奏酌拟各级审判厅试办章程折》，载《大公报》，1907-11-15。
⑤ 来新夏：《天津近代史》，203 页，天津，南开大学出版社，1987。
⑥ 来新夏：《天津近代史》，203 页，天津，南开大学出版社，1987。

改，究其与曩日发审处无稍易"。① 且司法裁判，权出多门，审判厅而外，各级官府公堂仍裁判民刑诉讼，司法并不能完全独立，其现代性价值十分有限。然而，由传统司法体制向现代体制的转轨，这一变革所具有的历史特征仍值得我们认真总结。

其一，纳旧入新的渐进性特征。袁世凯所建构的地方司法体制是"鉴于历来的司法机关的不完善"，参酌光绪三十二年沈家本纂修奏请的审判规则而实行的现代新制。但新制的建构事实上并不是在完全废弃旧制的前提下进行的，而是在旧制仍存且发生作用的条件下建构的，因此，旧制的组织资源或人事资源部分地移入新制。"此项审判系从天津一府试办，而一府之中又先从天津一县试办，于变通旧法之中，寓审慎新章之意。天津县审判名为地方审判厅，天津府审判名为高等审判分厅，又量分天津城乡匀设乡谳局四处，期与大理院原奏吻合，以为法院编制之先声。""所有两厅及谳局办事人员，就平日研究谳法及由日本法政学校毕业回国之成绩最优者"，"并原有府县发审各员先令学习研究试验及格，按照分数高下分别派充，故人争濯磨，尚无滥竽充数之事"。② 虽然从体制特质上新制的设立标志着旧制历史命运的终结，但在人事延用方面则突出着由旧趋新的渐进性历史特征。在现实生活中，现代性的制度建构事实上并不表现为对传统体制的完全割裂。直隶及天津地方的新政建构，基本上都依循着改旧为新的渐进性程式。这一特征其实也体现在现代警察制与传统保甲制的兴替过程中。这一方面表现为地方巡警经费仍然依托于传统保甲款项上，如"巡丁由地方本有之青苗等费归绅董付给外，其每月官长弁目等项尚需一千数百两，岁需二万两之多，各属恐无此财力……"③；"……创办巡警，所以卫民非以扰民。定章令各村自行筹款，系指迎神赛会等项而言，原为取无益之资办有益之事，若其款本为该村正用所关，不许借词蒙提，以

---

① 甘厚慈辑：《北洋公牍类纂续编》第4卷，2页，台北，文海出版社，1967。
② 《直督袁世凯奏天津地方试办审判折》，载《大公报》，1907-08-01。
③ 《直督袁饬赵道徐道妥议推广全省巡警办法札》，载《大公报》，1905-09-17。

免顾此失彼……"①另一方面也表现为新制运行后旧制的渐次裁撤。"四乡巡警业已一律开办，闻四乡保甲局定于二月朔日一律裁撤"②。天津地方旧式保甲和衙门差役体制的废除，是在新制基本成型和旧制人员纳入新制后才实施的："设立巡警，即可将差役渐次裁除……拟将衙署内红役年轻资美，素无劣迹，才堪造就者挑入传习所与所内之学生一并肄习，俾其均受教育，将来缉捕传讯催科探访等事即令接办。……该县差役向有三百余名，今剩六十名，以后有病故斥革告退者，概不再补，并选马快中之精壮诚实者取具连环妥保，作为暗巡。"③现代性地方审判体制的建构，也仍然遵循警察制取代保甲制的运作程序，这在相当程度上减缓了改革的阻力，降低了制度更新的成本。虽然从制度更易的效率来看，这未必是最理想的选择，却应该是最现实的选择。因为"势成积重，若一旦同时并举，使划然分离，则法官既少专家，布置亦难措手。惟有逐渐分析，择一二处先行试办，视情形实无窒碍，然后以次推行"。④

其二，绅官体制的过渡性模式。袁世凯在直隶或天津地区推行的"新政"，不仅在运作程序上采取了渐进性方式，而且在制度建构上实行"绅官体制"，使得制度的新旧转换在权力主体上达到了融通性。如四乡巡警由警务学堂内选派文官学生八员，兵学生八名分赴各乡陆续教练，"分六局十五区，文官学生六员充巡官，武官学生十五员作为巡弁。并谕公正绅士帮同官弁督率巡兵昼夜轮流，照章试办"。⑤ 传统绅士或乡政人员在新制权力结构中，仍居重要地位，所谓局董也是"宜就地选充。各局巡警教练成后，于各村内择明白干练，众所推服者一二人作为局董，各处地方利弊可以随时禀商"。各乡巡警也是根据"村庄

---

① 《天津县示》，载《大公报》，1904-10-20。

② 《中外近事本埠》，载《大公报》，1905-02-17。

③ 《直隶警务处详请通饬各属遵照设立巡警裁革差役办法文并批》，载《大公报》，1906-08-06。

④ 《直督袁世凯奏天津地方试办审判折》，载《大公报》，1907-08-01。

⑤ 《续天津分府沈天津县唐详复四乡推广巡警情形禀稿》，载《大公报》，1905-01-09。

稀密不一，大小不同，地方之繁简与居民之贫富"，"按五十户设一人，其余穷乡僻壤按百户设一人，所募巡警应责成各村绅董在本村内挑选年力强壮、粗知字义之人保送充当……"①

在地方司法体制的现代性转轨过程中，传统绅士被及早地纳入新制度的建构过程中。"窃惟为治之道，必须官通民情，民知官意，上下相信，而后举办要政，如响斯应。……中国向来积弊，官绅隔则多蒙蔽，官绅通则启嫌疑，不惟官与民隔，绅亦与民隔，即城绅与乡绅犹隔，往往城关之绅耳闻时法而不能乡情，乡村之绅心只吝财而不能知事变。所以官欲通民，必先使绅与绅通，而有以联之，官欲民信，必先使绅为民信而有以导之。卑职窃以为会议研究所不可无总汇之区也……"②制度性的优先安排仍然限于传统绅士阶层。袁世凯认为，"法政学堂为他日创制之本原。……将安徽等省举人拣发来直，并令入堂毕业后分别奏留，以供任使。至本省士绅各署幕僚，皆有佐治之责，亦分别筹设学堂，兼营并进"。③

袁世凯的司法体制改革以传统绅士的角色转换作为现代司法制度建构的基础，而且以"其学问之优长者，或送省州各学堂或派为本属师范劝学员，其品行之纯正者，则派为巡警总副董，即各村村正副均多随时更换"。④ 天津地方"新政"运作的"绅董制"，构成新旧体制转换过程中最主要的权力模式，使传统绅士转为近代绅董，由传统功名社会文化角色，转换为权力利益角色，形成了颇具特色的"……其办理之权宜散之于绅，其综核之权应操之于官"⑤的绅官模式。

---

① 《再续天津四乡巡警章程》，载《大公报》，1905-01-15。

② 《隆平县设立公议局警务研究所禀请核示文并批》（公牍），载《大公报》，1906-07-20。

③ 《隆平县设立公议局警务研究所禀请核示文并批》（续），载《大公报》，1906-07-21。

④ 《隆平县设立公议局警务研究所禀请核示文并批》，载《大公报》，1906-07-20。

⑤ 《隆平县设立公议局警务研究所禀请核示文并批》（续），载《大公报》，1906-07-21。

其三，以新代旧的总体性目标。无论是运作程式上的渐进性还是体制架构上的过渡性，作为确立新制取代旧制的总体性建构目标则是确定无疑的。"……臣维司法独立，万国通例，吾国地方官兼司听断救过不遑。近今新政繁兴，诸需整顿，亟宜将司法一事分员而治，各专职成，以渐合立宪各国制度。"①天津地方司法体制的现代建构，虽然难以在实践中完全避免行政官员对于司法审判的干预，"而目前府县虽不专亲审判，而仍兼厅长之职，亦因报案文移既用守令印信，且一切布置建筑不能使府县不任责成"，"应俟法部颁有新章，再行遵守"，但是"司法独立，万国通例"，"宜将司法一事，分员而治"的制度建构、"一律改用检察官"②的制度以及地方三级审判制度的建立，最终指向司法独立的现代性诉求。所以，现代司法体制一经建立，不仅一改旧观，"从前酌收诉讼费定数太多，且征收于结案之后，往往延宕不缴"，"今变通旧章，一切状纸由厅发卖，每纸制钱五十文，并遵章贴用印纸，方予收理。此外承发吏规费俱限有定数，交厅存储，务使酬其奔走之劳"，"而较从前书差等费，民力已轻倍蓰"③，而且也有利于司法主权的维护："向例外国商民控告华人事件，类皆先赴领事衙门投禀，再由领事转交关道或关道自行讯断，或发交县署判决"，"开厅以来，由县署移交关道发交以及洋商径自来厅控告者已断结十余起，外人于过堂时，则脱帽致敬，于结案时则照缴讼费，悉遵该厅章程"④。

天津地区"是以行之数月，民间翕然从风"的地方司法改革境况，一定意义上表明，现代性制度不能决然于传统断裂的条件下确立；同样，也只有实现传统社会力量自身的更新，才有可能形成新体制的内在驱动力，最终实现社会与制度的新旧转轨。

原载《社会科学研究》2005 年第 3 期。

---

① 《直督袁世凯奏天津地方试办审判折》，载《大公报》，1907-08-01。
② 甘厚慈辑：《北洋公牍类纂》第 9 卷，1 页，台北，文海出版社，1967。
③ 《直督袁世凯奏天津地方试办审判折》，载《大公报》，1907-08-01。
④ 《直督袁世凯奏天津地方试办审判折》，载《大公报》，1907-08-01。

亡灵"公共空间"的制度建构

——近代天津公墓的历史考察

近代以来，随着沿海通商口岸的开放，侨居中国的西人首先在租界设立了公墓，用以安葬未能迁葬回国的亡者。这种公墓形式及体制，逐渐融入城市近代化的历史进程，并最终内化为近代城市文明的一部分。作为近代城市化进程中的一个方面，公墓的研究尚待开拓。① 本文以 100 余份有关近代天津公墓的档案为基础，力求通过对天津公墓建立历史过程的梳理，具体而深入地探讨天津近代城市文明的形成与建构的历史特征。

公墓在租界出现后，开始对中国近代城市管理制度的建立产生积极影响。民国以后，在现代化面向的制度变迁中，新形的葬地和葬仪

---

① 就管见所及，有谢世诚、伍野春利用第二历史档案馆档案对民国时期全国公墓制度的建立过程和背景的梳理分析，并简述了火葬制度的发起［参见谢世诚、伍野春、华国梁：《民国时期公墓制的创建与演变》，载《民国档案》，1995(2)］。其他的研究成果，则多是对上海一地展开的，如陈蕴茜和吴敏从西方殖民入侵的角度，围绕上海四明公所案件所引发的民族矛盾，对上海公墓建立过程中的中西方相互作用进行了分析［参见陈蕴茜、吴敏：《殖民主义文化霸权与近代中国风俗变迁——以近代上海公墓为中心的考察》，载《江海学刊》，2007(6)；陈蕴茜、吴敏：《殖民主义影响下的上海公墓变迁》，见中国社会科学院近代史研究所政治史研究室、苏州大学社会学院编：《晚清国家与社会》，122～136 页，北京，社会科学文献出版社，2007］；吴健熙也讨论了第二次四明公所事件中民众的乡情反帝情绪与法租借的殖民霸权所引发的矛盾冲突，并分析了二者行为的理性和非理性特征［参见吴健熙：《对第二次四明公所事件中诸现象之考察》，载《史林》，2001(4)］；赵宝爱亦对四明公所事件所促成的政府的殡葬管理和丙社的自身调适做了分析［参见赵宝爱：近代城市发展与义冢、丙舍问题——以上海为个案》，载《长沙民政职业技术学院学报》，2005(1)］。

开始出现，1913年，上海的地产商经润三创办了中国第一个近代意义上的公墓"薤露园"；同年，北洋政府颁布《海军丧礼条例》和《战场收拾及战死者埋葬规则》，规范军队中的丧葬；1916年12月，北洋政府公布《国葬法》，并依此为蔡锷和黄兴举行国葬典礼。① 1917—1918年，《东方杂志》先后有《墓地》《死之哲学》和《族葬》等专文②，从土地利用及移风易俗的角度提出宗族墓地与公墓并行的渐进改革措施；"五四"以后，传统的丧葬礼俗受到进一步批判，新的丧葬方式开始被部分人所接受。③

1928年10月20日，国民政府内政部公布《公墓条例》，要求"各市县政府于市村附近选择适宜地点设立公共墓地"，公墓的建立和管理开始纳入国家行政的范畴。

就天津的城市化进程而言，1928年具有历史转折的意义。这一年，天津被定为特别市，由国民政府直接管辖，开始建立以城市为管辖范围的行政管理机构④，因此，天津公墓的建立与其城市化建设一起被提上日程，并随着城市化的发展而发展⑤。1910—1928年是天津城市人口增长最快的时期，从1910年的60.1万人，增加至1928年的

---

① 严昌洪：《民国时期丧葬礼俗的改革与演变》，载《近代史研究》，1998(5)。

② 伧父：《族葬》，载《东方杂志》，第14卷，第12号，1917；伧父：《死之哲学》，载《东方杂志》，第15卷，第3号，1918；高劳：《族葬》，载《东方杂志》，第15卷，第11号，1918。

③ 参见梁景和：《五四时期丧葬礼俗的变革》，载《首都师范大学学报》，1997(4)；英若：《土葬与公共卫生》，载《东方杂志》，第16卷，第6号，1919；景藏：《丧葬制度》，载《东方杂志》，第17卷，第8号，1920。

④ 参见周俊旗主编：《民国天津社会生活史》，9页，天津，天津社会科学院出版社，2004。

⑤ 历史上，天津的人口一直处于持续增长的态势。据19世纪中叶的人口调查，1840年前后，天津城区人口有19万8千余人；1860年开埠后，随着城区规模的扩大，城市经济贸易的迅速发展，至1910年左右，天津人口已有60余万人，参见周俊旗主编：《民国天津社会生活史》，11~16页，天津，天津社会科学院出版社，2004。

112.2万人，年均增长率为 3.8%①，伴随高速的人口增长而来的是死亡人数的急增。天津是一个"五方杂处"的移民城市，受传统乡土观念的浸染，入土（乡土）为安（回籍安葬）是安顿亡者的首选，但受到经济水平的限制，人们多有心无力，故停丧不葬现象极多②；加之华北社会政治环境动荡，大量流民涌入津城谋生，死后无人问津，导致天津市浮枢丛杂，严重影响了城市环境。1929 年 2 月，《益世报》报道天津总站至东站间铁道外棺枢累累，"纵横露列，雨淋日炙，经历几时，或虽埋土间，棺已半凸，或全出地上，掩蔽毫无，或顶盖已空，仰天中凹，或四旁毁裂模糊，残胔积淖淤淳，则水色竭诚赤碧，炎暑蒸发，则奇臭中人欲呕⋯⋯"③面对舆论的揭示，市政府下令对此处棺枢进行调查，并寻觅相当地点建立公共墓地，以备迁安。经公安局调查，辖界内各寺庙停灵及义地浮厝共 26000 余具④，市政府遂"特令公安、工务、卫生三局会同从速办理"⑤，天津城市公共墓地的筹建由此开始。

一、公墓的筹划与初创（1929—1945 年）

从 1929 年年初市政府下令建立公墓，至日军侵华占领天津，前后八年的时间，天津公墓的建立和管理都仅仅处于计划阶段。1929 年 1 月，公安局呈文市政府拟设警察公墓，市政府令其与土地局会同核办，公安局在其所辖乡区第三所大园村迤南汽车路旁觅得官地一方，堪作

---

① 参见周俊旗主编：《民国天津社会生活史》，11～16 页，天津，天津社会科学院出版社，2004。

② 停丧不葬现象在中国传统社会早已有之，但到了清代更为严重。参见张传勇：《清代"停丧不得仕进"论探析——兼及清代国家治理"停丧不葬"问题的对策》，见《中国社会历史评论》第 10 卷，天津，天津古籍出版社，2009；张传勇：《似葬非葬：清代江南地区的浮厝习俗》，载《民俗研究》，2009(1)。虽然研究成果侧重于江南地区，但是天津近代南方移民甚多，如福建、广东、江苏、安徽、浙江等地的会馆规模都很大，且皆附设义地，专供同乡浮枢或安葬。

③ 《东站铁道外棺枢累累》，载《益世报》，1929-02-27。

④ 《浮厝棺枢二万六千余具》，载《益世报》，1929-05-29。

⑤ 《浮厝棺枢二万六千余具》，载《益世报》，1929-05-29。

公墓，然后与土地局定期会勘，但因其地系属乡区，不在土地局权限之内，因此又呈市政府核示，市政府令两局与天津县政府会勘。3月30日，公安局致函土地局"定于4月5日派警察长吴金荣会同往勘警察公墓"①。但"往勘"之后却未真正落实。据《益世报》6月5日报道，经会勘详查，此地"在县境乡区之内，襟连于津保汽车路之南……汽车路修补用土，全赖此地，如充作警察公墓，则无处取土，不能修路……"②遂搁置此议。

1929年7月27日至1931年1月24日，由卫生局召集各政府机关及慈善团体，成立了天津特别市筹备建筑公墓委员会③，共召开了十一次常会，主要工作内容围绕着调查义地和公墓建设计划展开。首先参照中央政府1928年10月颁布的《公墓条例》，确定了委员会章程，并拟定天津特别市筹备建筑公墓计划大纲草案。其次，成立调查委员会，以全市二三四五区及特别一二三区为调查区域，由各局及慈善团体分别负责调查义地浮棺数目。1930年3月15日，第八次常会召开时，调查委员会调查义地浮棺数目完竣，开始着手制订迁移整理计划，预算经费。5月，委员会拟定了天津公墓组织程序待议意见，提出限期招领义地之浮柩，并尽先迁移铁路两侧之浮柩。1931年1和5月，社会局分别召集迁移北宁铁路局两旁浮棺和筹备公墓委员会议。④ 此

---

① 天津市特别土地局：《奉市政府训令为据公安局呈为建议警察公墓之官地令查明市区内适宜官地会同履勘呈复核夺》，天津市档案馆，档案号：401206800-J0096-1-00220。

② 《公安局拟在县境设立警察公墓》，载《益世报》，1929-06-05。

③ 委员会由土地、卫生、社会、工务、公安局及广仁堂、体仁广生社、中国慈善联合会、备济社等慈善团体组成。此期间的所有材料均整理自天津市特别土地局：《奉市政府训令为据公安局呈为建议警察公墓之官地令查明市区内适宜官地会同履勘呈复核夺》，天津市档案馆，档案号：401206800-J0096-1-000220；及天津市广仁堂全宗：《公安、工务、卫生局函为召集会议筹划建筑公墓》，天津市档案馆，档案号：401206800-J0130-1-000383。由于其中往来函件及会议记录多有重合，互相补充，故无法具体分列。

④ 天津特别市财政局：《社会局函请指派出席公墓代表》，天津市档案馆，档案号：401206800-J0054-1-001265。

后直至 1936 年，档案资料中未找到有关政府筹建公墓的相关资料。即 1929 年至 1931 年，天津公墓的筹建仅停留在计划大纲和待续意见之内，拟定在"四郊各设一处，每处以五十亩计，可容七千五百具，四处可容三万具，足资十年以上之用"。①

筹设公墓有两个主要的因素，一是地基，二是经费，而经费则最为重要。早在 1929 年 8 月 17 日召开第二次常会之时，中国慈善联合会即捐东乡赵庄子东叠头地方二十一亩作公墓之用，地基问题基本解决。然而，自委员会成立以来"所有经费均由卫生局开支，未领有专款"。调查所需款皆由卫生局呈报市政府，调查员和各局代表车费也要呈请市政府作正开销。即市政府根本没有专门款项来建立公墓，没有经费，则各项工作根本无法展开，公墓建立自然只能停留于计划层面。1934 年 7 月 12 日，《益世报》报道："津市府筹建人民公墓，原已早有拟议，惟以用款甚巨，故经搁置。在该府以该项公墓，在天津社会极感需要，复商得万国体育赛马会同意，由会地方产划出一段约百亩左右，捐充将来建筑公墓之用……关于公墓建筑方式及管理收费诸项办法，刻已责成卫生事务室进行初步设计，然后再作具体核议，该地点虽较偏僻，但用为墓地尚属适宜，对于寄留或埋葬棺柩，均拟分若干等级，收取租费，各项章则正草订中，预计建筑用款并非细数，且在管理方面，月需相当之经常费，故此项公墓究由官办，抑由商办，或更有其他合办之方法，目前均未确定云。"②此篇报道概括了公墓的缓办原因、地基来源，以及公墓建筑暨管理计划，并以官方并不具备足够的财力支持，刻意昭告政府心有余而力不足，以致筹办之主体和方法"均未确定"。

1935 年，市政府再议公墓筹建："津市府于去岁筹建公墓，经万国赛马场东局子该厂迤北之地基捐作墓地，嗣因故搁置。近顷萧市长

---

① 此为《天津公墓组织程序待议意见》第二条，因为此待续意见在 1930 年 5 月拟定，而公墓计划大纲在 1929 年 11 月拟定，前者要比后者更加切实，故用前者。

② 《市府筹建人民公墓》，载《益世报》，1934-07-12。

以本市人口百万，且多系异乡寄居，一般平民，遇有死亡，咸苦无地葬埋……公墓之设，实为必须，特令由市属各局，及本市各慈善团体，派员会同组织建筑公墓委员会，主持办理……"①从这两篇报道来看，1934 年和 1935 年，公墓筹建工作仍在继续，但由于经费缺乏，进展缓慢，一直处于拟建之中。

1936 年 4 月，卫生局再次召集建筑公墓筹备委员会，拟定《天津市建筑公墓筹备委员会章程》，并起草办事规则②，也无果而终（卫生局旋即裁撤）。同年 10 月，国民政府颁布《公墓暂行条例》，12 月，天津市第 238 次市政会议重定了天津市建筑公墓筹备委员会章程。③ 1937 年 4 月 15 日至 7 月 19 日，天津市政府组织召开了天津市建筑公墓筹备委员会共三次会议④，主要讨论第一、第二公墓问题，将东局子万国赛马会所捐地亩作为第一公墓，并依据《公墓暂行条例》，制定了《天津市第一公墓管理规则》，初步具备了近代公墓的管理规范。但第一公墓仅有六十余亩，迁葬淮军义地及铁路两旁棺枢后，即将葬满。故仍需拟建第二公墓，经委员会卢云坡介绍，有王鸿鹿捐津西市区外疙瘩洼四十一亩做第二公墓。地基已备，只欠经费，此时，天津市百万建筑借款成功，委员会呈请市政府于建筑专款内拨一万元作第一、第二公墓建筑费用，却遭到了拒绝，"俟市库充裕，再行筹办公墓"。公墓问题由此再次被搁置，东局子墓地虽已陆续迁葬埋入，但并未实现公墓化的建设和管理。

---

① 《市府筹备建筑公墓》，载《益世报》，1936-04-12。

② 天津特别市财政局：《社会局函请指派出席公墓代表》，天津市档案馆，档案号：401206800-J0054-1-001265；天津市广仁堂全宗：《公安、工务、卫生局函为召集会议筹划建筑公墓》，天津市档案馆，档案号：401206800-J0130-1-000383。

③ 以上内容整理自天津特别市财政局：《社会局函请指派出席公墓代表》，天津市档案馆，档案号：401206800-J0054-1-001265。

④ 此三次会议内容整理自天津市广仁堂全宗：《公安、工务、卫生局函为召集会议筹划建筑公墓》，天津市档案馆，档案号：401206800-J0130-1-000383；天津特别市财政局：《关于万国赛马会捐助建筑公墓地亩》，天津市档案馆，档案号：401206800-J0054-1-004669。

综上所述，从 1929 年年初至 1937 年 7 月，在南京国民政府统治时期，天津近代公墓的建立，经历了大小三次筹备，在公墓建筑计划和公墓管理规则等制度层面有了一定的进展；义地和浮棺的整理迁移，也对城市环境和卫生的改善起到了一定的作用，公墓地基有了一定的基础，但真正意义上的近代公墓并没有建成并服务于社会大众。

1937 年 7 月 30 日，天津沦陷。日伪统治时期，天津治安维持会和天津特别市公署相继控制天津，公墓的筹建虽得以赓续进行，但亦无大的进展。发挥更大作用的是代之而起的社会力量和慈善团体。1937 年 10 月 29 日，天津市治安维持会会议决案，因东局子已不敷使用，且市内原有义地均已葬满，前一阶段所拟第二公墓仍需建立。1937 年 11 月 3 日至 12 月 1 日，由总务局召集财政、公安、社会、卫生、工务等局召开了五次筹办本市公墓会议①，制定了《天津市治安维持会公墓章程草案》及《天津市治安维持会建设公墓筹备委员会章程草案》。会议主要内容就是寻找地基。首先是对前一阶段中，1929 年中国慈善联合会会所捐东乡赵庄子地亩和 1937 年 7 月庐云坡介绍所捐津保汽车路旁地进行调查，看是否可作公墓，并对东局子第一公墓地所余亩数进行调查。经调查，三处地点均因积水或距离较远而不适用。于是又请天津县政府在天津县境寻觅"距离市区较近，交通便利，至少限度以在五十亩以上地基"，天津县政府找到五处相宜地点，然后报请治安维持会决定，但此事至此再无下文。

1939 年 3 月 10 日，"中央临时政府"颁布《公墓条例》；3 月 13 日，内政部颁布《取缔停柩暂行章程》。② 然在实际生活中，两条例并未能起到大的推进作用。1939 年夏，华北发生特大水灾，天津地区灾民甚多，水灾过后，浮棺问题再次出现，"经令据各该管分局详细调查……

① 此段时期资料整理自天津特别市财政局：《关于万国赛马会捐助建筑公墓地亩》，天津市档案馆，档案号：401206800-J0054-1-004669；日伪天津市警察局：《关于调查商号火灾交通被撞等筹备公墓之报告公函》，天津市档案馆，档案号：401206800-J0218-3-006465。

② 内政部：《内政部咨送公墓条例及取缔停柩暂行章程希查》，天津市档案馆，档案号：401206800-J0115-1-000889。

计全市境内暴露棺木共一千六百五十九具，此项棺木多系无主孤榇，或因年久无人封植，或因上次水灾被洪流冲洗，以致出土，其木质多有朽坏，往往使尸骸暴露，惨不忍睹……"①1940 年 3 月，天津市公署令警察局会同卫生局，函请天津市内各慈善团体，组织成立天津善团掩埋浮棺筹设公墓委员会，委员会全部由各慈善团体组成，由世界红卍字会天津分会为会长，公善社为副会长，下分总务、掩埋、调查、宣传、交际、劝募六部，由各慈善团体分别负责，并制定了天津市善团掩埋浮棺筹设公墓委员会章则，拟在掩埋浮棺工作结束后，即行筹设公墓，以备永久之用。该委员会从 3 月 20 日成立开始办公，至 8 月中旬，天津市内各分局浮棺全部掩埋完竣，"总计共掩埋浮棺四千四百六十四具，共用国币一万三千二百六十一元八角二分，此款均由各善团分别捐助"②。工作结束后，委员会宴请了警察局、卫生局、社会局各局长及主管科长，9 月 17 日，天津市公署向各慈善团体颁发奖状。

掩埋浮棺工作开始后，筹设公墓工作也相继展开。1940 年 5 月中旬，委员会确定了《天津市善团筹设公墓委员会章程》。8 月末，掩埋工作彻底结束后，警察局即函天津善团掩埋浮棺筹设公墓委员会，请其加速进行筹设公墓一事。③公墓委员会改名为天津市善团筹设公墓委员会，拟向社会各界及各慈善团体进行募捐，并寻找地基。社会募捐效果并不理想，且掩埋浮棺已耗资不菲，而公墓筹设需更多的经费以长期的支持。为此，委员会联洽社会各界，宴请市公署及各局主管

---

① 此处浮棺数字统计并不全面，需看文后共计掩埋浮棺数目。

② 此处资料整理自天津特别市公署卫生局：《关于筹办公墓事项》，天津市档案馆，档案号：401206800-J0115-1-000477；天津红卍字会，红卍字会筹划会议记录(内有中国红十字会天津分会卷，天津市掩埋浮棺筹设公墓委员会卷)，天津市档案馆，档案号：401206800-J0130-1-000443，有关掩埋工作具体办法及会议记录以及各慈善团体所任职务、捐款清册等，此处略去。

③ 关于筹设公墓事宜，均整理自天津红卍字会，红卍字会筹划会议记录(内有中国红十字会天津分会卷，天津市掩埋浮棺筹设公墓委员会卷)，天津市档案馆，档案号：401206800-J0130-1-000443。至于各善团分摊之购地善款数目及详细情况，此略。

长官，并拜谒了市长，请求对"筹设公墓进行办法，俯赐赞助"，据称"结果圆满"。颇为讽刺的是，自 1940 年 8 月筹设公墓委员会成立，至 1941 年 10 月委员会买下杨家庄公墓地基，委员会的所有经常费及购买地基的经费仍然全部由各善团分摊，政府没有支付任何经费，公墓建立仍陷于停滞状态。

公共墓地始终筹而未建，浮棺问题仍存而未决。1943 年 7 月，警局调查市内各区"暴露浮棺二千八百二十五具"①，天津市公署再次召集各慈善团体，成立天津特别市掩埋浮棺委员会，对市内浮棺进行复查并掩埋，同时拟在津郊寻找地基建立公墓，以为永久之计，但经费仍由各慈善团体认捐并劝募。1943 年 11 月 12 日，最后一个文书显示各善团再次分摊了筹设公墓委员会的经费。② 1944 年 12 月，天津市公善普及施材总社主动承担了掩埋市内无主尸体的任务③，在西营门外设立停尸处，并制定了《西老公所公善普及施材总社贫民停尸处简章》，将尸体汇集后运往西乡大义地内标记掩埋。

实际上，天津市内的慈善团体为缓解水灾后的浮棺暴露对卫生防疫的威胁而展开的救助行动更具有实质性意义。1939 年 9 月，中国红十字会天津分会借妥育婴堂空地四段作为临时公墓，呈请市政府批准备案④，发布《中国红十字会天津分会临时公墓及寄存浮柩管理规则》，

---

① 此处资料整理自天津广仁堂：《关于调查变时地方出力人士及难童名籍应役家属公私损失并伤亡人口各项》，附"应注重救济事项"（收容乞丐及投诉票案、借堂设粥厂、掩浮棺立公墓），天津市档案馆，档案号：401206800-J0130-1-000467。

② 天津红卍字会，红卍字会筹划会议记录（内有中国红十字会天津分会卷，天津市掩埋浮棺筹设公墓委员会卷），天津市档案馆，档案号：401206800-J0130-1-000443。

③ 关于公善普及施材总社的资料，整理自天津市广仁堂：《关于调查变时地方出力人士及难童名籍应役家属公私损失并伤亡人口各项》，附应注重救济事项（收容乞丐及投诉票案、借堂设粥厂、掩浮棺立公墓），天津市档案馆，档案号：401206800-J0130-1-000467。

④ 天津特别市公署：《市公署训令为中国红十字会天津分会借妥育婴堂空地设立公墓寄存棺柩》，天津市档案馆，档案号：401206800-J0115-1-000974。

临时公墓期间从"二十八年九月至二十九年三月为止"（1939 年 9 月至
1940 年 3 月），市民在公墓寄埋棺木不收租费，只要有"该管警署区所或
公立医院及公共团体之证明，并有妥实商号保证者"即可葬埋。社会团
体及时的灾后工作，有效地缓解了水灾后可能引发的一系列社会问题。

　　1943 年 2 月，行政院提倡火葬，华北政务委员会令警察局调查天
津市有无火葬情形。① 经调查，第二分局和第六分局界内分别有日本
居留民团和特别行政区②公署所设火葬场两处，均系外人在租界内所
设，国人火葬者极少。4 月，天津市公署工务局从特别行政区公署接管
英租界公墓③，1944 年 3 月，市政府第三科公产股开始接收市内各租
界公墓④，并颁布了《天津特别市政府管理公墓规则》，从此，天津市政
府以各国租界公墓为基础，开始了对公墓的近代化管理，公墓制度也由
此开始施行。此后，公墓管理工作先后由社会局和市政府第三科负责。⑤

　　在接收各租界公墓进行管理的同时，市政府社会局也积极地寻找
地基筹建市营公墓。1944 年 8 月 21 日，社会局同时致函第三科公产
股和财政局⑥，询问"本市边区有无官有空地"，以建立公墓。25 日，

---

　　① 天津市公署：《市属关于奉令饬查本市有无火葬设备转饬六分局派警守卫
万国公墓等事项之训令》，天津市档案馆，档案号：401206800-J0218-3-005781。

　　② 日军于 1941 年进驻英法租界，将其改为特别行政区。

　　③ 即七号路公墓，档案中有时也称作马场道公墓或万国公墓，但与后面所
提私营的万国公墓不同。

　　④ 天津特别市财政局：《本市各公墓奉令移归市府管理》，天津市档案馆，
档案号：401206800-J0055-1-000468；天津特别市财政局：《函经济局为国艺股工目
王永祥仍回公墓服务》，天津市档案馆，档案号：401206800-J0055-1-004990；天津
特别市财政局：《工务局为令转饬工务段将公墓每月所需物品或办公费用查明呈核》，
天津市档案馆，档案号：401206800-J0055-1-004983。包括第六区英租界公墓（七号路
公墓）及六号路（南纬二路）公墓，第十区德租界公墓及第十二区俄国公墓等。

　　⑤ 两次移交资料，见天津特别市财政局：《训令社会局为公墓事项应划归管
理仰派员来府接收》，天津市档案馆，档案号：401206800-J0055-3-005009。

　　⑥ 天津特别市社会局：《社会局函为兴建市营公墓请查明本市边区有无官有
空地》，天津市档案馆，档案号：401206800-J0055-1-005013；天津特别市社会局：
《社会局函为兴建市营公墓请查明边区有无官地》，天津市档案馆，档案号：
401206800-J0055-1-004385。

公产股函复社会局"西头小西关墙子河外，有官地计十五亩余，或可兴建公墓"，遗憾的是，社会局筹建公墓至此也没有了下文。

1945 年 5 月，天津市警察局致函天津市慈善团体公墓筹备委员会，拟购买西营门外杨庄子墓地为警察公墓，此地即 1941 年 10 月筹设公墓委员会各善团认捐所购的拟建公墓的地基，警察局要买此地作警察公墓，说明此地一直未被使用。公墓筹备委员会将此地以半价三十万元卖给警察局。① 警察局购买此地的钱，也由当时的银号捐任，即各善团费力买来的公墓地基，几年后以半价转手于警局，而警察局也并未将此地投入公墓建设。1948 年 5 月，有乡民呈请租种警察公墓地，以裕库收而利生产，被警察局以"另有用途，未便照准"为由回绝。② 一块以公墓为由的地几易其主，却一直以荒置的状态存在。

综上所述，自 1944 年政府先后收回各租界公墓，开始将公墓作为市政管理的一部分后，社会局和警察局的筹建公墓计划始终议而未行，城市公共墓地及其管理制度未能真正建立。

二、公墓制度的建构（1946—1949 年）

1945 年 10 月，国民政府接管天津后，社会局重新接收了前日伪政府统治下的各租界公墓，将马场道旧英国公墓命名为市属第一公墓，花园路德国坟地为第二公墓，广东路英国坟地为第三公墓。③ 1946 年 2 月 14 日，天津市政府公布了市政会议第十九次例会通过的《天津市

---

① 日伪天津市警察局：《关于收送感谢状图纸，药品推销义务票及筹建警察公墓等函件》，天津市档案馆，档案号：401206800-J0218-3-004124。

② 天津市警察局：《秦万峰李封远呈请拟欲租种本局西乡警察公墓》，天津市档案馆，档案号：401206800-J0219-3-032260。

③ 参见天津市公用局：《有关公墓管理等资料》，天津市档案馆，档案号：J0084-1-000657；《津外国墓地改称公墓，社会局将逐一接收》，载《益世报》，1945-02-17。

政府社会局市属公墓管理规则》，统一对市属公墓进行管理。① 5 月 16 日，又公布了市政会议第三十二次例会通过的由地权科拟定的《天津市无主坟墓迁埋办法》②，出于土地利用的考虑，对天津市内的无主坟墓进行了整理。

1947 年 5 月，市政府规范各局执掌，公墓管理全部由社会局移交公用局。在正式移交之前，5 月 5 日，天津市政府颁布了市政会议第七十九次例会通过的由公用局制定的《天津市殡仪馆营业规则》《天津市立公墓组织大纲》《天津市立公墓管理规则》《天津市公用局设立火葬场管理规则》。③ 正式接管后，公用局又拟定了《天津市政府公用局设立公墓火葬场暨整顿义地实施办法》④，建立完善的殡葬管理体制。

在构建管理体制的同时，市政府也开始计划在四郊划地建立公墓。1947 年 4 月，公用局公函天津县政府请其指拨官地，建设天津公墓；7 月，县政府函复"本县尚无适当公产建修公墓"⑤，因此更切实的做法还是扩展原有公墓。1946 年 11 月，社会局即因"马场道公墓经中外侨民陆续葬埋，穴地即将用罄，势必计划扩展"，向市政府呈请接管马场道公墓南墙外毗连空地以备扩展公墓，市政府令地政局财政局对此地产权及详细情况进行了查勘，后将查勘情况指令公用局知照。⑥ 1947 年，公用局接管墓地后，便着手扩展第一公墓。9 月，公用局变卖第一公墓后墙外堆放的大量炉灰，以清出空地增辟穴位。11 月，公

---

① 天津警察局：《公墓管理规则》，天津市档案馆，档案号：401206800-J0219-3-028083。

② 天津市地政局：《函送参事室本市无主坟墓迁埋办法草案等请提会》，天津市档案馆，档案号：401206800-J0101-1-000015。

③ 天津市工务局：《市属公墓管理规则》，天津市档案馆，档案号：401206800-J0090-1-000149。

④ 天津市公用局：《公用局设立火葬场及整顿义地实施办法及迁移棺柩计划草图》，天津市档案馆，档案号：401206800-J0084-1-001554。

⑤ 天津市公用局：《关于设立天津公墓》，天津市档案馆，档案号：401206800-J0084-1-000833。

⑥ 天津市财政局：《公墓义地及会议记录》，天津市档案馆，档案号：401206800-J0056-1-001446。

用局向行政院物资供应局华北办事处借铲车平垫第一公墓后的炉灰地①，并登报公告市民迁移炉灰地内的浮棺。然而，第一公墓周边当时已经不再是市郊荒野，而是成了居住区，有难民在其周围搭盖窝铺居住，且有学校毗邻。公墓的扩展要求拆除难民窝铺，且势必距居民区更近，影响到周围环境，由此引发了民众与政府间的矛盾。②

1947 年 11 月，与第一公墓毗连的第十、十一保国民学校上呈教育局，由教育局函公用局，请将第一公墓之火葬机远移郊野，因"焚葬尸体时，则油腥恶味，漫于全区……现值猩红热猖獗之时，且该墓送葬之举，无时或已，不惟全区居民怨声载道，尤与职校师生健康有关……有碍公共卫生匪浅"。公用局对此以"申请火葬者寥寥无几，且均在夜间举行，查与该校师生并无影响"为由函复教育局，未接受这一建议。12 月 5 日，第六区十、十一两保市民上呈市政府，对第一公墓提出了四点要求：第一，迅速停止扩展该公墓。第二，该公墓穴满后严禁再行埋葬。第三，焚尸炉立即撤销。第四，该公墓由钧府作有计划之迁移。呈文中提到市民"念国家离乱未安，财政困难"，迁移公墓可以缓议，但前三点必须施行。1948 年 1 月，市政府批复拒绝了市民请求。同时，公用局拟具了扩展第一公墓计划呈请市政府核备，并申请将贫民窝铺占用地段拨作扩展公墓使用，得到了市政府的准许。③但难民窝铺一时难觅相当地点迁移，且时值内战，政府首要任务是安定民生，因此经社会局呈请，市政府于 3 月下令缓拆难民窝铺，加之

---

① 天津市公用局：《关于招商承购第一公墓炉灰价款补助扩展墓地》，天津市档案馆，档案号：401206800-J0084-1-000987。

② 有关第一公墓扩建引发的与民众的冲突问题，参见天津市工务局：《市属公墓管理规则》，天津市档案馆，档案号：401206800-J0090-1-000149；天津市公用局：《有关公墓管理等资料》，天津市档案馆，档案号：401206800-J0084-1-000657；天津市公用局：《关于招商承购第一公墓炉灰价款补助扩展墓地》，天津市档案馆，档案号：401206800-J84-1-987；天津市民政局：《扩展公墓》，天津市档案馆，档案号：401206800-J0026-2-000083。

③ 以上内容整理自天津市公用局：《关于招商承购第一公墓炉灰价款补助扩展墓地》，天津市档案馆，档案号：401206800-J0084-1-000987。

平垫第一公墓空地的铲车于 1 月损坏，扩展第一公墓工作不得不暂停。4 月，第一公墓扩展工作再次进行，公用局布告居民各安生业，毋生滋扰。然而，这次居民的反对更加强烈，市民屡次呈文市政府及公用局，要求停止扩展，并于报纸上发文声请。在市民呼吁未果的情势下，5 月，第六区第十、十一保保甲长全体辞职，呈文中谓"我国行宪民主政治正在萌芽，人民对政府自应尽量供献意见，政府亦应博采舆情……但政府关于民间饥苦，毫未察觉，一意孤行，令人气短……地方自治无从办理，保甲长等惟有全体呈请辞职，以谢地方父老，政府既漠视民意，地方自治实无法推进……"至此，民怨已达高潮，市政府不得不与民众协商多次，并达成妥协，市民为政府觅得佟楼一处空地堪作公墓。① 6 月 23 日，市政会议第 139 次例会决议议决通过，第一公墓停止扩展，马场道公墓毗连空地不准再搭建窝铺，新公墓向北郊新开河一带觅地设立，由公用地政财政三局会商办法。此后，公用局再次拟定了《天津市政府公用局整顿义地暨运营公墓业务计划》，并重新颁布了《天津市公用局市营公墓管理规程》。② 8 月，市属公墓全部葬满，市民停止领穴。公用局也开始重新寻找新公墓地基。

此时因系内战时期，天津作为华北的主要战场，每次战后死伤官兵甚多，军用公墓的建立也呼之欲出。1946 年 6 月，军政部天津陆军医院即函请天津市政府拨专用公墓地基，市政府令地政局和社会局与陆军医院会同办理，但三处会商结果，居然是让陆军医院寻找相当地点后，再行商讨，此事遂无下文。③ 1948 年 2 月，联勤总部第六三后方医院再次向市政府申请拨借义地，天津市政府令财政局办理，财政局找到中山门外炼瓦厂地方有空地一段，拟借予作为义地，但后来因

---

① 以上情形参见天津市民政局：《扩展公墓》，天津市档案馆，档案号：J0026-2-000083。

② 天津市公用局：《关于整顿义地及开辟新公墓》，天津市档案馆，档案号：J0084-1-001015。

③ 天津陆军医院：《天津陆军医院函请拨用专用公墓地基》，天津市档案馆，档号：J0101-1-001849。

产权问题未能拨用。① 同年 6 月，抗战戡乱阵亡殉职将士公墓筹建会成立天津办事处，与政府部门联络寻找地基建立公墓，后经查此筹备会并非由国民政府批准成立，而是个人私自发起，因此受到了国民政府的禁止，同时其自身也因经费无着，成立不久即宣告解散。② 因此，整个国民政府时期，军用公墓在天津也没能真正建立。

设立新公墓的努力一直没有成功，现有公墓的扩展也极为有限，国民政府在这一时期的公墓建设上似乎没有什么突破性的进展，但也不能说毫无业绩。除了收归各租界公墓进行管理外，国民政府还对天津市原有的私营公墓进行了统一登记整理。1947 年 6 月，公用局制定了详细的私营公墓调查登记表，对天津市内所有的会馆义地或是私营公墓都进行了统一登记注册，对其收费、组织形式、管理规章、组织人员及营葬人受葬人情况都进行了详细的统计，并要求其定期呈报备案③，将天津市现有的义地和公墓都纳入了政府管理范围之内。

整体而言，民国时期天津公共墓地制度的建立和发展，基本都是在政府的引导下进行的。虽然政府自建的公墓未能有效落成，但政府制订的建立公墓的计划和规范却成为城市公墓管理的制度基础；同时，政府以租界公墓和原有的私营公墓或义地为基础，将公墓纳入了市政管理的范畴，国家开始了对个体死亡的程序化管理，这对丧葬观念和形式的变迁起到了一定的促进作用。

在反复筹建公墓寻找地基劝募经费的过程中，近代化的公墓制度

---

① 天津市财政局：《军用墓地公墓地》第 2 册，天津市档案馆，档案号：J0056-1-001447。

② 有关此筹备会资料，参见天津警察局：《筹建抗战戡乱阵亡殉职将士公墓》，天津市档案馆，档案号：J0219-3-027325；天津市财政局：《军用墓地公墓地》第 2 册，天津市档案馆，档案号：J0056-1-001447。

③ 关于调查私营公墓及私营公墓详细材料，参见天津市公用局：《关于调查各私营公墓》，天津市档案馆，档案号：J0084-1-000986；天津市公用局：《本市各私营公墓登记表》，天津市档案馆，档案号：J0084-1-001019；天津市公用局：《本市各私营公墓登记表》第 3 册，天津市档案馆，档案号：J0084-1-001021；江苏会馆：《江苏公墓工作请示》，天津市档案馆，档案号：J0134-1-000288；浙江会馆：《有关公墓义地分布情况》，天津市档案馆，档案号：J0134-1-000319。

实际已渐渐地被中国人吸收和接受，国民政府以收归的租界公墓和私营公墓、义地为基础，对其进行近代化的公墓式管理，由此实现了中国传统宗族同乡义地形式向近代公墓的过渡。由传统之"义"向近代之"公"的演变，体现着制度、观念和时代的变迁。除了市属公墓外，在1946年登记管理的私营公墓中，由天津商人自办的以"公墓"为名的墓地有4处①，江苏会馆中还同时设有义地和公墓，义地用来暂寄停枢，公墓则用来埋葬。1948年11月至1949年10月，江苏会馆义园组还依照整理旧存灵枢办法，对停枢于义园内的浮棺进行整理并埋葬于江苏公墓内，举行了十二次联合安葬②，一定意义上体现了中国传统会馆义地对自身的调适。同时，政府也将公墓的建设作为城市整体规划建设的一部分，早在1929年政府最初筹设公墓时，即拟在全市四郊建立公墓，计划可敷十年之用。③ 1947年后公用局拟定的设立公墓的实施办法中，则明确将天津市的公墓划分为东南西北四个区，并将十二个区的居民分属各区埋葬。④ 同时，在新建公墓的选址上，也考虑到公墓的地理位置和周边环境，注意公墓对于周边环境的影响和道路交

---

① 此四处分别是1933创办的极乐园公墓，1941年创办的华北公墓，1942年创办的万国公墓及1948年创办的永安公墓。其他多称为"园""宜园""颐园"或是"义园""义地"等。分别参见天津市商会：《天津极乐园公墓简章》，天津市档案馆，档案号：401206800-J0128-3-006976；天津特别市公署卫生局：《王庆霖等呈请筹设华北公墓》第1册，天津市档案馆，档案号：401206800-J0115-1-000679；万国公墓：《万国公墓呈请注册》，天津市档案馆，档案号：401206800-J0025-3-000833；天津市公用局：《关于王辑廷请设立永安公墓》，天津市档案馆，档案号：401206800-J0084-1-001007，另见下文中各私营公墓统计情况。

② 江苏会馆：《江苏公墓工作请示》，天津市档案馆，档案号：401206800-J0134-1-000288。

③ 在全市四郊建公墓的提议，最早是1929年筹设公墓时由工务局提出的，参见天津市特别土地局：《奉市政府训令为据公安局呈为建议警察公墓之官地令查明市区内适宜官地会同履勘呈复核夺》，天津市档案馆，档案号：401206800-J0096-1-000220。

④ 天津市公用局：《公用局设立火葬场及整顿义地实施办法及迁移棺枢计划草图》，天津市档案馆，档案号：401206800-J0084-1-001554。

通的便利性①，这些经验和计划都为后来的公墓建设打下了基础。

三、公墓建构中的政府与善团

天津近代公墓的建立，不是一个地域化的现象，它从一个侧面体现着中国近代化尤其是城市近代化的历史特征。在其筹划和构建的每一个阶段，都有国家总体的规章制度作为依照；同时，公墓管理规则及建立计划等也随着组织机构的变化而变化。对这些条例章程的对比分析②，有助于我们纵向观察近代天津公墓建立过程中所反映的国家政治和社会的变迁，以及公墓制度发展的历史轨迹与时代特征。

1928 年的《公墓条例》③共 16 条，首先规定"各市县政府应于市村附近选择适宜地点设立公墓"，允许私人或私人团体设立公墓，但须经市县政府许可。然后对公墓的位置、环境、墓内建筑和公墓管理等情况作了规定，虽然比较简单，但天津的公墓建设在 1937 年以前，都是以《公墓条例》为准绳的，如 1929 年 11 月天津特别市筹备建筑公墓计划大纲草案中，明确说明公墓之设置"应依照公墓条例第四、五、六、七、八各条之规定"，公墓之管理及办法"依照公墓条例之规定办理之"，公墓委员会章程也是"依照中央公墓条例组织筹备委员会以促进行"。④

---

① 有关此的例子很多，如 1948 年 8 月公用局派人对新开河北端一带公墓地基的查勘报告，见天津市公用局：《关于整顿义地及开辟新公墓》，天津市档案馆，档案号：401206800-J0084-1-001015。

② 1928 年 10 月中央政府颁布《公墓条例》；1936 年 10 月，行政院颁布《公墓暂行条例》；1939 年 3 月，临时政府颁布《公墓条例》(此因系日伪统治时期颁布，基本与 1928 年 10 月的《公墓条例》无异)；1945 年国民政府接管天津后，仍然以 1936 年《公墓暂行条例》为依照)。因此，笔者仅将 1928 年的《公墓条例》和 1936 年的《公墓暂行条例》做一对比分析。

③ 此《公墓条例》见天津市社会局：《公墓规程》，天津市档案馆，档案号：401206800-J0025-3-144。

④ 天津特别市土地局：《奉市政府训令为据公安局呈为建议警察公墓之官地令查明市区内适宜官地会同履勘呈复核夺》，天津市档案馆，档案号：401206800-J0096-1-00220。

天津公墓的建立虽受其自身的社会环境影响，但在总体的设置管理上以中央政府的条例为依托。1936 年，国民政府颁布《公墓暂行条例》，《公墓条例》由此废止。暂行条例共 36 条，相较于《公墓条例》更为详尽和明确，反映了中央政府完善和强化制度建设的努力。首先，暂行条例分为总则、设置公墓、营葬、公墓管理、旧墓处置、罚则、附则七章，对公墓各环节的详细管理与处置内容与措施分列各章。其次，这一暂行条例反映了当时紧张的政治环境，体现了国民政府对军事战略的重视，规定公墓的位置"应不妨碍军事建筑"，并要与"贮藏爆炸物品之仓库"保持一定距离。再次，此公墓条例体现了国民政府将公墓和近代城市人口规划与城市用地相联系，要求"公墓之数目，及每一公墓之面积，应由各市县政府依辖境人口数量酌定比例，分期分地完成"，公墓设置后，"应公告指定该公墓所属区域，嗣后在该区域内营葬者，除法令别有规定外，应于公墓内为之"；且公墓设置"应于不妨碍耕作之山野地为之"；公墓内的设施，除了《公墓条例》中已有的道路花树及围墙外，还增加了泄水设备，并得附设火葬场，体现了对城市近代化建设的设施规划。最后，暂行条例的各章规定中都反映了政府管理的加强。设置公墓时，须将公墓的设置地点、设计详图、经费及预算、各项章则、设置人及管理人名单呈报省政府核准，院辖市政府则径咨内政部；在公墓管理上，市县政府"应于每年年终，将辖境内公墓办理情形，呈报省政府核查转咨或径咨内政部"。从 1937 年到 1948 年，国民政府统治的阶段，天津市政府都是按照此暂行条例进行管理和规范工作，市公墓管理规则的订立，也以此为依据。1947 年 6 月，天津市政府对各私营公墓的登记备案，也是根据《公墓暂行条例》的规定来判断其是否符合标准。① 中央公墓条例的变化，整体上代表着中国公墓制度的发展状况，同时也直接影响到各地近代公墓制度的发展变化。

---

① 有关此处的例子很多，如天津市公用局：《关于调查各私营公墓》，天津市档案馆，档案号：401206800-J0084-1-000986，其中的 1947 年 10 月 1 日天津市公用局给各单开私营公墓的训令等；以及天津市公用局：《关于王辑廷请设立永安公墓》，天津市档案馆，档案号：401206800-J0084-1-001007，其中对永安公墓的核查等。

　　比之于中央公墓条例而言，天津筹备公墓的章程则也根据不同时期的环境而多有变化，在普遍性规制基础上体现出一些较为细节的阶段性、地域性特征。① 不同阶段的筹备委员会，其组织结构和职能也各有不同。公墓筹备委员会从建立到消亡的过程，实际也是政府将社会公共事业完全纳入管理职能的过程，体现了政府职能的近代化转变。四个阶段的委员会章程主要内容如表1所示。

表1　筹备公墓委员会章程对比②

时间	名称	依照条例	组织构成	任务
1929.10	天津特别市筹备建筑公墓委员会	《中央公墓条例》	土地局、社会局、公安局、卫生局、广仁堂、体仁广生社、引善社、崇善东社、广济补遗社、中国红十字会天津分会、中国慈善联合会、备济社、公善社、北善堂、济生社、世界红卍字会天津分会	一切筹划事项，除依照《中央公墓条例》外，秉承市政府命令办理

---

① 笔者仅将各阶段最终较为完善的确定章程进行分析，这里主要有四个章程，分别为：1929 年 10 月，《天津特别市筹备建筑公墓委员会章程》；1937 年 5 月，《修正天津市建筑公墓筹备委员会章程》；1937 年 11 月，《天津市治安维持会建设公墓筹备委员会章程草案》，以及 1940 年 5 月，《天津市善团筹设公墓委员会章程》。需要说明的是，1944 年天津日伪政府将公墓收归政府管理以后，筹备公墓委员会就已经消亡了。这是因为大体上在建设公墓的前两个阶段内，政府并无专门的机构来组织此事，筹建公墓的工作虽由政府发起，但实际的完成和落实需要政府各部门及社会力量共同进行，因此委员会章程主要规定委员会的组织机构和任务问题。市政府将公墓建立和管理全部纳入自己的职能范围后，指派了专门机构管理和建设公墓，委员会便失去了存在的意义。

② 四个筹备委员会的章程内容，分别取自天津市特别土地局：《奉市政府训令为据公安局呈为建议警察公墓之官地令查明市区内适宜官地会同履勘呈复核夺》，天津市档案馆，档案号：401206800-J0096-1-00220；天津市广仁堂全宗：《公安、工务、卫生局函为召集会议筹划建筑公墓》，天津市档案馆，档案号：401206800-J0130-1-000383；天津特别市财政局：《关于万国赛马会捐助建筑公墓地亩》，天津市档案馆，档案号：401206800-J0054-1-004669；中华民国红卍字会天津分会：《筹设公墓》，天津市档案馆，档案号：401206800-J0135-1-000049。

续表

时间	名称	依照条例	组织构成	任务
1937.05	天津市建筑公墓筹备委员会	《公墓暂行条例》	市政府秘书处第四科科长为当然委员兼任主席,其余为:社会局、警察局、财政局、工务局、教育局、各慈善团体	(1)筹集公墓经费 (2)公墓之设计建筑 (3)调查旧有坟墓 (4)宣传公墓及其他事务
1937.11	天津市治安维持会建设公墓筹备委员会	《公墓暂行条例》	治安维持会总务局第二科科长、第三科科长(兼主席)及卫生股主任为当然委员,其余由社会局、公安局、财政局、工务局、卫生局各派一人为代表,并聘请地方士绅三人充任	(1)筹划公墓经费 (2)采择公墓地基 (3)公墓之设计建筑 (4)调查旧有坟墓 (5)宣传工作及其他事物
1940.05	天津市善团筹设公墓委员会	《公墓暂行条例》	以本市各慈善团体组织之,敦聘市长及警察财政社会卫生各局长并天津县县长、知名士绅为名誉会长及名誉委员	(1)办理筹备公墓地基事宜 (2)办理筹募公墓基金事宜 (3)办理公墓之设计建筑事宜 (4)办理宣传公墓及其他事项

由表 1 可知,1929 年政府开始筹设工作时各慈善团体都单独列出,其位置和重要性与政府部门几乎平行,甚至慈善团体比重大于政府;此次筹备会议是由卫生局召集的,并由其兼任主席。在 1930 年 5 月委员会拟定的《天津特别市公墓组织待续意见》中,还明确提出"公墓管理即以公安、卫生、工务、土地各局及各慈善团体轮流值年",计划中的公墓可以由各慈善团体管理。[1] 1937 年 5 月,组织构成中有了等级上的变化,委员会主席由市政府秘书处直接兼任,而非下属某局;各局除了社会局外,公安局改成了警察局,土地局变为财政局,卫生局变成

---

[1]　此待续意见可见天津市特别土地局:《奉市政府训令为据公安局呈为建议警察公墓之官地令查明市区内适宜官地会同履勘呈复核夺》,天津市档案馆,档案号:401206800-J0096-1-00220。

教育局，还多出了工务局，这是由政府内部机构职能的变化所致。同时，各慈善团体不再单列，而作为一个整体与各局并列存在，明显体现出慈善团体所处地位与作用的变化，政府有意加强了自身管理。值得注意的是，早在1936年4月卫生局召集筹备委员会开会，拟定委员会办事规则（后来由于卫生局被裁无果而终）时，在拟定和讨论修改办事规则的过程中，很多委员提议应该将一些执掌交由慈善团体负责，以其"熟悉本地情形，民众素所信仰，诸事易于着手襄助……不致发生反感"等，体现了社会各界对各慈善团体的依赖。但是政府虽有利用各慈善团体之心，却并不希望其拥有更多的权力，办事规则上呈后并未得到市政府的核准，因"施工建筑及竣工后之管理，应归本府及卫生局主持……经核所拟办事规则，于执掌一项，列有关墓地管理及公墓实施建筑工作事项……未尽符合"。可见，政府此时已经决意将公墓管理权力收回，各慈善团体的作用只是帮助政府筹措经费寻找地基，公墓建成后就与之无关了。

1937年11月，天津沦陷后，筹备委员会以治安维持会总务局人员为主席，此时警察局变回公安局，教育局变回卫生局，社会、财政、工务局皆未变，而各慈善团体已不见踪影，取而代之的是"地方士绅三人"。盖因日本刚刚接管天津，此时自然要压制各社会团体各种活动，以免发生动乱，但筹设公墓仍然需要借助社会力量①，因此只能聘少数地方士绅充任委员。1940年水灾过后，政府无力进行掩埋浮棺筹设公墓的工作，遂依靠各慈善团体的力量。而各善团也积极配合，任劳任怨；在掩埋浮棺结束后，又继续负责了筹设公墓的工作。此时的筹备委员会全部由慈善团体组成，是慈善团体发挥功能最全面的一次，一切工作由其负责，只"敦聘市长及警察财政社会卫生各局长并天津县县长以及知名士绅为名誉会长及名誉委员"以利工作的推进。档案资料表明，社会各慈善团体其实根本无意与政府争获权力，政府对此似乎也了然于胸，放心大胆地将这些工作交付善团，根本不会引起对自身

---

① 此次筹备委员会所查勘的地基，就是承接了前两次委员会慈善团体所捐的地亩。

权力的威胁。社会团体虽有心参与社会和政治事务，却是在承认现有政府并与其合作的精神下进行各项工作。掩埋浮棺和筹设公墓的工作，政府从始至终都没有支给任何经费，除了警察局调查界内浮棺进行协助外，也没有从其他方面给予帮助。但是每一次工作圆满结束后，委员会都要宴请市政府及各局的官员，并接受政府颁发的奖状。这与中国传统社会中社会精英对国家社会职能的补充在性质上是一样的，不同的只是加入了近代化的工作方式和西方社团的理念。至1944年日伪政府收管了各租界公墓，将其作为敌产管理，后来又移交社会局，公墓的管理和建设逐渐成了政府职责的一部分，有了专门的部门负责。1948年由个人发起的抗战戡乱阵亡殉职将士公墓筹建会，更因"以阵亡将士公墓或国殇墓园，依法应由当地地方政府筹建，均非私人以任何名义或醵资方式所可代为办理"，受到了国民政府的严禁。[1]

委员会的任务在筹备初期还不很明确，只笼统地负责一切筹划事项，后来，其任务基本定位在筹措经费、寻找地基、公墓建筑设计及宣传几个主要方面，当然最主要的还是经费和地基问题，同时还要负责在调查和处理旧有坟墓的基础上建立新的公墓。

除了上述中央颁布的公墓条例和天津筹备公墓委员会章程外，津府颁布的公墓管理规则也有助于我们了解天津公墓制度的演化。天津的第一个公墓管理规则是1937年5月针对万国赛马会所捐地亩而拟定的《第一公墓管理规则》[2]，共十三条，是根据天津当时的现实状况，依中央《公墓暂行条例》而定的；1944年，天津特别市政府收管旧英租界内六、七两号路公墓，颁布了《天津特别市政府管理公墓规则》[3]，

---

① 天津警察局：《筹建抗战戡乱阵亡殉职将士公墓》，天津市档案馆，档案号：401206800-J0219-3-27325。

② 天津市广仁堂全宗：《公安、工务、卫生局函为召集会议筹划建筑公墓》，天津市档案馆，档案号：401206800-J0130-1-000383。

③ 天津特别市财政局：《关于公墓文件（管理公墓规则）》，天津市档案馆，档案号：401206800-J0055-1-002246。

共十五条；1946 年，天津市政府社会局颁布了《市属公墓管理规则》①，共十九条；1947 年公用局接管后又颁布了《天津市立公墓管理规则》②，分为总则、认穴、营葬、祭扫、附则五章，共二十八条。总体说来，公墓管理越来越制度化，也愈加详细和完善。

作为社会舆论阵地的近代媒体，在近代天津公墓的筹设工作中，也扮演着重要角色。我们对三册《〈益世报〉天津资料点校汇编》中有关公墓的报道做了统计，发现从 1915 年至 1949 年，《益世报》有关公墓的报道共有十五条左右，数量有限，基本都是对政府设立公墓的报道，如此少量的报道似乎并不能起到足够的宣传作用。但是我们从对档案的梳理中发现，在天津义地浮棺的整理迁移和公墓筹建的具体过程中，报刊媒体着实发挥了不小的作用。这首先表现在整理义地和浮棺时坟墓的招领和迁移工作上。1940 年，天津市善团掩埋浮棺筹设公墓委员会在 5 个月内就完成了对天津市界内的浮棺的掩埋，其工作办法即调查后依次将各区浮棺集中一处，"其有主者，均经登报限期招领，期满后，即行择地标记掩埋，并摄影存查"③。1946 年 5 月颁布的《天津市无主坟墓迁埋办法》④中规定，土地所有人在声请无主坟墓迁埋获得批准后，"由地政局发给布告，交土地所有人张贴坟墓所在之显著地方，并由土地所有人将迁移地点日期刊登本市日报三日以上，此项日报应检呈本市地政局备查，布告及登报经过二十日无特殊情事发生者，即由土地所有人订定日期，呈请地政局警察局派员监视迁埋，并于迁埋完竣后，将迁埋情形呈报地政局警察局备查"。1947 年 5 月公用局的公墓管理规则中提到"购穴证书如有遗失或购穴经葬埋自愿转让者，须

① 天津警察局：《公墓管理规则》，天津市档案馆，档案号：401206800-J0219-3-028083。

② 天津市工务局：《市属公墓管理规则》，天津市档案馆，档案号：401206800-J0090-1-000149。

③ 天津特别市公署卫生局：《关于筹办公墓事项》，天津市档案馆，档案号：401206800-J0115-1-000477。

④ 天津市地政局：《函送参事室本市无主坟墓迁埋办法草案等请提会》，天津市档案馆，档案号：401206800-J0101-1-000015。

向本公墓声请并登报声明，候一个月后，如无人异议，始得注销原证另发新据"。可见在政府整顿义地和迁移坟墓的过程中，报刊媒体不仅可以帮助迁移工作快速进行，而且可以作为政府工作的旁证。

其次，政府在筹设和扩展公墓的过程中，也曾利用报刊来寻找地基和发布告示，民众也利用报刊来申诉自己的态度。报刊成为一种沟通的工具，将政府与民众联系起来，使二者的交流更加便利。1941年5月，天津市善团筹设公墓委员会为了寻找地基，登报征求，售地者有多起。8月，委员会购置杨家庄地基草契成立，再次登报声明。最后委员会"支征求公墓地基登报三种广告费洋一百六十六元七角二分，支购地声明《事庸报》广告费洋一百二十元"。① 1948年8月，公用局寻找地基建立新公墓，多次勘察无果，便"拟于民国日报登广告三日，凡在该区范围内有地出售者，来局登记办理洽购"。② 报刊对于公墓建立的帮助是显而易见的。1947年，公用局扩展第一公墓，登报招商承购公墓后墙外之炉灰，广告稿拟为"炉灰贱卖：第六区存有大量炉灰出卖，有意购买者请到公用局第三科接洽"。政府已经开始利用报纸来招商办公，然后又登《民国日报》一天，公告市民三日内迁移此炉灰地段内的浮棺。后来，第一公墓的扩展受到民众的阻挠，民众于1948年4月22日之《博陵报》及24日之《大公报》发文说明扩展公墓对其生活的切肤利害，但"言者凿凿，听者渺渺"③，没有得到政府的重视，后来终于导致第六区第十、十一两保保甲长全体辞职。可见，当时无论民众还是政府，都已经将报刊传媒作为一种工具，借以传递信息来达到自己的目的。

---

① 天津红卍字会：《红卍字会筹划会议记录》（内有中国红十字会天津分会卷，天津市掩埋浮棺筹设公墓委员会卷），天津市档案馆，档案号：401206800-J0130-1-000443。

② 天津市公用局：《关于整顿义地及开辟新公墓》，天津市档案馆，档案号：401206800-J0084-1-001015。

③ 天津市民政局：《扩展公墓》，天津市档案馆，档案号：401206800-J0026-2-000083。

四、时空比较：天津公墓建构的特征

如何在传统社会文化和习俗的社会生活中，建构具有现代性的城市公共墓地制度，无论对于政府还是社会团体，都是一个必须面对的时代性课题。这一时期的公墓筹建管理和丧葬形式变化，体现了中国传统丧葬观念向近代的变迁。合理、顺俗（顺从习俗）并予以引导和加以改造，是这一制度建构和落实的基本路径。

其实，政府对无主尸骸的掩埋，既是中国传统政治礼教的要求，也是政府善政的表现。《礼记·月令》中即有"掩骼埋胔"之说。宋代时，以漏泽园为名的类似于公墓的国家慈善性质的葬地在全国推广，收容和埋葬各地的无主尸体，由僧人负责专门看守，每月支给薪水。所不同的是，传统社会中政府是基于礼制和善政对无主尸骨进行义务掩埋；而近代的公墓制度，是政府对其管辖范围内死亡民众葬地的统一管理。此外，中国古代政府对于尸体的收容和管理，是在中国传统儒家文化的背景下进行的，而近代天津公墓的建立，是在西方殖民文化的影响下，将公墓作为一种新式的市政设施引入的，两者有着不同的历史背景和文化根基。宋朝漏泽园的推广，与当时所实行的兵役制度有很大关系[1]；而近代天津公墓的形成，也与清代以来愈来愈严重的停丧不葬所导致的浮棺大量存在情况密切相关。现实的社会状况要求政府对居民的丧葬惯俗和死亡行为进行管理，以适应近代城市变迁的整体要求。

天津公墓的建立是民国政府推广公墓制度的组成部分。1929 年的初始筹建和 1937 年再次启动筹建，都是顺应国民政府《公墓条例》(1928)和《公墓暂行条例》(1936)颁行而展开的。但与全国整体状况一样，天津的公墓建立缓慢，效果不佳。[2] 1949 年 1 月 15 日，天津解

---

① 有关宋代漏泽园的分析，参见邓沛：《漏泽园——历史上最早的公墓》，载《文史杂志》，2009(4)；张新宇：《试论宋代漏泽园公墓制度的形成原因和渊源》，载《四川大学学报(哲学社会科学版)》，2008(5)。

② 有关中国公墓建立的整体状况，参见伍野春、华国梁：《民国时期公墓制的创建与演变》，载《民国档案》，1995(2)。

放，人民政府接管天津后，市公用局开始重新拟定各市属公墓和私营公墓管理规则，并调查各私营公墓团体义地及乱葬岗等，新公墓迅速建立，公墓制度真正得以推广和落实。①

西方的公墓发展从中世纪到现代经历了教堂墓地—乡村式墓园—草坪式墓园—纪念式墓园—生态式墓园的演变。② 中国近代公墓制度的建立，是在中西碰撞冲突融合下逐步形成的。公墓制度的引入，既继承了部分西方传统乡村和草坪式墓园对公墓环境的一些基本要求，又受到19世纪末20世纪初的纪念式墓园简洁统一风格的影响，同时也受制于中国自身传统文化习俗的束缚，在诸多因素碰撞融合中，建构了中国近代最早的一批公墓。如1937年卫生部颁发的训令中规定："公墓须注意美术化，凡筑坟之形式，植树之种类，排列之顺序与碑碣之长短、广狭竖立之方式，皆宜由部规定，务使涉足公墓者由肃然起敬，沛然生游兴之感，不可任葬户各自为政，致样式参差，有旧时丛葬阴惨之象……据查公墓墓地图案碑碣式样，与夫建筑公路栽植花木等部，须公墓条例各有规定。"③当时人们既注意到了公墓整体环境的美化，同时也注意到了公墓的整体的简洁划一。其后，中国现代化过程中公墓的推广和改革，则顺应了20世纪以来世界主流的墓园发展趋势，即生态式墓园，节约合理地用地以及注重墓地与自然的和谐统一成为墓园规划的目标。④ 中国公墓的发展，始终是与世界公墓的发展

---

① 此处论述见天津市公用局：《公用事业类》（公墓部分），市人委：《关于管理私营公墓暂行办法》，天津市档案馆，档案号：X152-C-158。

② 参见张文英：《美国墓园的发展与演变》，载《中国园林》，2009(3)；叶莺、高翅：《墓园发展概述》，载《广东园林》，2008(3)。

③ 天津市广仁堂全宗：《公安、工务、卫生局函为召集会议筹划建筑公墓》，天津市档案馆，档案号：401206800-J0130-1-000383。

④ 吴畏、周晓路：《生命的追忆——安徽省望江县殡仪馆及公墓区修建性详细规划实践解析》，载《江苏城市规划》，2010(12)；刘国军、杨德慧等：《花园式公墓发展战略研究》，载《长沙民政职业技术学院学报》，2010(2)；文传浩、常学秀等：《论我国城市生态园林公墓建设及其发展》，载《城市环境与城市生态》，1998(3)；上海市殡葬管理处：《上海市公墓业发展的新目标——人文生态》，载《社会福利》，2007(6)。

趋势相契合的，受到世界墓园风格的影响。

中国最早的近代性质的公墓并非政府筹建，而由私人在上海创设。天津情况亦复如是。1933 年，商人董雨仓、杨荫轩等人经呈准市政府，建立极乐园公墓，并致函天津市商会，给予其半价优待券，请其帮忙宣传。略谓："公墓为新政之一条，例早经国府颁布取缔停柩……思革新去旧，固贵有国家法令开其先，而草偃风行尤赖以人民财力……本园各同志有鉴及此，斯募集资本在南郊八里台东吴窑村购地数十亩……惟因风气未开，事属创举，非有热心公益之士鼎力赞助广为宣传，实不足以新社会之耳目，而启人民之认识素养……"同时，还制定了十分详细的管理章程及不同等级的穴价和墓碑价格①，这是天津最早的以公墓为名的、具有详细管理规程的私人公墓。1947 年，公用局重新对市内的所有会馆、义地及私营公墓进行调查登记，对其进行规范管理。由此，天津传统的各个义园也都向公墓的管理机制转化。②1949 年，人民政府刚刚接管天津后，对私营公墓进行了一次彻底的调查，这可以作为我们了解民国时期天津私营公墓状况的依据。现将统计列于表 2。

---

① 后来，极乐园公墓因债务问题于 1936 年被部分查封，1937 年又被中实银号接收。参见日伪天津市警察局：《关于准领陈兰斋尸体及极乐园公墓被中实银号强行接管等问题的文件》，天津市档案馆，档案号：401206800-J0218-1-003274；天津地方法院及检查处：《极乐园公墓杨宗愚中实银号张实异议》，天津市档案馆，档案号：401206800-J0044-2-045381；河北省高等法院天津分院及检查处：《极乐园公墓杨宗愚中实银号张实执行异议》，天津市档案馆，档案号：401206800-J0043-2-020814。

② 在此之前，很多义地颐园都没有具体的管理规程和规范的入葬登记手续。天津市公用局：《关于调查各私营公墓》，天津市档案馆，档案号：J0084-1-000986。参见 11 月 1 日公用局训令各单开公墓后附注意事项：(1)附发登记表式由申请人参照附注各项依式填造三份，(2)设计详图应将墓园区分如成年区免费区及厅堂屋宇花树道路泄水设备等详实绘图，(3)经费预算应将全年度经费来源及业务收支造具预算表，(4)各项章则应将该公墓详章管理规则暨收费项目及数额并一切规章附入，(5)设置人及管理人名单应列明姓名年岁籍贯住址担任职务及任职日期等项造具名表。以上每项造具三份，以凭存转，并于每份文末签盖各该公墓图章藉便识别。

表2 1949年天津市私营公墓调查表①

公墓名称	设立时间	面积	已埋棺柩/具	每年租费/元	永租费/元	备考
福寿园	民国二十九年	七亩	620	一二百三四百		四区王串场
庆生园	民国二十九年	四亩八分	280	三四百		四区墙子大街
庆生东园	民国二十九年	二亩半	310	二三百		四区墙子大街
东升颐园	民国二十九年	二亩	300	一二三百		四区葛家房子
东方颐园	民国二十九年	二亩半	280	一二三百		四区墙子四号
新记	民国二十九年	二亩半	320	一二三百		四区墙子八号
东亚存灵社	民国三十七年	一亩四分	21	三四百		四区墙子五号
山东义地	民国二十二年	四十亩	知名200余具，不知名数百具	无		限本省人埋葬，六区大营门外529号
山东登莱义园	清光绪甲午年	五十亩	200余	无		限本省人埋葬，六区大垬外
华北公墓	民国三十年	十一亩八分	1500		5000	六区吴家窑长春道大安里
永安公墓	民国三十七年	十二亩	294		7000	六区吴窑大街
万国公墓	民国三十一年	九亩七分	431		5000	六区吴窑大街
极乐园	民国二十二年	十八亩余	1450		5000	六区吴窑大街
俄国公墓	民国十三年	十三亩九分	900余	无	无	限该国人埋葬，五区
犹太公墓	民国前十二年	十一亩	380	无	无	只限犹太教人，五区
北方宜园	民国七年	四亩四分	200余	1800		西头芥园大街

① 天津市公用局：《公用事业类》（公墓部分），市人委：《关于管理私营公墓暂行办法》，天津市档案馆，档案号：X152-C-158。各公墓收费价格是按照1949年的价格统计的，不是民国时期的情况，但仍然可以反映各私营公墓收费价格的高低。另，笔者对地址的详细程度进行了缩减，有的只具体到区。

续表

公墓名称	设立时间	面积	已埋棺柩/具	每年租费/元	永租费/元	备考
三兴公司	民国二十九年	六亩余	500	1800		西头芥园大街
长安颐园	民国二十九年	八亩余	260	1200		芥园大街五十五号
阖津颐园	民国二十一年	四十亩余	2000余	2000		西头习艺所南一号
福寿园	民国元年	二十亩余	1000余	1000		小西关立兴里一号
江苏公墓	民国五年	一百一十余亩	2000余		6000	三区白庙村菜园子
浙江公墓	民国十九年	四十余亩	1500	无	无	只限本省人埋葬,四区唐家口子东局子小马路
浙江义地	民国三年	五十余亩	1700	无	无	只限本省人埋葬,六区黑牛城
乐仙境东园	民国二十九年	四亩余	210	2300		九区邵公庄
乐仙境西园	民国二十六年	三亩弱	220	2300		九区邵公庄
乐仙境北园	民国三十六年	一亩半	8	1500		以上三园正式负责人为解崇林
福星瘗园	民国十年	二亩七分	210	1500元		八区富兴花园
安徽义园	民国六年	四十九亩	1450	无	无	只限本省人埋葬,九区
广东山庄	民国十七年	四十亩	1700	无	无	只限本省人埋葬,四区
闽粤义地	清乾隆三十一年	七十余亩	3900	无	无	只限本省人埋葬,五区小孙庄马路街
福建义园	民国七年	十二亩二分	328	无	无	只限本省人埋葬,四区唐家口

续表

公墓名称	设立时间	面积	已埋棺柩/具	每年租费/元	永租费/元	备考
江苏义园	民国前七年	三十余亩	停柩600余		480/960/1440/1920	六区汕头路四十八号
浙江义园	民国前二十年	五十余亩	停柩1200余		480/960/1440/1920	六区汕头路五十二号

依据表2来看，当时天津市共33处私营公墓，建于民国以前的只有5处，且其中4处为各省的义园，另一处为犹太公墓。其余则多为民国以后建立，各省义地多为免费入葬，少数有收费区。当时政府公墓迟迟没有建成，直至1944年收回各国租界公墓后，国人始可申请葬于各收归的租界公墓内。民国时期，各义地、义园承担了大部分津市市民的埋葬工作，弥补了政府在公墓方面的不足和缺失。但由于各私营公墓多收费较贵，很多贫民无力负担，而各会馆义地虽设有免费区或者全部免费，却只收葬本省人士，故近代天津散葬的棺柩仍然屡见不鲜，坟墓的迁移整理一直是政府筹设公墓的一个基本问题。

私营公墓除各省的义地外，其余多为津市商人自办。与政府相比，商人多依其充足的资本和原有的地基建立公墓，且其建立目的具有一定的营利性质，虽然一些私营公墓内设有免费区，但穴位毕竟相对较少。因此，要想建成能真正服务于全体市民的大众化公墓，仍须由政府出力筹办。

五、公墓与近代城市文明的建构

1928年6月天津被确定为特别市以后，天津城区的范围不断扩展并重新规划，天津的城市建设逐步进行，新的城区功能和城市空间渐渐确立。公墓作为城市建设的一个方面，与其他城市化因素共生共进，相互影响，共同促成了天津的城市化和现代化进程。

近代天津开埠以后，新的丧葬文化和丧葬形式逐渐传入。1919年7月30日，《益世报》一篇文章《焕然一新之大出丧》，报道了宜兴埠温支英对其太夫人的发殡情况："特合中外新旧一炉而治之，凡从前之旧牌、旧伞一律除去，特制新花球、新光圈以辉映于新亡人棺柩前。以一新野老村夫之耳目，其中有少明新事者莫不啧啧称羡……"①其后，《益世报》又报道一些政界、学界、警界的名人丧葬和国葬公祭等典礼，多半采用新式的悼念仪式（如降半旗，开追悼会，追述亡人生前事迹，进行演说，行鞠躬礼，献花圈、送挽联和匾额等）。② 传统因素也夹杂其中③，可谓新旧杂陈，表现出丧葬时代转型中的过渡状态。在公墓建设方面，平等简约的丧葬观念得到张扬，这主要体现在两个方面：一是对于购穴者身份的规定，如 1944 年颁布的《天津特别市政府管理公墓规则》中第一条即规定："凡本市居民，身家清白，有正当职业，不限国籍，均可购买公墓穴位"；1946 年社会局的管理规则中定为"凡本市市民或客居及侨居本市之中外人士，均有申请领穴之权"。1947 年，公用局的管理规则中又说"本公墓为谋求人类存亡俱妥，以表彰名绩，故不限国籍，不论宗教，不分阶级，均可入葬"，愈来愈体现了公墓"公"的性质。二是对于每棺所占的穴数进行限制。从 1944 年的"倘一穴不敷应用，每添一穴，须照原穴增价五倍，但一墓不得过三穴，用示限制"，到 1946 年的"每一死亡者不得占用两穴以上之面积"，再到 1947 年的"限一棺只占一穴"，对穴位进行限制，用以节约墓穴，并且规定不许将贵重物品等殉葬。近代公墓的建筑，作为殡葬改革的一个环节，体现着近代社会背景下殡葬文化的变迁。

20 世纪二三十年代的天津，在城市空间方面已经开始形成了新的格局，中心商业区逐渐向城市南部租界一带发展，1928 年以后南移到

---

① 《焕然一新之大出丧》，载《益世报》，1919-07-30。

② 《益世报》中这样的例子很多，如 1919 年 5 月 12 日，女师范开追悼会；1920 年 10 月 20 日，学界哀悼李巡阅使；1926 年 12 月 23 日，各界追悼李子香；1927 年 3 月 29 日，教育界追悼刘郁周；1927 年 7 月 10 日，官绅各界追悼张心元，以及对孙中山的和一些警员的追悼和纪念；等等。此处不一一列举。

③ 1917 年 10 月 16 日，《益世报》报道的"周夫人灵柩过津记"，有"金、鼓、伞、轿、松、童男女数对，松伞数柄，松鹤、松鹿均各数对，影亭一座"，都是传统的中国殡葬文化的象征。

法租界梨栈、天增里一带。新的城市空间布局要求道路交通的调整,道路交通的改善与城市空间分布的调整之间又相互影响和互相制约。这自然牵涉到天津浮棺的整理、公墓的建立选址以及公墓的管理等方面。

首先,开埠以来天津成为近代华北的铁路枢纽之一,而铁路的建立是导致天津浮棺问题产生的一个直接原因。"盖缘铁道未筑之先,其处本属丛葬之地,轨道既敷,路基高阻,水难畅泄,遂至积淤,迨交通渐繁,贫民互葺村屋,零星杂处营利者,择地排起横舍,租予人居,其筑居之处,或将旧棺挪弃,或即填土积压,而其空间之处,则愈形杂凌乱,生人枯骨,两不分别,以成今日之现状……"①公墓建立也由此被提上了议事日程。此外,由于铁路日日搭载乘客,地邻商埠,两旁的浮棺对于中外观瞻和市制极有影响。虽然天津近代公墓建设进展迟滞,但对铁路两旁浮棺的整理工作却从未停止。1930年,筹备委员会确定的《公墓组织程序待续意见》,即决定"新车站至老龙头铁路两侧之浮柩,应即尽先迁移以重卫生,而壮观瞻"②。1931年1月,筹备委员会开会讨论迁移北宁铁路东站总站间铁路两旁棺柩。③ 1937年的《第一公墓管理规则》,明确规定"第一公墓设置后,凡在市内铁路两旁停柩浮厝及暴露棺柩,统限于三个月以内迁入该公墓地内葬埋……"1948年7月,天津市政府公用局成立整顿义地委员会,对市内的12个区分别予以整顿,但另划定东车站至总车站铁路两侧60公尺(1公尺=1米)以内为试验区,先由该试验区起始整顿。④ 可见政府对于铁

---

① 《东站铁道外棺柩累累》,载《益世报》,1929-02-27。

② 天津市特别土地局:《奉市政府训令为据公安局呈为建议警察公墓之官地令查明市区内适宜官地会同履勘呈复核夺》,天津市档案馆,档案号:401206800-J0096-1-00220。

③ 天津市特别土地局:《奉市政府训令为据公安局呈为建议警察公墓之官地令查明市区内适宜官地会同履勘呈复核夺》,天津市档案馆,档案号:401206800-J0096-1-00220。

④ 天津市公用局:《关于整顿义地及开辟新公墓》,天津市档案馆,档案号:401206800-J0084-1-001015。

路两旁义地整顿的重视。

同时，道路交通的修建和完善，也对城市空间的重构和公墓的建立有很大的影响。1938 年 7 月 27 日，市民王庆霖、沈兆凤、房松龄呈请市政府，拟在佟楼地方设立公墓一处，并拟好了公墓章程草案，地基和经费也已计划妥当，市政府令警察工务社会卫生四局查勘后，认为公墓地基应退让马路线三分之一，并将此情况批示王庆霖等人，王庆霖等人未做出回应，从此，华北公墓的筹建便搁置了。1941 年 5 月，房松龄等人再次呈请建立华北公墓，市政府按此前的议案，令其"东面应退三十五尺二寸，西面应退让三十七尺八寸"，房松龄等遵照退让路线筹设进行。① 1941 年左右，华北建设总署天津市建设工程局修筑天津市内第七号线和第二号线路，对路段内的居民房屋和坟墓都做了给价迁移。第七号线路共迁移房屋 406 间，坟墓 19 座；第二号线路共迁移房屋 1879 间，坟墓 145 座。②

此外，公墓的存在也促进了相应道路的改善和修筑。1947 年 10 月，公用局上呈市政府，因第一公墓至马场道灰渣路"年久失修，坎坷不平，每逢阴雨，尤属泥泞难行"，要求对此段路进行修整，"查该路为交通要道，并为中外人士祭扫必由之路，亟需整饬，以利交通"。③ 此外，政府于公墓的选址上，对交通条件也极为注意，既要与铁路大道和要塞保持相当之距离，又要在附近有相当之公路以便人们祭扫运柩。

其次，河道疏浚对于坟墓整理迁移的影响。开埠以后，天津近代对外经济贸易的迅速发展，对内河航运和海运都有了更高的要求，海河的治理势在必行。在治理海河的过程中，运河沿线的坟墓也不得不进行了整理和迁移。1930 年 12 月，整理海河委员会挖掘新引河开工，

---

① 天津特别市公署卫生局：《王庆霖等呈请筹设华北公墓案卷》第 1 册，天津市档案馆，档案号：401206800-J0115-1-000679。

② 华北建设总署津工程局：《关于土地买卖迁移坟墓调查补偿费等清册》，天津市档案馆，档案号：401206800-J0089-1-000193。

③ 天津市公用局：《关于修整第一公墓至马场道灰渣路》，天津市档案馆，档案号：401206800-J0084-1-001001。

亟应对所有河基线内之坟墓进行迁移，因"旧年在迩，迁移坟墓尤与乡村习俗相违，势必提前赶办，以利工作"。故整理海河委员会总务处以购地费 6 万元项下款先用做迁移坟墓费，对有主坟墓，每座发价 30 元令其自行迁移，至 1931 年 5 月，共迁移新引河河基线内有主坟墓 519座，无主坟墓前后共 20 余座，共计花费洋 15600 余元；8 月，又迁移了屈家店船闸添购地亩内的有主坟墓 13 座，无主坟墓 3 座。① 1931 年9 月至 1932 年 8 月，整理海河委员会又先后进行了 3 次迁移②，一是迁移放淤区域及洩水河线内有主坟墓 592 座，无主坟墓 16 座，无主尸骸 9 具；二是在培修北运河西堤及永定河改道的过程中，迁移有主坟墓 97 座，无主坟墓 65 座；三是为了建筑放淤区域，迁移各村围堤坟墓共约 450 座。河道的疏浚和整理，造成了天津市内共计 1700 余座坟墓迁移。这并非一个小数目，其中，海河委员会代迁的无主坟墓占少数，大部分坟墓都是由市民领钱后自行迁移，其中"坟主贫户居多"③。由于当时天津市内公墓并未真正建成，多数市民只能将坟墓迁葬至各义地或丛葬地内，比较分散，在某些程度上，加重了天津市内散葬棺木的存在。

最后，卫生观念和卫生制度的近代化。义和团运动爆发后列强武力占领天津，带来了暴力和强制性的天津卫生近代化。④ 社会精英开始接受"卫生"的近代概念，并将其与民族独立和种族的优越联系起来，把卫生赋予政治含义，并向大众普遍宣传。同时，民国时期中国社会动荡，各种瘟疫及外来的传染病不时发生，天津作为重要的通商口岸

① 天津市整理海河委员会：《迁移坟墓费》，天津市档案馆，档号：401206800-J0103-1-000445。

② 天津市整理海河委员会：《迁移坟墓费》，天津市档案馆，档号案：401206800-J0103-1-000446；天津市整理海河委员会杂件，《函复各段工地内坟墓由本会布告各坟主迅速迁移》，天津市档案馆，档案号：401206800-J0103-1-000128。

③ 天津市整理海河委员会：《迁移坟墓费》，天津市档案馆，档案号：401206800-J0103-1-000446。

④ ［美］罗芙云：《卫生的现代性：中国通商口岸卫生与疾病的含义》，向磊译，南京，江苏人民出版社，2007。

和交通枢纽，几乎每一次传染病的流行，都会波及天津，这促进了天津口岸卫生防疫制度的建立，也加快了人们卫生观念的转变。"卫生"由个人的事情转为公共的事件，城市的整体卫生和公共墓地的建立也构成了近代城市建设与管理的重要内容。

1929 年 2 月，向市政府的呈文，重点反映的就是"公共卫生"问题，认为天津东站铁道外的棺柩横陈，"似此污秽丛积，既有害于卫生，巷宇参差，复不协于市制，而地邻商埠，尤大碍中外观瞻"，"所呈各节，自系为注重卫生整理市政起见"。① 可见，卫生已成为政治振兴的一种标志，对卫生的要求，是天津市政府整理浮棺筹建公墓的动因之一。同时，传染病对城市密集居聚区的影响也是促使公墓建立的原因之一。1938 年王庆霖等呈请设立华北公墓时说道："津市住民多属异乡之客，其能置茔修墓者寥寥无几…岁月积久，遍野荒冢凌乱无序…即朽骨腐尸隐伏病菌，一经炎日熏蒸，臭气传播，全市媒介疫疠为患，殊非浅鲜，市埠人民麇集，卫生一着，实为市政当前要务……"②1939 年华北水灾后，中国红十字会天津分会借育婴堂地设立临时公墓，其目的即"为严防发生瘟疫起见"③；1940 年 3 月，天津市善团掩埋浮棺筹设公墓委员会成立，盖因水灾过后暴露棺柩甚多，"……值兹春令已届，阳光蒸晒最易发生疫疠，亟应设法掩埋，以安孤魂，而重公共卫生……"④此外，在公墓的建立和具体管理上，近代卫生观念也日渐突出。在天津市政府屡次颁布的管理规则中，对葬者虽不限身份，但是对于其死亡原因审查很严。1944 年，《天津特别市政府管理公墓规则》中，规定居民："须填具证明书三份，经卫生局注册之医师并该管警察机关盖章证明死亡原因正当及无传染性疾病。"1946

---

① 《东站铁道外棺柩累累》，载《益世报》，1929-02-27。

② 天津特别市公署卫生局：《王庆霖等呈请筹设华北公墓案卷》第 1 册，天津市档案馆，档案号：401206800-J0115-1-000679。

③ 天津特别市公署：《市公署训令为中国红十字会天津分会借妥育婴堂空地设立公墓寄存棺柩》，天津市档案馆，档案号：401206800-J0115-1-000974。

④ 天津特别市公署卫生局：《关于筹办公墓事项》，天津市档案馆，档案号：401206800-J0115-1-000477。

年，社会局市属公墓管理规则规定得更为详细："凡申请领穴者，须先向本局领取申请书，照式填写三份，连同卫生局登记医师签订死亡诊断书及住在区警察机关发给死亡出殡执照，呈由本局核准，所呈申请书，一份留局，一份由局交给公墓，一份发还申请人，并发给领穴证，但死于鼠疫者，不得葬于公墓内。"可见当时人们对于传染病的防疫已经极为注意。

　　天津城市公共墓地及其制度的建构，是其城市化和现代化进程中的内容之一。它与其他诸多因素一起，共同促成了近代城市文明的发展与建设。天津近代公墓的建立过程，既是政府将民众的死亡纳入其制度化管理范围的过程，也是天津城市化和现代化不断发展和完善的过程。近代公墓制度的建立，反映了当时社会的发展和人们观念的变化，是我们观察社会变迁轨迹和发展程度的一个独特视角。天津近代公墓建立的过程中，还有很多方面值得深入分析和思考(比如，天津公墓具体是如何随着城市空间功能的演变而变动，在其变动过程中又产生了哪些值得注意的问题；再比如，对私营公墓建立和发展的深入分析，1949年以后公墓建立情况的继续探索；等等)，这将是留待以后的研究课题。

原载《史林》2013年第3期，与王琳合著。

从理论阐释到政策实施

——国民政府社会建设事业建构问题评述

民国以来，社会建设思想与实践相继兴举，绵延不绝。以社会建设为基而达成现代新国家之建设，亦即将社会建设定位于"国民的现代化"①，是国民政府大力推进的一项重要社会事业。"社会建设没有做好，即政治的稳定与发展、经济的利益与分配、文化的规范与价值都会成为问题，威胁我们的生存及发展。"②政府和社会各界围绕着社会建设问题持续地进行理论阐释和实践探索，形成了各种不同的理论认识。在理论与实践的互动中，社会建设内容得以充实和相对明晰，并进而落实为国家政策，推进了国民政府社会建设事业的陆续展开。关于国民政府时期的社会建设理论和社会建设实践问题，目前学界已经有较多成果③；但主要集中于阐发理论价值和思想内涵，或者讨论社

---

① 秦汉：《社会建设论》，10 页，南平，国民出版社，1944。

② 秦孝仪主编：《中华民国社会发展史》第 4 册，2093 页，台北，近代中国出版社，1985。

③ 学界关于民国社会建设思想的研究成果，侧重于探讨个人或某一派别的社会建设思想，并未形成系统的研究，如林家有：《孙中山社会建设思想研究》，广州，中山大学出版社，2009；王先明：《20 世纪前期中国乡村社会建设路径的历史反思》，载《天津社会科学》，2008(6)；鞠春彦：《孙本文社会建设思想述评》，载《学习与实践》，2008(8)；宗媛媛、刘欣：《孙本文的社会建设理论及当代启示》，载《中国研究》，2012(1)；李爽：《中国社会学社成员社会建设思想研究（1928—1937）》，博士学位论文，东北师范大学，2008。从整体上探讨民国时期社会建设思想的研究，目前仅见宣朝庆、王铂辉：《1940 年代中国社会建设思想的形成》，载《中国社会科学》，2009(6)。学界对民国社会建设实施的具体领域研究成果颇丰，如对民众组训、社会运动、社会福利、合作事业、社会行政体系（转下页）

会建设的具体实务，对其理论、政策与实务机关建构之间的互动关系则少有关涉。本文则从理论与政策实施角度，聚焦于国民政府社会建设实务机构的建构过程，以期有助于此论题的深入。

一、社会诉求

建设一个现代意义的"新国家"，实现其"为民所有、为民所治、为民所享"的夙愿，是孙中山毕生追求的目标。但民国成立以来，"徒有民国之名，毫无民国之实"的现状促使孙中山深刻反思："今后民国前途之安危若何，则全视民权之发达如何耳。"孙中山把民权具体化为"选举之权、复议之权、创制之权、罢官之权"，赋予人民此四大权利，才能任用与驾驭官吏，"然后始得称为一国之主而无愧色也"。①面对现实的急迫需要，社会建设论题成为孙中山进一步反思"民权"建设缺失的关键一环。

作为"革命先行者"的孙中山，建构了引领时代潮流的系统的建设思想体系。就其建设思想演进的历程而言，以"民权"为核心的"社会建设"思想发端最早②，即"故依照总理遗教来说，民权初步就是社会建设，社会建设就是民权初步"③。从《民权初步》本身内容看，它并没有明确提出"社会建设"的概念，只是对社会各种团体的集会做一些规

（接上页）建设、乡村建设运动等方面皆有深入探讨，但系统性研究成果欠缺。相关研究成果主要有胡君：《抗战时期国民政府的社会建设研究——以社会部的设立与运作为中心》，硕士学位论文，安徽师范大学，2013；宣朝庆、王禹：《20 世纪 40 年代的社会行政研究与社会建设》，见陆学艺、王处辉主编：《中国社会思想及其现代性——中国社会思想史论集》，北京，知识产权出版社，2010；深圳市统计局、北京大学社会学系课题组：《社会建设理论、实践与评价》，北京，社会科学文献出版社，2014，等等。

① 中国社会科学院近代史研究所中华民国史研究室等合编：《孙中山全集》第 5 卷，189 页，北京，中华书局，2011。

② 王先明：《建设告竣时革命成功日——论孙中山建设思想的形成及其时代特征》，载《广东社会科学》，2013(1)。

③ 秦汉：《社会建设论》，58 页，南平，国民出版社，1944。

则、程序的具体讲解和示范，其中学理的探讨不多。换言之，《民权初步》是一部关于民主政治建设的国民手册，目的在于"教国民行民权"。孙中山认为，在民众当中培养一种民主集会的习惯，教国民行民权是造就"纯粹之国民"的必经之路。以"民权"为核心的"社会建设"思想的落脚点在于施行"宪政"。孙中山把建立中华民国的程序分为军政、训政、宪政三期，认为欲达至民主自治的宪政阶段，必须经历训政时期。"所谓训政者，即训练清朝之遗民，而成为民国之主人翁，以行此直接民权也。"①以训政为过渡期，民众尚未习熟民主政治之前，暂时无法行使作为国家主人权利的能力，因此需要由"有训导之责任者"指导训练民众行使民权。

此外，地方自治的实施也是孙中山社会建设思想的内容之一。推行地方自治的同时训练民众行使直接民权，而民众同样需要行使直接民权促进地方自治建设的完成。在训政时期，人民"曾受四权使用之训练"，则可行使权利，"得选举县官以执行一县之政事，得选举议员以议立一县之法律，始成为一完全自治之县"。而自治之县，国民享有"直接选举官员之权利，有直接罢免官员之权利，有直接创制法律之权，有直接复议法律之权"。② 训政时期的主要工作就是由"有训导之责任者"指导民众实行地方自治，训练民众行使民权。孙中山所提倡的地方自治是以赋予民众民权为目的的系统工程，其终极目标是实现民主宪政。孙中山返广东重组军政府期间设地方自治局，对地方自治进行了探索性实践。受形势所迫，所设的地方自治局职责颇为有限，也只能简单地从"调查人口、拟定地方自治法规、监督各级地方自治机关"着手推行。地方自治不能一蹴而就，民主政治建设更需要长期的艰苦探索。《建国大纲》发布后，孙中山关于社会建设的思想广为传播，深刻影响着近代中国社会建设的路径选择。

---

① 孙中山：《三民主义》，见中国社会科学院近代史研究所中华民国史研究室等合编：《孙中山全集》第 5 卷，189 页，北京，中华书局，2011。
② 中国社会科学院近代史研究所中华民国史研究室等合编：《孙中山全集》第 5 卷，127 页，北京，中华书局，2011。

　　民国以来，中国建设的目标、方向和道路选择成为时代性主题，社会建设理论与实务乃其题中之义。邵元冲在《三十年来中国社会建设之演进》一文中将这三十年(1903—1933)社会建设最显著的事实概括为三方面："一、地方自治的变迁与发展；二、劳动组织及劳动救济运动事业之兴起；三、社会的经济组织的建立和发展。"①此论虽显粗略，却可概观民国前期社会建设之大义。在近代以来的社会建设论题中，最早引人关注的是地方自治。地方自治的思想与实践，经晚清戊戌维新与清末新政的张扬和实践，已成为社会进步之趋向。民国成立后，地方自治也成为新的时代社会建设的基本路径选择。南京国民政府成立不久，蒋介石在国民党第二届第五次中央全会开幕式上宣称："从今天起，就是从五次全会开会之日起，我们要继续国民革命，开始去作训政时期的工作。"②训政时期的重要内容即为实施地方自治。为此，南京国民政府颁布了一系列的地方自治政策法规。邵元冲在总结社会建设时强调，地方自治完成才能建设整个国家，而地方自治的基础是实现主权在民。"我们要使主权在民，就是要使人民都知道他自己个人对于国家对于社会的权利义务和责任的关系。"③不可否认，在制度设计层面上南京国民政府与孙中山"直接民权"的主张相似，但是在实施过程中却举步维艰。

　　民国时期，伴随着现代工业发展的是新兴工人劳动者群体数量的急增，从而劳资关系问题及其矛盾的呈现，亦成为新的社会问题。劳动者为维护自身利益，要求生活的改善、待遇的提高、工作的保障，由此形成一种普遍的社会运动。中国新式劳动组织便应运而生，成为一种新的社会势力。"在旧式的公所、会馆、公行等工商组织以外，新

　　①　邵元冲：《三十年来中国社会建设之演进》，载《东方杂志》，第 31 卷，第1 号，1934。

　　②　荣孟源：《中国国民党历次代表大会及中央全会资料》，532 页，北京，光明日报出版社，1985。

　　③　邵元冲：《训政时期的社会基本建设》，载《中央周刊》，第 68 期，1929。

式的工会便成了社会的重要团体。"①为应对这种新型的团体和劳工势力的普遍发展，民国政府草拟并颁布了《工会法》《劳资争议处理法》《团体协会法》《职业介绍所暂行办法》等法规，以法律的形式规范新兴群体和团体的权利与义务；兴办职工教育设施，提高工人和普通民众的教育水平；设立劳工卫生委员会，实业部劳工司与中央工厂检查处等，推动了劳工福利与救济事业的发展。这成为民国社会建设论题中的重要内容。

合作运动的兴起与发展，也是近代中国社会建设的新趋向。合作运动的发展历程，首先是从合作主义思想的鼓吹到合作社的建立，继而因政府的协助和提倡得到显著发展。五四运动前后，薛仙舟、章元善等一批知识分子大力宣扬合作主义，并身体力行，试办一些合作社，合作运动逐渐发展为一场民间自发性的社会改革运动。但初期的合作运动收效甚微，"它的活动与发展，不论社会性的广度或本身的持续力，都很短暂，范围有限，没有深刻的影响与实质成果"。②除早期合作运动自身的缺陷之外，政府的缺位显然是合作运动成效不彰的关键因素。事实上，直到 1927 年以后，南京国民政府以行政的力量强力介入合作事业，合作运动才步入较快发展的轨道。国民政府颁布《农村合作社暂行规程》《合作法草案》等法律法规，各地方政府也为合作社立规建制，逐步建立起从中央到地方的合作行政体系。"中国之合作运动，在国民政府奠都南京前后，是大不相同的，在前是民间的运动，在后即是政策的推行了。"③

此外，乡村建设实质上就是在乡村进行的社会建设运动。20 世纪二三十年代，面对日益严重的乡村危机，在社会各界对近代以来中国建设发展道路进行反思基础上，部分有识之士开始呼吁从解决乡村问题出发谋求社会发展；并涌现出梁漱溟、晏阳初、卢作孚等阐发乡村

---

① 邵元冲：《三十年来中国社会建设之演进》，载《东方杂志》，第 31 卷，第 1 期，1934。

② 赖建诚：《近代中国的合作经济运动——社会经济史的分析》，30 页，台北，正中书局，1990。

③ 寿勉成，郑厚博：《中国合作运动史》，321 页，南京，正中书局，1937。

建设思想的代表人物。他们认为，乡村建设实为整个中国建设的"固本之方"，并立志从乡村出发挽救整个中国。从近代"乡村建设"思想的提出到对理论的系统阐释，从最初少数人的提倡到后期蔚然成潮的广泛传播，从乡村建设思想的传播到各社会团体和知识分子陆续开展乡村建设实践活动，在短短20余年间，乡村建设实践形成了米迪刚等人开创的"翟城村模式"，晏阳初等人探索的"定县模式"，梁漱溟等人开创的"邹平模式"，卢作孚等人创立的"北碚模式"，彭禹廷等人倡导的"皖西模式"，沈鸿烈主持下的"青岛模式"等乡村建设模式。① 乡村建设思想及其实践成为20世纪以来社会建设历史进程中的重要内容之一。以社会改良为主要特征的"乡村建设"运动，虽名为"乡村建设"，实为"社会建设"。② 随着乡村建设思想与实践的持续扩展，国民政府对其的关注日增并且试图将乡村建设纳入国家建设层面。

二、学理诉求

社会学界对社会建设的关注更多是从学理角度出发，运用社会学理论，根据中国当时面临的社会问题，提出社会问题解决方案，完善社会建设理论的体系框架。"1930—1940年代从事社会建设研究的多属于高等院校和科研系统中的第一代社会学学者和部分从事乡村建设运动者。"③1934年孙本文在《社会学原理（下册）》中单辟"社会建设与社会指导"一节，从宏观角度对社会建设做了系统的阐述。他把"社会建设"定义为："依社会环境的需要与人民的愿望而从事的各种建设，谓之社会建设。"④1936年，孙本文发表了《关于社会建设的几个基本问题》一文，对社会建设理论进行了较为完整的阐述，论述了社会建设

---

① 王先明：《中国乡村建设思想的百年演进（论纲）》，载《南开学报（哲学社会科学版）》，2016(1)。

② 梁漱溟：《乡村建设理论》，19页，上海，上海人民出版社，2006。

③ 宣朝庆：《1940年代中国社会建设思想的形成》，载《中国社会科学》，2009(6)。

④ 孙本文：《社会学原理（下）》，244页，台北，台湾"商务印书馆"，1974。

的对象、范围、基本要素、途径等基本问题。为保证社会建设按照计划进行，孙本文提出必须同时从人才、资源、计划与组织四个方面相互配合，并且通过完善法令、促进教育和宣导推进社会建设。孙本文的社会建设思想得到社会与政府的基本认可，引导并助推了国民政府对社会建设实施计划的制订。

孙本文关于社会建设在"人才、计划、组织、法令"等方面的构思，在国民政府的社会建设政策中皆有体现。社会建设从理论阐释到政策实施，再落实为具体实务，其关键在于具有现代职业素养的社会建设工作人员的养成。1940年，社会部于中央训练团内设立社会工作训练班，调训社会行政及从事民众组训与社会福利专业人员。次年，为适应实际需要，决定将行政人员与业务人员分别训练，以宏效能。社会部为了拟定社会建设政策纲要，设计社会建设的实施方案，聘请国内社会科学者及各业专家学者，组织各项研究机构，分别研究各项问题；国民政府建立了从中央到地方系统的社会建设行政机构，以确保社会建设事项的顺利推行；并相应制定社会法律法规，为社会建设提供了必要的法律支撑。1940年5月20日，国民政府颁布《社会部组织法》，该法规定了社会部的主管事务、行政机构、人员设定等决议，为社会部执行社会建设事项从法规层面上确定了基本路向。

作为中国社会学奠基人物的余天休，对中国社会建设的实施也提出了可行方案。他认为，社会建设事业必须首先推行各种社会运动，再进而调整社会行政机构，整顿教育方针，实施卫生政策，通过组织民众、把握民众，矫正党派活动，才能合理解决社会问题。[①] 余天休强调社会建设应整体性有计划地推行，方能达到社会的动态平衡，进而实现人事的安定、国家的进步。

相对而言，抗战之前社会学界对于社会建设问题虽时有论述，却并未形成特别的关注。抗战爆发后，为解决战时一系列急迫的社会问题，更多的学者开始关注社会建设问题。尤其是抗战即将胜利之际，

① 谢立中编：《民族复兴与世界联邦：余天休社会科学论集》，北京，北京大学出版社，2008。

面对建设新国家的历史使命，社会建设问题更形急迫。1941 年，由复旦大学社会系主编的《社会事业与社会建设》专刊，从学术角度探讨有关社会事业与社会建设的理论，"欲求一纯学术性的社会学及社会事业刊物"。① 该刊从社会事业的重要性和实施方针步骤、社会建设与其他建设的关系、社会救济、县政建设、世界各国的社会建设状况等方面论述社会建设的理论。

1944 年，中国社会学社联合社会部合办《社会建设》月刊，"本刊的使命，是欲集全国社会学者与社会技术专家，共同研究有关社会建设的各项理论与实际问题"。② 该刊作为推动社会建设研究的主要学术阵地，学者们在该刊陆续发表了大量关于社会建设的文章，共同研讨有关战时及战后社会建设方面的各种理论与实际问题。其内容包括对社会建设内容的讨论，对社会建设程序实施的设想，对社会建设紧迫性的呼吁和分析阻碍社会建设的深层次原因等。③ 此外，学者们还探讨了社会救济、社会运动、社会行政、职业介绍、社会法规、儿童福利、劳工救济、国民住宅等具体问题。同时，社会学者们在其他民国各大报刊相继发表了关于社会建设的见解，进一步深化拓展了对社会建设问题的研究和分析。大众媒介向广大读者传达了抗战时期社会建设的期许，提供了不同的路径选择，助推了社会建设理论广泛传播。

值得一提的是，1945 年中国社会建设协会在重庆成立，并订定社会革新运动提纲，发起社会革新运动；继而上海、长沙、北京等地也

① 复旦大学社会学系编：《社会事业与社会建设》，1 页，上海，独立出版社，1941。

② "发刊词"，载《社会建设》，第 1 卷，第 1 期，1944。

③ 参见柯象峰：《我国社会建设之展望》，载《社会建设》，第 1 卷，第 1 期，1944；李安宅：《边疆社会建设》，载《社会建设》，第 1 卷，第 1 期，1944；瞿菊农：《社会建设引论》，载《社会建设》，第 1 卷，第 2 期，1944；瞿菊农：《战时与战后之社会重建问题》，载《社会建设》，第 1 卷，第 2 期，1945；朱亦松：《社会建设之内容》，载《社会建设》，第 1 卷，第 2 期，1945；孙本文：《社会建设的基本知识》，载《社会建设》复刊，第 1 卷，第 1 期，1948；吴湘山：《社会建设的精神》，载《社会建设》复刊，第 1 卷，第 5 期，1948；等等。

相继成立分会。① 社会建设协会秉承"自力更生之旨，谋集合全社会之力量，求全社会之进步"。② 该会"将不作政治活动，只以谋社会福利建设社会事业为主旨"。③ 它荟聚了众多专家学者致力于研讨社会建设理论，积极推展社会建设事业，以期对我国的社会建设做出自己的贡献。

三、行政实施

社会建设理论诠释与社会力量的促动，既催生了国民政府相关社会建设事业政策的形成，也推进其社会建设实践活动的陆续展开。全面抗战局面形成后，如何保障国人基本生活并维持抗战之急需，战时的社会建设问题至为关键。为了应对战时特殊需要，国民政府部门充分发挥社会行政的作用，在行政机构建设、人民团体、社会福利、人力动员和合作事业等方面推行社会建设事业，以缓和社会危机，争取民族生存。"抗战建国为我国目前最重要之任务……欲言建国，必须抗敌，实行抗敌，即是建国。"④在抗战之中加紧推进社会建设事业，构成战时社会动员之要务。

1939 年，蒋介石在《三民主义之体系及其实行程序》中提出："训政时期的主要工作是要实行地方自治，而地方自治，应该包括心理建设、伦理建设、社会建设、政治建设和经济建设这五项建设。"⑤在对"五大建设"逐一说明中，蒋介石详尽阐述了其关于社会建设的看法："社会建设实际就是具体而微的政治建设，条目上与政治建设大同小异。所不同者其范围更切近于民众，其功效更着重基层，所以社会建设当以总理的《民权初步》作规范，以组织保甲及社会法定团体为基础，

---

① 《申报》，1945-05-06。

② 《申报》，1947-09-10。

③ 《申报》，1947-05-06。

④ 郑鹤声主编：《中华民国建国史》，125 页，重庆，正中书局，1943。

⑤ 中国国民党中央执行委员会训练委员会编印：《五大建设述要》，1 页，重庆，1941。

以推行《地方自治开始实行法》各种基础工作为要务……一定要大家想法来加强社会组织，充实社会力量，建设健全的社会，以为建设新国家的基础。"①《三民主义之体系及其实行程序》对于社会建设的阐述，当是国民政府官方的权威解释。

就社会建设的具体实施办法而言，蒋介石更为注重的是：首先，"新生活运动"与《民权初步》的目标基本一致。推行"新生活运动"促使国民做到"明礼仪、知廉耻、负责任、守纪律"，进而达到"团结民心、强固民力"的目的。这也正是《民权初步》追求的"造成有组织的现代社会"的目标。其次，办理保甲与组织民众，推行地方自治是加强社会组织，充实社会力量的基础。借此，他试图将传统组织资源（保甲）和现代性诉求（自治与民权），统合于社会建设内容之中，由此建构起战时社会建设的实施框架。此后，在国民政府相关文件和各大媒体上，开始频频出现关于社会建设的话语。

1940 年 11 月 16 日，国民党中央执行委员会社会部改隶行政院，至此，该部由党务系统转为政府系统。国民政府社会部的正式成立标志着国民政府建立社会行政专管机构，开始系统地推进社会行政机构建设。次年，为普遍展开社会建设工作，经行政院决定，各省先后设立社会处，或于民政厅、建设厅内设科办理社会行政事务。"决定设立省社会处者，计有四川、云南、贵州、陕西、甘肃、湖南、广东、广西、浙江、江西、福建十一省。其余各省除全部沦陷者外，均于民政厅内设科办理社会行政事务。同时各省重要县市亦均陆续于县市政府设立社会科。"②

社会部作为主管社会建设事项的行政机构，管理全国社会行政事务。中央社会部改隶于行政院后，社会部职权范围随即有所扩大。改隶前，社会部主要执掌民众组训和社会运动两项任务；改隶后，新增

---

① 蒋介石：《三民主义之体系及其实行程序》，载《新湖北季刊》，第 1 卷，第 1 期，1941。

② 秦孝仪主编：《革命文献》第 96 辑，2 页，台北，"中央"文物供应社，1983。

社会救济、社会福利和合作事业等事项。社会部下设总务司、组织训练司、社会福利司、合作事业管理局和劳动局等部门，初步形成"三司二局"的结构。各部门各司其职，推动社会建设事业的发展。社会部的设立为社会建设的开展提供了组织保障，其职能部门的设置也从侧面反映出国民政府关于社会建设的基本内容。社会部职能主要分为五大类："第一项职掌为民众组训，第二项职掌为社会运动，第三项职掌为社会救济，第四项职掌为社会福利，第五项职掌为合作事业。"①社会部职能的履行实际就是国民政府开展的社会建设事业。

在政府以政治的力量启动社会建设的同时，《中国之命运》的出版从另一角度诠释了国民政府的社会建设主旨。次年，国民出版社发行《中国之命运研究丛书》（共十本），其中由秦汉所著《社会建设论》对社会建设问题做了学理层面的阐释，并将其定义为"依据社会环境的需要与人民的愿望而从事的各种社会事业"②。与此同时，各大媒体报纸期刊一时皆聚焦于"社会建设"一语，社会各界对社会建设的关注持续走高。但细绎当时刊发各论，多为蒋介石主张的引伸和阐发（其中或抄录原书句，或复述原书大意，或稍加阐述，如郑杰民③、刘修如④、袁月楼⑤、陈立夫⑥、黄德鸿⑦、吴开先⑧、窦季良⑨、程思远⑩、言心

---

① 《社会部组织法》，载《国民政府公报》，第 25 期，1940。
② 秦汉：《社会建设论》，7 页，南平，国民出版社，1944。
③ 郑杰民：《中国之命运与社会建设》，载《新福建》，第 4 卷，第 2 期，1943。
④ 刘修如：《树立社会建设的基础》，载《中央周刊》，第 4 卷，第 24 期，1942。
⑤ 袁月楼：《论社会建设》，载《正气杂志》，第 3 期，1946。
⑥ 陈立夫：《社会建设之基本运动》，载《新运导报》，第 12 卷，第 2 期，1945。
⑦ 黄德鸿：《社会事业与社会建设》，载《社会工作与通讯月刊》，第 2 卷，第 10 期，1945。
⑧ 吴开先：《今后的社会建设》，载《上海市政建设专刊》，第 1 期，1945。
⑨ 窦季良：《行宪后的社会建设》，载《地方行政季刊》，第 9 卷，第 1 期，1946。
⑩ 力行：《程思远：社会建设之意义与任务》，载《社会建设》，第 1 卷，第 2 期，1944。

哲①、李安宅②、戴振魂③、邵元冲④等人在蒋介石的基础上继承阐发了其关于社会建设的言论）。除此之外，为了解决社会问题，促进民国社会发展，使社会发展理论落于实处，国民政府颁布一系列相关的社会法律法规，为社会建设事务提供法律支撑；设计实施方案，使社会建设有路径可循；训练社会工作者，为社会建设提供专业人员。

我们从中不难发现，时人关于社会建设内容的探讨主要集中在几个方面："一是实行《民权初步》，二是办理保甲与组织民众，三是推行《地方自治开始实行法》的各种基层工作，四是提倡新生活运动。"⑤显然，由政府主导的所谓社会建设事务更多地体现于国民政府基层社会权力或组织资源的建构方面，这不仅与广义的社会建设含义相去甚远，即使与狭义之社会建设内容也颇多距离。⑥ 值得一提的是，1945 年 4 月，社会部长向中国国民党提出四大社会政策，即民族保育政策纲领、农民政策纲领、劳工政策纲领和战后社会安全初步设施纲领。但是随即国内战争爆发，此四大纲领并未付诸实施。

1949 年，社会部随国民党政府逃至广州，并于 5 月宣布撤销。"有关业务由内政部办理，各局并入内政部有关各司处，同时成立以盛长衷为主任的社会部办事处，办理员工遣散结束事宜。"⑦该部自 1940 年改隶行政院起至 1949 年结束，历经十余载。在此期间，全国有关社

---

① 言心哲：《社会建设问题》，见《民国丛书》编辑委员会编：《文化建设论丛》第 1 辑，上海，上海书店出版社，1992。

② 李安宅：《边疆社会建设》，载《社会建设》，第 1 期，第 1 卷，1944。

③ 戴振魂：《广东省社会建设问题》，载《地方行政季刊》，第 3 卷，第 2 期，1942。

④ 邵元冲：《训政时期的社会基本建设》，载《广东民政公报》，第 49 期，1929。

⑤ 戴振魂：《广东省社会建设问题》，载《地方行政季刊》，第 3 卷，第 2 期，1942。

⑥ 秦汉在《社会建设论》中认为，广义社会建设为"举凡政治、经济、文化……等等，有关社会生活与人民幸福诸事业，都可笼统的包括在内；狭义的说来，系为社会组织、社会道德、社会习俗、社会制度及一切有关社会事业的建设"。参见秦汉：《社会建设论》，8 页，南平，国民出版社，1944。

⑦ 陈长河：《国民党政府社会部组织概况》，载《民国档案》，1991(2)。

会福利、社会救济、合作事业等社会建设皆获得一定成效，尤其是战时灾难救济，为抗战胜利提供了一定的社会基础。但是在总体上，"终以十年中无日不在烽火连天、党务纠纷、迄无宁日中度过，致绩效不彰"。① 由政府主导的社会建设最终以失败告终。

四、实效检视

民国甫立，伴随着新的民族—国家建设时代使命，尤其在国民经济建设运动催动下，社会建设经历了从理论阐释到政策实施的演变过程。其间，既蕴含着现代性社会建设的时代诉求，也浸染着传统社会建设富有活力的传承因素（所谓三百年来的乡社成规，"四维八德"的德性②）；既有学界和社会力量的积极推助，更有政府行政主导的轨辙路线。民国社会建设声势颇壮，相对于"乡村建设运动"而言，政府用力甚多却终归"绩效不彰"。"社会建设的病根何在？"③除了政局和战争大格局的影响之外，其社会建设事业政策和运行机制也值得检讨反思。

首先，推行社会建设事业必须依靠社会行政力量，提高社会行政的效率则必要要健全社会行政机构。国民政府的社会行政组织系统虽然初具规模，但尚不健全，如在中央设立社会部，在各省设立社会处，在各市设立社会局或社会科，在各县设立社会科。有学者指出，这样的社会行政组织与其他的民、财、建、教等行政组织系统，大致相同；但在省市一级的社会行政机构则不对等，"战后的各省的社会处宜扩大为厅，与民、财、建、教等各厅处于同等地位，而未设社会局之各市的社会科宜扩大为局，与民、财、建、教等局处于同等地位"④。如若按照此建议实施调整，则能在系统方面健全整个社会行政机构。

---

① 秦孝仪主编：《中华民国社会发展史》第 4 册，2216 页，台北，近代中国出版社，1985。

② 秦汉：《社会建设论》，64 页，南平，国民出版社，1944。

③ 苏汝江：《社会建设的问题何在？》，载《周论》，第 1 卷，第 10 期，1948。

④ 张少微：《社会行政与社会效率》，载《社会建设》，第 1 卷，第 1 期，1944。

此外，针对社会行政内部机构，学者们亦多疑虑：各处、局、科的分科分股在执掌方面，出入很大。为了统一系统和便利合作，需要增并化一。社会部的主管部门分为"三司二局"，地位相同则名字也该相同，不如一律改为司。关于社会部的职能范围包括五个，即民众组训、社会运动、社会救济、社会福利、合作事业，但是社会部的主管部门和主要职责却不是一一对应的关系，除却社会运动，其他四项皆有专司执掌，社会部为完成社会行政的全部职责，应该增设社会运动司，专掌管社会运动事项。①

其次，国民政府建立了由中央到地方从上而下的社会行政机构，用以推行社会建设事项；并且关注点在诸如民众组训、社会运动、社会救济、社会福利、合作事业这类大的具体事项。社会建设在具体化为可以实施的建设项目的同时却缩小了其应有的内涵。社会建设是一个整体性工作，既包括乡村建设，也包含城市建设，更涵盖边疆建设。社会建设不该只是单纯的政策推行的事项，而应该是社会问题的彻底而根本的解决。"所有的社会福利、社会保险等等方案办法只可视为一种消极的、辅助性的、不完全的社会重建的方法。"②社会建设不是枝枝节节的治标，"如果以社会政策性的修补为重点剜肉补疮……非长久之道"。③ 社会建设是要建设整个社会，举凡对社会失调予以调整，对社会问题予以解决，有所改革建树的各种事业皆谓之社会建设。

最后，毋庸置疑，社会建设必须依靠政府的力量统筹安排。但政府并不是万能的，单纯依靠政府的力量不足以完成社会建设。社会建设"必须由各阶层各职业的人民群策群力，才能有效"。④ 民众参与是社会建设成功的基础。⑤ 民众可通过组建人民团体或者组织推动各种

---

① 张少微：《社会行政与社会效率》，载《社会建设》，第 1 卷，第 1 期，1944。

② 陈仁炳：《论新社会建设》，载《中国建设月刊》，第 7 卷，第 6 期，1949。

③ 张少微：《中国社会建设重点论》，载《台湾新社会》，1948(1)。

④ 周荣德：《社会建设与人民组织》，载《新经济》，第 8 卷，第 3 期，1942。

⑤ 宣朝庆：《1940 年代中国社会建设思想的形成》，载《中国社会科学》，2009(6)。

社会事业的建设。民国以来，民众的组织已经普遍存在，名目不可谓不多，表象的繁荣却并不能反映事实的真相。事实上，各地的人民组织大多有名无实，"何况现在的人民团体，其实并非由人民所组成，而是由官厅命令县政人员所成立，和人民根本不发生关系。它只是政治范围内的一部分"。① 强化动员民众的组织，真正发挥民众组织的效用才能发挥其在社会建设中的助力作用。如何平衡政府力量和社会力量，使之达到效益的最大化，在社会建设中如何合理依靠社会力量，如何协调政府和社会力量之关系以及社会建设与其他建设的步调，依旧是值得我们深思的重大课题。对于这一问题的深度研究，实为中国现代社会建设的关键。

　　根本问题还在于，蒋介石以及国民政府尽管将社会建设置于五项建设的中间地位，却更多地强调了社会建设对于政治的基础价值，把政权和治权合为一体，甚至将国防体制纳入社会建设之中②，刻意强化社会建设旨在注重人民的训练和组织③，却淡化了将民生幸福置于社会建设核心地位的诉求④。社会建设之目的"即在改进旧社会，建设一种新的社会关系，以期增进全体人类的幸福生活和提高文化的水准。它是以科学方法调整个人与个人之间，以及个人与社会的关系，辅助其解决所受的困难，加以精神的与物质的协助与指导，并研究社会病态的根源，预防其发生，使人人能与现实适应的一种事业"。孙中山将"民生"作为其始终如一的建设目标，但国民政府的社会政策却偏离了这一目标。蒋介石对孙中山的《民权初步》做出了"新"的解读，认为借此养成一般国民重秩序、守纪律、有组织之习性，从而团结人心，增强民力，发展民权，造成有组织的现代社会。如此，社会建设目的已

---

　　①　邵元冲：《三十年来中国社会建设之演进》，载《东方杂志》，第31卷，第1号，1934。

　　②　秦汉：《社会建设论》，12、52、35页，南平，国民出版社，1944。

　　③　中国国民党中央执行委员会训练委员会编印：《五大建设述要》，3页，重庆，1941。

　　④　孙中山民生主义提出"以民生为中心来解决一切问题"。参见秦汉：《社会建设论》，23页，南平，国民出版社，1944。

经发生了本质性的偏离，转而成为政府执行政治管制的理论依据。"要知道武力教育经济为构成国力之要素，而在基层工作上无论政治建设和社会建设都要以当地之人举当地之事，以从事于'教''养''卫'之实施，然后人民能得到切己关系的认识，能踊跃实行他们的义务，亦能享受实际的利益。"①社会建设政策成为国民政府推行社会控制的工具，"社会建设的目的，在加强国家的中心势力，统一国家的中心思想，作为全国一致的指导理论"。"尤其在现在这种非常时期，要建设强有力的国家，非先强化强有力的国家，非先强化中心势力不可。"②实际上，如果"五大建设"（包括社会建设）"须以武力建设为中心"的话，那么未能获致"谋社会全般幸福的增进"的社会建设，显然难以获得民众或社会力量的持久支持和基本认同。

民国以来，在政府行为和社会行为的双重作用下，社会建设一时蔚为大观。民国社会建设的兴起曾为时代瞩目，然其实效却多为人诟病。虽然政局和战局的影响着实不免，但是其深层原因却也值得探讨总结，铸为鉴借。

原载《学术研究》2017 年第 7 期，与胡梦合著。

---

① 蒋介石：《三民主义之体系及其实行程序》，24 页，重庆，青年书店，1940。
② 赵本恒：《社会建设与中心势力》，载《社会旬报》，1941(5)。

图书在版编目（CIP）数据

中国近代社会文化史研究/王先明著. —北京：北京师范大学
出版社，2020.10
（中华学人丛书）
ISBN 978-7-303-27290-7

Ⅰ．①中… Ⅱ．①王… Ⅲ．①文化史－研究－中国－近代
Ⅳ．①K250.3

中国版本图书馆 CIP 数据核字（2021）第 198895 号

营　销　中　心　电　话　　010-58808006
北京师范大学出版社谭徐锋工作室微信公众号　　新史学 1902

ZHONGGUO JINDAI SHEHUI WENHUASHI YANJIU

出版发行：北京师范大学出版社 www.bnup.com
　　　　　北京市西城区新街口外大街 12-3 号
　　　　　邮政编码：100088
印　　刷：鸿博昊天科技有限公司
经　　销：全国新华书店
开　　本：730 mm ×980 mm　1/16
印　　张：25.25
字　　数：380 千字
版　　次：2022 年 1 月第 1 版
印　　次：2022 年 1 月第 1 次印刷
定　　价：88.00 元

策划编辑：谭徐锋　　　　　　　　责任编辑：王艳平
美术编辑：王齐云　　　　　　　　装帧设计：王齐云
责任校对：段立超　　　　　　　　责任印制：马　洁